북한과 소련

North Korea and the Soviet Union: neglected episodes, forgotten people

북한과 소련

잊혀진 인물과 에피소드

표도르 째르치즈스키(이휘성) 지음

한울
아카데미

서론

북한을 만든 나라는 이오시프 스탈린(Иосиф Сталин)의 소련이었다. 1945년 8월에 벌어진 소일(蘇日)전쟁은 결국 한반도의 분단과 북한의 공산화로 끝났다. 김일성도 스탈린이 뽑은 지도자였다. 즉, 만일 소련이 1945년 일본을 공격하지 않았다면 '북한'이라는 개념 자체도 나타나지 않았을 것이고, 김일성의 이름은 만주 항일운동 연구자들만 알았을 것이다. 김정일이나 김정은이 누군지조차 우리는 몰랐을 것이다.

냉전 시대 한국에서는 북한을 자주 '북괴(北傀)', 즉 '북한 괴뢰 정권'이라고 불렀다. 1940년대에 이런 표현은 틀리다고 하기 어려웠다. 그러나 이 책에서도 보겠지만 1950년대 후반 김일성은 소련의 통제에서 벗어났다.

동유럽의 지도층은 대부분 소련의 통제가 완화되자 나라를 개혁 방향으로 이끌기 시작했다. 그러나 김일성은 그렇지 않았다. 그는 스탈린 시대의 소련보다도 북한 사회와 경제를 더욱 더 강력하게 통제했고 '유일사상체계'라는 전체주의 제도를 확립했다. 세계 역사상 비슷한 사례는 아마도 엔베르 호자(Enver Hoxha)의 알바니아뿐인 것 같다.

이 책의 주제인 소련과 북한의 관계는 부모·자식 관계에 비교할 수 있다. 부모는 자식의 인생 초기에 가장 큰 영향을 미치며 자식은 성장하면 부모로부터 독립한다. 자식은 일반적으로 부모보다 더 오래 산다. 그리고 자식의 성격은 부모와 공통점이 있지만 상당히 다를 수도 있다. 소련과 북한의 관계에 이 모든 특징을 적용해볼 수 있다.

이 책 내용 대부분은 필자가 2017~2019년 북한연구소가 발행하는 ≪월간북한≫지에 실은 칼럼을 기반으로 한 것이다. 필자는 칼럼의 내용을 수정 보충했고, 각주를 추가했으며, 추가로 5개의 주제['붉은 군대와 김일성 대위', '북한군 최고사령부에서 본 6·25전쟁 초기', '8월 종파사건' 그리고 '미하일 강'과 '박창옥'의 약전(略傳)']를 작성했다. 칼럼 내용에 있었던 실수도 고치려고 했다. 그래서 ≪월간북한≫ 칼럼 내용과 이 책의 내용에 다른 점이 있다면 독자들께서는 이 책 내용을 봐주길 바란다.

이 책에 나온 내용 일부는 조금 혼란스러워 보일 수 있다. 보통 역사 속 인물의 전기를 쓸 경우 균형 있는 시각이 필요한데 이 책에서는 필자가 등장인물의 가족 상황, 북한 정착 이전의 소련에서의 생활 등에 대해 지나지게 자세히 썼다고 생각할 수도 있다. 아쉽게도 북한 연구에서 이러한 문제는 불가피하다. 이유는 북한 연구의 가장 큰 문제인 사료 부족이다. 김씨 일가의 북한은 닫힌 사회이고 북한에서 정권이 바뀔 때까지 북한 정권 내부 자료는 공개되지 않을 것이다. 그래서 필자는 인터뷰, 외국 자료, 유출된 북한 자료 등을 활용했고 북한 역사를 숨기는 철의 장막을 뚫어보려 노력했다.

북한 정권이 소련 통제에서 벗어난 지 벌써 60년이 넘었다. 그러나 지금도 북한은 스탈린 시대의 소련 유산에서 벗어나지 않았다. 소련 당국과 소련 출신자들이 세운 제도의 특징들이 상당히 많이 남아 있다. 소련은 1991년 망했지만 북한에서 소련식 제도는 없어지지 않았다. 필자는 이 책이 북한의 역사와 현실을 인식하는 데 도움이 되길 바란다.

감사의 글

우선 ≪월간 북한≫ 전 기자 한권희 선생님께 감사를 드린다. 필자에게 ≪월간 북한≫에 연재 칼럼을 쓰자고 하신 분이 바로 한권희 선생님이다. 이 책은 한권희 선생님 덕분에 만들어졌다고 해도 과언이 아니다.

독자들도 보게 되겠지만 이 책에서 필자는 국민대학교 교수 안드레이 란코프(Андрей Ланьков)의 인터뷰를 많이 썼다. 란코프 교수는 1980년대 말부터 2000년대 초까지 북한에서 복무한 소련군 장교, 북한에서 고위간부였던 고려인과 그들의 가족들을 인터뷰했다. 아쉽게도 이 인터뷰는 현재까지 출판된 적이 없다. 필자는 이 책을 통해 인터뷰의 소중한 내용 일부를 소개하려 한다.

소련 외교사 전문가이자 러시아 쿠르스크 대학교 교수인 이고리 셀리바노프(Игорь Селиванов)로부터 많은 도움을 받았다. 셀리바노프 교수님께 큰 감사를 드리고 싶다.

이 책 출판 과정을 총괄한 한울엠플러스(주) 윤순현 부장과 원고를 편집한 배소영 팀장에게 큰 감사를 드린다.

필자의 아버지 콘스탄틴 쩨르츠지스키(Константин Тертицкий)께 감사를 드린다. 언제나 도움을 주시는 든든한 아버지는 이 책을 쓰는 과정에서도 좋은 말씀과 조언을 주셨다. 도움을 준 친구 피터 워드(Peter Ward)에게도 감사를 표한다.

전체 원고를 봐주시고 한국어 원어민이 아닌 저의 어법 스타일을 고쳐 주신 박소혜 북한학 박사님께 큰 감사를 드린다. 친구 여현준은 책의 원고를 읽고 많은 조언을 해주었다. 알렉 시글리(Alek Sigley)와 최성현 기자는 필자의 요청에 따라 희귀한 자료를 찾아주었다. 그들에게 큰 감사를 드린다. 그리고 고려대학교 대학원생 이정현에게도 감사를 드린다.

이 책의 주인공 중에는 전 북한 내무성 부상(副相) 강상호도 있다. 필자는 강상호의 아들 유리(Юрий Кан)와 손녀 위따(Вита Кан)와 인터뷰를 했고 이 가족에게 소중한 정보와 자료를 받았다. 강상호의 후손들께도 감사를 드린다.

차례

제2부 잊혀진 인물

제1부 잊혀진 에피소드

제1장

붉은 군대와 김일성 대위

역사는 피할 수 있었던 것들의 총합이다.

— 콘라트 아데나워

북한과 소련 관계의 출발점은 1940년 10월 23일이 될 것이다. 중국 자료에 따르면[1] 이 날 김일성은 처음으로 소련 땅을 밟게 되었다.

당시 김일성은 중국공산당이 영도한 동북항일연합군 고위 지휘관이었다. 1931년 일본군이 만주를 점령하고 1932년 만주국을 설립한 후 중국공산당 당원인 김일성은 빨치산 운동에 참가하기 시작했고, 8년 동안 일본과 맞서 싸웠다. 이 8년 동안 너무도 많은 동지들이 전사했고 승리는 눈앞에 보이지 않았다. 그러나 만주국은 무너지지 않았다.

1939년 일본 군대는 빨치산 소멸 작전을 적극적으로 개시했다. 만주 항일 유격대는 사실상 패배했다. 결코 적들에게 항복하고 싶지 않았던 김일성은 소련으로 탈출할 것을 결정했다. 비밀리에 소련·만주국 국경선을 넘어간 김일성

---

1 「东北抗联第一路军越境人员统计表」, 『东满地区革命历史文献汇编』, 1册, 延吉: 中共延边州委党史研究室, 第862页.

〈그림 1-1-1〉 항일 빨치산

주: 소련 군인들과 함께 있는 1941년 항일 빨치산 사진이다. 오른쪽 앞에 있는 남자는 김일성, 앞에
　　흰 옷을 입고 있는 여자가 김정숙, 양복을 입고 뒤에 서 있는 남자는 문일로 추측된다.
자료: 1941년에 무명 작가가 찍은 사진이다. 아래 주소에서 복사본을 참조할 수 있다.
　　　https://k.sinaimg.cn/www/dy/slidenews/61_img/2015_06/40602_1172973_345588.jpg/w640slw.jpg

은 1941년 1월 국제공산당 간부들로부터 신분 확인을 받았다.[2]

　국제공산당 팀은 간부 네 명으로 구성되었다. 한 명은 국제공산당 집행위원
회 간부부 부부장 콘스탄틴 빌코프(Константин Фёдорович Вилков, 1905~1947)였
다. 그 다음은 국제공산당 집행위원회 비서국과 간부부 직속 분석가 알렉세이
쥬진(Алексей Григорьевич Зюзин, 1903~?)이었다. 그 다음 국제공산당 집행위원
회 간부부 상급정치분석가 이반 플르셰브스키(Иван Петрович Плышевский,
1907~1996)가 있었다. 마지막으로 국제공산당 집행위원회 국제연락부 분석가
알렉산드르 코간(Александр Исаакович Коган, 1908~?)이었다.[3] 그는 중국어를 구

2　*Личное дело Цзин Жи-чена*, РГАСПИ, ф. 495, оп. 238, д. 60.

사했다.[4]

김일성은 이들이 준 중국어 이력서를 작성해야 했다. 여기서 그는 자신의 이름, 생년과 민족 구분은 물론 투옥 기록과 동북항일연합군 복무기록까지 밝혀야 했다.[5] 다른 빨치산 지휘관들도 김일성처럼 이런 이력서를 써내야 했다.[6] 러시아 문서보관소에 중국인과 조선인 만주 항일빨치산 기록철은 모두 65개다.[7]

〈그림 1-1-2〉 빨치산 야영

자료: 필자 작성.

검토가 마무리된 뒤 소련군 극동전선 지도부는 빨치산들을 두 개의 야영(野營)에 정주시켰다. 한 야영은 '북야영' 또는 'A야영'이라고 불렸다. 이는 하

---

3 Ibid.

4 А. О. Тамазишвили, *Инцидент на восточном отделении Института красной профессуры истории* // Восток, № 1, 1994, стр. 160-166.

5 원문은 *Личное дело Цзин Жи-чена*, РГАСПИ, ф. 495, оп. 238, д. 60 참조. 한국어 번역 배용진, "김일성 소련 '붉은 군대' 이력서 단독입수", ≪주간조선≫, 2019년 4월 1일자, http://weekly.chosun.com/client/news/viw.asp?ctcd=C01&nNewsNumb=0025511 00001 참조.

6 최용건, 안길, 서철 그리고 김책의 이력서에 대해 이동훈, "80년 만에 찾아낸 6·25 전범들의 이력서", ≪주간조선≫, 2020년 1월 13일 자, http://weekly.chosun.com/client/news/viw.asp?ctcd=C01&nNewsNumb=002591100002 참조.

7 Опись 238. Личные дела (Маньчжурия) // *Документы советской эпохи*, http://sovdoc.rusarchives.ru/sections/organizations/cards/95441/childs

바롭스크(Хабаровск)의 동북쪽에 위치한 뱌츠코예(Вятское)라는 마을에 있었다. 다른 야영은 '남야영' 또는 'В야영'이라고 불렸다. 여기에서 'В'는 라틴 문자 '비'가 아니라 러시아어 '웨' 문자였다. 남야영은 블라디보스토크 근처에 위치한 오케안스카야(Океанская) 마을에 있었다.[8] 'А야영'이라는 이름은 아무르강(Амур)에서 따온 것이고,[9] 'В야영'은 재미있게도 블라디보스토크가 아니라 그 옆에 있는 보로실로프 시[현재 우수리스크(Уссурийск)]를 따라 부른 것이다.[10] 남야영은 보로실로프보다 블라디보스토크와 더 가깝다는 면에서 좀 이상한 결정이었다. 빨치산들은 정찰과 사보타주(sabotage) 교육을 받았다. 소련 군대는 이들을 다시 만주국에 파견하리라는 기대를 놓지 않았다.[11]

국제공산당 간부들로부터 보고를 받은[12] 국제공산당 집행위원회 위원장 게오르기 디미트로프(Георги Димитров)는 1941년 3월 17일 자신의 일기장에 만주 빨치산 지휘부의 상태에 대해 '극히 나쁘다'라는 평가를 남겼다.[13] 동북항일연합군은 이제 사라졌고 이와 함께 만주국에서 항일운동도 더는 없었다.

국제공산당이 불만을 가진 이유는 하나 더 있었다. 소련으로 넘어간 빨치산

---

8 오케안스카야의 남야영은 1991년 1월 18일에 란코프가 유성철과 한 인터뷰와 함께 다음의 일본 자료에서도 언급되었다. 「金日成の活動狀況」, ≪特高月報≫, 1944年 11月, 76-78頁. 북야영 본부보다 훨씬 작았던 것으로 보인다.

9 『苦难与斗争十四年』, 北京: 中国大百科全书出版社, 1995, 第350页.

10 Ibid., 第351页.

11 Георги Димитров, *Дневник. 9 март 1933-6 февруари 1949*, София: Университетско издателство "Св. Климент Охридски", 1997, стр. 244.

12 *Справка К. Ф. Вилкова, И. П. Плышевского, А.Г. Зюзина и А. И. Когана* *"Состояние партийных организаций и партизанского движения в Маньчжурии"*, 23 мая 1941, РГАСПИ, ф. 514, оп. 1, д. 944, лл. 14-104.

13 Георги Димитров, *Дневник. 9 март 1933-6 февруари 1949*. София: Университетско издателство "Св. Климент Охридски", 1997, стр. 220.

고위 지휘관 웨이정민(魏拯民)이 없었고 웨이정민의 운명도 불명확했던 것이다. 결국 김일성과 그의 친구 안길 대장(隊長)이 웨이정민을 찾기 위한 두 개의 수색대를 차렸다.

1941년 4월 9일 수색대는 남야영을 떠났고 다시 만주국으로 돌아왔다.[14] 몇 달 뒤인 8월 28일 김일성은 수색대 일부와 함께 귀국했다. 나머지 대원들은 만주에서 기다리고 있었다.[15] 김일성은 웨이정민이 급병으로 사망했으며 임무에 실패했다고 보고했다.[16] 9월 14일 김일성은 다시 만주로 갔다. 수색대 나머지 요원들과 상봉한 뒤 11월 12일 소련으로 다시 귀국했다.[17]

김정일 출생에 관한 수수께끼들

김일성의 장남 김정일은 어디서 언제 태어났나? 북한 정권은 그가 1942년 2월 16일 백두산 밀영에서 태어났다고 주장한다. 사실과 완전히 다른 이러한 주장은 김정일이 아버지의 후계자로 추대된 뒤 1980년대 들어 등장했다. 북한 당국은 그를 '민족의 지도자'로 보여주려 했고 민족의 지도자는 당연히 이국(異國)이 아니라 '성산(聖山)'인 백두산에서 태어나는 것이 좋겠다고 판단한 것이다.

또 하나의 문제는 김정일의 생년이다. 북한은 최소 1982년부터[18] 그가 1942

---

14 「金日成給周保中, 金策的信」, 『东北地区革命历史文件汇集』, 甲61册, 哈尔滨: 黑龙江省出版总社, 1990, 第371-381页.

15 「周保中致王新林的信」, 『东北地区革命历史文件汇集』, 甲61册, 哈尔滨: 黑龙江省出版总社, 1990, 第338页; 「周保中给金策, 张寿筏的信」, 『东北地区革命历史文件汇集』, 甲61册, 哈尔滨: 黑龙江省出版总社, 1990, 第347页.

16 『东北地区革命历史文件汇集』, 甲42册, 哈尔滨: 黑龙江省出版总社, 1991, 第393-394页.

17 徐万民, 『中韩关系史』, 北京: 社会科学文献出版社, 1996, 第261页.

년생이라고 주장하기 시작했다. 그러나 김정일은 사실 1941년생이고, 북한 당국이 김일성과의 나이 차이를 30년으로 만들기 위해 김정일의 생년을 조작했다는 주장도 있다.[19]

김정일이 2월 16일에 태어났다면 김일성과 김정숙은 전년도 5월 18일과 6월 2일 사이 잉태했어야 한다.[20] 그러려면 이 시기 김일성은 김정숙과 함께 있어야 했다. 그러나 1941년 4월 9일부터[21] 1941년 8월 28일까지[22] 김일성은 만주에 있었다. 김정숙이 함께 있었다는 기록은 존재하지 않는다. 그래서 '김정일 1942생론'에 대해 의심하지 않을 수 없다.

김정일이 1941년생이라고 한다면 모든 것은 논리적으로 보이기 시작한다. 김일성이 소련으로 탈출한 계기 중 하나는 배우자의 임신이다. 김정일이 1941년생이라면 김일성이 소련에 넘어왔을 때 김정숙이 임신한 지 5개월이 지난 것이 된다. 그래서 현재로서는 김정일이 1941년생일 가능성이 훨씬 높아 보인다.

결정적인 증거를 옛 도서에서 찾을 수 있다. 김정일이 아버지의 후계자로 추대된 지 2년 뒤 나온 국민방첩연구소의 『북한용어대백과』에서 '김정일 탄생 33주년축하문'에 대한 언급이 있다.[23] 백과사전에 따르면 북한 당국은 전체 기

---

18 "친애하는 지도자 김정일동지의 현명한 령도따라 주체위업의 종국적 승리를 향하여 힘차게 앞으로!", ≪조선인민군≫, 1982년 2월 16일 자, 1면.

19 "金正一의 正體", ≪경향신문≫, 1977년 2월 24일 자, 3면.

20 *Pregnancy Conception Calculator*, https://www.calculator.net/pregnancy-conception-calculator.html

21 「金日成給周保中, 金策的信」, 『东北地区革命历史文件汇集』, 甲61册, 哈尔滨: 黑龙江省出版总社, 1990, 第371-381页.

22 「周保中致王新林的信」, 『东北地区革命历史文件汇集』, 甲61册, 哈尔滨: 黑龙江省出版总社, 1990, 第338页;「周保中给金策, 张寿篯的信」, 『东北地区革命历史文件汇集』, 甲61册, 哈尔滨: 黑龙江省出版总社, 1990, 第347页.

23 國民防諜研究所,「김정일 탄생 33주년축하문」, 『北韓用語大百科』, 서울: 國民防諜研究

관, 기업소 그리고 공장에 1974년 2월 19일 33살이 된 김정일에게 축하 전문을 보내라고 지시했다. 남한과 달리 북한에서는 햇수 나이 제도를 아예 사용하지 않는다. 즉, 당시 북한도 김정일이 1941년생이라는 사실을 인정했다.

또 하나의 문제는 김정일의 아명이다. 소련에서 태어난 그는 애초에 '유라(Юра)'라는 이름을 가졌다. 일반적으로 '유라'는 러시아 이름 '유리(Юрий)'의 애칭형으로 본다. 그러나 1940년대 소련의 '유라'는 '유리'의 애칭형이었을 뿐 아니라 '게오르기(Георгий)'의 애칭형이기도 했다. 그럼 김정일은 대체 어렸을 때 '유리 김'이었나? '게오르기 김'이었나?

유라 김, 즉 김정일의 이름을 지은 사람은 해산을 도운 소련 의사였다는 증언이 있다.[24] 증언에 따르면 그는 유명한 소련 장군의 이름을 주었다. 당시 소명장의 목록을 보면 '유리'라는 장성은 보이지 않는데, 유명한 '게오르기' 장군이 있다. 이 장군은 한국에서도 비교적 잘 알려져 있는 인물이다. 바로 게오르기 주코프(Георгий Жуков)다. 주코프 장군은 주로 1941~1945년 독소전쟁에서 명성을 얻었지만, 김정일이 태어났을 때도 소련 극동 주민들에게 인기가 있었다. 1939년 그는 '노몬한 사건'이라는 일본 군대와의 충돌에서 소련군을 승리로 이끈 사람이었다. 따라서 김정일의 정식 아명이 '유리 김'이 아니라 '게오르기 김'이었다고 추측할 수 있다.

제88독립보병여단과 김일성 제1독립대대의 대대장

1942년 여름은 독소전쟁에 결정적인 시기였다고 해도 과장은 아닐 것 같다.

所, 1976, 311쪽.

24 Игорь Морозов, *Корейский полуостров: Схватка вничью.* // НКВД, № 22. Балтимор: Vesa Vega Incorporated, 1995, стр. 42-49.

당시 독일 군대는 볼가강(Волга)에 있는 스탈린그라드(Сталинград)라는 도시를 점령하러 공격 작전을 시작할 예정이었다. 스탈린그라드가 몰락되었다면 소련 군대는 더 이상 코카서스에서 석유를 받지 못하게 되었을 것이다. 그래서 소련 군 최고사령부는 스탈린그라드 전투를 위해 최대의 병력을 동원해야 했다. 모스크바에서 내려온 명령에 따라 극동전선은 또다시 여러 사단을 독일 전선에 파견해야 했다.[25]

명령을 받은 극동전선 사령관 이오시프 아파나센코(Иосиф Апанасенко) 대장은 부하들에게 떠난 사단 대신 최소 여단을 설립하라는 명령을 하달했다. 부하들은 수용소 수감자 등 사람들을 동원해도 병력이 늘 부족해 만주 빨치산까지 붉은 군대에 동원하도록 결정했다.[26]

이에 소련 군사(軍史)에 제일 흥미로운 부대 중 하나인 제88독립보병여단(восемьдесят восьмая отдельная стрелковая бригада)(제88여단)이 생겼다. 1918년 1월 28일 노동자-농민의 붉은 군대가 설립된 날부터 1991년 12월 26일 소련이 완전히 해산될 때까지 소련 군대에서 유일한 외국인 부대는 바로 이 여단이다.

여단장으로 동북항일연합군의 고급 간부인 저우바오중(周保中)이 임명되었다. 여단은 4개의 독립대대로 설립되었고 김일성은 제1독립대대 대대장으로 임명되었다. 김일성 외에 여단의 조선인 지휘관은 여단의 중국공산당 조직 책임자 최용건과 제4독립대대의 대대장 강신태(姜信泰)였다. 강신태는 나중에 개명한 이름인 '강건'으로 더 잘 알려져 있는 인물이다.

강신태, 김일성, 최용건. 이 세 사람 중 북한의 수령으로 임명된 사람은 왜 김일성이었을까? 강신태나 최용건 그리고 다른 여단의 조선인 요원들과 비교해 김일성은 한 가지 특징이 있었다. 그는 누구보다 열심히 러시아어를 배웠

---

25 Пётр Григоренко, Дальневосточный фронт 1941-43 гг., // *В подполье можно встретить только крыс*, http://militera.lib.ru/memo/russian/grigorenko/20.html

26 Ibid.

다.[27] 그래서 다른 조선 사람과 달리 소련 지휘관들과 대화를 잘할 수 있어 인맥을 만들 수 있었다. 이 인맥은 결국 그를 북한 최고 자리에 올라가도록 만들었다.

---

27 김찬정, "빨치산만가: 김일성과 88독립여단", ≪新東亞≫, № 7, 1992, 360~387쪽.

제2장

동아시아 역사를 바꾼 일주일

1945년 소일전쟁

우리는 전 세계를 정복하려는 계급의 당이다.

— 미하일 프룬제

동아시아 역사에서 가장 중요한 일주일을 찾아보자면 틀림없이 1945년 8월 8일부터 15일까지의 일주일을 꼽을 수 있다. 8일과 15일, 두 개의 수요일 사이에 중국, 한국, 일본의 역사가 결정되었다.

여기에서 핵심 사건은 소련의 대일 선전포고였다. 연합군의 작전과 히로시마 원폭 투하로 약화된 일본제국을 공격한 소련군은 짧은 기간에 만주와 조선 반도의 북반부를 점령할 수 있었다. 원폭 투하와 소련 참전의 충격으로 일본은 항복했지만, 이 전격전은 결국 북한 정권의 탄생과 중국의 국공내전(國共內戰)에서 공산당 승리의 원인이 되었다.

1940년대 초기의 소일관계

'세계의 혁명'에 대해 외치는 '소비에트 사회주의 공화국 연방'과 '대동아공

영권'을 건설하려는 '대일본제국'. 이 두 나라의 본질과 존재의 목표는 완전히 달랐다. 그러나 역설적이게도 1940년대 초기 소련과 일본 사이의 관계는 생각보다 적대적이지 않았다. 물론, 당시 일본은 소련과 전쟁 중인 나치독일의 동맹국이었고, 공산세력을 탄압했다. 소련도 1930년대 수많은 고려인들을 '일본의 간첩'이라는 구실로 숙청했다. 두 나라 사이에는 1938년 하산 전투와 1939년 할힌골 전투와 같은 군사충돌도 있었다. 그러나 그 당시 소일관계의 결정적인 문서는 중립조약이었다. 1941년 4월 13일 채택된 이 조약에 따라 소련과 일본은 상호 불가침을 서약했다.

따라서 그 시대 소련 문서들을 보면 일본 이미지가 상당히 중립적이었다. 예컨대, 1942년에 나온 소련의 '태평양국가들' 참고서에는 일본이 추축국 중 하나인 사실에 대한 아쉬움을 표현했지만, '제국주의 침략국' 등과 같은 다른 비난 표현은 절대 사용하지 않았다.[1] 소련의 대일참전은 1945년 2월 진행된 얄타회담에서 결정되었다. 영국과 미국 요청에 따라 소련은 장차 독일이 항복하는 날부터 2~3개월 안으로 일본에 선전 포고할 것을 약속했다.[2]

그러나 당시에도 소련 당국은 일본제국의 일부였던 조선반도에 대한 정책을 확정짓지는 않았다. 조선을 아주 중요한 지역으로는 여기지 않았던 것 같다. 예컨대 앞서 언급한 '태평양국가들' 참고서에는 일본에 대해 상대적으로 자세한 서술이 있고, 일본의 역사, 행정, 정치 등의 분야와 관련된 장들이 있다. '일본의 식민지'라는 장에는 조선에 대한 내용도 나왔다.[3] 타이완이나 다른

---

1 "Япония," *Страны Тихого океана*, Москва: Советская энциклопедия, 1942, стр. 23-154.

2 Robin Edmonds, "Yalta and Potsdam: Forty Years Afterwards," *International Affairs*, Vol. 62, No. 2 (Spring 1986), pp.197-216.

3 "Корея – Chösen," *Страны Тихого океана, Москва: Советская энциклопедия*, 1942, стр. 145-149.

식민지보다는 서술이 조금 세부적이었지만 전체 일본제국에 대한 서술의 아주 작은 일부에 불과했다.

　마찬가지로 1928년 조선공산당이 해산되었다. 즉, 그때 일본공산당이나 타이완 공산당은 존재했지만[4] 조선에서 공산당은 없었다. 조선의 공산주의 운동도 소련과의 관계가 약해졌다. 따라서 1945년 8월 소일전쟁이 발발했을 때에도 한반도의 운명은 아직 알 수 없는 것이었다.

소일전쟁과 한반도 분단

　1945년 8월 8일 일본 시간으로 23시, 소련은 공식적으로 일본에 대한 선전포고를 했으며 바로 1시간 뒤 전쟁이 시작되었다. 일본 정부는 다가오는 공격에 대한 소식을 현지에 전달하지 못했다. 그래서 일본군에게 이 공격은 기습이 되어버렸다.

　소련 측에서는 자바이칼 전선(Забайкальский фронт)과 제1극동, 제2극동 전선이 참가했다. 이 세 전선(戰線)은 극동지역 소비에트군 총사령부 직속부대였고, 총사령관은 소비에트연방 원수 알렉산드르 바실렙스키(Александр Василевский)였다. 이에 맞서 만주와 조선반도를 방어할 책임을 맡은 일본군 부대는 관동군과 그 직속 만주군, 그리고 조선에 주둔한 제17방면군(方面軍)이었다. 관동군의 사령관은 야마다 오토조(山田乙三) 대장이었다.

　소련군의 병력은 일본보다 거의 2배나 더 많았고, 전차 등의 무기도 더 현대적이었다. 병사들 중 독소전쟁 경험이 있는 자들도 많았다. 따라서 이 전쟁의

4　타이완 공산당에 대해 郭杰, 白安娜 著, 李隨安, 陳進盛 譯, 『臺灣共産主義運動與共産國際 (1924-1932) 研究·檔案』, 臺北市: 中央研究院臺灣史研究所, 2010 참조.

주도권은 소련군에 있었다. 소련군은 8월 11일 함경북도 웅기(현재 선봉군), 12일 라진, 13일 청진에서 상륙작전을 진행했다. 전쟁 발발 당시 바실렙스키 원수가 조선인들에게 한 선언 중에는 "자유와 독립의 기치가 서울에서 휘날리게 될 것이다!"라는 약속도 있었으나,[5] 소련 군대는 서울까지 진군하지 못했다.[6] 그해 8월 10일 한국 역사상 가장 운명적인 결정 중 하나인 바로 38선으로 조선을 분단시키는 결정이 나왔기 때문이다.

조선반도 분단계획의 입안자들은 미국의 딘 러스크(Dean Rusk) 대령과 찰스 본스틸(Charles Bonesteel) 대령이었다. 8월 10일 그들은 미군 사령부로부터 조선반도에서 소련과의 군사분계선 제안서를 작성하라는 명령을 받았다.[7] 그들은 자신들이 갖고 있는 지도에 조선의 행정구역이 없어 이보다 지리적인 경계선인 38선을 선택했다. 러스크와 본스틸의 계획은 미국 지도부가 승인한 후 스탈린도 수락했다. 그리고 이 계획이 집행될 순간도 다가오고 있었다.

8월 6일 히로시마 원폭 투하, 8월 9일 소련 참전 및 나가사키 원폭 투하 이후 히로히토 천황과 일본제국 당국자 대부분은 더 이상 저항이 무의미하다고 생각했다. 전쟁을 계속하자는 일본의 극단주의자들은 8월 14일 쿠데타까지 시도했지만 실패했으며, 다음날인 8월 15일 히로히토 천황이 소위 '옥음방송(玉音放送)'을 통해 일본의 항복을 선언했다. 일본이 항복한다는 보도는 스탈린에게 놀라운 소식이었다. 당시 소련군은 만주국 수도였던 신징시(新京市, 현재의 장춘)

---

5 『조선 사람들이여!』, ЦАМО России, ф. 32, оп. 11318, д. 196. л. 253.

6 *Журнал боевых действий 25 армии с 9 по 19 августа 1945 г.*, ЦАМО России, ф. 379, оп. 11019, д. 8.

7 이완범, 『38선 획정의 진실, 1944-1945』, 서울: 지식산업사, 2001; Judith Munro-Leighton, "The Tokyo Surrender: A Diplomatic Marathon in Washington, August 10-14, 1945," *Pacific Historical Review*, Vol. 65, No. 3 (August 1996), pp. 455-473; Mark Barry, "The U.S. and the 1945 Division of Korea," *NK News* (12 February 2012), https://www.nknews.org/2012/02/the-u-s-and-the-1945-division-of-korea/

를 점령하지 못했고, 조선, 카라후토(樺太, 사할린 남부의 일본 영토) 그리고 쿠릴 열도에서도 전투가 계속되었다. 스탈린은 더 넓은 영토를 점령할 목적으로 일본 당국자들이 공식적으로 항복서에 서명할 때까지는 전쟁을 계속하라는 명령을 하달했다.[8]

물론 일본군은 이미 자국이 패배했다는 것을 알고 있어 사기(士氣)가 극히 하락했다. 소련군은 며칠 동안 전투를 계속했지만 만주와 조선에 있었던 일본군 장군과 부대들은 소련군에 항복하기 시작했다. 1945년 8월 19일 펑티앤(奉天) 시에서 만주국 황제 푸이(溥儀)도 포로가 되었다. 이날 만주국 자체가 멸망했다고 할 수 있다.[9]

조선과 만주 도시에 대한 소련군의 첫 인상을 비교하면 조선 도시를 더 긍정적으로 평가했다. 만주 도시에 대한 보고서에는 주로 '못 산다', '위생상태가 나쁘다'와 같은 표현이 나왔지만, 조선 도시의 경우에는 비교적 발전된 공업과 사용하기 좋은 항구에 대한 보고가 나왔다.[10] 전쟁이 진행되면서 소련 군사당국은 참전병사들을 대규모로 입당시켰다.[11] 이것은 한편으로 병사들의 사기를 높였으며 다른 한편으로 군인들에게 간접적인 전쟁에 대한 보상을 해준 것이었다.

이후 전쟁이 종결되었을 때 소련군 장교들은 "포로 중에 조선인이 상당히

---

8   Раз'яснение Генерального штаба Красной Армии о капитуляции Японии // *Правда*, 16 августа 1945 года, стр. 1.

9   Александр Притула, В августе сорок пятого, *Смена*, № 1159, сентябрь 1975, http://smena-online.ru/stories/v-avguste-sorok-pyatogo

10 *Журнал боевых действий 25 армии с 9 по 19 августа 1945 г. Приложение к журналу боевых действий*, ЦАМО России, ф. 379, оп. 11019, д. 9, лл. 35-37.

11 Борис Сапожников, *Положение в Корее: Информационная сводка*, 13 сентября 1945 года, ЦАМО России, ф. 32, оп. 11306, д. 692.

많다"라고 증언했는데,[12] 조선인 포로들은 일본인과 함께 수용소에 보내졌으며 살아남은 사람들은 1950년 중반 북한으로 귀국 허가를 받았다.[13]

'평양'을 북한 수도로 결정한 소련군

소련 당국의 결정에 따라 조선반도의 북반부 점령 책임부대는 소련군 제25군이었다. 제25군의 사령관은 이반 치스탸코프(Иван Михайлович Чистяков) 상장(上將, 3성 장군)이었다.[14] 1945~1946년에 그는 북한에서 가장 중요한 인물이 되었다.

치스탸코프 상장의 회고록에 따르면 그는 8월 25일 키릴 메레츠코프(Кирилл Мерецков) 원수의 호출을 받았으며 원수는 치스탸코프에게 북한 지역에서 군 참모부 주둔 위치를 선택하라고 명령했다. 선택지는 함흥과 평양이었다. 치스탸코프는 평양을 선택했고, 이 선택은 북한 역사에 커다란 영향을 미쳤다. 지금 북한의 수도가 평양인 이유는 바로 이 치스탸코프 상장의 선택 때문이며, 북한의 '대동강 문화' 등 평양을 신격화하는 주장들의 실체 역시 바로 이 선택 때문이었던 것이다. 다시 말해 당시 치스탸코프가 함흥을 수도로 선택했다면 북한의 역사가 상당히 달라졌을 것이라고 할 수 있다.[15]

---

12 Ibid.

13 Сергей Петрович Ким, "Репатриация японских военнопленных из СССР в 1946-1950 гг.," *Военно-исторический журнал*, № 3 (2015), стр. 69-75.

14 동시대 사료에 '대장'이라는 호칭을 볼 수 있다. 이유는 일본 군대에 3성 장군을 '대장'이라고 호칭한 것이다.

15 Иван Чистяков, *Служим Отчизне*, Москва: Воениздат, 1985, http://militera.lib.ru/memo/russian/chistyakov_im/19.html

8월 25일, 소련군 대표자 비탈리 라닌(Виталий Ланин) 중령이 평양을 방문했고, 일본군 사령관들에게 항복할 것을 지시했다.[16] 다음날인 8월 26일 평양 철도호텔에서 치스탸코프 상장은 일본군 중장 다케시타 요시하루(竹下義晴) 평양사관구(平壤師管區) 사령관의 항복을 받았다. 이렇게 북한에서는 식민지 시대가 종결되었고 소련 군정시대가 개막했다.

소일전쟁과 관련된 책에 가끔 "소련군이 서울까지 진군했지만 조선반도 분단과 관련된 명령을 받아 38선 이북으로 후퇴했다"라는 주장이 있다. 메레츠코프 원수의 회고록에서도 이런 주장이 있다.[17] 그러나 1차 사료를 보면 이 주장을 뒷받침하는 증거는 보이지 않는다. 이 신화의 원천은 현재까지 확인되지 않았지만, 일본이 항복한 뒤 한 소련군 부대가 38선을 건너갔다가 소환된 사건이 소문의 기원이 되었을 가능성이 높아 보인다.

북한 공식 역사관에서의 소일전쟁

북한 정권의 개막은 곧 소일전쟁에 의한 것이었다. 그런데 북한에서는 이 전쟁을 어떻게 기억할까? 1967년까지 북한에서는 소련군을 "조선인민을 해방한 위대한 군대"로 찬양했다. 평양에서 1947년 설립된 해방탑에는 지금도 "일본 군국주의자들의 강점으로부터 조선인민을 해방하고 자유와 독립의 길을 열어준 위대한 쏘련군대에 영광이 있으라!"라는 문구를 볼 수 있다. 그러나 1967년 5월 25일 김일성이 이른바 '5·25교시'를 내리면서 북한에서 역사왜곡이 상당히 강화되었다. 그때부터 현재까지 북한에서는 김일성이 설립한 '조선인민

16 *Журнал боевых действий 25 армии с 9 по 19 августа 1945 г. Приложение к журналу боевых действий*, ЦАМО России, ф. 379, оп. 11019, д. 9, лл. 35-37.

17 Кирилл Мерецков, *На службе народу*, Москва: Вече, 2015, стр. 456.

혁명군'이 일본을 쳐부수었다고 가르치고, 소련 군대는 이 '조선인민혁명군'의
보좌 역할을 맡았다고 주장한다.

물론 이러한 주장은 사실이 아니다. '조선인민혁명군' 자체가 존재하지 않았
고 1945년 당시 소련군 대위였던 김일성은 일본과의 전쟁에 참가한 적이 없다.
역설적이게도 소일전쟁으로 탄생한 북한이 이 전쟁에 대해 가장 기억하지 못
하는 나라가 된 것이다.

제3장

북한을 다스렸던 소련 장성들

치스탸코프와 시트코프

폭정 중에서도 약자를 위한 선의로 행해지는 폭정이 가장 가혹하다.
차라리 탐관오리 밑에서 사는 것이 도덕 따지는
참견쟁이 밑에서 사는 것보다 나을 수 있다.
— C. S. 루이스, 『피고석의 하나님: 믿음의 글들』

북한을 알려면 소련 군정을 알아야

한국 역사학에서는 한반도를 다스렸던 외국인들을 약간 무시하는 경향이 있다. 한국통감, 조선총독, 미소 군정의 수반들 중 그나마 잘 알려져 있는 인물은 존 하지(John Hodge) 미군 중장인 것 같다. 이는 한국 역사관에서 제일 큰 문제가 아닐까 싶다. 국가 지도자가 나라의 정책과 주민 생활에 커다란 영향을 미친다는 것은 객관적인 사실이다. 그 사람이 한반도 출신인지 여부는 상관없다. 따라서 한국 현대사 연구자들이 북한을 다스렸던 소련 장성들이나 대한민국 대통령들을 알아야 하는 것처럼 근대사 연구자들은 조선총독을, 광복 직후 북한을 연구하는 역사학자들은 소련 군정의 핵심적인 인물들을 모르면 안 될 것이다.

1945~1948년 사이 조선반도의 북반부를 다스린 소련 장성 중 누구보다 중요한 사람들은 치스탸코프와 테렌티 시트코프(Терентий Фомич Штыков)였다. 둘 다 3성 장군인 상장이었다.

그런데 여기서 일부 독자는 고개를 갸웃할지도 모른다. 한국의 관련 자료에는 치스탸코프와 시트코프를 일반적으로 '대장'이라고 부르기 때문이다. 이에 설명이 필요할 것 같다.

당시 조선에서 가장 잘 알려져 있는 군대는 일본군이었다. 일본군에서는 1성 장군을 '소장', 2성 장군을 '중장', 3성 장군을 '대장'이라고 불렀다. 따라서 3성 장군이었던 치스탸코프와 시트코프도 '대장'이라고 했다. 마찬가지로 국군과 달리 일본군에서 영관급 장교는 '소좌-중좌-대좌'라고 불렀기 때문에 당시 문서에서 '익나티예프 대좌'라는 표현을 볼 수 있다. 게다가 당시 북한 문서에는 소련의 4성 장군에 대해 '총장(總將)'이라는 좀 어색한 표현까지 나왔다.[1] 그러나 필자는 소련 군대의 계급을 번역할 때 가능하면 국군의 명칭을 쓰고, 그렇지 않다면 북한 명칭을 쓰는 것이 정확하다고 생각한다. 일본제국의 군사 전통은 소련과 아무 관계가 없기 때문이다. 러시아나 소련군의 장교 군사계급을 표현할 때 '소위-중위-상위-대위-소령-중령-대령-소장-중장-상장-대장-원수-대원수' 순으로 한다. 따라서 치스탸코프 사령관도 '상장'이라고 부르는 것이 맞다.

마찬가지로 여러 한국 책에서 치스탸코프를 '치스치아코프', 시트코프를 '스티코프', '시티코프', '슈티코프', '쉬띠꼬프' 등으로 부르는 사례가 많다. 특히 '치스치아코프'와 '스티코프'는 러시아어 발음이 아니라 영어 발음을 한글로 옮긴 표현이기 때문에 원어 발음과 맞지 않는다는 것을 강조하고 싶다.

---

1 『朝鮮人民軍 內務規定 (運動用)』, 平壤: 朝鮮民主主義人民共和國 民族保衛省, 161쪽.

이반 치스탸코프

1900년생인 치스탸코프는 1917년 10월 사회주의 혁명이 발발한 지 얼마 안 된 1918년 붉은 군대에 입대했고, 러시아 내전 당시 볼셰비키(большевики)를 위해 싸웠다. 내전 당시 이 젊은 병사는 툴라 주(Тульская область)에서 농민 반란을 진압했고, 백군의 유명한 장군인 표트르 코라스노프(Пётр Краснов)의 부대와 싸우다가 부상을 당한 적도 있었다. 1920년 그는 기관총병 군사학교를 졸업해 붉은 군대의 지휘관이 되었다.

스탈린 시대가 개막한 뒤에도 치스탸코프는 계속 진급해 1938년 대령이 되었다. 1936년부터는 극동지역에 복무했고, 1941년 군단장까지 올라갔다. 1941년 6월 나치독일이 소련을 공격해 러시아와 독일 역사상 가장 피비린내 나는 전쟁인 독소전쟁이 발발하면서, 치스탸코프 대령은 긴급 교육을 받고 모스크바를 옹위하던 제64독립해병여단의 여단장으로 임명되었다. 1945년 5월 독일이 항복할 때까지 치스탸코프는 전선에 있었고 상장까지 진급했다.[2]

독소전쟁이 종결된 지 얼마 안 되 치스탸코프 상장은 제25군의 사령관으로 임명되었는데, 바로 이 직위는 치스탸코프 인생에서 가장 중요한 임무가 되었다. 제2차 세계대전 말기 소련의 점령지에 대한 정책을 보면 소련 당국은 일반적으로 적군의 항복을 받으면 임시 군사점령정권을 만들었다는 것을 알 수 있다. 정권은 주로 민간인과의 관계에 대한 교육을 받았던 정치장교들이 수립했지만, 정권의 수반은 바로 이 지역을 점령한 부대의 사령관이 되었다. 물론 정치장교들과 달리 사령관은 전투병과 출신이어서 사령관의 영도방식은 각자의 특색이 있었다.

---

2   Чистяков Иван Михайлович // *Великая Отечественная. Командармы. Военный биографический словарь*, Москва: Кучково поле, 2005, стр. 261-262.

일본제국이 항복하면서 조선반도 북반부를 점령한 군대는 바로 제25군이 되었다. 따라서 제25군 사령관이었던 치스탸코프 상장이 북한의 첫 번째 지도자가 된 것이다. 그의 첫 결정은 평양을 북한의 행정수도로 선택한 것이었다. 소련군은 행정수도의 기본 선택지로 함흥을 꼽았지

〈그림 1-3-1〉 치스탸코프

자료: 8·15 해방 일주년기럼 중앙준비위원회. 『북조선민주주의건설 사진첩』, 평양, 1946. 원본은 국사편찬위원회 사료관에 보관되어 있다.

만,[3] 제1극동전선사령관인 메레츠코프 원수는 차스탸코프에게 함흥과 평양 중에서 선택할 것을 지시했다. 치스탸코프가 평양을 선택하면서 평양은 결국 북한의 '혁명의 수도'가 되었다.[4]

붉은 군대의 최고 사령관은 무시무시한 독재자 스탈린의 군대였지만, 그 장성들 중에는 비교적 착한 사람들도 있었다. 예컨대 전쟁 여파로 파괴된 베를린시에서 주민들에게 급식을 제공하고 도시 복원을 위해 노력했던 니콜라이 베르자린(Николай Берзарин) 상장을 현재 독일에서는 고맙게 기억하고 있다.[5] 그

---

3 Донесение командующего войсками 1-го Дальневосточного фронта главнокомандующему Советскими войсками на Дальнем Востоке с соображениями о послевоенной дислокации войск на Дальнем Востоке, 24 августа 1945 г. ЦАМО России, ф. 66, оп. 117499, д. 1, лл. 376-378.

4 Иван Чистяков, Служим Отчизне, Москва: Воениздат, 1985, http://militera.lib.ru/memo/russian/chistyakov_im/19.html

5 Erich Kuby, Die Russen in Berlin 1945, München: Scherz Verlag, 1965.

러나 당시 사료들을 보면 치스탸코프는 베르자린 장군과 완전히 다른 인물인 것을 알 수 있다.

광복 직후 북한 관련 사료 중 가장 흥미로운 것은 붉은 군대 장교였던 게오르기 표도로프(Георгий Фёдоров) 중령과 유리 립시츠(Юрий Лившиц) 소령의 보고 요지다. 1945년 가을 표도로프와 립시츠는 조선반도 북반부의 농업실태를 알아보라는 임무를 받고 북한으로 출장을 갔다. 립시츠 소령은 일본어를 유창하게 구사할 수 있었는데, 극동 군구(軍區) 사령부는 이 능력이 도움이 될 수 있다고 생각했다.

그런데 표도로프와 립시츠는 자신들이 목격한 북한의 모습에 충격을 받았다. 그들이 작성한 보고 요지를 읽어보면 치스탸코프는 무능하고 잔혹한 인물이었다는 것을 알 수 있다. 치스탸코프 상장은 북한에 대해 별로 신경을 쓰지 않았다. 일본이 항복해 공장들이 작동을 정지했고, 기차들은 운행하지 않았으며 생산 자체가 거의 멎어버렸다. 농민들이 거둔 대부분의 수확고는 붉은 군대에게 빼앗기는 공출계획이 실행되고 있었다. 치스탸코프는 이 무시무시한 상황에서 벗어나려는 노력을 하지 않았고, 황해도 신천군에서 반(反)소련 시위가 벌어지자 '조선 주민 절반을 교살하겠다'라고 위협까지 했었다.

일본 민간인에 대한 치스탸코프의 정책도 비슷했다. 그는 이들을 '특정 지구'에 수용하도록 했고 밀집되고 비위생적인 상태에서 식량 부족으로 굶어 죽었던 민간인들을 도와주기는커녕 일본 민간인들에게 쌀을 공급하자고 한 부하의 제안까지 거부했다. 표도로프와 립시츠는 이렇게 증언했다. "고급 군 지휘관의 일본인 주민들에 대한 태도는 지휘관들이 자주 하는 말로 표현할 수 있습니다. '놈들은 뒈져도 돼!'"

사령관을 비판하는 것은 언제나 위험한 일이지만 스탈린 시대 소련 군대에서는 더욱 그랬다. 그러나 표도로프 중령과 립시츠 소령은 북한주민들을 위해 용감하게 진실을 보고했다.[6] 이 보고 요지가 결정적인 요인이었는지는 알 수 없지만, 치스탸코프가 군구 사령관 메레츠코프 원수로부터 일본 민간인 문제를 해결하라는 명령을 받아[7] 1946년 쌀을 공급하기 시작했다. 그리고 1946년 3월 미소 공동위원회가 설립되어 이 위원회의 소련 측 대표인 시트코프가 북한의 새로운 지도자가 되었다.

치스탸코프가 처벌을 받지 않았다고 하면 과장이 아닐 것이다. 1947년에 북조선에서 출발한 그는 동독을 비롯한 여러 곳에 복무했다. 그는 1979년, 즉 소련 개방 전에 사망했다. 다만 치스탸코프의 공식 회고록을 보면 이 사건이 장군의 인생에 영향을 미쳤다는 암시를 찾을 수 있다.[8] 이 회고록은 소련 공식 역사관과 일치되고 검열을 받은 도서였지만, 책을 보면 치스탸코프가 자신을 '정치에 관심 없는 직업 군인'으로 보이도록 노력한 느낌을 받을 수 있다. 메레츠코프 원수로부터 비난을 받았던 장군이 회고록을 일부러 그렇게 썼는지 알 수 없다.

테렌티 시트코프

러시아에서 '테렌티'는 흔한 이름이 아니다. 러시아인에게는 좀 예스럽게 들리는데, '옛날에 시골주민들이 사용하던 이름' 정도로 느껴진다. 1907년생인

---

6 Фёдоров, Лившиц, "Докладная записка," *Разные материалы, поступившие из Гражданской администрации Северной Кореи*, ЦАМО России, ф. 172, оп. 614631, д. 37, лл. 14-32. 필자가 쓴 책에 러시아 원문과 한국어 번역을 참고할 수 있다. 표도르 쩨르치즈스키(이휘성), 『김일성 이전에 북한: 1945년 8월 9일 소련군 참전부터 10월 14일 평양 연설까지』, 파주: 한울 아카데미, 2018, 172~210쪽.

7 Постановление Военного Совета 25 армии Приморского военного округа // *Постановления Военного Совета 25 армии за 1946 год*, 15 января 1946 года, ЦАМО России, ф. 25А, оп. 532092, д. 1, лл. 3-5.

8 Иван Чистяков, *Служим Отчизне*, Москва: Воениздат, 1985.

〈그림 1-3-2〉 시트코프

자료: 무명 작가가 찍은 사진이다. 시트코프의 군복을 보면 사진은 1942년 이전에 찍었다고 판단할 수 있다. https://735606.selcdn.ru/thumbnails/photos/2017/09/15/rg3h4kyjqtvr90qx_1024.jpg

시트코프는 실제로 벨라루시 농민 출신이었다. 1920년 그는 페트로그라드(1924년부터 레닌그라드, 현재 상트페테르부르크)로 이주했고 노동자로 일하게 되었다. 소련에서 노동자가 공산당에 입당하는 것은 쉬운 일이었기 때문에 젊은 노동자인 시트코프는 볼셰비키당 당원이 되어 당의 청년조직인 콤소몰의 간부가 되었다.[9]

시트코프는 당시 레닌그라드 당위원회 제1비서인 안드레이 즈다노프(Андрей Жданов)와 만났고, 그의 마음에 들게 되었다. 즈다노프를 소련의 2인자로 평가하는 사람들이 많았고, 스탈린의 후계자가 될 수도 있다고 예측한 사람들도 적지 않았다. 즈다노프의 피후견인이 된 시트코프의 출세는 기적과 같았다. 만 31살이던 1938년 레닌그라드 당위원회의 제2비서가 되었고, 1939~1940년 발발한 소련·핀란드전쟁에 제7군 군사위원회 위원(정치장교)으로 복무했다. 정식으로 군사교육을 받지는 못했지만 그는 1944년에 이르러 사실상 정치장교가 받을 수 있었던 최고계급인

---

9 *Терентий Фомич Штыков* // Hrono.ru, http://www.hrono.ru/biograf/bio_sh/shtykov_tf.php

상장을 수여받았다. 독소전쟁 당시 시트코프는 해당 전선에 복무하다가 1945년 4월부터 아시아로 배치되었다.[10]

1946년 3월 미소 공동위원회의 소련 측 대표가 된 그는 결국 북한 전체를 다스리게 되었다. 북한 정치, 경제, 교육 등의 분야에서 많은 결정을 내렸고, 토지개혁, 북한헌법 작성, 선거, 내각 설립 등 시트코프의 지도하에 북한 정권 수립이 진행되었다. 북한 정권 수립 직후 시트코프는 주북한 소련대사로 임명되었다.[11]

치스탸코프에 비해 시트코프의 지도방식은 좀 더 인간적이었다. 러시아 기록원들에게 북한 경제 발전을 위한 추가 투자를 요청하거나 북한 예산에서 소련 군대 급양 부담을 줄이도록 요청하는 등의 시트코프의 여러 보고서를 찾을 수 있다.[12] 그러나 시트코프를 긍정적으로 평가하기는 어렵다. 그는 6·25전쟁을 일으킨 핵심인물이기 때문이다. 사실상 주범이었다. '남조선 해방'은 원래 김일성과 박헌영의 계획이었지만, 시트코프의 승인 없이는 절대 실현될 수 없었다. 스탈린의 대숙청과 독소전쟁을 직접 경험했던 시트코프는 생명의 가치를 경시하게 되면서 '남조선 해방 전격전' 계획을 마음에 들어 했다.

스탈린은 애초 전쟁을 극도로 반대했지만 시트코프의 지속적인 설득으로 결국 승인했다. '시트코프(Штыков)'라는 성씨는 '총검'이라는 뜻인데, 시트코프가 정말 전쟁의 총검이 된 셈이다. 그러나 시트코프의 계획과 달리 북한은 6·25전쟁에서 승리하지 못했다. 1950년 10월 유엔군의 반격으로 북한 정권이 평양에서 탈출하면서 소련 지도부는 시트코프에게 다음과 같은 징벌을 내렸다.

---

10   Ibid.

11   Ibid.

12   예컨대 *Донесения о положении в Северной Корее за 1947*, РГАСПИ, ф. 17, оп. 128, д. 392, л. 120 참조.

시트코프 동지에게 당적 엄중책임을 추궁함.

시트코프 동지의 군사계급을 중장으로 강등함.

시트코프 동지를 앞으로 민간분야에서 근무하도록 예비역으로 전역시킴.[13]

시트코프는 소환된 이후 다시는 북한을 방문한 적이 없지만, 여전히 고위급 간부로 남았다. 여러 소련 주(州) 가운데 공산당 주 위원회 제1비서를 지냈고, 1959년부터는 주헝가리 대사로 근무했다. 시트코프는 사회주의권에서 가장 온건한 지도자 중 한 명인 헝가리의 국가수반 가다르 야노쉬(Kádár János)와 성격이 맞지 않았다. 소련 기자 이반 로보다(Иван Лобода)는 시트코프가 가다르와 한 번 싸운 적이 있는데, 가다르에게 "(1956년 헝가리 봉기 당시) 너를 처형시키지 않아서 참으로 아쉬워"라고 했다는 소문까지 있었다고 했다.[14] 1960년에 그는 헝가리에서 떠났고 1964년에 모스크바에서 사망했다. 그의 사망에 대해 알게 된 김일성은 소련대사에게 '시트코프는 일찍 죽었고, 그는 20년 더 살 수 있었겠군'이라고 했다.[15]

시트코프는 스탈린 시대의 대표적인 인물이라고 할 수 있다. 고급 간부가 된 이 농민 출신 노동자는 주변 대부분의 사람들처럼 국가의 이익과 사회주의권 확장을 위해서 수백만 명이 죽어도 상관없다고 생각했다. 결국 한국에 가장 큰 피해를 준 외국인 한 명을 든다면 6·25전쟁을 일으킨 주북한 소련대사 시트코프라고 할 수 있겠다.

13 *Протокол № 80. От 3.II.51 г. 175. О тов. Штыкове*, РГАСПИ, ф. 17, оп. 3, д. 1087, л. 34.

14 Георгий Туманов, "Как изготовляли великого вождя," *Новое время*, № 16(1993), стр. 32-34; 안드레이 란코프가 이반 로보다와 한 인터뷰, 1990년 11월.

15 *Дневник посла СССР в КНДР В. П. Московского за 1964 год, том 2*, АВП РФ, ф. 0102, оп. 20, п. 101, л. 138.

제4장

사료에 비친 33세 김일성

권력을 향한 질주

너의 힘은 남의 약함으로 우연히 생긴 일이다.

— 조지프 콘래드, 『어둠의 심연』

제2차 세계대전이 종결된 지 얼마 안 되 소련 당국은 북한 지도자로 김일성을 임명했다. 이 선택은 북한은 물론 한반도 전체 역사에 커다란 영향을 미쳤다. 만일 스탈린이 김일성이 아니라 다른 후보자를 뽑았다면 우리는 지금 김정일과 김정은이라는 이름조차 모르고 오진우, 최용건 등 빨치산파 출신 북한 정치인들을 결코 알 수 없었을 것이다. 그랬다면 김일성에 대해서도 만주 항일운동을 전공하는 역사학자들만 알았을 것이다. 그런 김일성이 어떻게, 그리고 왜 북한 지도자로 뽑히게 되었나? 현재 접근할 수 있는 사료들을 보면 김일성 옹립 과정은 여러 단계로 진행된 것으로 보인다. 각각의 단계를 살펴보자.

문일의 김일성 추천과 메클레르의 보고서

1945년 봄, 소련은 미국과 영국의 요청에 따라 대일전쟁 참가를 결정했다.

이 전쟁에서 조선반도를 점령할 가능성이 높다고 봤는데, 그럴 경우 조선에 위성정권을 만들어야 하고, 따라서 소련은 조선의 지도자가 될 사람이 필요하다고 봤다. 소련 당국은 이 지도자가 고려인이나 조선인이어야 한다고 결정했다. 볼셰비키당 중앙위원회(중앙위) 지시에 따라 중앙위 대표자들이 후보자를 물색하기 시작했다. 1940년대 중반 김일성종합대학 부총장으로 일했던 박일(표트르 박, Пётр Пак)의 증언에 따르면 중앙위에 김일성에 대해 알려준 이는 문일(文日)이었다. '문에리(Мун Эри)' 또는 '에릭 알렉산드로비치 문(Эрик Александрович Мун)'이라는 이름으로도 알려져 있는 문일은 이후 1950년대 초까지 김일성 비서로 일했다. 문일은 "하바롭스크 쪽에 위치한 부대에 '김씨 성을 가진 사람'이 복무하고 있다"라며 아마 이 사람이 좋은 후보자가 될 수 있지 않겠냐고 했다.[1] 이 '김씨'는 바로 제88여단 제1독립대대 대대장 김일성 대위였다.

그러나 1945년 8월을 기준으로 북조선 지도자 문제에 대해서는 아직 결정된 것이 없었다. 소련 당국은 제25군 정찰부에 북조선 지도자 자리에 오를 후보자 목록을 작성하라고 지시했다. 제25군 정치부는 후보자 훈련을 시켜야 했다. 후보자들이 갖춰야 하는 사회적 배경, 교육, 정치적 의견, 개인 버릇 등의 규준들이 있었다.[2]

정찰부는 명령에 따라 후보자 목록을 만들었다. 그러나 정치부가 이 목록을 확인했을 때 모든 규준에 맞는 후보자는 한 명도 없었다. 정치부는 정찰부와 싸우고 싶지 않았기에 이 문제를 무시했고, 목록에 오른 후보자들에게 정치 교

1 Андрей Смирнов, "Как Советская Армия внедрила в Северную Корею президента Ким Ир Сена и его правительство," *Совершенно секретно*, № 8(1992), стр. 10-11.

2 Анатолий Журин. Сделан в СССР // *Совершенно секретно*, № 9/268, https://web. archive.org/web/20150628072203/http://www.sovsekretno.ru/articles/id/2889/ 이 칼럼은 저자 아나톨리 주린(Анатолий Журин)의 친구 보리스 크리시툴(Борис Криштул)이 1984년 레베데프 소장과 했던 인터뷰를 기반으로 쓴 것이다.

육을 시키도록 했다. 그리고 후보자 목록을 모스크바에 보냈다. 이제 스탈린은 최종 결정을 내려야 했다.[3]

목록은 여러 분류로 나뉘어 있었다. 첫째는 김용범, 박정애(베라 최, Вера Цой), 장시우, 김광진, 박정호, 양영순 등 국제공산당 일꾼들이었다. 둘째는 독립동맹지도자인 김두봉과 연안파 구성원들이었다. 셋째는 조만식을 비롯한 조선 현지 민족주의자파 지도자들이었다. 넷째는 허가이, 유성철, 박병률, 김찬 등의 소련 고려인들이었다. 여기서 볼 수 있듯이 후보자들의 배경은 매우 다양했고, 당시 소련은 다소 가부장적인 나라였지만 후보자들 중에는 여성(박정애)도 있었다.[4] 제25군 장교들 중에는 번역가 미하일 강 소령을 내세우면 좋겠다고 하는 사람들이 있었다는 증언도 있다. 그러나 미하일 강은 최종 후보자 목록에 포함되지 않았다.[5]

후보자들은 많았지만 이들은 모두 실패했다. 제25군 군사위원회 위원 니콜라이 레베데프(Николай Лебедев) 소장이 훗날 밝힌 것처럼 실패한 핵심적인 이유는 소련 경찰인 내무인민위원회와 군사정찰기관인 노동자·농민 붉은 군대 총참모부 정찰국 사이의 갈등이었을 가능성이 크다. 내무인민위원이었던 라브렌티 베리야(Лаврентий Берия)는 정찰국의 영향을 줄이고 싶어 했다. 이를 위해 가장 효과적인 방법 중 하나는 스탈린에게 내무인민위원회가 정찰국보다 더 효과적으로 임무를 수행하는 것을 보여주는 것이었다. 그래서 베리야는 부하들에게 북조선 수령 자리에 더 적합한 후보자를 찾아보라고 지시했다.[6]

3   Ibid.

4   Гавриил Коротков, Сталин и Корейская война // *Война в Корее 1950-1953 гг.: взгляд через 50 лет.* Тула: Grif i Ko, стр. 67-89.

5   안드레이 란코프가 이반 로보다와 한 인터뷰, 1990년 11월.

6   Анатолий Журин, Сделан в СССР // *Совершенно секретно*, № 9/268, https://web.archive.org/web/20150628072203/http://www.sovsekretno.ru/articles/id/2889/

〈그림 1-4-1〉 1945년 10월 14일 김일성

주: 김일성 양복에 달린 붉은 기 훈장을 볼 수 있다. 김일성
    옆에 서 있는 장교는 미하일 강 소령이고, 뒤쪽에 소련군
    장군들이 서 있다. 오른쪽에서 왼쪽으로 레베데프 소장,
    안드레이 로마넨코 소장, 치스탸코프 상장이다.
자료: 8·15 해방 일주년기념 중앙준비위원회. 『북조선민주주
    의건설 사진첩』, 평양, 1946. 원문은 국사편찬위원회 사
    료관에 보관되어 있다.

주: 위의 사진이 북한에서는 이렇게 수정되었다.
자료: http://www.korean-books.com.kp/ko/memoirs/index.php?
    id=229

여기서 문일의 추천이 영향을 미쳤는지 알 수 없지만, 소련 당국은 김일성을 후보자로 고려하기 시작했고, 김일성의 성격에 대해 추가 검토가 필요해졌다. 1945년 8월 일본 항복 직후 붉은 군대 중령이었던 그리고리 메클레르(Григорий Конович Меклер)가 제1극동전선 사령관 메레츠코프 원수로부터 호출을 받았다. 메레츠코프 원수와 전선 군사위원회 위원(정치장교)이었던 시트코프가 메클레르에게 제88여단을 찾아 제1대대를 지휘하는 조선인에 대한 보고서를 작성

하라고 명령했다. 명령을 받은 메클레르는 현지를 방문했고 김일성에 대해 아주 긍정적인 인상을 받았다. 김일성은 중국어와 러시아어를 구사할 줄 알았고, 부대에서 인기 있는 사령관처럼 보였다. 메클레르는 곧 김일성에 대한 보고서를 작성했고 메레츠코프 원수에게 제출했다. 결과적으로 이 보고서는 김일성의 옹립에 큰 영향을 미친 것으로 보인다.[7]

사령부는 김일성을 또 한 번 호출한 적이 있었다. 이때 김일성과 대화한 사람들은 제2극동전선 사령관 막심 푸르카예프(Максим Пуркаев) 대장, 극동지역 소비에트 군대 총사령부 군사위원회 위원 이오시프 시킨(Иосиф Васильевич Шикин) 상장이었다. 시킨은 김일성의 신분을 확인했다. 대위는 진짜 평양 남쪽에서 태어난 조선인인지, 중국공산당 당원인지, 기혼자인지 등을 물어봤다. 시킨은 김일성의 답을 들으면서 "당신을 조선에 파견한다면 어떻게 생각하오?"라고 물어봤다. 김일성은 "세계 혁명의 대의에 도움이 된다면 항상 준비되어 있습니다"라며 열정적으로 답했다. 시킨 장군은 이런 답변이 참으로 마음에 들었다.[8]

이 대화는 아직 수령 자리를 위한 면접이 아니었다. 소련군 당국은 김일성을 아직은 훨씬 낮은 직위에 임명하려고 했다. 이 직위는 평양 경무관 바실리 코롤료프(Василий Фёдорович Королёв) 대령의 부관(副官)이었다.[9]

김일성은 1945년 9월 19일 북한으로 귀국했다. 조선에서 김일성을 소련 장성들에게 소개해준 사람은 문일이었다. 아마도 그는 다시 한 번 북한 역사에 결정적인 영향을 미친 것 같다. 장성들은 김일성을 좋아했다. 김일성과 그의 전우들은 나중에 상인이 되려고 했지만, 레베데프 소장은 그들에게 더 적극적으로 행동하라고 조언했다.[10]

7　Андрей Почтарёв, Тайный советник "солнца нации" // *Независимое военное обозрение,* 14 января 2005 года, http://nvo.ng.ru/history/2005-01-14/5_kim_ir_sen.html

8　가브릴 코로트코프, 『스탈린과 김일성』, 제1권, 어건주 옮김, 서울: 東亞日報社, 1992, 180쪽. 이 책은 한국어로 출판되었지만 러시아어 원문이 나온 적은 없었다. 아마도 원문 초고는 처음부터 번역을 위해 쓴 것처럼 보인다. 아쉽게도 이 책의 번역의 질은 매우 나쁘다. 그래도 이 책은 김일성 집권에 관한 유일한 정보를 담고 있다.

9　*Список личного состава 1-го батальона 88-й отд. стр. Бригады 2-го Дальневосточного фронта, предназначенного для работы в Корее,* ЦАМО России, ф. 3, оп. 19121, д. 2, лл. 14-15.

10　안드레이 란코프가 니콜라이 레베데프와 한 인터뷰, 1990년 1월 19일.

평양에 도착한 김일성은 소련군 장성들에게 상당히 긍정적인 인상을 주었고, 북조선 지도자 자리에 좋은 후보자처럼 보였다. 붉은 군대 장교이고 러시아어를 능숙하게 구사하는 그는 '자기 사람'처럼 보였다. 그리고 평안남도 출신인 그는 고려인들과 달리 현지인이었기 때문에 외세가 파견한 '총독'처럼 보이지 않았다.

스탈린의 결정을 기다리면서 장성은 직접 김일성을 내세우기 시작했다. 제25군의 계획은 북조선에서 공산주의자뿐 아니라 모든 정치 세력을 포함하는 통합 조직이 생긴다면 이 조직의 수관으로 김일성을 임명하려고 했다.[11] 그래서 10월 조선공산당 북부조선분국이 생겼을 때 제1비서로 김일성이 아니라 박정애의 남편 김용범을 임명했다.[12]

제25군은 김일성을 다른 후보자들처럼 지도자 후보자로 훈련시키기 시작했다. 특히 김일성은 마르크스-레닌주의에 대한 지식이 매우 부족했다. 레베데프 소장은 김일성이 기초 사상교육을 받을 수 있도록 집중훈련을 시켰다.[13] 잘 알려져 있는 것처럼 김일성이 처음 공개행사에 나온 것은 1945년 10월 14일이었다. 민간복을 입고 있는 김일성의 가슴에 소련의 붉은 기 훈장이 있었다.[14] 물론 현재 북한에서 출판되는 사진들에서 이 훈장은 삭제되어 있다.

나중에 이 행사를 '김일성 환영 시위'로 기억하는 사람들이 많지만 행사에서

11   Лившиц. Информационная сводка о состоянии компартии в северных провинциях Кореи // *Документы, характеризующие политические партии и общественные организации Северной Кореи за 1945 г.*, 20 октября 1945 года, ЦАМО России, ф. 172, оп. 614630, д. 5, лл. 45-51.

12   Ibid.

13   Анатолий Журин. Сделан в СССР // *Совершенно секретно*, № 9/268, https://web.archive.org/web/20150628072203/http://www.sovsekretno.ru/articles/id/2889/

14   Валерий Янковский, *От Гроба Господня до гроба Гулага: быль*, Ковров: Маштекс, 2000, стр. 89-91.

〈그림 1-4-2〉 김일성의 첫 번째 등장

주: 1945년 10월 14일 평양. 뒤에 '스탈린 만세! 노동자-농민의 붉은 군대를 환영합니다!
(Да здравствует Сталин! Привет РККА!)'라는 구호가 보인다.
자료: 1945년에 무명 작가가 찍은 사진이다. 원문은 미국 국립문서기록관리청에 보관되어
있다. 복사본은 http://www.ohmynews.com/NWS_Web/View/at_pg.aspx?CNTN_CD=
A0002501183 참조.

걸어놓은 구호를 보면 명확하게 김일성 환영 행사가 아니라 스탈린과 붉은 군
대를 찬양한 시위였다. 당시 제25군의 사령부는 아직 스탈린의 승인을 받지 못
해 김일성 환영 행사를 소집할 수 없었다.

　얼마 뒤 소련 지도부는 김일성을 지도자로 임명하기 위한 추천서를 받았다.
글쓴이가 누군지 알 수는 없지만, 스타일을 보면 당시 연해군구 군사위원회 위
원이었던 시트코프 상장일 가능성이 높다. 추천서의 수신인은 당 비서 게오르
기 말렌코프(Георгий Максимилианович Маленков), 국방 인민위원 보좌 니콜라이
불가닌(Николай Александрович Булганин), 붉은 육군 총정치국 국장 시킨이었다.
보고서는 김일성이 '10년 동안' 만주에서 빨치산 활동을 했고 '1941년부터'
1945년까지 붉은 군대에 대대장으로 복무했다는 주장이 포함되었다. 보고서
는 또한 '김일성의 이름은 조선 인민에게 잘 알려져 있다', 김일성이 '조선 인민

의 항일 영웅'이며 '조선 인민 사이에는 이 사람에 대한 수많은 일화가 있다'라는 주장도 있었다.[15]

아마도 베리야는 그때 김일성의 존재를 알게 된 것 같다. 그리고 그는 즉시 김일성을 스탈린에게 추천했다. 베리야는 군인들이 작성한 후보자 목록이 문제가 있다고 스탈린에게 보여준 바 있다. 앞에서 말했듯이 이 목록에 있는 후보자들은 소련 정부가 내려준 규준에 맞지 않았다. 베리야는 이 사람들과 달리 김일성이 적합한 후보자라고 강조했다. 그래서 제25군은 다른 후보자를 더 이상 훈련시키지 말고 김일성에 집중하라는 지시를 받게 되었다.[16] 레베데프 소장에 따르면 스탈린은 이 결정에 대해 정치국 위원 즈다노프에게 알렸고, 즈다노프는 자신과 친한 연해군구 정치부사령관 시트코프에게 알렸다. 그리고 바로 시트코프가 김일성이 선택된 것을 평양에 있는 제25군의 참모부에 전달했다.[17]

스탈린의 결정은 1945년 12월에 나온 것으로 보인다. 1945년 12월 작성했던 소련 자료에 김일성은 아직 장래 북조선의 수령이 아니라 '인민 사이에 큰 인기가 있는 당의 탁월한 활동가(видный деятель партии, пользующийся большой личной популярностью в народе)'라고 묘사되었다. 따라서 당시에는 이러한 결정이 아직 나오지 않았다고 볼 수 있다.[18] 그러나 1945년 12월 14일 공산당 분국 기관지 ≪정로≫는 김일성을 '장군', '진정한 애국자', '위대한 지도자'라고 부르

---

15 *Секретарю ЦК ВКП/б/ тов. Маленкову, заместителю народного комиссара обороны – генерал-армии – тов. Булганину, начальнику Главного политического управления Красной Армии генерал-полковнику тов. Шикину*, ЦАМО России, ф. 172, оп. 614631, д. 23, лл. 21-26.

16 Анатолий Журин. Сделан в СССР // *Совершенно секретно*, № 9/268, https://web. archive.org/web/20150628072203/http://www.sovsekretno.ru/articles/id/2889/

17 안드레이 란코프가 니콜라이 레베데프와 한 인터뷰, 1990년 1월 19일.

18 *Справка-доклад о политическом положении в Северной Корее.* (필자가 입수한 자료)

기 시작했다.[19] 12월 21일 그는 당 분국 책임비서에 오르며 명확하게 북조선의 최고간부가 되었다.[20] 그리고 이후 1946년 2월 8일 김일성은 소련의 계획에 따라 북조선 임시인민위원회 위원장으로도 임명되어 정부 기관의 수관 자리도 장악했다.

왜 김일성이었나?

아마도 김일성 성공의 주 요인은 유력한 다른 후보자가 없었기 때문으로 보인다. 사회주의권에 새로 진입한 나라들 중에는 수령 문제 자체가 부각될 수 없는 나라들이 있었다. 예컨대 불가리아에서는 디미트로프밖에 권력을 잡을 수 있는 사람이 없었다. 그는 원래 국제 공산당 집행위원회 위원장이었기 때문이다. 1941년에도 그는 소련으로 넘어온 김일성의 신분 확인을 맡았다. 체코슬로바키아에서도 그랬다. 체코슬로바키아 공산주의 운동의 지도자 클레멘트 고트발트(Klement Gottwald)는 스탈린이 소련을 다스린 것만큼 오랫동안 공산당 총비서 자리를 유지했다.

그런데 조선에서의 상황은 완전히 달랐다. 히로히토 천황이 연설한 당시를 기준으로 보면 조선에 공산당은 아예 존재하지 않았다. 원래 '조선공산당'이라는 조직들은 있었지만 조선 공산주의자들이 옥신각신하는 모습과 그들의 언쟁이나 종파 싸움을 본 국제공산당의 지도부는 귀찮다는 이유로 조선공산당 해산 결정을 내렸다. 1945년 8월 경성에서 조선공산당이 부활했지만 당수 박헌영이 제25군과 연락이 닿았을 때 후보자 목록은 이미 모스크바에 보내진 것 같다.

---

19 "金日成 將軍에게 보내는 멧세이지", ≪正路≫, 1945년 12월 14일 자, 2면.
20 "分局責任秘書에 金日成同志就任", ≪正路≫, 1945년 12월 21일 자, 1면.

1945년 12월 김일성의 임명은 임시적이었던 것으로 보인다. 1946년 미소 공동위원회 토론 중 소련은 조선통일민주정부 구성원 후보자의 목록을 작성했고, 이 목록 초고에는 수상으로 여운형이 언급되었으며 김일성은 내무상(內務相, 경찰 기관 책임관)이었다.[21] 그러나 수정된 목록에서 김일성은 군무상(軍務相)으로 변경되었다.[22] 즉, 통일 정부의 최고지도자 후보는 김일성이 아니었다.

김일성 임명에 관한 최종 결정은 1947년에 나온 것 같다. 이에 대해서는 러시아 잡지 ≪노버예 브레먀(Новое время)≫에서 증언을 찾을 수 있다. ≪노버예 브레먀≫ 칼럼의 저자 이름은 '투마노프(Туманов)'인데, 이 이름은 김일성을 잘 알았던 유명한 기자 로보다의 필명일 가능성이 높다.[23] 이 칼럼에 따르면 1947년 말 평양에 베리야의 특사가 도착했다. 그는 북한에 3일 동안 있었고, 사적 담화를 위해서 김일성을 호출한 적이 있다. 그리고 결국 김일성이 북한의 지도자로 최종 승인을 받았다. 따라서 남북 로동당 결합 때 김일성이 드디어 조선 로동당 중앙위 위원장이 된 것이었다.

물론 스탈린이 1953년 사망하고 5년도 지나지 않아 김일성은 소련의 정치적 통제에서 벗어났고, 자체적인 정책을 실행하기 시작했다. 현재 북한에서는 스탈린을 긍정적으로 평가하지만 김일성의 스승으로 인정하지 않고 '만민의 위대한 수령' 김일성의 충실한 제자 중 하나로 선전한다. 하지만 1945년 당시 스탈린은 이를 전혀 예측할 수 없었을 것이다.

---

21 *Предложение Штыкова от 7.3.46 г. № 2776*, РГАСПИ, ф. 17, оп. 128, д. 998, лл. 3-4.

22 *Характеристика на кандидатов во Временное демократическое правительство Кореи*, РГАСПИ, ф. 17, оп. 128, д. 61, лл. 1-14.

23 Георгий Туманов, "Как изготовляли великого вождя," *Новое время*, № 16 (1993), стр. 32-34.

제5장

소련이 만들어준 북한의 국가 상징물

아름다운 태극기

— 김일성, 민주청년동맹에서 한 강좌에서, 1945년 12월 30일

북한의 국기

한국의 전통적인 국기(國旗)는 1883년 채택된 태극기다. 태극기는 한일합병 때까지 조선과 대한제국 국기로 사용되었으나, 식민지 시대에 조선총독부는 이를 허용하지 않고 일본 본토처럼 일장기를 게양했다. 따라서 태극기는 당시 사실상 독립운동의 상징이 되었다. 1948년까지 '대한민국'이나 '조선민주주의 인민공화국'이라는 국가는 존재하지 않았지만, 1945년 광복 직후 태극기는 사실상 조선반도를 상징하는 깃발로 사용되었다. 북한에서도 어디서든 태극기를 볼 수 있었고, 당시 발행한 북한 문서에 태극기가 등장하는 것은 일반적인 일이었다.

대표적인 사례가 북조선통신사(조선중앙통신사의 전신)가 발행한 선전물이다. 〈그림 1-5-1〉에서 조선반도 전체가 태극기로 덮여 있지만 38선 이남 부분은 철창처럼 미국 국기로 가둬놓았다. 물론 이 그림이 의미하는 메시지는 "남조선

주: 미국 성조기를 감옥 창살로 그려 태극기의   주: 김일성 초상화 옆에 나란히 태극기가 보인다.
　　남쪽 부분을 가둔 것으로 묘사한 북한 선전물.
자료: 북조선통신사.

정권은 미국의 괴뢰에 불과하며 이 정권하에 사는 남조선 인민은 압제에 시달리고 있다"라는 것인데, 현재 북한의 선전과 크게 다르지 않지만 메시지 전달을 위해 사용하는 상징체계는 매우 다르다.

　　1948년 2월 8일 조선인민군이 창립되었을 때도 태극기는 여전히 존재했다. 따라서 최초의 북한군 전투모 휘장에는 조선민족의 상징인 태극과 공산주의의 상징인 오각형의 붉은 별이 같이 등장했다. 그때도 태극기의 형태는 확실하게 정해지지 않았기 때문인지, 당시 자료에서 수평 태극형 휘장과 수직 태극형 휘장 모두 확인할 수 있다. 이후 실제 태극기 폐지에 대한 결정을 내린 사람은 레베데프 소련군 소장이었다. 이에 대해 고려인 출신으로 전 김일성 종합대학 부총장이었던 박일씨의 증언이 있다. 박일에 따르면 1947년, 레베데프 소장은 당시 김일성대학 초대 총장이었던 김두봉을 소환해 "북조선에서 곧 건국사업에 착수할 예정이니 현재 사용하고 있는 깃발에 대해 설명하라"라고 요청했다. 당시 김두봉의 이야기를 번역한 사람이 바로 박일이었다. 김두봉은 태극기의 사괘(四卦)에 대해 설명하기 시작했지만 레베데프 장군 입장에서 이는 '중세적인 미신'에 불과했다. 김두봉의 이야기를 듣던 레베데프는 "헛소리!"라며 그만하라고 했다. 옆에서 이를 듣던 소련 비밀경찰 출신 게라심 발라사노프(Герасим

Баласанов) 대령도 김두봉의 이야기가 전설 같다고 평했다.[1]

바로 이 순간 북한에서 태극기의 운명이 결정되었다. 몇 달 뒤 모스크바에서 새로운 국기에 대한 지침이 나왔고, 이 국기가 바로 현재까지 사용하고 있는 북한 인공기였다. 새로운 국기와 관련된 규정은 조선민주주의인민공화국 임시헌법 제안에 포함되었고, 1948년 4월 북조선인민회의 특별회의에서 토론되었다. 바로 그때 전례가 없는 일이 벌어졌다. 독자들도 알다시피 북조선인민회의나 최고인민회의 등 북한 입법조직에서는 사실상 논의라 할 만한 것이 없고, 모든 법안이 만장일치로 통과되었다. 그러나 태극기 폐지에 대한 결정을 내려야 했을 때 정재용(鄭在鎔)이라는 대의원이 갑자기 일어나 다음과 같은 연설을 했다.

국기에 대하여 나는 이런 의견이 있습니다. 즉, 태극기를 그대로 두어주면 좋겠습니다. 왜 그러냐 하면 태극기는 우리 인민의 희망의 표징이었으며 갈망의 표적이었습니다. 우리 인민은 왜적의 혹정(酷政) 밑에 쓰라린 시기에도 태극기를 간직하고 그것을 떳떳이 띄울 날을 하루같이 원했습니다. 그러다가 1945년 8월 15일, 우리 조선은 위대한 쏘련군대에 의하여 해방되었습니다. 해방된 조선인민들은 남녀노소를 막론하고 해방의 감격과 기쁨에 어쩔 줄을 몰랐으며, 그저 희망의 태극기를 받들고 하늘이 진동하게 만세를 불렀습니다. 그리하여 태극기는 우리 인민의 가가호호에 띄우게 됐습니다. 중요한 식전에나 건물에는 반드시 쏘련의 위대한 붉은 기와 아울러 태극기를 나란히 띄우게 됐습니다. 그런데 우리 인민군대도 모장(帽章), 보안대의 모장 기타 어데든지 소중한 곳에는 모주리[모조리—필자 추가] 태극을 사용하고 있습니다. 이는 인민들이 태극기를 귀여워하며 사

---

1 장행훈, "북한 人共旗 舊소련서 만들었다", ≪東亞日報≫, 1993년 9월 26일 자, 16면; Андрей Смирнов, "Как Советская Армия внедрила в Северную Корею президента Ким Ир Сена и его правительство," *Совершенно секретно*, № 8 (1992), стр. 10-11.

〈그림 1-5-2〉 조선인민군 초대 모자표

주: 1948년 2~7월. 병사 모자표에 태극무늬가 있다.
자료: 북조선통신사.

랑하며 사모하기 때문입니다. 이는 북조선 인민들만 그런 것이 아니라, 남조선의
인민들도 역시 한결같이 태극기를 사랑하고 있습니다. 그러므로 태극기는 통일의
무기도 되는 것입니다. 이 태극기 밑에 남북 조선의 인민들은 튼튼히 단결할 수
있습니다. 그렇기 때문에 나는 태극기를 그대로 두자는 의견을 말씀 올립니다.[2]

이때 정재용에게 답한 사람은 김두봉이었다. 그는 조선인민이 태극기를 사
랑하는 이유는 다른 깃발이 없었기 때문이라며, 원래 이씨조선 봉건주의 왕조
의 상징인 태극기는 사회주의국가에 맞지 않는다고 주장했다. 김두봉의 반응
직후 정재용을 포함한 대의원들은 만장일치로 태극기를 폐지하고 인공기 도안
을 승인했다. 한국에서도 가끔 정재용을 '태극기 지킴이'라고 호칭하며, 그를
거의 자유민주주의자처럼 묘사하는 주장을 볼 수 있다. 그러나 소련 당국이 북
한에 일당제, 계획경제, 김일성의 개인숭배를 도입했을 때 정재용은 한마디도
하지 않았다. 그가 신경을 썼던 것은 국기의 모양뿐이었다.

1949~1959년까지 동독은 서독과 같은 삼색의 흑홍금기(黑紅金旗, Schwarz-
Rot-Gold)를 국기로 사용했으나, 1959년부터 국기에 국장(國章)도 포함되도록

---

2   「北朝鮮人民會議特別會議會議錄」, 『北韓關係史料集』, 第8券, 서울: 國史編慕委員會, 1989,
    332~333쪽.

〈그림 1-5-3〉 독일연방공화국의 국기(좌)와 독일민주공화국의 국기(우)

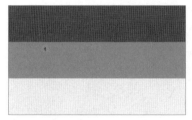

주: 1959년 10월 1일 이전까지 동독의 국기로도   주: 1959년 10월 1일부터 1990년 10월 3일 독일
사용되었다.   재통일 전까지 동독의 국기로 사용되었다.

했다. 만일 정재용의 의견이 수락되었다면 한반도에서도 비슷한 일이 일어났을 수 있었다. 물론 그렇다고 북한의 역사가 바뀌지는 않았을 것이다.

1948년 4월 채택된 헌법은 바로 실시되지 않았고, 그해 7월 10일 소련 볼세비키당 지도부의 결정에 따라 실시되었다. 이 날은 북한 태극기의 마지막 날이 되었다. 소련 내부 자료에서 태극기 폐지와 인공기 첫 게양에 대한 내용을 찾을 수 있다.

12시에 최용건 의장이 지금부터 국기 변경 의식(儀式)이 진행되겠다고 선언했다. 최용건은 '지금 우리는 조선민주주의인민공화국 헌법을 실시하기로 결정하여, 조선의 옛 국기를 새로운 국기로 변경하는 엄숙한 의식을 진행하자고 제안합니다'라고 했다. 최용건의 제안에 대의원들은 우렁찬 박수갈채로 환영했다. 그때에 한병옥 인민위원회 사무장과 인민위원회의 국장들인 오기섭과 이강국은 주석단 뒤에 붙어 있었던 옛 국기를 내렸고, 깃발을 인민위원회 위원장 김두봉에게 전달했다. 참석자의 박수갈채와 만세 외침 속에서 김두봉은 실크로 만든 새로운 국기를 펼쳤고, 옛 깃발이 있었던 소련 국기 옆의 위치에 설치했다. 관현악단은 조선의 국가(國歌)를 연주했다.

그 뒤에 최용건 의장은 '조선민주주의인민공화국 헌법 만세!'라고 선언했다.

인민위원회 대의원들은 이에 큰소리로 3번의 만세로 답했다.[3]

〈그림 1-5-4〉 북한에서 태극기 폐지와 인공기 첫 게양(1948년 7월 10일)

자료: 북조선통신사.

이 순간, 조선반도의 분단은 돌이킬 수 없는 것이 되었으며 북한 정권이 탄생한 것이라고 할 수 있다. 특히 북한이 정권수립일이라 주장하고 있는 1948년 9월 9일에는 어떤 '건국행사'도 없었기 때문에 더욱 그렇다. 1950년대 말부터 북한에서는 과거 태극기를 사용했었다는 사실 자체를 지워버리기 시작했고, 역사책에서도 태극기를 삭제한 사진들을 게재했다. 1945년 소련 군대의 조선반도 '해방'을 기념하는 해방탑에서도 1959년이 되자 태극기를 들고 있는 조선인의 그림을 삭제했다.[4]

북한의 국장

한국사회에서는 '국장'이 대중적으로 잘 알려져 있는 상징이 아니다. '국장'이라는 단어 자체를 모르는 한국인도 본 적이 있다. 그러나 사회주의권에서 국

3 *Стенограмма об итогах работы VI сессии народного собрания Северной Кореи,* ЦАМО России, ф. 172, оп. 614632, д. 43.

4 *Дневник посла СССР в КНДР А.М. Пузанова,* 24 сентября 1959 года. (필자가 입수한 자료)

<그림 1-5-5> 북한의 국장

임시헌법   1948년 7~9월   1948년 9월~1992년

자료: 북조선통신사; 조선통신사.

장은 매우 중요한 상징이다. 북한 국가 조직의 도장이나 공관에서 국장을 볼
수 있다. 북한에서 만들어진 첫 번째 국장은 북한의 임시헌법에 나왔는데, 국
장에 관한 설명은 다음과 같았다.

> 조선민주주의인민공화국의 국장은 '조선민주주의인민공화국'이란 글자를 쓴
> 띠로서 벼 이삭을 묶은 테두리 안에 용광로의 공장이 있고 그 뒤에 백두산이 있
> 으며 그 위로부터 빛발이 내리어 비치는 붉은 별 속의 가운데에는 망치, 좌우에는
> 낫이 서로 사괴여 있다.[5]

북한 임시헌법에 등장한 국장의 가장 이상한 부분은 국장 상단의 별 안에
그려진 '망치와 낫 두 개'로 만든 상징이었다. 확신할 수는 없지만 조선인민군
의 창건 열병식에도 나왔던[6] 이 상징은 북조선로동당의 휘장인 것 같다. 낫과

---

5 북조선인민위원회선전부, 「조선민주주의인민공화국 임시헌법초안」, 조선인민출판사,
   1948년 2월 20일; National Archives, Record Group 242, Shipping Advice No 2006,
   box 15, item 76.

6 북조선국립영화촬영소, <조선인민군은 김일성 장군 인민유격대의 산아이다>, 1948년

〈그림 1-5-6〉 선우담 등이 제안한 국장

주: 1948년 4월 15일.
자료: ≪로동신문≫, 1948년 4월 16일 자, 1면.

망치는 농민과 노동자 동맹의 상징이지만 낫 두 개는 무엇을 상징하는지 알 수 없는데, 1948년 3월 진행된 북조선로동당 제2차대회에서 잘 알려져 있는 '낫과 망치, 붓'이 이미 나왔으나[7] 그해 4월에 이 상징은 국장에서 사라졌다.[8]

1948년 4월에 북조선인민회의 특별회의에서 국기에 대한 토론이 벌어진 것처럼 역시 국장에 대한 토론도 허용된 것으로 보인다. ≪로동신문≫ 1948년 4월 15일 자에 선우담(鮮于澹, 1904~1984)을 비롯한 미술가 팀이 그린 대체 국장의 모습이 게재되었다.[9] 이 국장의 디자인은 소련의 아르메니아 또는 그루지야 공화국의 국장과 상당히 닮았다. 특히 그루지야는 스탈린의 고향이기 때문에 이 공통성은 의도적일 수도 있다. 한편, 대체 국장에는 '조선인민공화국'이라는 표시가 있었고 이 국호를 박헌영이 내세웠던 것이었다. 그리고 국장 건의서는 김일성의 생일인 4월 15일에 게재되었다. 그래서 이것은 박헌영과 김일성 간에 어떤 파워 플레이였던 가능성도 있다. 아무튼 이 제안은 결국 무산되었다.

그리고 그해 9월 북한의 국장은 또다시 바뀌었다.[10] 백두산 천지와 공장은

3월(영화, 북한에서 제작).

7 김국후, 『평양의 소련 군정』, 파주: 한울, 2008, XV쪽.

8 國史編纂委員會, 「朝鮮民主主義人民共和國憲法草案」, 『北韓關係史料集 第8卷』, 과천: 국사편찬위원회, 1989, 242~254쪽.

9 "조선민주주의인민공화국 림시헌법초안에 관한 건의서", ≪로동신문≫, 1948년 4월 15일 자, 1면.

〈그림 1-5-7〉 1992년 이전, 이후의 국장

	국장	차수 견장	원수 견장	여권
1992년 이전				
1992년 이후				

자료: 필자 작성.

발전소로 바뀌었다. 그 이유는 정확히 알 수 없지만 소련당국이 압록강 수풍댐의 수력발전소에 대한 관심이 컸기[11] 때문에 발전소를 북한의 상징으로 만들라는 소련의 지시를 따랐을 가능성이 있다.

그리고 수십 년 후인 1992년 북한은 또다시 국장을 변경했다. 훗날 북한 당국은 이 변화를 추진한 사람이 김정일이라고 주장했다.[12] 바로 당시 국장에 있는 산을 백두산으로 지정했다. 이 변화는 상당히 미시적인 것이었지만, 나라의

---

10 "조선민주주의인민공화국 헌법", ≪로동신문≫, 1948년 9월 10일 자, 2~3쪽.

11 안드레이 란코프가 니콜라이 레베데프와 한 인터뷰, 1989년 11월 13일.

12 <어버이장군님 인민군장병들과 함께 계시여>(영화, 북한에서 제작).

핵심 상징 중 하나가 변화되면서 문서와 국가기관에 있는 국장은 물론 여권과 인민군 차수(次帥) 이상 북한군 지휘관의 계급장까지 변경되었다.

소결

물론 앞의 사료들과 달리 북한 정권은 국기와 국장 모두 김일성이 만들었다고 주장하고 있다. 1990년대 북한이 발행한 『김일성전집』에서는 「국장과 국기 도안을 잘 만들데 대하여」라는 연설을 찾을 수 있다.[13] 이에 따르면 김일성은 이 연설을 1948년 1월 19일에 했다고 한다. 그러나 연설의 시기는 당시 사료와 전혀 맞지 않다. 이 연설에서 김일성은 국장에 그려진 공장을 발전소로 바꾸라고 지시했지만, 앞에서 보았듯이 이 도안 변경은 1월이 아니라 9월에 이뤄졌고, 1948년 9월까지도 북한은 공장이 그려진 국장을 사용했다. 따라서 이 연설은 날조된 연설이라고 할 수 있다. 북한에서 국장과 국기가 어떻게 나왔는지 기억하는 사람들은 거의 없지만, 현재도 북한 방방곡곡에 소련이 만들어준 국기가 휘날리고 있다.

---

13 김일성, 「국장과 국기 도안을 잘 만들데 대하여」, 『김일성 전집』, 제7권, 평양: 조선로동당 출판사, 1993, 91~95쪽.

제6장

소련군의 복제품, 북한군

우리의 기본적인 임무는 북조선에서 현지 특징을 고려하면서
소련식 사회 제도를 주입시키는 것이다.
— 테렌티 시트코프

북한군의 기원을 어디서 찾아야 하나

'조선인민군'을 연구하는 사람들 대부분은 인민군의 특성을 소련과 중국 전통의 결합으로 보는 것이 일반적이다. 또한 김일성의 만주 항일부대 풍습들도 북한군에 영향을 미쳤다고 보는 이들이 많다. 게다가 북한군 장성들 중에서 일본군 비행사 출신인 리활(李闊)이 있었던 것을 아는 사람들은 구일본군도 북한군에 영향을 미치지 않았을까 생각할 수 있다. 그러나 북한군의 기원은 훨씬 단순하다.

북한군은 소련이 세운 조직으로서 소련의 전통을 거의 그대로 이어받았다. 북한 정규군에서 중국, 일본, 항일 빨치산 부대의 전통들은 거의 보이지 않는다. 북한군은 1948년 2월 8일, 소련이 점령하고 있던 조선반도 북반부에서 공식적으로 창군되었다. 소련군 장교들은 북한군의 창군과정을 감독·지도했다.

북한군 창군 자체도 볼셰비키당의 정치국 허가를 받아 진행되었다.

> 북조선인민위원회에 민족보위국을 설립하고 인민회의 의회의 마지막 날에는
> 평양시에서 시위를 진행하며 사단 1개와 군관학교가 참가하는 조선민족적 무장
> 력의 열병식진행을 허가함.
>
> — 볼셰비키당 중앙위원회 정치국 결정(1948년 2월 3일)[1]

한편, 소련 장교들은 물론 소련군의 특성을 잘 알았기에 신생 사회주의국가
인 북한의 군대가 소련과 비슷해야 한다고 여겼다. 김일성을 비롯한 북한 지도
부는 소련이 내세운 자들이었고, 북한의 소련화(化)나 사회주의화를 적극적으
로 지지했다. 따라서 북한군은 거의 자동적으로 소련군의 복제품이 되었다. 북
한 책들에서조차 이 사실을 인정했다.

> 선진적 쏘베트 군사과학의 제원칙을 창조적으로 적용했으며 사회주의국가 무
> 력건설의 모범으로 되는 위대한 쏘련군대의 풍부한 경험들에 의거했다.
>
> — 리권무[2]

북한군 구조의 핵심인 부대체계(집단군 → 군단 → 사단 → 여단 → 연대 → 대대 →
중대 → 소대 → 분대)는 소련에서 차용되었다. 중국의 '군구(軍區) → 집단군(集團軍)
→ 사(師)/여(旅) → 단(團) → 영(營) → 연(連) → 배(排) → 반(班)'부대체계와도 달랐
고, 구일본군의 '총군(總軍) → 방면군(方面軍) → 군(軍) → 집단(集團) → 사단(師團)
→ 여단(旅團) → 단(團) → 연대(連隊) → 전대(戰隊) → 대대(大隊) → 중대(中隊) → 소대

---

1   Протокол № 62 // *Решения Политбюро ЦК ВКП(б) за 27 января – 17 марта 1948 г.*,
    3 февраля 1948 г. (필자가 입수한 자료)
2   리권무, 『영광스러운 조선인민군』, 평양: 조선로동당출판사, 1958, 24쪽.

(小隊)→분대(分隊)' 부대체계와도 매우 달랐다.

또한 소련처럼 북한군 부대에도 당조직들이 설립되었다. 북한군의 당조직은 소대는 분세포당위원회, 중대는 세포당위원회, 대대는 초급당위원회, 연대 이상은 그냥 '당위원회'라고 부른다. 이 조직들은 당과 군대를 결합시키는 역할을 하며, 당원인 군인의 정치교육을 책임지고 군인의 입당과정도 처리한다.

조선로동당의 일반적인 입당과정도 소련에서 차용되었다. 당에 입당하면 당원 두 명의 추천을 받아 당위원회의 결정에 따라 '후보당원' 신분을 얻고, 별 문제 없으면 1년이 지난 후 당원이 된다. 소련과 똑같이 군내 당조직의 지도자는 병사들의 사상교육과 입당과정을 관리하는 정치장교들이다. 특히, 중대 정치지도원은 사실상 병사들의 입당문제를 책임지는 사람이어서 군인들의 생활에 매우 중요한 영향을 미치는 인물이다.

북한 군복의 디자인도 소련에서 차용되었다. 케피 모자(원통형 모자)를 빼면 북한 군복은 1943년 이후 사용했던 소련군 군복과 똑같았다. 이 소련군복은 1840년대 러시아황제 니콜라이 1세의 칙령으로 도입된 것이다. 결국 우습게도 현재 북한 군복의 원형은 러시아제국에서 찾을 수 있다. 니콜라이 1세는 매우 보수적인 군주로 공산권 역사관에서 극히 부정적인 평가를 받았던 것을 기억하면 이 사실은 좀 더 모순적으로 보인다.

게다가 1950년대까지 북한군의 공식규정조차 러시아어로 쓴 원고의 번역문에 불과했다. 번역은 주로 고려인들이 했는데, 가끔씩 아주 어색한 규정들이 있었다. 예컨대 1955년 발간한 '조선민주주의인민공화국 인민군내무규정'에서는 '장관 혹은 상급자가 ['동지(동무)들 건강하십니까?'라고 인사할 때 대렬(隊列)에서 있거나 혹은 대렬 밖에 있는 전체 군인은 "건강을 축복함"(개별 군인은 "건강을 축복합니다")이라고 대답한다'라는 규정을 찾을 수 있다. 이 문장은 한국어로는 매우 이상한데, 이유는 러시아어 인사말 '즈드라브스트우이테(Здравствуйте)'를 직역하면 바로 "건강하십니까?"라는 뜻이기 때문이다.[3]

소련군에서 1948년 이전 폐지된 제도도 차용

북한군에서 소련의 영향을 보면 북한군 창군 시점인 1948년 당시에도 이미 폐지되었던 소련군의 특성을 차용한 것을 확인할 수 있다. 바로 군사직위제도다. 북한군 창군 당시 북한에서는 군사계급 자체가 존재하지 않았다. 대신 군사체계에서 중대장, 부연대장 등 군사직위를 활용했고, 당시 북한 군복의 견장들은 계급장이 아니라 직위장(職位章)이었다. 이는 한국에서 널리 알려져 있지 않기에 〈표 1-6-1〉을 추가했다. 특히 지금과 달리 해군 고급 지휘관 견장에 있는 별은 소련 제독의 군복과 같은 점이 눈에 띈다.

북한군에서 병사들을 위한 군사계급은 1949년경 도입되었고, 장교를 위한 군사계급제도는 1952년 12월 31일에야 도입되었다.[4] 사회주의권에서 군대의 군사계급체계 자체를 폐지한 사례는 종종 있다. 1935년까지의 소련 붉은 군대, 1927년 창건부터 1955년까지와 1965년부터 1988년까지의 중국인민해방군, 그리고 냉전 당시 중국의 위성국가였던 알바니아 군대에서 군사계급제도가 폐지되었다는 사실은 군사학자들에게 비교적 잘 알려져 있지만, 기존 연구에서 북한군에도 군사계급이 없었던 시절이 있다는 주장을 찾기는 어렵다.

이 사실은 군사직위제도가 인민군의 공식 창군 전인 1947년 도입되었다는 것으로 설명할 수 있을 것 같다. 1947년 당시 소련 당국은 북한군 창설과정을 외부에 숨기고 싶어 했으므로 북한은 소련공산당 지도부로부터 정규군 창설허가를 받지 못했다. 따라서 북한의 무장조직은 정규군처럼 군사계급체계를 사용하지 못했으며, 대신 준군사조직처럼 군사직위제도를 사용하게 되었는데 이 군사직위제도조차 소련에서 차용된 것이다.

3 『조선민주주의인민공화국 인민군 내무규정』, 평양: 민족보위성 군사출판부, 1955, 23쪽.

4 「조선인민군 상급 지휘성원 및 군관들에게 군사칭호를 제정함에 관하여」, 『조선중앙년감 1954-55』, 평양: 조선로동당 출판사, 1954, 48쪽.

육군 지휘관			육군 하전사		
급수	군사 직위	견장	급수	군사 직위	견장
13	민족보위상*		무	특무장	
12	총참모장 부상		무	부소대장	
11	사단장 군사 학교장		무	분대장	
10	사단참모장		무	부분대장	
9	연대장		무	상등병	
8	부연대장 독립대대장		무	병사	
7	대대장		해공군 군인(일부)		
6	부대대장 독립 중대장		11	해군 사단장	
5	중대장		무	공군 특무장	
4	부중대장 독립소대장		8	해군 부연대장	
3	소대장		무	공군 상등병	

* 1948년 2월부터 9월까지 제13급 지휘관은 '민족보위상'이 아니라 '총사령'이라고 호칭되었다.
자료: 필자 작성(자유 이용 저작물 외 https://img1.yna.co.kr/photo/yna/YH/2013/06/24/ PYH2013062409 830001300_P4.jpg도 참조).

1952년 12월 31일 북한군에 드디어 군관 군사칭호(장교 군사계급)가 생겼을 때 이 제도는 당시 소련 군대와 매우 비슷했다. 가장 큰 차이점은 아마도 소련군에 존재하지 않았던 '대좌'라는 계급의 존재였다. 1950년대 소련파 고려인 간부의 아이들은 북한 군대가 소련 군대와 같다고 생각했다. 그런데 '대좌'라

는 계급이 이상해 보였던 아이들은 대좌를 '준장성(准將星, подгенерал)'으로 불렀다.[5]

중국군은 준군사조직 분야 등 제한적 영향 미쳐

북한군과 중국군 사이에 차이점은 많다. 중국군은 1965년 군사계급체계를 폐지했지만[6] 북한은 그렇게 하지 않았다. 중국은 징병제에서 모병제로 전환했으나 북한은 1948년부터 현재까지 징병제를 유지하고 있다. 문화대혁명 시기 중국에서는 지방당위원회의 권위가 줄었지만, 북한에서는 '선군정치' 선언[7] 이후에도 군대가 당에 복종하는 원칙은 의심의 여지가 없었다.

물론 북한 준군사조직의 경우에는 중국의 영향을 부인할 수 없다. 특히 북한의 로농적위대는 명백하게 중국 민병(民兵)제도 복제품이다. 단, 북한 정규군에서는 중국 영향이 거의 보이지 않는다.

여러 북한 연구자들은 김일성을 중국 공산당 소속이자 만주 항일부대에서 활동한 투사로 본다. 그러나 그가 만주빨치산뿐 아니라 소련 붉은 군대의 장교였던 것도 기억해야 한다. 김일성의 만주 항일투쟁 결과는 패배한 뒤 소련으로 탈출하는 것이었지만, 1945년 그는 붉은 군대가 일본군과 성공적으로 싸워 승리하는 것을 목격했다. 물론 객관적으로 보면 핵폭격을 비롯한 미군의 노력은 일본의 항복에 더 큰 영향을 주었다. 그러나 김일성 눈앞에 무엇보다 소련군의

---

5   필자가 유리 강과 한 인터뷰, 2021년 4월.

6   『全国人民代表大会常务委员会关于取消中国人民解放军军衔制度的决定』, 1965年5月22日, http://www.npc.gov.cn/wxzl/gongbao/2000-12/25/content_5004360.htm

7   북한 공식 매체엔 '선군'에 대한 첫 언급은 "우리는 백배로 강해졌다", ≪로동신문≫, 1997년 12월 12일 자, 3면 참조.

승리가 있었다. 그 자신이 붉은 군대를 항일 빨치산부대보다 훨씬 더 강력하고 효과적인 것으로 볼 수밖에 없었던 것이다.

따라서 1948년 북한군 창군 당시의 김일성과 소련 당국은 북한군이 소련군을 본떠서 창군되어야 한다는 데 의견 일치를 보였다. 결국 조선인민군은 소련군의 복제품이 되어야 했다. 따라서 북한군은 소련군의 특성을 차용했고, 이 특성 대부분은 현재까지 유지되고 있다.

제7장

북한군 최고사령부의 눈에 비친
6·25전쟁의 초기 국면들

어떤 녀석이 조국을 위하여 순국한 덕분에
승전했다는 것은 있을 수도 없는 일이야.
어떤 다른 불쌍하고 바보 같은 녀석은
그의 조국을 위하여 죽도록 파견된 덕분에
승전한 것은 있을 수 있겠지.
― 조지 S. 패튼

　6·25전쟁의 발발 역사는 비교적 잘 알려져 있다. 1949년 조선로동당 중앙위
원회 위원장으로 추대된 김일성은 박헌영과 함께 주북한 소련대사 시트코프에
접근했고 '남조선'을 '해방'하자고 제안한다. 시트코프 대사는 결국 이 계획을
승인한 후 스탈린에게 보고했다. 스탈린은 남침에 대한 의구심이 있었지만, 중
국 내전에서 성공한 공산당을 보며 1950년 1월 30일 제안을 수락했다.[1] 1월부
터 6월까지 소련 참사관들은 북한군 지휘관들과 함께 공격 계획을 세웠고, 소

1　*Телеграмма Сталина Штыкову*, 30 января 1950 года, АП РФ, ф. 45, оп. 1, д. 346,
　 л. 70.

련은 무기, 중국은 추가 병력을 북한으로 보냈다. 김일성의 제안에 따라 공격 날짜로 1950년 6월 25일을 확정했다. 이 일요일에 한반도 역사상 최악의 전쟁 이 개막했다.

알다시피 이 전쟁은 초기 김일성에게 매우 성공적인 것으로 보였다. 1950년 8월 북한은 한반도의 90%를 통치하게 되었다. 당시 김일성은 매우 기뻐하며 승리를 기대했을 것이다. 그러나 실제 상황은 전혀 그렇지 않았다.

1990년대 발레리 바르타노프(Валерий Вартанов)라는 러시아 학자를 수반으 로 하는 연구팀은 6·25전쟁에 관한 소련 자료들을 수집했다. 이 자료는 주로 평양 현지에서 모스크바로 보낸 소련 외교관과 고문관의 보고였다. 이 자료들 은 어떤 이유에서인지 결국 책으로 출판되지 못했지만, 필자는 이 초고를 입수 하게 되었다. 실시간으로 작성된 이 보고로 당시 6·25전쟁 초기 인민군 최고 사령부에서 벌어졌던 일들을 파악할 수 있게 된다.

1950년 7월, 패배를 두려워한 북한 엘리트

1950년 6월 25일 북한은 남한을 공격했다. 이승만 정권은 전혀 공격을 예상 하지 못했다. 주말에 이승만은 낚시를 하면서 조용히 정사(政事)를 구상하는 취 미가 있었다. 6월 25일 그는 창덕궁 비원에 있었고 공격 개시부터 이승만 대통 령이 이를 알기까지는 4시간 정도가 걸렸다.[2] 6월 28일 인민군은 서울시를 점 령했다. 김일성은 '해방된 조선민주주의인민공화국 수도'[3] 서울시의 주민들에

---

2 대한민국 전사편찬위원회, 『증언록. 면담번호 271(황규면, 1977년 4월 30일)』. 박명림, 『한국 1950: 전쟁과 평화』, 서울: 나남, 2002, 144쪽에서 재인용.

3 1948년에 채택한 북한 헌법에 따라 북한의 법률상 수도는 서울이었다. 이 규정은 1972 년에 채택한 사회주의 헌법에서만 변경되었다.

게 공포문을 내렸다.[4]

전쟁 개시 3일이 지나자 적의 수도는 무너졌다. 이것은 참으로 큰 승리처럼 보였다. 하지만 당시 북한군 최고사령부에 경축 분위기는 없었다. 북한 당국 예상과 달리 미국 공군이 즉시 참전했고 북한의 핵심 도시를 공습하기 시작했다. 최고인민회의 상임위 위원장 김두봉은 소련이 이 전쟁에서 무엇을 해야 할지 김일성에게 여러 차례 물어봤다. 외무상 박헌영은 북한이 직접 소련에 공군 지원을 요청하고 중국에 참전을 요청해야 한다고 했다. 스트레스를 느낀 김일성은 김두봉과 박헌영을 질책하며 더 이상 거슬리게 하지 말라고 했다.[5]

7월 21일 대전 전투가 끝나자 김일성도 불안해졌다. 이 전투에서 북한군은 승리했지만 한국군은 무너지지 않았다. 김일성은 전격전(電擊戰) 전략이 곧 실패할 것이라고 느끼게 되었고, 박헌영 등 부하들의 지시에 따라 중국 참전과 소련 지원을 요청했다.[6]

서울 수복과 평양 몰락 위협

9월이 되자 김일성의 두려움은 사실이 되었다. 9월 15일 미군은 인천상륙작

---

4   「우리 조국 수도 서울 해방에 제하여」, 『조선중앙년감 1951-1952』, 평양: 조선중앙통
     신사, 1953, 63쪽.

5   *Телеграмма Председателю Совета Министров СССР о перестройке органов*
     управления корейской Народной армии и первом отчёте её боевых действий,
     7 июля 1950 года, ЦАМО России, ф. 5, оп. 918795, д. 122, лл. 168-171.

6   *Телеграмма посла СССР Председателю Совета Министров СССР с информацией*
     северокорейского правительства об обстановке на фронте и состоявшихся
     китайско-корейских переговорах о возможном вступлении с войну Китая 649, 20
     июля 1950 года, ЦАМО России, ф. 5, оп. 918795, д. 122, лл. 352-355.

전을 개시했다. 도시를 방어하는 북한 부대들은 미국의 압도적인 군사력을 전혀 막을 수 없었다.

9월 21일 조선로동당 정치위원회는 중화인민공화국에 공식적으로 도움을 요청했다.[7] 전황은 북한에게 참으로 어두워 보였다. 서울 방어를 지휘한 민족보위상 최용건으로부터 연락이 끊겼다. 김일성은 최용건을 해임했고 자신을 민족보위상에 임명했다.[8] 즉, 잠깐 동안 김일성의 공식 직위는 '내각 수상 겸 민족보위상'이었다. 당시 김일성이 민족보위상 군복을 입고 다녔는지는 알 수 없다. '김일성 민족보위상'도 연합군의 공세를 막아내지 못했다. 9월 28일에 서울은 수복되었다.

마오쩌둥, 김일성을 구출하다

유엔군 사령부는 38선 이남 지역을 수복할 뿐 아니라 계속 북진할 것을 결정했다. 10월 1일 스탈린은 '조선 동무들의 상황이 필사적인 것이 되고 있다'라는 것을 깨달았다. 그는 중국이 즉시 참전해야 한다고 했지만 참전 여부 결정은 중국 지도부에 있다고 강조했다.[9]

---

7   *Телеграмма посла СССР в КНДР Первому заместителю министра иностранных дел СССР с информацией о заседании ЦК Трудовой партии Северной Кореи, 1258.* 22 сентября 1950 года, ЦАМО России, ф. 5, оп. 918795, д. 125, лл. 89-91.

8   *Телеграмма представителя Генерального штаба Советской Армии в Северной Корее Председателю Совета Министров СССР об обстановке на корейском фронте из Пхеньяна № 1298,* 27 сентября 1950 года, АП РФ, ф. 3, оп. 65, д. 827, лл. 103-106.

9   *Телеграмма Председателя Совета Министров СССР послу СССР в КНР с рекомендациями китайскому правительству оказать помощь КНДР войсками,*

중국 지도부에 참전 문제에 대한 일치된 의견은 없었다. 저우언라이(周恩來) 국무원 총리를 비롯한 반대파도 있었고 가오강(高崗) 부주석을 비롯한 찬성파도 있었다.[10]

마오쩌둥은 처음에는 저우언라이에게 동의해 중국 군대를 파견하지 않기로 했다. 10월 2일 그는 스탈린에게 답장을 보냈다. 마오에 따르면 여러 사단들을 파견할 경우 전황을 급전(急轉)시킬 수 없었고, 중국 개입은 중미(中美)전쟁이나 제3차 세계대전으로도 확산될 수 있었다. 또한 중국 참전은 내전 후 중국의 복원 과정에 나쁜 영향을 줄 것이고 참전은 중국 인민의 지지를 받기 어려울 것이라고 지적했다. 그래서 마오쩌둥은 북한이 '임시적인 패배를 맞아 투쟁 형태를 빨치산 전법으로 바꾸면 좋겠다'라는 결론을 내렸다.[11]

김일성은 이제 전쟁에 완전히 패배할 줄 알았다.[12] 그러나 며칠 뒤 스탈린의 압박을 받은 마오쩌둥은 의견을 바꿨다.[13] 10월 13일 중국 지도부가 열렬히 토론한 결과 마오쩌둥은 참전을 승인했다.[14]

---

1 октября 1950 года, АП РФ, ф. 45, оп. 1, д. 334, лл. 97-98.

10 *Телеграмма Рощина в Москву*, 25 октября 1950 года, АП РФ, ф. 45, оп. 1, д. 335, лл. 80-81.

11 *Телеграмма посла СССР в КНДР Председателю Совета Министров СССР с текстом письма Председателя Центрального Народного правительства КНР о позиции ЦК КПК по вопросу ввода китайских войск на территорию Кореи, 2270*, 3 октября 1950 года, АП РФ, ф. 45, оп. 1, д. 334, лл. 105-106.

12 이 며칠에 대한 구체적인 이야기는 이 책의 제2부 제7장 「북한의 모리아티, 문일」에서 읽을 수 있다.

13 *Телеграмма Сталина Штыкову*, 8 октября 1950 года, АП РФ, ф. 45, оп. 1, д. 334, лл. 112-115.

14 *Шифртелеграмма № 25629*, 13 октября 1950 года, 2 ГУ ГШ ВС СССР, АП РФ, ф. 45, оп. 1, д. 334, лл. 111-112; 沈志华, 『毛泽东, 斯大林与朝鲜战争』, 广州: 广东人民出版社, 2004, 第245-246页 참조.

결국 김일성은 강계에 도착했다. 당시 전황을 보면 그는 중국을 통해 그곳에 간 것이 확실하다. 12월 펑더화이(彭德懷) 사령관의 중국인민지원군이 평양에 입성할 때까지 김일성은 수도로 돌아가지 못했다.

펑더화이와 김일성은 사이가 상당히 나빴다. 펑 사령관은 김일성이 저지른 실수의 값을 치르기 위해 너무도 많은 중국인들이 피를 흘리고 목숨을 걸어야 하는 것에 분노했다. 펑더화이는 김일성의 지휘 능력이 부족하다고 봤고 이러한 의견을 직접적으로 표시했다.[15] 증언에 따르면 어느 날 펑 사령관은 김일성에게 "조선전쟁을 과연 누가 일으켰습니까? 미 제국주의자들이 했습니까? 아니면 바로 당신입니까?"라고 한 적도 있었다.[16] 또한 사료(史料)에는 다음과 같은 일화도 찾을 수 있다. 김일성이 펑더화이의 사령부에 방문하자 중국 경비대는 그를 오랜 시간 억류했다.[17] 세계사에서 군대가 동맹국가 원수(元首)에게 이런 태도를 보인 적은 거의 없었다.

김일성의 복수

1945년에도, 1950년에도 김일성은 외국 군대로부터 권력을 받았다. 1945년 일본 군대와 싸워 조선반도 북반부를 점령한 소련군은 그를 지도자로 내세웠

15 *О Корейской войне 1950-1953 гг. и переговорах о перемирии*, 9 августа 1966 года, РГАНИ, ф. 5, оп. 58, д. 266, лл. 122-131.

16 沈志华, 『彭德怀质疑金日成: 朝鲜战争究竟是谁发动的?』, ≪凤凰周刊≫, 2011年 12月 24日, http://news.ifeng.com/history/zhuanjialunshi/shenzhihua/detail_2011_12/24/1 1543343_0.shtml

17 *О Корейской войне 1950-1953 гг. и переговорах о перемирии*, 9 августа 1966 года. РГАНИ, ф. 5, оп. 58, д. 266, лл. 122-131.

다. 1950년 유엔 연합군과 싸워 한반도의 북반부를 점령한 중국군은 그의 정권을 복원시켰다.

1945년 8월 소일전쟁 역사는 북한이 완전히 왜곡했다. 북한 정권은 일본 군대를 김일성의 '조선인민혁명군'이 '쳐부수었다'라고 주장하고, 소련 군대는 '조선인민혁명군'을 '도와주었다'라고 주장했다.

마찬가지로 북한은 6·25전쟁에서 중국 군대 역할을 과소평가한다.[18] 북한은 중국인민지원군이 '무적필승 조선인민군의 전략적 후퇴'에 참전했고 조선인민군을 '도와주었다'라고 본다. 평양에 중국 군대를 기념하는 '우정의 탑'이 있다. 2014년 1월 중국-타이완 관광객들과 함께 평양을 방문한 필자는 탑 안에 있는 작은 박물관에 전기가 들어오지 않았던 것을 관찰했다.

그리고 펑더화이 사령관도 김일성의 복수를 받았다. 그는 북한 공식문헌에서 제거되었다. 북한의 백과사전에는 주더(朱德), 리우뽀청(刘伯承), 허룽(贺龙) 등 중국군 원수(元帥)에 대한 언급은 있지만 '펑더화이'는 이름조차 찾을 수 없다. 그래서 북한 주민들은 중국인민지원군의 사령관이 누구였는지 알 수 없게 되었다.

---

18 예컨대 『조선대백과사전』의 6·25전쟁에 관한 문서에 중국군 참전 사실만 언급되어 있고 중국군이 어느 전투에서 싸운 사실까지는 언급되지 않는다. 「조국해방전쟁」, 『조선대백과사전』, 제17권, 평양: 백과사전출판사, 2000, 501~505쪽 참조.

제8장

1954~1955년의 북한 기근

공산주의를 수행하는 방법
• 새로운 공산주의 유토피아를 수립하라
• 성공한 자들을 강탈하거나 죽여라
• 나머지 사람들은 공짜로 일하도록 강요하라
• 식량 부족이 발생해 주민들이 굶어 죽는다
• 이것은 '진짜' 공산주의가 아니라고 말해보라
— 인터넷 밈

1990년대 말 소위 '고난의 행군'이라 불리는 북한의 대기근은 대중적으로도 잘 알려져 있는 비극이지만, 북한 역사상 유일한 기근 사태는 아니었다. 6·25 전쟁 직후인 1954~1955년 당시에도 또 다른 기근 사태가 있었다. 이 장은 이 비극적인 사건을 소개한다.

1950년대 북한 기근의 전말

'조선민주주의인민공화국'은 이름 그대로 '인민민주주의' 국가로 건국된 나라였다. 스탈린주의 입장에서 보면 '인민민주주의' 국가들은 사회주의로 이행하기 위한 과도기 단계로서 아직 사유재산과 같은 '자본주의의 유산'을 유지해도 되지만, 나중에 사회주의 국가를 건설하면 이를 없애야 했다. 북한에서는 이 이론에 따라 6·25전쟁이 끝나자 바로 이 '사회주의 건설 단계'에 착수했다. 농업 분야에서 인민민주주의가 사회주의로 이행하는 것은 곧 농업 집단화였다. 이 새로운 제도에 따르면 농민들은 '협동농장'에 가입해야 했고, 농장이 생산하는 수확은 국가 재산이 되었다. 농민들은 자신이 재배한 수확 대신 국가로부터 배급을 받을 수 있었다.

물론 경제학적으로 이 제도가 효율적일 수는 없었다. 자기 노동의 대가를 받지 못하는 농민들에게는 열심히 일할 동기가 사라졌다. 또한 북한 정권이 농업 집단화를 추진할 당시에도 농민들은 가축을 무상으로 국가에 헌납하는 것보다는 가축을 죽이고 고기를 파는 경우가 많았다. 소나 말을 협동농장에 헌납해도 얻는 것이 없고, 차라리 고기를 팔면 조금이라도 돈을 구할 수 있었기 때문이다. 따라서 농업 집단화의 불가피한 결과는 수확량의 극심한 하락이었다. 이에 앞서 소련에서도 농업 집단화의 결과는 1932~1933년의 대기근이었다. 특히 카자흐스탄과 우크라이나 지역 상황들이 나빴고, 전체 소련의 사망자 수는 수백만 명에 달했다. 북한에서도 농업 집단화 결과는 이와 비슷했다.

북한에서 농업 집단화는 1953년 시작되었다.[1] 이미 1953년 가을부터 식량이 부족하다는 말들이 나오기 시작했다. 그러나 1954년 11월에 진행된 당 중

---

1   Д. Марков (второй секретарь посольства), *Классы и классовая борьба в КНДР /Справка/*, Июль 1953 года. (필자가 입수한 자료)

앙위 전원회의까지도 농업 집단화는 속도가 나지 않았다.[2] 그러면서 이 정책의 부정적인 영향은 바로 나타났다. 전쟁 때부터 전쟁 직후 시기까지 북한 당국은 배급제를 확산시켰으나, 북한 경제는 배급 대상자 증가에 따른 수요를 맞추지 못했다. 주북한 소련의 임시대리대사 라자레프(Лазарев)는 북한에서 배급을 위해 필요한 곡물의 약 17.4%(20만 톤)가 부족하다고 파악했다.[3]

북한 정권은 식량위기가 가장 심각한 함경북도에 현물세 면제를 해주었고, 특히 피해를 받은 농민들에게 곡물 4만 톤을 배당했다.[4] 함경북도 지역의 식량 문제를 해결하기 위해 당시 북한내각은 최창익을 단장으로 하는 대표단을 현지에 파견했다. 이 조치는 도움이 되었지만 북한 정권은 위기의 핵심 원인인 농업 집단화를 취소하기는커녕 가속화시켰다. 1954년 11월, 김일성은 수확이 좋다며 집단화를 촉진하기로 결정했으나, 이 결정은 북한 농업에 부정적인 영향을 미쳤고, 결국 북한 정권도 식량 공급량이 부족하다는 것을 깨달았다.[5]

이에 박창옥 당시 로동당 국가계획위원회 위원장 겸 부수상은 소련 외교관들에게 배급 기준량 감축으로 대응하겠다며, 소련과 중국이 원조해주지 않으면 원조해주더라도 식량이 부족할 것이라고 덧붙였다. 소련 외교관이 부족한 이유를 묻자 박창옥은 실제 수확량이 예측한 것보다 낮았으며, 예상된 수확량에 따라 책정된 징수비율이 그대로 적용되어 농민들에게 부과되는 현물세가

2 Кузнецов, Степанов, Федоренко, Суздалев. *Справка о положении в КНДР*, 17 января 1955 года. (필자가 입수한 자료)

3 *Дневник временного поверенного в делах СССР в КНДР Лазарева С. П.*, 16 сентября 1953 года. (필자가 입수한 자료)

4 *Из дневника советника посольства СССР в КНДР Никонова И.А. Запись беседы с заместителем премьер-министра КНДР Пак Чан Оком*, 22 октября 1954 года. (필자가 입수한 자료)

5 Кузнецов, Степанов, Федоренко, Суздалев. *Справка о положении в КНДР*, 17 января 1955 года. (필자가 입수한 자료)

법으로 책정된 25~27%가 아니라 실질적으로 30~32%를 상회해 탈세하는 농민들이 늘었다고 덧붙였다.[6] 송진파 ≪새조선≫ 잡지 편집장의 증언에 따르면 북한 당국이 실제로는 현물세를 인두세로 징수했다고 한다. 즉, 모든 농민으로부터 수확과 관계없이 지정된 양을 현물세로 징수해 빈농들이 특히 피해를 많이 받았던 것이다.[7] 황해북도 당비서 허빈은 소련대사관에 현물세를 인두세로 계산했던 것이 사실이라면서 "빈농들에게는 밀이 없다"라고 증언했다.[8]

식량위기 지속으로 아사자 속출

고려인 출신 자강도 인민위원회 위원장 일라리온 박(박창식, Илларион Дмитриевич Пак)에 의하면 실제로 현물세를 50%까지 받는 경우도 있었고, 간부들 중에는 현지 문제를 평양에 보고하지 않는 경우가 많다고 했다.[9] 남일[야코프 페트로비치 남(Яков Петрович Нам)] 외무상도 지방에서 농민들이 생존을 위해 비축

6   Из дневника Суздалева С. П. Запись беседы с зам. председателя кабинета министров и председателем Госплана КНДР Пак Чан Оком 31 января 1955 года, 1 февраля 1955 года. (필자가 입수한 자료.)

7   Из дневника секретаря Посольства СССР в КНДР Бякова И.С. Запись беседы с редактором журнала «Новая Корея» т. Сон Дин Фа, 29 марта 1955 года. (필자가 입수한 자료)

8   Из дневника секретаря Посольства СССР в КНДР И.С. Бякова. Запись беседы с председателем провинциального комитета провинции Сев. Хванхе тов. Хе Бином, 18 марта 1955 года. АВП РФ, ф. 11, оп. 60, д. 8, лл. 135-139.

9   Из дневника советника посольства А.М. Петрова и 1-го секретаря И.С. Бякова. Запись беседы с председателем народного комитета провинции Чаган Пак Илларионом Дмитриевичем, 31 марта 1955 года. (필자가 입수한 자료.)

한 식량까지 현물세로 빼앗긴 경우가 있었다고 증언했다.[10] 흥미롭게도 '식량 위기의 이유는 전쟁의 여파'라고 주장한 간부는 아무도 없었다.

이에 대한 북한 정권의 첫 번째 반응은 쌀 매매를 금지하는 내각 명령이었다. 이 명령은 1954년 12월 5일에 나왔다.[11] 소련 측 자료에 따르면 이 조치는 농민들의 불만을 유발했으며, 농민들은 생존에 필요한 쌀을 구입하지 못해 식량 위기 해결은커녕 이를 더 악화시켰다. 송진파가 관찰한 바에 따르면 주민들이 배급으로 받는 쌀이 부족한데도 쌀 매매 금지령 때문에 추가로 쌀을 살 수도 없었다고 한다.

1955년 1월 북한 당국은 노동자에게 '달마다 하루의 배급 전표를 농민들에게 양보하자'라는 캠페인을 시작했다.[12] 그러나 이 캠페인도 위기를 막지 못했다. 결국 그해 북한에서 기근이 벌어졌다. 1월부터 농민시장에서 쌀이 사라지기 시작했고, 봄이 되자 일반 농민들은 쌀을 아예 살 수조차 없었다. 북한 간부들 중에는 징벌을 받지 않기 위해 현지 상황을 숨기고 모든 것이 괜찮다고 평양에 보고한 사람들이 많았다. 물론 좋은 것만 보고하는 경향은 모든 관료제에 존재하지만 단점이 없는 유토피아 사회를 건설하고 있다는 마르크스-레닌주의 국가들에서는 더 심하다. 그래서인지 북한 정권 인사들 중에서는 식량 문제의 원인이 '암거래' 때문이라고 생각하는 사람들도 있어, 1955년 '투기꾼' 두 명이 사형판결을 받기도 했다.[13]

10　*Дневник временного поверенного в делах СССР в КНДР за период с 25 января по 16 февраля 1955 года*, Запись за 2 февраля. (필자가 입수한 자료)

11　*Запись беседы 1-го секретаря Дальневосточного отдела Васюкевича В. А. с советником Гришаевым А.К. 8. II. 1955 года*. (필자가 입수한 자료)

12　*Из дневника советника посольства А.М. Петрова и 1-го секретаря И.С. Бякова. Запись беседы с председателем народного комитета провинции Чаган Пак Илларионом Дмитриевичем, 31 марта 1955 года*. (필자가 입수한 자료)

그러나 식량 위기는 계속되어 북한의 아사자 수가 늘기 시작했다. 1956년 8월 주소련 북한 대사 리상조는 "사망자 수가 수천 명이었다"라고 주장했다.[14] 또 "하급 당 간부들이 탄압을 받아 300여 명이 자살했다"라고도 덧붙였다. 필자는 이 간부들 중에서 실제로 북한이 로동당의 영도에 따라 '근로자를 위한 낙원'을 건설했고, '정의적 조국해방전쟁'이 종결되었다고 생각했지만, 지상낙원이 아닌 기근이 벌어진 냉혹한 현실을 견딜 수 없었던 이상주의자들도 있었을 것이라고 생각한다.

소련대사관은 북한 측에 정책을 바꿔야 한다고 암시했다. 그러나 스탈린 시대와 달리 북한정부를 자기 부하로 보지 않았고 심한 압박도 시키지 못했다.[15]

비밀리에 식량 해결책 강구한 북한 정권

당시 ≪로동신문≫에는 기근에 대한 언급이 하나도 없지만, 이 위기상황에 관련된 기사가 하나 게재되었다. 헝가리 학자 샬론타이 발라쉬(Szalontai Balázs)의 연구에 따르면 1955년 4월 26일 자 ≪로동신문≫에 '식량을 절약'하고 '나무 껍질과 풀을 따라'라는 기사가 나왔지만, 30분 후 해당 일자 신문의 전체 부수가 회수되었다고 한다.[16] 이후 ≪로동신문≫에는 '매개 농업 협동조합을 모범

13   Balázs Szalontai, *Kim Il Sung in the Khrushchev Era: Soviet-DPRK Relations and the Roots of North Korean Despotism, 1953-1964*, Palo Alto: Stanford University Press, 2005, p. 67.

14   *Из дневника И. Ф. Курдюкова. Приём посла КНДР в СССР Ли Сан Чо*, 9 августа 1956 года. (필자가 입수한 자료)

15   *Дневник посла СССР в КНДР Суздалева С.П. за время с 12 марта по 16 апреля 1955 г.*, 15 апреля 1955 года.

조합으로!'라는 사설이 나왔다. 사설에서는 집단화의 '거대한 성공'을 자세하게 서술한 뒤 매개 조합 관리 위원장들의 역할이 부수입을 높이는 데 있다는 언급이 있었다. 즉, 당시 북한매체들은 식량 위기를 감추고 위장된 통계를 보여주었다. 그러나 비공개 자료를 보면 당시 북한 정권도 위기의 심각성을 깨닫기 시작했다는 것을 알 수 있다.

1955년 6월 중순 조선로동당 중앙위원회 정치위원회 확대회의가 진행되었다. 이 회의에서 김일성은 식량 위기를 해결하기 위한 농업 집단화 중단을 비롯해 여러 조치를 제안했다.[17] 이후 북한 당국은 소련대사관에도 보고했다.

정치위원회는 특수한 상황을 고려하여, 외국으로부터 밀 20만 톤을 구매하도록 결정했다. 특수한 상황은 다음과 같다. 지난해 여러 도(道)에서의 흉작 탓에 공화국 주민의 다수가 굶었다. 주민들의 상태 호전과 식량을 비축할 수 있도록 올해에는 논작물의 현물세를 27%에서 25%로 감세, 밭작물의 현물세를 23%에서 15%까지 감세하도록 결정했다. 이번 해의 필수 낟알 수매는 진행하지 않는다. 소비협동조합을 통해 어느 정도 낟알 수매를 하겠지만, 여기에서는 자발 수매 원칙을 분명히 지키겠다. 배급·공급을 받는 노동자, 농민 그리고 군인의 수가 1948년과 비교하면 훨씬 많으므로 올해 민간인과 군인에게 주는 배급을 위해 1년에 밀 70만 톤이 필요하겠다. 국가는 농업 현물세, 낟알 수매, 식량·종곡 대여 반납으로 50만~53만 톤만 수매할 수 있다. 차이는 17만~20만 톤이다. 현재 상황에서 적은

16 Balázs Szalontai, *Kim Il Sung in the Khrushchev Era: Soviet-DPRK Relations and the Roots of North Korean Despotism, 1953-1964*, Palo Alto: Stanford University Press, 2005, p. 71.

17 *Из дневника советника посольства А.М. Петрова. Запись беседы с председателем народного комитета провинции Чаган Пак Илларионом Дмитриевичем (Пак Чан Сик)*, РГАНИ, ф. 5, оп. 28, д. 314.

양이라도 국가의 밀 예비보유량이 확보되면 좋겠다. 따라서 정치위원회는 올해 외국에서 밀 20만 톤을 구매하도록 결정했다.[18]

또한 1955년 6월 21일, 쌀 매매 금지에 대한 내각 명령은 공식적으로 취소되었다.[19] 그와 거의 동시에 상황은 완화되기 시작했다. 이 과정을 살펴보면 북한 경제는 북한 정권의 부정적인 결정과 긍정적인 결정에 매우 빠르게 반응했다. 당시 북한 간부들이 인정했던 것처럼 이 기근의 원인은 어떤 자연발생적인 결과가 아니라 북한 정권의 정책 자체에 있었다는 결론을 내릴 수 있다.

기근 이후 또 하나의 기근

앞서 본 것처럼 북한 정권은 두 가지 전략을 시도했다. 첫째, 강제 낟알 수매의 중단이었고, 두 번째, 외국으로부터 부족한 물품을 수입하는 것이었다. 김일성 정권은 두 번째 방식을 장기적 전략으로 선택했다. 그래서 1950년대 이후 1990년대 고난의 행군 이전까지 북한에 식량이 부족할 정도의 대규모 기근은 없었지만, 냉전 시기 북한 경제는 소련과 중국을 비롯한 외국의 원조에 매우 의존했다. 그래서 1990년대 초에 러시아와 중국이 원조를 중단하자 1954~1955년대처럼 북한에서 또다시 기근이 벌어진 것이다. 1950년대와 달리 김정일 정권은 신속히 대응하지 못해 사망자의 수는 수천 명 수준이 아니라, 수십만

18　*Дневник посла СССР в КНДР тов. Иванова В. И.*, 25 июля 1955 года. (필자가 입수한 자료)

19　Balázs Szalontai, *Kim Il Sung in the Khrushchev Era: Soviet-DPRK Relations and the Roots of North Korean Despotism, 1953-1964*, Palo Alto: Stanford University Press, 2005, p. 73.

명까지 올라갔다. 즉, 1954~1955년보다 사망자가 100배 이상으로 치솟았다.

이 비극의 이유는 무엇일까? 독재자들 중에는 남의 아픔을 즐거워하는 대살인마들도 있지만, 그것은 흔한 일이 아니다. 일반적으로 독재자도 자기 나라의 경제상황과 주민의 안녕에 대해 신경을 쓴다. 1990년대의 북한을 보면 기근은 김일성과 김정일이 일부러 일으킨 것도 아니었고, 그들이 원하는 것도 아니었다. 하지만 김일성과 김정일 모두 무엇보다 자기 권력 유지에 더욱 신경을 썼고, 그들(특히 김일성)은 계획경제가 '자본주의 제도'보다 효과적이라고 믿었다. 그리고 1980년대 말 동유럽 공산권 붕괴 이후 북한 정권은 '개혁을 조금이라도 하면 정권이 무너질 것'이라고 생각한 것 같다. 그래서 1950년대와 달리 1990년대 북한 정권은 경제와 주민들의 생존을 위해 필요한 개혁을 실행하지 못했다. 아사자의 운명은 무능한 경제체제를 수립한 김일성과 이를 제시간에 개혁하지 않았던 김정일의 책임이다.

결국 장마당 인정한 북한 정권

사람은 자기 노동에 대한 물질적인 대가를 받아야 한다. 결국 북한 정권도 시장경제의 기본 원칙인 이 사실을 인정할 수밖에 없었다. 장마당의 존재를 인정하고 허용한 김정일 시대의 7·1경제관리개선조치, 그리고 농업 집단화를 사실상 되돌린 김정은 시대의 '분조관리제'겸 '포전담당책임제'는 북한이 받고 있는 제재에도 불구하고 북한 농업에 매우 긍정적인 영향을 미쳤다.[20] 이 사실은 1954년 기근과 1990년대 기근의 기본적인 원인이 북한 정권의 계획경제 교리

---

20 이석기 외, 『김정은 시대 북한 경제개혁 연구- '우리식 경제관리방법'을 중심으로』, ≪산업연구원≫, 2018년, https://www.kiet.re.kr/kiet_web/index.jsp?sub_num=8&state=view&tab=list&idx=54694&

에 대한 맹신이었다는 것을 보여준다.

　다행히도 현재 상황은 김일성 시대와 다르다. 북한의 농업 시장화는 제한적으로 이뤄지고 있지만, '포전담당책임제'는 김일성 시대의 협동농장제도보다 훨씬 효과적이어서 북한에서 1950년대나 1990년대 벌어졌던 비극이 다시 일어날 가능성을 줄여주고 있다.

제9장

8월 종파사건

필로스트라토가 "물론 처음에는 권력이 몇몇 소수에게 국한될 걸세…"라고 말했다.
마크가 "그러면 그것이 모든 인간에게 확장될 거라는 뜻입니까?"라고 했다.
필로스트라토가 대답했다. "아니네. 그것이 한 사람에게 모아질 거란 뜻이네.
자네 바보는 아니겠지, 젊은 친구?"
— C. S. 루이스, 『그 가공할 힘』

1956년 8월 30일은 북한 역사에서 운명적인 날 중 하나다. 이 목요일에 개막된 조선로동당 중앙위원회 전원회의에서 반김일성파는 김일성 타도를 시도하다가 실패했다. 이 실패로 조선로동당에서 김일성파 외에 모든 종파들이 소멸했고 김일성은 절대 권력자가 되었다. 1967년 자신을 중심으로 하는 '유일사상체계'를 확립한 김일성은 유일사상체계의 기원을 1956년에서 찾아야 한다고 지적했다.[1]

기존에 많은 학자들은 8월 종파사건의 원인과 결과에 대해 상당히 구체적으

---

1   김일성, 「당사업을 개선하며 당 대표자회 결정을 관철할데 대하여」, 1967년 3월 17~24일, 『김일성 저작집』, 제21권, 평양: 조선로동당 출판사, 1983, 135~258쪽.

로 분석했다.[2] 그러나 이 연구에서 8월 30일, 이 역사적인 날에 벌어진 일에 대한 내용은 부족한 편이다. 그래서 여기서는 전원회의 전후에 있었던 사건들뿐 아니라 특별히 이 역사적인 전원회의에서 벌어진 일을 복원해보려고 한다.

8월로 가는 길

1956년 초반 북한 정치계를 보면 김일성파와 그 반대파로 나뉘는 정치적 싸움을 관찰할 수 있었다. 이 싸움에서 김일성은 이기고 있는 것처럼 보였다. 박헌영과 리승엽을 비롯한 남한 출신 '국내파' 정치인들은 이미 소멸되었고, 부수상 허가이의 사망과 내무상 박일우 체포 이후 소련파와 중국 출신 '연안파'도 계속 공격을 받고 있었다. 반대로 야권이 김일성파에게 시도한 공격들은 모두 실패했다.

그러나 1956년 2월 소련의 수도 모스크바에서는 북한 야권에게 희망을, 김일성에게 공포를 안겨준 사건이 벌어졌다. 소련공산당 제20차대회에서 제1비서 니키타 흐루쇼프(Никита Хрущёв)가 충격적인 연설을 했다. 이 연설에서 흐루쇼프는 스탈린을 본격적으로 공격했다. 사회주의권에서 제일 높은 사람이 가장 중요한 행사인 소련공산당대회에서 반신반인처럼 숭배를 받았던 스탈린을 비난한 것이다. 정말로 이만큼 큰 사건은 상상하기도 어려웠다.

김일성의 첫 번째 대책은 조선로동당에도 개인숭배가 있었지만 이는 김일성 숭배가 아니라 박헌영 숭배였다고 주장하는 것이었다. 박헌영을 숙청시킴

2   Andrei Lankov, *Crisis in North Korea: The Failure of De-Stalinization, 1956*, Honolulu: University of Hawaii Press, 2004; James F. Person, "North Korea in 1956: reconsidering the August Plenum and the Sino-Soviet joint intervention" in *Cold War History*, 2019(19:2), pp. 253-274.

〈그림 1-9-1〉 조선로동당 제3차대회

자료: ≪로동신문≫, 1956년 4월 24일 자, 1면.

으로써 이 문제를 완전히 해결하고 조선로동당은 인민을 승승장구의 길로 이끌고 있다는 주장이다.[3] 훗날 김일성 지지자들은 이 주장을 반복하는 경우가 적지 않았다. 하지만 이 문제는 그렇게 쉽게 해결될 것 같지 않았다.

1955년 12월 결정처럼 4월 23일부터 4월 29일까지 평양에서 당 제3차대회가 진행되었다. 앞으로 보겠지만 당 대회는 중앙위원회를 선출했고, 중앙위원회는 나라의 최고 지도자인 중앙위 위원장을 선출했다. 즉, 김일성의 권력 유지 여부에 대단히 중요한 행사였다.

그러나 당시 야권은 공격을 전혀 준비하지 못했다. 김일성은 제3차대회를 자신의 뜻에 따라 진행했고 대회는 김일성의 권력 유지에 크게 기여했다.

대회의 첫 번째 사업은 중앙위 사업 총결 보고였다. 공산권 전통에 따라 이 보고를 한 사람은 당 지도자로 인정을 받았다. 대회 결정에 따라 제3차대회에

3　*Дневник посла СССР в КНДР тов. Иванова В. И.*, 21 марта 1956 года. (필자가 입수한 자료)

서 이 보고를 한 사람은 김일성이었다. 이는 '김일성의 권력이 약화되지 않았다'라는 메시지를 보여주었다.

보고에서 김일성은 숙청된 박헌영, 사망한 허가이를 비롯한 고(故) 야권 지도자를 공격했다.[4] 이런 분위기 속에서 야권은 김일성을 공격할 의지가 부족했다. 그들은 대회에 참석한 소련 대표단 단장 레오니트 베르즈네프(Леонид Брежнев)와 대화를 시도했을 뿐이었고 박의완(朴義玩)은 베르즈네프에게 북한 상황을 간단하게 설명할 수 있었다.[5] 훗날 1964년 소련의 최고지도자가 된 베르즈네프는 당시 소련공산당 중앙위 국방공업 책임비서였다.

당시 제3차대회의 결과를 분석한 영국 외무부는 이런 결론을 내렸다.

> 지금까지 김일성은 개인숭배가 공격 목표가 될 것으로 보았지만 이를 막는 것에 성공한 것 같습니다. 그의 개인적 권위도 해를 입은 것 같아 보이지 않고 그는 당 중앙위 위원장에 다시 추대되었습니다.[6]

필자는 이 결론에 동의할 수밖에 없다고 생각한다. 역시 북한에서 먼 영국의 전문가들도 재빠르게 제3차대회에서 벌어진 일들은 올바로 분석했다.

---

4 "조선로동당 제3차대회에서의 중앙위원회 사업 총결 보고. 조선로동당 중앙위원회 위원장 김일성", ≪로동신문≫, 1956년 4월 24일 자, 1~8면.

5 *Запись беседы В. И. Иваненко с Пак Киль Еном*, 17 мая 1956 г. (필자가 입수한 자료)

6 *Kim Il Sung and his Personality Cult*, May 1956, National Archives of the United Kingdom, FO 1100/2287/2 (B342), pp. 1-2.

리상조 대사의 실패한 공격 시도

제3차대회에서 벌어진 일 중 또 하나는 주소련 북한 대사 리상조가 했던 김일성 공격 시도였다. 그는 아무런 준비나 전략도 없었다. 대회 진행 중 리상조는 대회 집행부에게 두 차례에 걸쳐 당에 있는 개인숭배 문제를 토론하자는 메모를 보냈다. 집행부를 장악한[7] 충성파는 이 메모를 공표하지 않았다.[8]

대회가 마무리되자 김일성 지지자들은 리상조를 당 중앙위 부위원장 김창만의 아파트로 초대해 그를 압박하기 시작했다. 리상조가 사상이 모자라서 소련공산당 제20차대회의 결정을 기계적으로 조선로동당에 적용하려 했다고 했다. 리상조는 김창만 등 충성파 간부들이 제20차대회 결정을 인식할 의도도 없다고 반박했다.[9]

김창만은 이 이야기를 민족보위상 최용건, 중앙위 상무위원 박금철, 중앙위 조직지도부 부장 한상두에게 알려주었고, 리상조를 대사 자리에서 해임했으면 좋겠다는 의견을 받았다. 리상조는 소련공산당 제20차대회에서 북한을 대표하는 최용건의 지지를 받을 가능성이 있다고 봤지만,[10] 최용건은 이미 김일성

7 *Письмо члена ЦК Трудовой партии Кореи Со Хуэя и трёх других товарищей в ЦК КПК*, ГАРФ, ф. Р-5546, оп. 98, д. 721, лл. 170-190.

8 *Из дневника Самсонова Г. Е. Запись беседы с референтом министерства Госконтроля КНДР Ки Сек Поком*, 31 мая 1956 года, АВП РФ, ф. 102, оп. 12, д. 6, п. 68.

9 Ibid.

10 洪淳官, "前金日成 비서실장충격 고백", ≪新東亞≫, 1994년 10월, 188~207쪽. 저자 홍순관(洪淳官)은 북한 고위간부였고 평양시 당위원회 부위원장으로 지낸 적도 있다. В. Иванов. *К положению в ТПК и КНДР*, 28 декабря 1956 года, РГАНИ, ф. 5, оп. 28, д. 486, л. 13 참조. 기억력이 참 좋은 그의 회고록 내용은 소련 사료들로 잘 입증된다.

〈그림 1-9-2〉 소련 간부와 김일성

자료: ≪인민조선≫, 5호(1956년), 5쪽.

지지 의지를 보이기 시작한 것 같다.

이 사실을 알게 된 리상조는 최고인민회의 상임위 위원장 김두봉을 찾았다. 김두봉은 같은 날 김일성을 찾아 리상조 해임 반대의견을 표했다.[11]

김일성은 리상조를 즉시 해임하면 소련에게 지나치게 큰 관심을 받거나 부정적인 반응을 일으킬 수 있다고 본 것 같다. 대단히 유능한 모략가인 수령은 김두봉과 동의한 셈 쳤다. 리상조는 아무 잘못이 없으며 자신의 생각을 솔직하게 표현했을 뿐이라고 했다. 그래서 리상조는 소련으로 다시 귀국할 수 있게 되었다.[12] 그의 공격 시도는 수령에게 도움을 주었을 뿐이었다.

위원장 선출에 대한 규칙

앞에서 언급했듯이 김정일이나 김정은 시대의 북한과 달리 김일성 시대 조선로동당 당수(당시 중앙위 위원장)는 당 중앙위원회 전원회의에서 선출되었다.

---

11 *Из дневника Самсонова Г. Е. Запись беседы с референтом министерства Госконтроля КНДР Ки Сек Поком.* 31 мая 1956 года, АВП РФ, ф. 102, оп. 12, д. 6, п. 68.

12 Ibid.

〈그림 1-9-3〉 당 제3차대회 대표자들

자료: ≪조선≫, 2호(1956년), 2쪽.

당 규약 제35조에 따르면 '당 중앙위원회 위원장과 부위원장들은 당 중앙위원회 전원회의에서' 선출될 수 있었다.[13]

중앙위 전원회의에 당 중앙위 위원과 후보위원들이 참석해야 하지만 투표권은 정식위원에게만 있었다. 제3차대회에서 선출된 사람들의 목록을 보면[14] 당시 중앙위는 위원 71명, 후보위원 45명으로 구성되었다. 즉, 전원회의에 116명이 참가할 수 있었고, 이들 가운데 투표권이 있는 사람들은 71명이었다. 어떤 결정을 내릴 수 있으려면 위원 36명이 찬성 투표를 해야 했다. 김일성을 중앙위 위원장 자리에서 해임하기 위해서는 36표가 필요했다.

이 중앙위의 위원 목록에 몇 가지 특징이 있다. 일반적으로 공산권에서 이런 목록은 '권력순'으로 나왔다. 1956년 북한의 경우 중앙위 위원장 김일성 뒤에 상무위원회 위원, 상무위원회 후보위원, 일반 중앙위 위원 순으로 나와야 했다. 그러나 ≪로동신문≫에 나온 목록을 보면 다른 점들을 관찰할 수 있다.

---

13   "조선로동당 규약", ≪로동신문≫, 1956년 4월 29일 자, 2면.

14   "조선로동당 제3대회에서 선거된 당 중앙위원회 위원과 후보위원들", ≪로동신문≫, 1956년 4월 30일 자, 1면.

〈그림 1-9-4〉 제3차대회 이후의 북한 엘리트

자료: ≪조선≫, 2호(1956년), 3쪽.

예컨대, 중앙위 37번째 위원 김광협은 상무위원이었고 그보다 훨씬 위에 있는
7번째 위원 박창옥은 일반 중앙위 위원에 불과했다. 27번째 중앙위 위원 김창
만은 중앙위 부위원장 겸 첫 번째 상무위원회 후보위원 겸 조직위원회 위원이
었다. 그러나 19번째 중앙위 위원 서휘(徐輝)는 일반 중앙위 위원에 불과했다.
김창만과 달리 조직위나 상무위 위원 자격이 없었다. 당시 박창옥과 서휘는 반
김일성파, 김광협과 김창만은 친김일성파에 있었던 것을 기억하면 김일성은
제3차대회 직후 이미 자신을 지지하는 사람을 내세웠던 것을 관찰할 수 있다.

최후 전투가 다가온다

제3차 당 대회 개막 전 수령은 이미 야권 지도자 최창익에 대해 의심이 있었
던 것 같다. 김일성은 중앙위 상임위원회에서 최창익을 제명할 생각이 있었지
만, 아직 그렇게 하지는 않았다.[15] 김일성 공식 회고록에서는 그가 남일을 비롯

한 고급 간부로부터 음모를 알게 되었다는 주장이 있다.[16] 이 주장은 사료와 일치하는 것 같다.[17] 그리고 당시 내무성 부상 강상호에 따라 밀고한 사람은 갑산파 출신 허학성 당 중앙위 부부장이었다.[18]

밀고 중 하나는 김일성이 소련에 있었을 때 받았다. 첫 밀고가 아닐까 싶다. 소식을 들은 김일성은 갑자기 암담해졌다. 그는 밀고의 내용이 얼마나 중대한지 깨달았다.[19]

김일성은 남일이 누구 편인지 끝까지 의심한 것 같다. 그는 5월에는 남일을 최창익과 함께 비난했다.[20] 북한 수령에게는 참으로 근심스럽고 불안한 시절이었다.

김일성이 스트레스를 받은 또 하나의 계기가 있었다. 소비에트연방에 방문했을 때 그는 소련공산당 중앙위 상임위원회의 호출을 받아 개인숭배 유지, 인민생활수준 무관심 등에 대한 비판을 받았다. 소련이 김일성 해임을 고려한 것처럼 보였고, 김일성은 아직 소련과 직접 싸울 만한 힘이 없었다. 소련 고위 외교관인 필라토프(Филатов) 참사관은 북한 야권세력과 만나 방금 수령이 모스크

---

15 *Дневник посла СССР в КНДР тов. Иванова В. И.*, 18 апреля 1956 года. (필자가 입수한 자료)

16 『김일성동지 회고록 세기와 더불어 (계승본)』, 제8권, 평양: 조선로동당 출판사, 1998, 315쪽.

17 *Дневник посла СССР в КНДР тов. Иванова В. И.*, 6 и 7 августа 1956 года. (필자가 입수한 자료)

18 Кан Сан Хо, *Воспоминание. Свидетельство очевидца.* (필자가 입수한 자료)

19 Данил Свечков, *Почему Ким Ир Сен в Свердловске отказался от бани с Ельцыным?* Комсомольская Правда. Екатеринбург, 6 февраля 2015 года, https://www.ural.kp.ru/daily/26339.7/3221562/

20 *Дневник посла СССР в КНДР тов. Иванова В. И.* 18 мая 1956 года. (필자가 입수한 자료)

〈그림 1-9-5〉 소련 지도부와 만나는 김일성

자료: ≪조선≫, 3호(1956년), 5쪽.

바에서 비판받았다는 사실을 알려주었다.[21]

이 사실을 알게 된 순박한 야권 정치인 일부는 김일성을 직접 만나 개혁을 요구했다. 이는 또 하나의 전략적인 실수였다. 누가 반대파에 속하는지 알게 된 수령은 말로는 개혁을 약속하면서도 비밀리에 지지자들을 동원하면서 권력투쟁을 준비했다.[22]

그리고 보다 똑똑한 야권 활동가들은 소련대사와 접촉했다. 최창익은 6월 5일 대사 바실리 이바노프(Василий Иванов)와 약속을 잡았다.[23]

이바노프는 약속대로 6월 8일 그를 만났다. 북한 야권 지도자는 북한에서

---

21 *Письмо члена ЦК Трудовой партии Кореи Со Хуэя и трёх других товарищей в ЦК КПК*, ГАРФ, ф. Р-5546, оп. 98, д. 721, лл. 170-190.

22 Ibid.

23 *Дневник посла СССР в КНДР тов. Иванова В. И.*, 5 июня 1956 года. (필자가 입수한 자료)

〈그림 1-9-6〉 니콜라이 불가닌 수상과 악수하는 김일성

주: 불가닌 옆에 브레즈네프가 서 있다.
자료: ≪조선≫, 3호(1956년), 5쪽.

문제가 많다고 말했다. 종파주의, 족벌주의, 소련파 공격, 고(故) 허가이[24] 힐
책, 김일성 부하들의 무능, 방방곡곡의 빈곤, 당 사업에 대한 소련공산당 제20
차대회 정신 부족, 개인숭배 비판 부족, 김일성 숭배 등을 고발했다.[25] 최창익
은 김일성을 해임해야 한다고 직접적으로 말한 것은 아니었지만 김일성에게
귀 기울일 만한 조언을 해야 한다고 했다.[26]

8월 초 야권은 신경과민이 되었다. 소련대사관은 직접 개입하지 않았다. 야
권은 전원회의에서 김일성에 대한 문제를 제기하더라도 필요한 36표를 얻을

---

24 이 책에서 볼 수 있듯 소련파 비공식 리더인 허가이 부수상은 1953년 7월 급사했다.
    이후 김일성을 비롯한 북한 당국은 그를 매우 부정적으로 평가하게 되었다.

25 *Дневник посла СССР в КНДР тов. Иванова В. И.*, 8 июня 1956 года. (필자가 입수
    한 자료)

26 Ibid.

가능성이 낮아졌다. 음모자들은 새로운 구상을 짰다. 충성파 정치인 일부를 중앙위원회에서 제명시키는 것이었다. 그렇게 하면 중앙위원회에서 김일성 지지율은 떨어질 수밖에 없었다.[27]

김일성은 이 술책을 무효화시켜버렸다. 수령은 부하가 기소된 것에 자신도 책임이 있다고 주장했다. 책임 문제는 흩어져 버렸고 충성파 간부들은 자리를 유지했다.[28]

그러나 야권은 또 다른 지지자가 있었다. 그는 대단히 중요한 인물이었다. 주소련 북한 대사 리상조였다. 대사는 언제든지 소련 지도부에 직접 연락하고 정치적 개입을 요청할 수 있었다. 8월 9일 리상조는 소련 지도부에 음모자들의 계획을 알려주었다. 야권의 핵심 목적은 김일성을 로동당 당수 자리에서 해임하는 것이었다. 계획에 따르면 최창익이 조선로동당 중앙위원회 위원장이 되어야 했다. 김일성은 수상 자리를 유지하지만 조선인민군 최고사령관으로 최용건을 임명할 예정이었다.[29] 당시 야권은 소련공산당 제20차대회에 참석했던 최용건의 지지를 받을 줄 알았다.[30] 하지만 실제 벌어진 상황들은 예측을 빗나갔다.

리상조와 동지들은 불가리아와 헝가리 경험에 영감을 받았다.[31] 불가리아에서 독재자 벌코 체르벤코프(Вылко Червенков)의 권위는 1954년 불가리아 공산당이 그의 총비서 자리를 없앴을 때 이미 약화되었다. 1956년 체르벤코프는

27 *Дневник посла СССР в КНДР В. И. Иванова*, 6 августа 1956 года. (필자가 입수한 자료)

28 Ibid.

29 *Из дневника И. Ф. Курдюкова. Приём посла КНДР в СССР Ли Сан Чо*, 11 августа 1956 года. (필자가 입수한 자료)

30 洪淳官, "前金日成 비서실장충격 고백", 188~207쪽.

31 Ibid.

수상에서 부수상으로 강등되며 최고 권력을 상실했다. 체르벤코의 후임자는 온건파 토도르 지프코프(Тодор Живков)였다.[32]

헝가리에서 벌어진 일도 공통점이 있었다. 1953년 헝가리 국가원수였던 라코시 마차시(Rákosi Mátyás)는 수상 자리에서 해임되었으며 1956년 7월 소련의 압박으로 그는 헝가리 근로자당 중앙위 제1비서 직위에서 물러나게 해달라는 편지를 작성할 수밖에 없었다.[33]

평양의 음모자들은 원래의 계획을 무리하게 추진했다. 중앙위원회 전원회의는 다가왔지만 그들은 김일성을 계속 비판했다. 수령은 나라의 운명이 곧 이 전원회의에서 결정될 것을 잘 알고 있었다. 김일성은 전투를 준비하고 있었다. 그는 지지자들에게 지시를 내리면서 야권 일부를 침묵시키도록 했다.[34] 김일성에게 충성한 내무상 방학세(方學世)는 평양의 모든 지역을 감시하기 위해 내무 일꾼을 파견했다.[35]

전원회의가 개막하기 이틀 전인 8월 28일에 중앙위 상무위원회 회의가 진행되었다. 공식 주제는 김일성이 다음날 해야 할 보고였다. 보고의 초고에 개인숭배 문제는 곧 '박헌영 숭배'였다는 주장이 강조되었다. 동시에 당내 종파 행위를 없애야 하는 주장은 있었다. 누구나 김일성이 야권을 공격하려고 하는 사실을 인식할 수 있었다.[36]

---

32 *За смяната на караула в държавата, за приликите и разликите ...* RNews.bg,
2 април 2016 г., https://rnews.bg/априлски-пленум-червенков-живков/

33 라코시의 사직서 전문을 이 책에서 찾을 수 있다: Vladimir Popin. *1956*, http://mek.
oszk.hu/05500/05525/05525.pdf 45. o.

34 *Дневник посла СССР в КНДР В. И. Иванова.* 29 августа 1956 года, РГАНИ, ф. 5,
оп. 28, д. 410, лл. 317-319.

35 *Письмо члена ЦК Трудовой партии Кореи Со Хуэя и трёх других товарищей в
ЦК КПК*, ГАРФ, ф. Р-5546, оп. 98, д. 721, лл. 170-190.

36 *Дневник посла СССР в КНДР В. И. Иванова.* 29 августа 1956 года, РГАНИ, ф. 5,

박의완, 김승화, 김두봉을 비롯한 야권 운동가는 충성파로부터 압박을 받았다. 김일성은 이제 그들의 신분을 잘 알았다. 그는 소련이 자신편이라고 주장했고 야권을 쉽게 없앨 수 있다고 암시했다. 그런데 반대파 중 자기 상황을 과소평가한 사람들은 아직 있었다. 김두봉은 소련공산당의 즉시 개입이 필수적이라고 봤지만 이상주의자인 박의완은 소련이 '조선로동당 내부 상황'에 개입할 수 없다고 봤다.[37]

이제 수령과 당 야권 사이에 결전의 날은 다가오고 있었다.

역사를 결정한 그날

전원회의 첫 번째 날은 1956년 8월 30일 목요일이었다. 바로 이날 북한의 운명이 결정되었다.

소련과 동유럽을 거쳐 귀국한 김일성은 전원회의에서 '형제적 국가를 방문한 정부 대표단의 사업 총화와 우리 당의 당면한 몇 가지 과업들에 대하여'라는 보고를 해야 했고 보고가 끝나고 토론이 진행될 예정이었다. 그러나 결국 회의의 핵심은 김일성에 대한 야권의 공격이었다.

김일성은 사회주의권의 승승장구, 국내 경제상황에 대해 연설한 뒤 개인숭배 문제를 언급했다. 그는 이를 '스탈린 개인숭배'였다고 강조하며 소련공산당이 이 문제를 잘 해결했다고 평가했다.[38] 그는 조선로동당에도 '어느 정도' 개

оп. 28, д. 410, лл. 317-319.

37 Ibid.

38 *Отчёт о правительственной делегации, посетившей братские страны и некоторые очередные задачи нашей партии*, РГАНИ, ф. 5, оп. 28, д. 411, лл. 224-258.

〈그림 1-9-7〉 평양에 귀국하는 김일성

자료: ≪조선≫, 3호(1956년), 2쪽.

인숭배 문제가 존재했다고 인정했지만 개인숭배 대상이 바로 자신이었다는 사실은 언급하지 않았다.

이런 사실을 언급한 사료는 찾아볼 수 없지만[39] 회의에 참가한 박의완에 따르면[40] 김일성 바로 다음에 발언한 사람은 국가계획위원회 위원장 리종옥이었다. 리종옥은 조선민주주의인민공화국이 매우 큰 성과를 냈다는 연설을 했다. 즉, 그는 김일성을 지지했다.

다음 연설자는 당시 함경북도 당위원회 위원장인 김태근이었다.[41] 김태근은 조선로동당 정책이 늘 옳았다고 강조했고 조선직업총동맹과 무역성은 그들이

---

39 Ibid.

40 *Дневник посла СССР в КНДР В. И. Иванова*, 6 сентября 1956 года, РГАНИ, ф. 5, оп. 28, д. 410, л. 328.

41 김태근(1914~1969)의 공식 이력서는 그가 사망한 뒤 ≪로동신문≫에 게재되었다. "김태근동지 서거에 대한 부고", ≪로동신문≫, 1969년 3월 27일 자, 2면 참조.

하는 사업에 실패했다고 했다. 조선직업총동맹 위원장 서휘와 무역상 윤공흠은 야권의 대표적인 인물이었다. 즉, 김일성을 지지하는 김태근은 수령의 적들을 공격했다.[42]

김태근의 연설이 종결된 뒤 전원회의의 핵심적인 사건이 시작되었다. 다음 토론자는 무역상 윤공흠이었다. 야권 대표자였던 그는 김일성을 공격했다.

수십 년 동안 북학학계는 이 연설문에 접근한 적이 없다. 그러나 최근 러시아연방 국가문서보관소에서 윤공흠의 연설 초고 번역문이 발견되었다. 이 문서는 조선어에서 중국어로 번역된 뒤 러시아어로 다시 번역된 것이었다. 이 연설은 대단히 중요해 전문을 한국어로 번역한 뒤 이 장에서 참고했다.[43]

이 연설에 대해 또 하나 중요한 점이 있다. 연설에 관한 위조 사료가 존재한다는 사실이다. 1989년 천마출판사에서 『김일성의 비서실장: 고봉기의 유서』라는 도서가 출간되었다.[44] 이 책의 저자는 '고봉기'라고 되어 있지만, 실제로 고봉기는 1960년경 사형선고를 받았고[45] 진짜 저자는 조선족 김학철(金學鐵)이었다.[46] 이 가짜 '고봉기의 유서'에서 윤공흠 연설이 나오지만 실제 연설과는 아무런 관계가 없으며 김학철이 조작한 것에 불과하다.

---

42 *Письмо члена ЦК Трудовой партии Кореи Со Хуэя и трёх других товарищей в ЦК КПК*, ГАРФ, ф. Р-5546, оп. 98, д. 721, лл. 170-190.

43 Проект выступления Юн Кон Хыма на пленуме ЦК Трудовой Партии Кореи в августе 1956 года // *Материалы к визиту тов. Микояна в Северную Корею.* (필자가 입수한 자료)

44 고봉기, 『김일성의 비서실장: 고봉기의 유서』, 서울: 천마, 1989.

45 В. Пелишенко, *Запись беседы с министром внутренних дел КНДР тов. Пан Хак Се*, 12 февраля 1960 года, АВП РФ, ф. 0541, оп. 15, д. 9, п. 85.

46 『고봉기(高峰起)』, 한국 역대 인물 종합정보 시스템, 한국학 중앙 연구원, http://people.aks.ac.kr/front/dirSer/ppl/pplView.aks?pplId=PPL_7HIL_A1916_1_0024217&curSetPos=0&curSPos=0&category=dirSer&isEQ=true&kristalSearchArea=P

윤공흠의 연설문 스타일은 다른 공산권 연설문과 크게 다르지 않았다. 이 연설문이 매우 극단적이었다고도 할 수 없다. 윤 무역상은 김일성을 즉시 해임하자고 제안하지 않았다. 그는 김일성의 개인숭배만 규탄했을 뿐이다. 그러나 윤공흠이나 김일성, 그리고 다른 참가자들 모두 이런 규탄을 한다면 그 결과는 북한식으로 말하자면 '조직적 문제'일 것이다. 중앙위원회의 규탄을 받았던 사람은 더 이상 중앙위원회를 다스릴 자격이 없었다. 윤공흠의 제안이 수락되었다면 김일성 해임은 시간문제일 수밖에 없었다.

김일성은 이를 절대 허용할 수 없었다. 수령 지지파는 윤공흠 연설을 가로막으며[47] '당신은 왜 비방하는 것이냐?', '조선로동당이 파쇼당이냐, 부르주아당이냐?'라고 외쳤다.[48]

윤 무역상은 김일성이 당 규약을 수차례 위반했다면서 최용건이 당 부위원장이 된 것을 사례로 언급했다. 바로 이 발언 때문에 최용건 차수는 김일성을 지지하게 되었는지도 모른다. 최 차수는 자리에서 일어났고 윤공흠에게 큰 소리로 '이 새끼, 뭐가 어째? 내가 항일할 때 넌 천황폐하 만세 불렀어!'라고 외쳤다.[49] 훗날 이 시기 주북한 대사관에 근무한 고려인 김주봉은 최용건이 매우 격분해서 의자를 잡아 반대파를 때리려고 했다고 주장했다. 물론 김주봉은 회의

---

47 *Письмо члена ЦК Трудовой партии Кореи Со Хуэя и трёх других товарищей в ЦК КПК*, ГАРФ, ф. Р-5546, оп. 98, д. 721, лл. 170-190.

48 *Дневник посла СССР в КНДР В. И. Иванова*, 1 сентября 1956 года, РГАНИ, ф. 5, оп. 28, д. 410, л. 320.

49 *Дневник посла СССР в КНДР В. И. Иванова*. 6 сентября 1956 года, РГАНИ, ф. 5, оп. 28, д. 410, л. 328; 洪淳官, "前金日成 비서실장충격 고백", 188~207쪽. 원문에서는 욕설을 숨기기 위해서 '이 새끼' 대신 '이 ××'라고 쓰여 있었지만, 두 개 음절로 된 욕설은 거의 확실히 '새끼'였다. 다음의 문서에서도 '개새끼'라는 표현이 나왔다. *Письмо члена ЦК Трудовой партии Кореи Со Хуэя и трёх других товарищей в ЦК КПК*, ГАРФ, ф. Р-5546, оп. 98, д. 721, лл. 170-190.

에 참석하지 않아 이것이 사실이었는지 과장이었는지는 확인할 수 없다.[50]

전원회의는 마치 술에 취해 벌인 소동처럼 보였다. 고함소리와 함께 욕설이 오갔다. 박창옥 위원과 박의완 위원은 조용히 하라고 소리쳤다.

김일성은 윤공흠과 같은 반당반동분자들에게 발언권을 줄 필요가 없다고 했고, 토론 종결에 대한 투표를 하자고 제안했다. 이 투표는 결국 북한이 어느 길로 갈 것인지에 대한 결정이 되어버렸다.[51]

중앙위원회 7명만 반대 투표를 했고, 다수가 김일성을 지지했다. 이 7명이 누구였나? 북한 기록원에 접근할 수 있을 때까지 알 수 없지만, 필자는 윤공흠, 최창익, 박창옥, 박의완, 김두봉, 서휘, 김승화라고 추측한다. 앞으로 이 사실을 확인할 수 있게 된다면 이런 추측이 사실과 어느 정도 부합할지 궁금하다.

그 순간 수령이 이길 것이라고 생각하지 않은 사람은 없었다. 최창익과 박의완은 투표 종결 결정을 취소하자고 제안했다. 당연히 이 제안은 기각되었다. 남일은 윤공흠이 반당 발언을 했지만 그래도 끝까지 들어보자고 조심스럽게 제안했는데, 이 제안도 기각되었다. 충성파는 윤공흠에 대해 '무너뜨리고 없애라!'라고 외치기 시작했다. 파괴와 소멸은 야권을 기다리는 운명이었다.[52]

자신의 발언이 지지받지 못한다는 것을 본 윤공흠은 회의실을 떠났고 김일성은 휴회를 선포했다.[53]

휴회 이후 열린 전원회의는 야권 규탄 행사가 되었다. 충성파는 감히 수령을 반대한 자를 말살하자는 연설을 했다. 최창익이 발언을 시도하자 김일성 지지자들은 그를 침묵시켰다.[54] 윤공흠은 휴회가 끝나도 돌아오지 않았다. 김일

50 안드레이 란코프가 김주봉과 한 인터뷰, 1990년 2월 2일.

51 *Письмо члена ЦК Трудовой партии Кореи Со Хуэя и трёх других товарищей в ЦК КПК*, ГАРФ, ф. Р-5546, оп. 98, д. 721, лл. 170-190.

52 Ibid.

53 洪淳官, "前金日成 비서실장충격 고백", 188~207쪽.

성은 이를 이용했다. "윤공흠이 빠졌습니다. 당위원이 아무 이유 없이 회의에 불참하는 것은 당규약 위반입니다. 이는 반당 행위입니다. 나는 윤공흠을 출당 처분할 것을 제안합니다. … 찬성하는 위원 거수!" 김일성의 이 제안에 반대 투표한 유일한 위원은 조선직업총동맹 위원장 서휘였다.[55] 북한 지도부에서 서휘만큼 용감하고 자유를 애호하는 사람은 없었다.

이제 이 전투의 결과는 명확해졌다. 수령은 이겼고, 야권은 패배했다.

〈그림 1-9-8〉 서휘

자료: 《로동신문》, 1956년 5월 25일 자, 4면.

승리한 수령의 오후 회의

이제 회의 분위기는 완전히 바뀌었다. 오전 회의를 전투에 비유한다면, 오후 회의는 수령의 적 소멸 작전과 비슷했다.

며칠 뒤인 9월 6일 상무위원회 후보위원 박의완 부수상이 소련대사관을 찾아 대사 이바노프에게 전원회의에서 벌어진 일들을 구체적으로 말해주었다.[56] 이 덕분에 우리는 오후 회의 내용도 복원할 수 있다.

---

54 *Письмо члена ЦК Трудовой партии Кореи Со Хуэя и трёх других товарищей в ЦК КПК*, ГАРФ, ф. Р-5546, оп. 98, д. 721, лл. 170-190.

55 Ibid.

56 *Дневник посла СССР в КНДР В. И. Иванова*, 6 сентября 1956 года, РГАНИ, ф. 5, оп. 28, д. 410, лл. 327-332.

먼저 리주연 재정상은 조선로동당이 얼마나 위대한 당인지 찬양했다. 조선로동당만 노동자들에게 임금을 한 번에 35% 인상할 수 있다고 강조했다. 그리고 윤공흠의 발언은 편향주의자이자 종파주의자의 발언이며, 윤공흠은 반혁명주의자, 반당분자라고 했다.

남일 외무상은 처음에는 조심스럽게 이야기를 꺼냈다. 그는 당내 민주주의의 필요성과 개인숭배와의 투쟁 필요성에 대해서도 말했다. 그러나 그는 조선로동당 내부 상태나 북한에서의 개인숭배에 대해서는 전혀 언급하지 않았고, 윤공흠을 엄격하게 비난했다.

박용국 조선민주청년동맹 위원장은 긴 연설을 했다. 그는 당 제3차대회는 소련공산당 제20차대회의 정신을 계승하는 대회라고 강조한 뒤 북한에서는 개인숭배 대상이 결코 김일성이 아니라 박헌영뿐이었다고 주장했다. 박용국은 개인숭배 문제가 있긴 하지만 역사에서 개인의 역할을 절대 과소평가하면 안 된다고 강조했다. 당내 '관료주의적 변태'는[57] 곧 고(故) 허가이가 한 행위의 여파라고 주장했다. 그리고 윤공흠은 반혁명주의자라며, 윤공흠을 출당시키고 재판에 회부하자고 제안했다.

다음은 야권의 리더 최창익 부수상이었다. 그가 드디어 발언권을 얻었다. 최창익은 이미 자신이 패배한 것을 알았다. 겁을 먹은 그는 당 정책이 대체로 옳았지만 중앙위원회 사업에 여러 실수도 있었고 개인숭배 문제에 대한 토론도 필요하다고 말했다. 물론 최 부수상은 충성파로부터 여러 질문과 엄청난 비판을 받았다.

김만금 평안남도 당위원회 위원장은 도(道) 경제상황을 보고한 뒤 본인은 박용국 조선민주청년동맹 위원장 의견에 완전히 동의한다고 말했다.

---

57 '관료주의적 변태'는 북한의 말투이고 어원은 소련에서 흔히 썼던 'бюрократические извращения'라는 표현이다. 표준어로 하면 '관료주의 탓에 생긴 정의의 왜곡'이다.

김창만 황해남도 당위원회 위원장은 조선로동당 지도부의 전체 활동이 올바르다고 했다. 그는 윤공흠이 반당분자일뿐 아니라 타락한 자라고 했다. 윤공흠이 '송아지 고기밖에 안 먹는다'라고 했고 큰돈을 잃게 만들었고 도둑이자 사기꾼에 불과하다고 했다.

그 다음으로 김일성이 발언을 했다. 수령은 지도부에서 조선로동당 지도부에 대한 불만이 어떻게 생겼는지 말했고, 반대파 지도자들, 곧 최창익과 박창옥이라고 강조했다. 그는 로동당에서 반대파가 소련대사관에서 최근에 임명한 어느 외교관의 지도를 받았다는 소문이 있었다고 했고, 박정애와 남일을 대사관에 파견한 뒤 그 소문이 곧 반당패당이 퍼뜨린 도발적 허위로 확인되었다고 했다. 김일성은 다른 나라에서 개인숭배 문제가 토의되었을 때 누군가가 이 문제를 이용해 지도자에게 자신의 불신을 표현했다는 편지를 소련공산당으로부터 받았다고 했다. 물론 그는 당내 문제를 언급하지 않았으며, '반당 집단'이 지도부를 타도하고 권력을 장악하려고 했다고 강조했다.

수령 다음으로 발언한 현정민 함경남도 당위원회 위원장도 야권을 비난하는 발언을 했다.

리일경 중앙위 선전선동부 부장은 조선로동당이 개인숭배 문제를 잘 해결하고 있다고 주장했다. 그는 어떤 자들이 소련 라디오방송을 덜 내보내는 결정에 불만을 표현했다고 한 뒤 '발전된 나라'에서 소련 방송이 없다고 했고 북한도 발전하려면 소련 방송을 당연히 줄여야 한다고 했다. 물론 이 발언은 소련파에 대한 간접적인 공격이었다.

민족보위상 최용건 차수는 야권을 단호하게 공격했다. 윤공흠이 방금 한 발언은 곧 반당, 반정부 활동의 세칙이라고 하면서 종파주의자들은 역사나 나라의 경제 상황, 개인숭배 문제와 간부 임명 문제 등 당 문제 전체를 왜곡했다고 주장했다. 최용건은 종파주의자들이 박일우가 했던 더러운 행위를 계속했다고 했다. 이 발언은 특히 중요했다. 최용건은 1955년 숙청된 북한 초대 내무상 박일우를 극도로 미워했고, 김일성이 박일우를 감옥에서 석방하자고 할 때도 그래도 박일우를 사형해야 한다고 제안한 적이 있다.[58] 그래서 이 발언은 그 무엇보다도 김일성 절대지지 발언이었다.

최용건은 원래 소련파를 공격한 사람들은 최창익, 윤공흠 등이었다고 주장했다. 민족보위상에 따르면 1952년 최창익과 윤공흠은 박일우와 당 중앙위 농업부 부장 박훈일과 방공호에 모여 김일성에 반대하는 음모를 꾸몄다. 이들은 박헌영과 손잡아야 한다고 했고, 그와 손을 잡았다. 필자는 이 주장에 의문을 제기하고 싶다. 사실이라면 왜 최용건이 이 정보를 1956년 8월까지 공개하지 않았는지 이해할 수 없다. 또한 박헌영이 반김일성 음모를 꾸몄다는 주장에 대한 근거도 존재하지 않는다.

그리고 최용건은 서휘 조선직업총동맹 위원장이 중국에서 북한으로 넘어온 조선인에게 '공화국에서 10년을 일해도 소장(少將) 이상 진급할 수 없다'라고 한 적이 있었다고 했다. 민족보위상은 또한 내각 건재공업국장 리필규가 당 중앙위를 방문했을 때 최창익과 박창옥의 지도를 받고 있고, 인민의 생활수준을 개선하지 않으면 '포즈난(Poznań) 사건'[59]과 같은 일이 벌어질 수 있다고 했다.

소련 자료에서 최용건은 '박일우가 아직까지 감옥에서 부양 받고 있다는 사실에 분개했다'라는 기록을 볼 수 있다.[60] 박일우에 대한 최용건의 태도를 기억하면 그는 박일우가 석방되는커녕 되도록 빨리 사형당할 것을 원했다고 확인할 수 있다.

마지막으로 최용건은 김창흠 체신상과 박창옥 부수상에 대해 발언했다. 최용건에 따르면 김창흠이 '어떤 종파의 대표자라고 생각하지 말라'라고 하면서

---

58 *Дневник посла СССР в КНДР тов. Иванова В. И.*, 18 мая 1956 года. (필자가 입수한 자료)

59 1956년 6월에 폴란드인민공화국 포즈난 시에서 노동자 반정부 봉기가 벌어졌다.

60 *Дневник посла СССР в КНДР В. И. Иванова.* 6 сентября 1956 года, РГАНИ, ф. 5, оп. 28, д. 410, л. 331.

당과 국가 지도부를 공격한 적이 있었다. 그리고 박창옥을 '이 패당과 관계있는 완전한 종파주의자'라고 하면서 박창옥이 비밀리에 윤공흠을 소련대사관에 파견했다고 했다.

최용건의 연설은 아마도 가장 긴 연설이었고 명확하게 가장 감정적이었다.

다음은 박창옥 부수상이었다. 그는 자신을 옹호하려 시도했다. 박 부수상은 1955년 12월의 전원회의가 그에 대해 지나치게 엄격하고 옳지 않은 결정을 내렸다고 말했다. 그리고 자신은 어떤 종파와도 관계가 없다고 했다. 그러자 주석단과 회의실에 있는 김일성 지지자들이 소리치며 그의 말을 방해했다.

마지막으로 김일성이 자리에서 일어났다. 그는 최창익과 박창옥을 비롯한 반대파에 대한 조치를 이행하자고 제안했다. 그 결정은 전원회의의 마지막 날인 31일에 나왔다.

8월 31일: 전원회의의 종결

8월 31일 금요일에 전원회의가 다시 소집되었다. 윤공흠과 서휘는 불참했고 김일성은 이제 회의에서 지지를 받을 것이라고 안심했다. 전원회의는 야권 위원들을 '종파적 음모 행위자'로 규탄하는 결의를 채택했다.[61] 결의에서는 음모자들을 '동무'로 칭했지만 속을 사람은 없었다. 야권을 기다렸던 운명은 파멸이었다.

야권을 비난하는 결의와 함께 회의는 「형제적 제국가를 방문한 정부 대표단의 사업총화와 우리 당의 당면한 몇 가지 과업들에 관하여」 그리고 「인민 보건

---

61 「최창익, 윤공흠, 서휘, 리필규, 박창옥 등 동무들의 종파적음모행위에 대하여」, 『北韓關係史料集』, 第30券, 果川: 國史編慕委員會, 1998, 784~879쪽.

〈그림 1-9-9〉
8월 전원회의 결정서 제1면

자료: РГАНИ, ф. 5, оп. 28, д. 411, л. 286.

사업을 개선 강화할 데 대하여」라는 결정을 채택했고 북한 매체는 며칠 뒤 이를 보도했다.[62] 신문은 이 두 결정의 전문을 공개하지 않았지만, 소련대사관은 전문을 북한 측에서 받았다.[63] 야권 규탄 결정은 소련 측에도 전달하지 않았지만 나중에 소련으로 망명한 북한 간부는 다른 중앙위 자료들과 함께 이를 소련에 전달했다.

당시 북한 매체에서는 30일에 야권이 김일성을 공격하다가 몰락한 것에 대한 보도가 없었다. 로동신문 보도를 보면 이 사건에 대한 유일한 언급은 '전원회의에서는 또한 조직 문제가 취급되었다'라는 문장이었다.[64] '조직 문제'는 간부 임명 또는 해임을 의미하는 북한 용어다. 김일성과 충성파는 북한 주민이 30일에 벌어진 역사적인 사건에 대해 모르는 것이 좋겠다고 여겼다.

62 "조선로동당 중앙위원회에서", ≪로동신문≫, 1956년 9월 5일 자, 1면

63 *Итоги работы правительственной делегации, посетившей братские страны, и некоторые насущные задачи нашей партии*, РГАНИ, ф. 5, оп. 28, д. 411, лл. 259-270; 「인민 보건사업을 개선 강화할 데 대하여」, РГАНИ, ф. 5, оп. 28, д. 411, лл. 282-285.

64 "조선로동당 중앙위원회에서", ≪로동신문≫, 1956년 9월 5일 자, 1면.

야권 운동가의 중국 망명과 그들의 운명

8월 30일 오전 회의에서 윤공흠은 위원 다수의 지지를 받지 못했다고 보고 회의실에서 나가 차를 탔다. 평양 거리에서 그는 소련대사관의 젊은 직원인 게오르기 삼소노프(Георгий Егорович Самсонов)와[65] 고려인 김주봉을 봤다. 윤공흠은 차를 멈춰 대화를 시도했지만 삼소노프는 김주봉의 소매를 잡아끌며 빨리 대화를 회피했다.[66]

윤공흠과 서휘는 자신의 집 전화기가 끊겨버린 사실을 알아챘다.[67] 윤공흠의 집을 내무원들은 감시했지만, 서휘와 리필규 내각 건재공업국장은 그네에 들어왔고 야권 운동가 세 명은 리필규의 집으로 이동했다. 살아남기 위해서는 즉시 연안파를 보호했던 중국으로 탈출하는 것만이 유일한 방법이라는 것을 깨달았다.[68]

그들은 김강 문화선전성 부상 등 같은 연안파 출신자를 만나 즉시 중국으로 떠나기로 했다. 당국은 윤공흠과 서휘의 자동차 번호를 알고 있었기에 이들은 김강의 자동차를 타고 압록강 방향으로 떠났다.

다음날인 8월 31일 아침 압록강에 도착한 그들은 강에서 작은 배를 타고 물고기 잡는 남자를 발견했다. 그들은 어부를 불러 큰돈을 주며 물고기를 사겠다고 했다. 눈앞에서 높은 간부들을 본 어부는 조금 두려웠지만 물고기를 팔았다. 이들은 압록강의 한 섬에 소풍 간다는 구실을 들어 배를 빌려 달라고 했다. 어부가 배를 빌려준 뒤 그들은 실제 섬으로 갔고 얼마 후 강을 걸어서 중국 땅

---

65 삼소노프는 나중에 주소말리아 소련대사가 되었다.

66 안드레이 란코프가 김주봉과 한 인터뷰, 1990년 2월 2일.

67 *Письмо члена ЦК Трудовой партии Кореи Со Хуэя и трёх других товарищей в ЦК КПК*, ГАРФ, ф. Р-5546, оп. 98, д. 721, лл. 170-190.

68 Кан Сан Хо, *Идеологическая проверка*, Декабрь 1988 года. (필자가 입수한 자료)

너머에 도착했다.[69]

북한은 내무성 부상 강상호를 탈출자를 잡으러 파견했다. 강상호는 불법 월경자 강제 추방에 관한 북중 조약의 조건에 따라 이를 추방해달라고 했지만, 중국 측은 결국 마오쩌둥 자신이 이 문제에 대한 보고를 받았고 문제는 중국공산당과 조선로동당이 직접 해결할 것이라고 했다. 강 부상은 북한으로 귀국할 수밖에 없었다.[70]

중국에 도착한 윤공흠, 서휘, 리필규, 김강은 중국 지도부 결정에 따라 망명자 신분을 얻게 되었다.[71] 도착하자마자 그들은 8월 전원회의에 대한 보고요지를 작성했다. 바로 이 요지를 통해 북한 밖 세상은 반김일성 음모와 그 실패에 대해 처음으로 알게 되었다.[72]

이 4인 외에도 연안파 출신 여러 명이 중국으로 성공적으로 탈출했다. 한 중국학자는 망명자 수가 15~17명이라고 봤다.[73] 2005년 2월 ≪월간 중앙≫에 이들의 목록을 소개하는 글도 나왔다.[74]

필자는 망명자 중 특히 전 평양시 당위원회 부위원장 홍순관과 1969년 탈출

---

69 안드레이 란코프가 강상호와 한 인터뷰, 1989년 10월 31일.

70 강상호, 『회상기: 목격자가 말한다』. (필자가 입수한 자료); Кан Сан Хо, *Воспоминание. Свидетельство очевидца.* (필자가 입수한 자료)

71 안드레이 란코프가 강상호와 한 인터뷰, 1989년 10월 31일.

72 *Письмо члена ЦК Трудовой партии Кореи Со Хуэя и трёх других товарищей в ЦК КПК*, ГАРФ, ф. Р-5546, оп. 98, д. 721, лл. 170-190.

73 Shen Zhihua and Xia Yafeng. *A Misunderstood Friendship: Mao Zedong, Kim Il Sung, and the Myth of Sino–North Korean Relations, 1949-1976.* Unpublished manuscript.

74 『중국의 북한 접수팀이 움직인다』, ≪월간중앙≫, 2005년 2월, https://web.archive.org/web/20180430114642/http://jmagazine.joins.com/monthly/view/218792?aid=218792

한 전 인민군 사단 정치위원 강수봉을 소개하고 싶다. 홍순관과[75] 강수봉이[76] 쓴 회고록은 북한사를 연구하는 사람들에게 커다란 도움이 된다.

연안파의 핵심인물이자 북한 초대 내무상인 박일우의 운명은 명확하지 않았다. 김일성은 1955년 박일우를 숙청한 후 1956년 그를 중국으로 추방할까 고민 중이었다. 이를 극렬히 반대한 최용건은 박일우를 사형해야 한다고 고집했다. 주소련 북한 대사 리상조는 박일우가 결국 구출되었다고 믿었다.[77] 그러나 1950년대 중국 자료를 확인한 학자의 연구에 '중국에서 거주한 박일우'에 대한 언급은 없다.[78] 박일우의 운명은 명확하지 않으며, 최용건의 소원이 이루어졌을 가능성이 높아 보인다.

냉전 시대 8월 종파사건에 대한 정보는 제한적이었다. 1980년대 후반 소련이 개방되며 훨씬 많은 정보를 알게 되었지만, 1956년 8월 중국으로 떠난 북한 망명자의 운명에 대한 정보는 부족했다. 다행히도 최근 선즈화(沈志华)와 시아야평(夏亚锋) 등의 학자가 쓴 책을 통해 이 사실을 알게 되었다. 이 책에서는 다음과 같은 내용을 밝히고 있다.[79]

네 명의 망명자는 8월 31일 중국 안둥(安東)에 도착해 신분이 확인된 후 베이

75 洪淳官, "前金日成 비서실장충격 고백", 188~207쪽.

76 呂政, 『붉게 물든 대동강』, 서울: 동아일보사, 1991. '呂政(여정)'의 본명이 곧 강수봉인 것을 여기에서 확인할 수 있다: 고재홍, 「북한 인민군 정치기관 특성연구(1945~1950)」, 『2002 신진연구자 북한 및 통일관련 논문집 (제1권)』, 서울: 통일부, 2002, 106쪽, http://unibook.unikorea.go.kr/libeka/elec/WebBookdata4/00063225.pdf

77 리상조, 「조선 노동당 중앙위원회 위원장 김일성 동지 앞」, 『북조선을 만든 고려인 이야기』, 파주: 경인문화사, 2006, 269~278쪽.

78 Shen Zhihua and Xia Yafeng, *A Misunderstood Friendship: Mao Zedong, Kim Il Sung, and the Myth of Sino–North Korean Relations, 1949-1976*, Unpublished manuscript.

79 Ibid.

징으로 갔다. 베이징에서 그들은 국무원 총리 저우언라이와 공안부 부장 루어 뤄이칭(羅瑞卿) 대장과 만나 북한 상황에 대한 대화를 나누었다. 북한 측은 이들의 북송을 요구했지만, 주북한 중국대사 챠오샤오꾸앙(喬曉光)은 이 요구를 거절했다. 망명자들은 중국에서 살게 되었다.

그러나 서휘와 리필규는 중국 현실을 보면서 불만이 생길 수밖에 없었다. 그들이 희망한 미래는 마오주의가 아니었다. 1958년 저우언라이는 이들에 대한 분노를 표현했다. '그들은 중국도 소련도 조선도 권위주의 정권이라고 생각하네!'

망명자의 중국 귀화 요청은 계속 연기되고 있었다. 중국 당국은 결국 그들에게 국적을 취득하지 못하도록 결정했다. 따라서 망명자들은 중국공산당에 입당할 수도 없었다. 그러나 당국은 그들에게 결혼은 허용했다. 1958년 7월 망명자 네 명은 가명을 받았고 청두(成都)시에 살게 되었다. 따라서 그들은 산시성(山西省) 타이위안(太原)에 사는 다른 연안파 망명자들과 분리되었다.

중국 당국은 망명자들에게 세 가지 요구를 내렸다. 첫 번째, 중국에 방문하는 북한 사람들과 접촉하지 말라. 두 번째, 북한에 편지를 쓰거나 보내지 말라. 세 번째, 중국인들과 북한 내부 상황에 대해 소통하지 말라.

결국 윤공흠은 쓰촨성(四川省) 상무청(商務廳) 소속의 토산품 생산공장(土産公司)에서, 김강은 극장에서, 리필규는 제철소에서 일자리를 얻었다. 중국 당국은 서휘에 대해 불만이 특히 많아 그에게 일자리를 지원하지 않았다. 망명자들을 달마다 국가로부터 200위안을 받았다.

김일성이 방중할 때마다 망명자들은 특히 심한 감시를 받았고 청두에서 나가지 못하도록 지시를 받았다.

1960년대 중소(中蘇)분쟁이 발발했고 북한은 친중노선을 내세우기 시작했다. 서휘는 1960년대 초반 북중관계 완화를 보면서 불만이 많았고 윤공흠은 그보다는 불만이 없었다. 이는 망명자에게 부정적인 영향을 미칠 수밖에 없었다. 감시는 강화되었다. 서휘는 주중 소련대사관으로 탈출을 시도하다 체포되었다. 결국 그는 다른 연안파 출신 망명자인 홍순관과 함께 수감되었다. 서휘가 받은 판결은 금고 5년이었다.

1957년경 북한 당국은 '종파주의자'에 대해 공개적으로 비난했다. 북한 당기관지 ≪근로자≫에서 서휘가 직업동맹은 '당의 령도에 무한히 충실하'여야 하는 원칙을 위반했다는 주장까지 나왔다.[80] 이 주장을 분석한 북한학자 란코프는 서휘가 그런 주장을 할 수조차 없었다고 판단했다. 직업동맹의 당 복종 원칙은 레닌주의의 핵심 교리였고 공산주의자라면 누구나 감히 위반할 수 없는 것이기 때문이다.[81]

그러나 1954년 소련 자료에 서휘는 위원장으로 임명되자 자신의 의무로 '국가 앞에 노동자의 이해(利害) 보호'라고 본 기록은 있다. 그래서 정치위 위원 박영빈은 서휘를 '생디칼리슴 행위자'라고 비난했다. 조선직업총동맹 위원장은 노동자들이 사회주의 국가에 복종하도록 노력해야 하지만 모든 규칙과 전통을 위반한 서휘는 진짜 노조 운동가처럼 활동했다.[82]

이 논문에서는 서휘가 '극단한 자유주의, 개인주의 경향을 조장시켰다'라는 문장이 나왔다.[83] 이는 매우 부정적인 의미다. 하지만 서휘에 대해 생각해보면 이 문장에 진실이 들어 있다고 판단할 수 있다. 참으로 이 사람은 어떤 북한 간부보다도 개인의 자유에 대해 신경을 썼다. 8월 종파사건 당시 김일성의 진짜

80 박상홍, 「직업 동맹 사업에서 제기되는 몇 가지 문제」, ≪근로자≫, 1957년, 7호, 39~45쪽.

81 *Андрей Ланьков. Август, 1956 год: Кризис в Северной Корее*, Москва: РОССПЭН, 2009, стр. 182-184.

82 *Из дневника советника Посольства СССР в КНДР Петрова А. М. Запись беседы с членом Политсовета ЦК ТПК Пак Ен Бином 8 сентября 1954 года.* (필자가 입수한 자료)

83 박상홍, 「직업 동맹 사업에서 제기되는 몇 가지 문제」, 39~45쪽.

대안이 있었다면 최창익이나 박창옥보다는 조선직업총동맹 위원장 서휘에 있었을 것이다.

북한의 '헛된 해돋이'

망명자 4인을 잡지 못한 김일성은 그들의 가족에게 복수를 했다. 서휘의 배우자와 어린 딸, 윤공흠의 배우자와 두 아들은 아무 잘못 없이 김일성의 뜻에 따라 처형되었다.[84] 사랑하는 가족의 운명에 대해 알게 된 서휘와 윤공흠이 얼마나 큰 상처를 받았을지 상상할 수 없다.

우리 이야기의 주인공들 인생은 어떻게 끝이 났을까? 윤공흠은 1974년 산시성 린펀(临汾)시 방직공장 병원에서 별세했다.[85] 서휘는 1993년 시안(西安)시에서 별세했다.[86] 리필규는 사망 날짜를 확인할 수 없다. 김강은 아주 오랫동안 살았고 2010년에도 여전히 살아남았다.[87]

당시 소련대사관에서 근무한 김주봉의 증언에 따르면 소련 측은 8월 종파사건의 중요성을 뒤늦게 파악했다. 당시 주북한 소련대사 이바노프와 그가 휴가를 나갔을 때 임시대리대사였던 페트로프 모두 유능한 외교관이 아니었다. 페트로프는 서휘를 비롯한 북한 간부들의 김일성 공격에 대한 암시를 거의 무시

---

84 김학준, 『북한 50년사: 우리가 떠안아야 할 반 쪽의 우리 역사』, 서울: 동아출판사, 1995, 191~192쪽.

85 김중생, 『조선의용군의 밀입북과 6·25전쟁』, 서울: 명지출판사, 2000, 234쪽.

86 Ibid.

87 Shen Zhihua and Xia Yafeng, *A Misunderstood Friendship: Mao Zedong, Kim Il Sung, and the Myth of Sino–North Korean Relations, 1949-1976*, Unpublished manuscript.

했고, 소련 지도부에는
제대로 보고도 하지
않았다. 김주봉에 따
르면 훗날 페토로프는
해임되었지만 이 해임은
북한에 아무런 도움을
주지 않았다.[88]

〈그림 1-9-10〉 흐루쇼프와 만나는 김일성

주: 1956년 9월에 공개된 사진이다. 뚱뚱하게 보이는 흐루쇼프의
사진 공개는 소련 지도자에 대한 불만 표시였던 가능성이 있다.
자료: ≪조선예술≫, 9호(1956년), III쪽.

결국 1956년 소련과
동유럽 나라 대부분은
스탈린주의에서 벗어
났지만 북한에서 김일
성주의는 더 강화되었
다. 북한과 운명이 비슷한 또 다른 국가가 있었다. 알바니아도 같은 해 4월 알
바니아노동당 대표자회의에서 야권이 호자의 스탈린주의 정권을 공격했지만
실패했다. 알바니아에서 스탈린주의는 1990년대 초반에서야 무너졌다. 아나
랄라이(Ana Lalaj)라는 알바니아 역사학자는 1956년 대표자회의에 대해 『헛된
봄』[89]이라는 책을 썼는데, 랄라이 교수의 표현을 따르면 8월 전원회의에서 벌
어진 일들은 북한의 '헛된 해돋이'이라고 부를 수 있다.

김일성 승리의 결과는 그의 폭정이 수십 년 동안 지속되고, 그 이후로도 그
의 자손들이 권력을 대대로 물려받게 될 것이었다. 그리고 희생자 중에는 8월
종파사건의 패배자뿐 아니라 승리자처럼 보였던 김일성 지지자들도 있었다.
회의에서 김일성에게 찬성 투표를 했던 30명 이상이 결국 숙청되었다. 특히,

---

88 안드레이 란코프가 김주봉과 한 인터뷰, 1990년 2월 2일.

89 Ana Lalaj, *Pranvera e rrejshme e '56-s*, Tirana: INFBOTUES, 2016.

지지 발언을 한 박용국,[90] 김창만,[91] 현정민[92] 등은 1950~1960년대 숙청되었고 리일경은 자살했다.[93] 그들은 수령을 지지하는 것으로 사실상 자신에 대한 사형 판결을 내린 셈이었다.

스탈린주의 제도의 승리자는 단 한 명만 존재할 수 있다. 이것이 아마도 8월 비극의 가장 중요한 교훈이었다.

▶ 1956년 8월 30일 오전 회의에서 윤공흠이 하려고 한 연설 초고

절대 비밀. 복사본 제1호

동지들!

우리 당을 강화하기 위하여 우리는 지금 중대하고 중요한 문제를 토론하고 있습니다. 나는 솔직한 토론과 논쟁이 우리 당이 과거에 당내 생활과 인민대중과의 한 사업에서 한 중대한 단점과 실수들을 완전히 밝히는 것, 또한 이 단점들과 실수의 원인을 설명하는 데 도움을 줄 수 있다고 생각합니다. 그렇게 하면 우리 당은 투쟁적이고 프롤레타리아 국제주의에 충실한 당이 될 것이며 전체 인민은 조국의 승리적 평화통일, 북반부에서 사회주의 건설의 성공을 위하여 우리 당의 중심으로 더욱 더

---

90 『김일성중심 권력구조 반발세력 철퇴, 수령체제 뿌리내려』, ≪NK조선≫, 2002년 1월 8일, http://nk.chosun.com/bbs/list.html?table=bbs_19&idxno=2131&page=3&total=134&sc_area=&sc_word=

91 한재덕, 『북한 22년』, ≪중앙일보≫, 1967년 8월 15일, https://www.joongang.co.kr/article/1130612#home

92 『소련망명 전 북괴 노동당비서가 폭로한 그 생생한 내막』, ≪중앙일보≫, 1982년 4월 1일 자, https://www.joongang.co.kr/article/1626235#home

93 오주한, 『[北韓 정보] 김일성 친인척 대량 자살(2010.3.5 작성)』, ≪오주한 전문기자의 NK NEWS≫, 2014년 3월 17일, https://m.blog.naver.com/PostView.naver?isHttpsRedirect=true&blogId=jhisa82&logNo=130187607107

단결할 것이며 당내에 참된 레닌주의적 단결이 나타날 것입니다.

건설적인 의견과 제안을 하는 당과 혁명에 충실하는 우리 동지들은 일반 당원이 아니고 당 중앙위원회 위원 또는 후보위원이라도 위협과 감시를 받습니다.

그* 자신은 당내 민주주의를 노골적으로 유린하고 비판적 발언도 탄압합니다. 이런 행위는 당규약과 레닌주의적 당 생화 규범에 완전히 모순합니다. 이것이야말로 혁명적 맑스-레닌주의 원칙들을 훼손합니다.

동지들!

동지들이 알다시피 우리 당에 존재하는 병든 현상은 예외적이고 대단히 중대합니다. 첫째, 우리 당 생활에는 레닌주의적 원칙들은 준수되지 않습니다. 당내에 개인숭배 사상은 대단히 확산되었습니다. 이것은 전당의 생활에 커다란 해로움을 줍니다. 당의 대열에 참다운 단결은 없으며 관료주의 영웅 숭배, 종파주의는 확산되었고, 당내 민주주의, 비판, 자기비판 등 탄압을 당하고 아부, 아첨, 맹종 등 용인되었고 여러 동지의 폭정도 가능하게 되었습니다.

둘째, 인민에 대한 당의 권력을 악용하는 현상은 존재합니다.

이 모든 것은 인민이 우리 당에 대한 신뢰, 당과 단결을 약화시킵니다.

물론 우리 당은 국제주의와 맑스-레닌주의에 충실한 당입니다.

그래서 우리 당은 형제적 당들의 경험, 특히 소련공산당의 경험을 적극적으로 연구하여야 합니다.

우리 모두 잘 알다시피 소련공산당의 제20차대회는 국제 공산주의 운동에 커다란 역사적 의미가 있었습니다.

이 대회의 결정에 현재 국제혁명 운동을 깊은 분석은 나왔습니다. 이 결정들은 우리 당을 포함하여 맑스적 당들, 전 세계의 근로자들의 강령이 되어야 합니다.

그럼에도 불구하고 우리 당의 지도적 핵심의 일부 일꾼은 이른바 '민족적 정신' 또한 이른바 '민족적 특징들'을 구실로 이용하여 우리 당 생활에 소련공산당의 제20차대회 정신을 도입할 의도가 없는 것뿐만 아니라 이 결정이 틀리다고 봅니다. 그래서 현재에도 여러 중대한 실수는 계속 나타나고 있는데 맑스-레닌주의에 충실한 우리 당은 이를 용납할 수 없습니다.

나는 상기한 문제들이 절대 사소한 문제라고 생각하기는커녕 이 문제들은 극히 날카롭고 중대한 문제이고 우리 당을 강화와 혁명을 영도에 결정적인 의의는 있다고 봅니다.

이제에 여러 구체적인 문제들을 토론하고 싶습니다.

소련공산당 제20차대회와 우리 당 제3차대회에 대하여. '개인숭배와 그의 후과를 극복에 대하여' 소련공산당 중앙위원회 결정의 제1문단을 보면 다음과 같은 내용이 나옵니다.

소련공산당 중앙위원회 역사적인 제20차대회의 결정은 전체 우리 당, 전체 소련인민, 형제적 공상당과 로동당, 사회주의 제국(諸國)의 위대한 공동체의 근로자, 자본주의 국가와 식민지나라의 수백만 명의 주민의 완전한 찬성과 적극적인 지지를 받았던 것을 만족하게 관찰한다. 맑스-레닌주의를 창조적 발전에 새로운 단계가 된 제20차대회가 국내외 상태를 깊이 분석했고 전체 공산당, 전체 소련 인민을 공산주의를 건설하기 위한 거대한 계획으로 무장했고 새로운 전쟁의 위협을 없애기를 위하여, 근로자의 이익을 위하여 전체 노동계급의 당의 공동적인 행위에 새로운 장래를 개막했기 때문에 상기한 관찰은 놀라운 것은 아닙니다.

동지들은 알다시피 형제적 당들과 전 세계의 진보적인 인류는 소련공산당의 역사적인 결정들을 적극적으로 지지하고 찬성합니다. 형제적 당들은 제20차대회의 정신은 자국 현실에 적용하고 당 생활과 정치에 투쟁적인 강령으로 받아들입니다.

그러나 소련공산당 제20차대회 이후에 설립한 조선로동당 제3차대회는 어떻게 진행되었습니까? 제3차대회는 소련공산당 제20차대회의 정신에 따라가지 못했습니다. 그래서 우리나라에서 토론도 없고 비판도 없고 사회적 현실에 대한 깊은 맑스-레닌주의적인 분석도 없습니다. 선전선동 분야에 기계적·맹목적 암기, 교조주의, 형식주의는 지배했습니다. 당 영도 기관에서 이런 현상들은 더욱더 중대합니다. 10년 동안 당 중앙위원회 선전선동부는 조선의 현황을 분석에 관하고 김일성동무가 한 방침에 맞지 않았던 모든 의견들은 무자비하게 탄압했습니다.

개인숭배 사상의 확산과 함께 불가피하게 위선, 허영, 찬양 등이 나타났습니다.

인민의 진짜 생활의 현태에 상관없이 성공들을 과도하고 평가되었고 '인민의 생활은 빠른 속도로 안정화하고 개선된다'라는 주장들은 나왔고, '가장 위대한 대성공들' 이 있다는 주장 등이 나왔습니다. 선전은 극히 중요하지 않고, 제한적이고 사소한 현상을 방방곡곡에 있는 현상처럼 보여주었습니다. 전후(戰後) 시기에 인민 생활 안정화에 수많은 중대한 실수가 있었지만, 선전은 항상 인민이 대체로 잘 살고 있다고 항상 주장했습니다. 그래서 선전은 어느 정도로 위선과 거짓말이 되었고 인민의 신뢰를 받지 못하고 인민을 투쟁에 절대 이끌 수 없습니다.

둘째, 이른바 '민족적 정신'관 이른바 '민족적 특징들'이 구제주의 정신으로 하는 교육을 약화시키는 사실을 강조하여야 합니다.

신문, 잡지, 소설, 화보에서 국제주의 선전은 매우 부족합니다. ≪로동신문≫에서 소련 생활을 소개하는 부분은 없애게 되었습니다. 우리에게 무욕으로 주는 소비에트연방, 중화인민공화국 등 인민민주주의 국가가 주는 원조에 대한 선전은 극히 부족합니다. 우리 인민이 사랑하는 소련 노래나 춤을 아예 찾을 수 없습니다.

이것은 국제주의 정신에 따라가는 우리 당의 선전노선으로 볼 수 없습니다.

상기한 것을 보면 우리 당의 선전선동 사업에 존재하는 중대한 실수는 곧 선전선동 사업에 이상주의를 허용입니다.

우리는 맑스-레닌주의 이론과 모순된 개인숭배 사상을 없애야 합니다. 우리는 당원과 인민에게 우리가 당원과 인민에게 우리의 승리들이 당의 영도 밑에 얻었던 인민의 승리하고 하는 교육을 시켜야 합니다. 우리는 인민민주주의 질서의 위대한 생명력을 강조하여야 합니다. 우리는 성공과 실패를 명확하고 올바르고 솔직하게 보여주어야 합니다. 선전선동 기관들에 비판과 자기비판을 강화하고 과학 일꾼들에게 창조적인 사고방식, 현실을 분석, 토론 등 조장하여야 합니다. 교조주의와 형식주의를 결정적으로 없애야 합니다.

우리는 당내 교제, 학교 교과서, 신문, 시, 소설, 노래, 가극, 영화 등 재검토하고 개인숭배를 강화하는 바에 기여하는 모든 것을 흔적도 남아 있지 않게 없애고 무산계급에 대한 국제주의적인 교육을 전반적으로 강화하여야 합니다.

우리 당의 선전선동 사업에 소련공산당의 제20차대회는 결정적으로 중요합니다.

소련공산당의 제20차대회는 현 단계에 우리 세력과 적의 세력을 구체적인 맑스-레닌주의적인 분석을 주었고 전 세계의 공산당들과 로동당들이 혁명을 영도하는 노선을 명확하게 밝혀 주었습니다. 그래서 제20차대회는 레닌적 당 건설 원칙을 복원시켰고 영사적인 반전이 있어서 당들, 인민 그리고 영도자들의 관계를 맑스-레닌주의적인 분석을 내렸습니다.

실제로 소련공산당의 제20차대회는 전 세계 혁명 운동의 등대가 되었습니다. 대회의 강령적인 자료는 맑스-레닌주의를 더욱더 풍유하게 했으며 전 세계의 근로자와 맑스-레닌주의 당들에 앞으로 갈 길을 정확하게 보여 주었습니다.

우리 당에 소련공산당의 제20차대회의 결정을 이행은 곧 우리가 하는 사업을 맑스-레닌주의적인 분석, 현 상태를 정확한 이해, 우리나라의 통일과 독립으로 갈 길을 창조적인 이해, 사회주의 건설 등 필요, 당내 레닌적 단결을 더욱더 강화할 필요입니다.

우리 당에 소련공산당의 제20차대회의 결정을 틀리다고 보는 것은 선전선동기관들의 가장 중대한 실수입니다. 나는 이 실수는 맑스-레닌주의와 모순된 것으로 보고 이를 용납할 수 없다고 봅니다.

결론적으로 당 중앙위원회 앞에 여러 제안을 드립니다.

• 중앙위원회와 모든 당 조직에서 당내 민주주의를 굳게 보장하여야 함
• 개인숭배 문제를 언급하는 동지들에게 '종파 분자' 또는 '반당 분자' 하는 오명을 붙이기를 즉시 중단하여야 함
• 중앙위원회 위원, 후보위원에 대한 감시, 압박 등 행위를 즉시 중단

상기한 제안들을 본 당 중앙위원회 전원회의의 결정에 포함하자고 제한합니다.

우리 영광스러운 당을 더욱더 강화와 발전을 위하여 중앙위원회는 김일성동무 중심으로 하는 개인숭배 사상과 그의 엄중한 후과에 대한 결정을 채택하여야 합니다. 그리고 이 결정을 본 전원회의 기록과 함께 전당 토론에 돌리자고 제안합니다.

동지들! 나는 상기한 여러 제안을 드리면서 우리 영광스러운 당이 혁명의 이익을 위하여, 당을 강화를 위하여 개인숭배 사상이 일으킨 모든 부정적인 현상을 빨리 없애고 당의 규율을 더욱더 강화하고 당내에 참으로 레닌적인 단결을 세울 수 있을 것이라고 믿습니다.

* '그는' 아마도 김일성이다.

필자 주: 8월 종파사건 직후 윤공흠, 서휘, 리필규, 김강 등 반김일성파 정치인들은 중국으로 탈출한 뒤 중국공산당 지도부에 전원회의에서 벌어진 일을 보고했다[Проект выступления Юн Кон Хыма на пленуме ЦК Трудовой Партии Кореи в августе 1956 года // Материалы к визиту тов. Микояна в Северную Корею. (필자가 입수한 자료)]. 보고는 윤공흠이 회의에서 읽으려 했던 연설 전문의 중역(中譯)을 포함했다. 현재 중국어 원문에 접근하기는 어렵지만, 주중국 소련대사관에서 한 번역문에는 접근할 수 있다. 따라서 필자는 윤공흠 연설 전문을 1950년대 북한어 스타일을 유지하도록 노력하면서 다시 한국어로 번역했다.

제10장

김일성은 어떻게 소련 통제에서 벗어났나

결국 내 뜻대로만 된다면 나는 얼마든지 기다릴 수 있다.

— 마거릿 대처

북한 정치사에서는 다른 사회주의권에서 볼 수 없는 독특한 특징이 관찰된다. 북한은 사실상 소련대사관의 통치를 받는 위성정권으로 건국되었지만, 페레스트로이카(고르바초프의 개혁정책) 시대 이전의 소련으로부터 정치적 독립을 얻었다는 점이다. 예를 들어 중국, 유고슬라비아, 북베트남, 알바니아, 쿠바, 에티오피아, 소말리아, 남예멘 등은 원래 소련에 대한 의존성이 강하지 않았고, 동독, 폴란드, 불가리아, 체코슬로바키아, 몽골 등은 냉전이 끝날 때까지 소련의 간접 통치를 받았다. 제2차 세계대전 이전 사례까지 살펴보면 투바공화국이나 제정 러시아의 극동지역에 세워졌던 극동공화국 등은 소련에 합병되기도 했다. 1950년대 후반 소련의 통제에서 벗어난 국가는 김일성의 북한이 거의 유일하다. 루마니아 사례를 어느 정도 북한과 비교할 수 있지만 북한의 변화는 루마니아보다 훨씬 빠르고 극단적이었다.

1940년대 북한의 실권은 김일성이 아닌 소련 당국에 있었다. 토지개혁, 인민군 창건, 헌법 채택, 국기 제정, 내각 설립 등 중요 과정이 볼셰비키당의 지도부, 북한 현지 소련 25군과 대사관을 통해 이뤄졌다. 당시 북한의 각종 법칙도 원문은 러시아말로 쓰고 이를 조선어로 번역한 경우도 있다. 대표적인 사례가 1955년 인민군 내무 규정이다. 이 규정에 따르면 부대장은 병사들에게 '동무들, 건강하십니까?'라고 인사해야 했는데,[1] 이는 러시아어 인사말 '즈드라스트우이테(Здравствуйте)'의 직역이었다. 그러나 시간이 흐르면서 상황은 바뀌기 시작했다.

북한 역사 초기의 소련 통제

북한의 예외적인 운명에 기여한 요인은 다양하다. 연대순으로 첫 번째는 1948년 소련군의 철수였다. 동유럽과 달리 소련군이 주둔하지 않은 북한은 소련 당국의 통치가 어려워질 수밖에 없었다. 두 번째 요인은 6·25전쟁 당시 중국군 참전이었다. 중국군이 1958년까지 북한에 주둔했기에[2] 소련 당국은 북한에서 1956년의 헝가리 군사 개입과 같은 작전을 중국 동의 없이 실행할 수 없었다. 세 번째는 소련 내무상 베리야의 '새로운 노선(Новый курс)'이라는 정책이었다. '새로운 노선'의 기본적인 내용은 사회주의권 국가들에 좀 더 넓은 정치적 자유를 허용하는 것이었다. 1953년 베리야가 숙청되었지만, '새로운 노선' 정책은 1956년 헝가리 반소(反蘇) 반란 발발까지 유지되었다.

네 번째 요인은 소련 지도자 흐루쇼프의 비스탈린화 정책이었다. 이것이 가장 중요한 요인이었다고 할 수 있다. 제20차 소련공산당대회에서 흐루쇼프 제1비서는 스탈린을 비난하는 '개인숭배와 그의 여파에 대하여'라는 연설을 통해

---

1 『조선민주주의인민공화국 인민군 내무규정』, 평양: 민족보위성 군사출판부, 1955, 23쪽.
2 이종석, 『북한-중국 관계 1945-2000』, 서울: 중심, 2000, 202쪽.

<그림 1-10-1> 체르벤코프(좌)와 마차시(우) 찬양 포스터

자료: 무명 화가가 그린 포스터. 원문은 불가리아 사회주의 예술 박물관에 보관되어 있다. 복사본은 https://presscenters.com/News/58254/muzeyat-na-socialisticheskoto-izkustvo-pokazva-plakati-na-stalin-georgi-dimitrov-i-vulko-chervenkov 참조(좌); 무명 화가가 그린 포스터. 복사본은 https://www.nkp.hu/tankonyv/tortenelem_8/img/67_zomanc_rakosi_IMG_0003.png 참조(우).

모든 사회주의권에 비스탈린화 개혁 과정을 유도했다. 이로 말미암아 불가리아의 체르벤코프, 헝가리의 마차시 등 스탈린주의 지도자 정권이 몰락했다.[3] 그러나 북한에서는 8월 종파사건 실패로 김일성 해임 시도가 실패했다. 마지막 다섯 번째 요인은 바로 이 장의 주제인 북한의 권력분립 실패였다.

권력분립 문제

소련에서 비스탈린화 과정의 핵심 키워드 중 하나는 바로 '집단지도(коллективное руководство)'였다. 새로운 소련 당국은 스탈린 시대의 '일인지도'보다 '집단지도' 체제가 진짜 레닌주의적이며 옳다고 주장했다. '집단지도' 체제에 따라 어느 한 지도자가 동시에 당과 국가를 다스릴 수 없고, 여러 명으로 구성된 당

3　*За смяната на караула в държавата, за приликите и разликите…* RNews.bg, 2 април 2016 г., https://rnews.bg/априлски-пленум-червенков-живков/; Vladimir Popin. *1956*. 45. о, http://mek.oszk.hu/05500/05525/05525.pdf

지도부의 합의를 통해 나라를 운영해야 했다.

1950년대 김일성은 조선로동당 중앙위원회 위원장 겸 내각 수상이었다. 즉, '집단지도' 개념과 맞지 않는 당과 국가의 최고지도자였다. 따라서 1956~1957년까지 주북한 소련대사는 김일성에게 두 직위 중 하나를 다른 간부에게 넘길 것을 제안했다. 소련대사의 제안이 단지 개인적인 것에 불과했는지 소련공산당의 명령인지는 알 수 없다. 원래는 소련대사가 지시를 내리면 북한 지도부가 무조건 따라야 했지만, 새로운 탈스탈린 시대에서는 상황이 다를 수 있었다.

김일성이 원했던 것은 당 중앙위 위원장과 수상 직위 모두 유지하는 것이지만, 소련 측이 강하게 요구할 경우 직위 하나는 신뢰할 수 있는 부하에게 이양할 수 있도록 준비했다. 이런 내용이 처음 나온 것은 1955년 4월이었다. 당시 부수상 박창옥은 최고인민위원회 상임위 위원장 김두봉과 함께 김일성이 수상 자리를 그만두는 것을 제안했다.[4] 김일성은 이 공격을 무효화하기 위해 인기가 거의 없는 최용건을 수상 후보로 제안했다. 결국 지도부는 김일성을 차악으로 받아들였고 박창옥의 제안은 무산되었다.[5]

그래서 김일성은 초기에는 최용건을 밀어줬지만 점차 김일로 방향을 돌렸다. 김일성과 소련대사관의 대화를 들어보기 전에 최용건과 김일의 성격과 당시 북한 지도부에서의 위치를 살펴보자.

---

4 *Из дневника советника Посольства СССР в КНДР тов. Филатова С. Н. Запись беседы с т. Пак Ен Бином 25 февраля 1956 года*, АВП РФ, ф. 102, оп. 12, д. 6, п. 68.

5 Ibid.

최용건 대 김일

6·25전쟁부터 1957년까지 최용건은 북한의 2인자였다고 할 수 있다. 그는 부수상 겸 민족보위상이었으며, 유일한 '조선민주주의인민공화국 차수'였다. 최용건은 만주 항일투쟁 시절부터 김일성의 동무였다. 그는 김일성에게 충실했으며 야심이 있었지만 능력은 부족한 인물이었다. 최용건의 성격에 대한 미국과 소련의 평가서를 보면 미소 양국은 최용건을 '지식이 부족한 충실한 집행자'로 평가했다.[6] 소련 당국 지시에 따라 조만식을 숙청한 후 북조선민주당을 공산당에 충실한 조직으로 만든 인물이 최용건이었다는 점에서 이 평가는 맞는다고 볼 수도 있다.

1956년 8월 종파사건 위기 당시 최용건은 김일성을 열렬히 지지했고, 김일성에게 반대하는 간부들을 의자로 때리려고도 했다. 따라서 최용건은 김일성에게 '권력분립'을 위한 좋은 후보자였다. 김일성은 그가 수상이나 당 중앙위원장으로 임명되면 김일성을 모함하지 않고, 나중에 자리를 다시 양보할 수 있다고도 생각할 수 있었다. 그러나 1957년 상황이 달라지기 시작했다. 김일성 측근들이 갑자기 최용건을 대신해 김일을 내각 수상에 임명하자고 소련대사에게 제안하기 시작했다. 김일성이 김일을 선호하는 이유가 언급되지 않아 이러한 선택이 이뤄지게 된 연유는 짐작만 할 수 있다.

첫 번째, 김일성은 최용건을 야심이 있는 인물로 보고 권력이 분립될 경우 반(反)김일성 음모를 통해 권력 전체를 잡을 수 있다고 우려할 수 있었다. 1948년 2월 조선인민군 창건과 동시에 최용건은 인민군 총사령이 되었고, 북한 초

---

6 Department of Defense. Department of the Army. Office of the Assistant Chief of Staff, G-2, Intelligence, *Collections and Dissemination Division. Who's Who Reports, 1954-1955 [Entry NM3 85G]*, National Archives and Records Administration, p. 41; *Цой Ен Ген*. РГАСПИ, ф. 495, оп. 228, д. 28, л. 13-16.

〈그림 1-10-2〉 최용건(좌)과 김일(우)

자료: ≪로동신문≫, 1956년 4월 23일 자, 3면.   자료: ≪조선인민군≫, 1961년 9월 17일 자, 3면.

대 내각 수립과 함께 민족보위상이 되었다. 군 지도자로서 최용건은 야심 있는
사람이 되었다. 1955년에 나온 북한군 내무 규정에도 이러한 증거를 볼 수 있
다. 최용건 민족보위상이 하달한 내무 규정에는 '조선민주주의인민공화국 차
수'와 '민족보위상' 등 본인의 권위에 대한 언급이 비교적 많았지만, '조선민주
주의인민공화국 원수'나 '내각 수상' 등 김일성에 대한 언급은 드물었다. 이 사
실로 미루어 최용건은 인민군을 자율적으로 운용할 권력을 갖고 있었다고 볼
수 있다.[7]

또한 최용건의 배우자 왕위후안(王玉環)은 중국 출신이었는데, 이는 1957년
여름 김일성에게 의심을 살만했다. 1956년 반김일성 음모 지도자는 연안파 출
신 최창익이었고, 같은 해 9월 김일성은 중소 공동대표단에게 비판을 받았기
때문이다. 1957년 10월 마오쩌둥이 김일성에게 사과했지만,[8] 1957년 여름까지

---

7   『조선민주주의인민공화국 인민군 내무규정』, 평양: 민족보위성 군사 출판부, 1955.

8   *Из дневника Пузанова А. М. Запись беседы с тов. Ким Ир Сеном. 13 ноября 1957*
года, АВП РФ, ф. 0102, оп. 13, д. 5; Из дневника 1-го секретаря Посольства СССР
в КНДР Пименова Б.К. Запись беседы с заведующим 1-м отделом МИД КНДР Пак

만 해도 김일성이 중국을 신뢰하지 못할 여지가 있었다. 결국 최용건은 김일성에게 충실했기에 많은 신뢰를 받았지만 1957년 시점에서 김일성은 다양한 요인으로 인해 최용건보다 더 안전한 후보자가 필요했다. 그 후보자는 바로 김일 부수상이었다.

김일(본명 박덕산)은 최용건처럼 김일성 만주 항일부대 출신이었다. 그는 김일성이 지휘했던 소련 제88여단 제1대대의 상위(上尉) 계급 참모장 보좌였다.[9] 1956년 기준 김일은 최용건처럼 내각 부수상 겸 당 중앙위 부위원장이었고, 동시에 농업상 직위도 갖고 있었다. 김일과 최용건의 가장 큰 차이는 농업상이 민족보위상보다 권력이나 자율성이 낮은 직위이기 때문에 김일이 독립적인 정치인으로 보이지 않았던 것이다. 따라서 김일성 입장에서 김일이 더 신뢰할 만한 인물이었다.

푸자노프 대사의 방임

1957년 2월 22일 주북한 소련대사로 임명된 알렉산드르 푸자노프(Александр Михайлович Пузанов)는 1956년 1월 24일 당시 러시아 소비에트연방 사회주의 공화국 내각 수상이었다. 고위간부였던 그가 주북한 소련대사로 임명된 것은 강등과 다름없었다. 푸자노프는 능력 있는 대사가 아니었고 효과적으로 일할 수도 없었다. 첫째, 그는 외교관 경험이 없었다. 둘째, 그는 자신의 강등이 일시적인 것이라고 생각하고, 북한 현지 상황보다는 어떻게 모스크바에 복귀해 원래 직위로 돌아갈 수 있을지만 고민하고 있었을 수 있다. 실제 푸자노프 대

Киль Еном, 8 декабря 1957 года, АВП РФ, ф. 102, оп. 13, д. 6, п. 72.

9 Наградной лист. Пяо Дэ-шань // *Приказ войскам 2 Дальневосточного фронта № 10/н от 29.08.1945*, ЦАМО России, ф. 33, оп. 687572, ед. хр. 2317.

사의 행태는 이 추측과 맞아 떨어진다. 셋째, 푸자노프는 북한과의 관계가 전혀 없었던 간부로서 현지 상황을 제대로 이해하고 있지 않았다. 넷째, 한 번 심하게 강등된 그는 실수하지 않도록 아주 조심스럽게 조용히 활동했다. 그래서 푸자노프는 결국 '북한을 잃어버린 대사가 되었다.

1957년 여름 고려인 출신 북한 간부 남일과 박정애는 푸자노프와 만난 자리에서 권력분립을 나중에 하거나 최용건이 아닌 김일을 내각 수상으로 임명할

〈그림 1-10-3〉 푸자노프

자료: 무명 작가가 찍은 사진이다. 원본은 러시아외교문서보관소에 보관되어 있다.

것을 제안했다. 그러나 푸자노프는 반응이 없었고 김일성은 드디어 소련에 대들 수 있다고 느꼈다.

완전한 김일성 시대의 개막

1957년 9월 11일부터 28일까지 푸자노프 대사는 모스크바로 출장을 갔다.[10] 대사가 북한에 없을 때 김일성은 권력분립에 대한 결정을 내렸다.[11] 1957년 9월 20일 새로운 내각이 설립되었고, 김일성은 내각 수상에 그대로 남았다. 물

---

10 *Дневник посла СССР в КНДР тов. А. М. Пузанова за период с 31 августа по 30 сентября 1957 г.* (필자가 입수한 자료)

11 "조선민주주의 인민 공화국 최고 인민 회의 제2기 제1차 회의에서. 김일성동지를 수반으로 하는 새 내각 조직", ≪로동신문≫, 1957년 9월 21일 자, 1면.

론 조선로동당 중앙위원회 위원장 직위도 유지했다. 이는 푸자노프 대사의 추측과 맞지 않아서 김일성의 권력분립에 대한 구상이 기정사실이라고 푸자노프에게 보여주려 했다고 추측할 수 있다. 김일성이 원했던 것처럼 소련 측은 아무런 반응이 없었다. 한 달 뒤인 10월 22일 소련 당국은 북한의 권력분립 문제에 개입하지 않겠다는 최종 결정을 내렸다.

김일성이 내각 수상과 조선로동당 중앙위원회 위원장 직위를 겸한 것에 대해 소련공산당 중앙위원회의 의견을 물어볼 수도 있다. 그러나 김일성에게 있어 이것은 북한 내부의 일이라고 하는 것이 합리적으로 보인다.(고딕체는 필자 강조) 나중에 김일성에게 내각 사업에 집중하고 조선로동당 중앙위원회 위원장 직위에 다른 동지를 추천하는 것이 더 효용성 있는 해결책일 것이다. 내각 수반의 직위는 나라가 분열된 상태에서 앞으로 제기될 통일 사업에 있어 우선권이 있다. 또한 미래에 비사회주의 국가들과 교류하는 일을 주로 국가기관이 맡는 것도 큰 의미가 있다.[12]

이 문서는 소련이 북한에 대한 통제를 종결했음을 보여주는 것일 가능성이 있다. 필자는 1957년 10월 이후 사료에서 주북한 소련대사관이 북한 정책에 개입했다는 근거를 찾지 못했다. 권력분립 실패의 또 다른 결과는 1957년 최용건을 민족보위상에서 해임하고 최고인민회의 상임위원회 위원장으로 임명한 것이다. 필자는 이와 동시에 그의 공화국 차수 칭호도 박탈되었을 것이라고 본다. 1957년 9월 이후 북한 문서에서 최용건을 '차수'라고 부르는 언급은 찾을 수 없다. 특히 최용건에 대한 추도문과 조선대백과사전 항목에는 그가 차수였

---

12 *К беседе с партийно-правительственной делегацией КНДР*, АВП РФ, ф. 0102, оп. 13, п. 72, д. 11.

〈그림 1-10-4〉 제2차 김일성 내각

자료: ≪로동신문≫, 1957년 9월 21일 자, 2면.

다는 언급이 없다.[13] 다른 북한 군인에 대한 항목을 보면 군사 칭호(계급)에 대
한 정보는 반드시 나와 있기에 최용건은 공화국 차수 칭호를 박탈당했다고 명
확하게 주장할 수 있다. 소련대사관 기록에 따르면 "최용건 동지는 새로운 임
명을 당이 준 중요한 임무로 평가했다"라고 되어 있어 최용건이 자신의 강등을
아무런 항의 없이 받아들였다고 볼 수 있다.[14]

  1957년 내각 설립 이후 김일성은 북한 정책에 대해 소련대사관과 상의해본
적이 없다. 원래 식민지 총독부처럼 북한의 정치를 관리했던 소련대사관은

13 "최용건동지의 서거에 대한 부고", ≪로동신문≫, 1976년 9월 20일 자, 1면; "최용건
    동지의 략력", ≪로동신문≫, 1976년 9월 20일 자, 1면; 「최용건」, 『조선대백과사전』,
    제21권, 평양: 백과사전출판사, 2001, 465쪽.

14 Из дневника Пелишенко В.И. Запись беседы с министром иностранных дел тов.
    Нам Иром, 16 сентября 1957 года. (필자가 입수한 자료)

1957년 이후에는 진짜 대사관이 되었다. 다음 해인 1958년 소련으로부터 독립된 지도자가 된 김일성은 제1차 당 대표자회의에서 반대파를 숙청했는데, 그때 이미 그는 소련 측 의견을 물어보지 않았다. 이후에도 김일성의 정책은 소련에 의존하지 않았다. 그는 북한의 유일한 지도자가 되었다.

'괴뢰정부' 아닌 '1인 독재정권'

북한이 어떻게 소련의 통제에서 벗어났냐고 한다면 한마디로 소련이 허용해서라고 말할 수 있다. 김일성은 조심스럽지만 적극적으로 정치적 독립을 위해 노력했고, 소련은 헝가리의 너지 임레(Nagy Imre)처럼 그의 강제 해임을 계획하지 않았다.

권력분립에 관한 논쟁은 북한의 정치적 독립화 과정의 마지막 단계였다. 김일성은 소련대사관의 추천을 무시했지만 아무런 부정적인 반응도 받지 않아 자신 마음대로 북한을 다스릴 수 있다고 느꼈다. 한국에서는 '독립'이라는 단어가 매우 긍정적으로 보이지만 북한 주민 입장에서 보면 이 독립을 긍정적으로 보기 어렵다. 소련이 북한을 통제했다면 김일성은 출신성분 제도 및 포괄적인 배급제 도입, 유일사상체계 선언, 김정일 세습 등의 조치를 실행할 수 없었을 것이다.

한국 보수 진영 중에서는 북한을 아직까지 '북괴(北傀)'라고 호칭하는 사람들이 있다. '북괴'는 '북한 괴뢰 정권'이라는 뜻이다. 그러나 현재 살아 있는 사람 대부분은 북한이 진짜 괴뢰 정권이었던 시절을 본 적이 없다. 1950년대 후반부터 북한을 이렇게 부를 근거는 완전히 사라졌다. 이때부터 김씨 일가 정권은 누구의 괴뢰가 아니라 독립적인 1인 독재정권으로 존재해왔다.

제11장

스탈린의 소련과 김일성의 북한을 비교한다면

> 그는 이 지구에 많은 상속자들을 남겼다.
> 가끔 그의 관(棺)에 전화가 있지 않을까 느끼는데,
> 스탈린은 관 속에서 누군가에게 다시 지시를 내리고 있지 않을까 …
> ― 예브게니 예브투센코, 「스탈린의 상속자들」

북한에 관한 가장 흔한 고정관념 가운데 하나는 북한이 근본적으로 소련의 작은 복제국(複製國)이라는 것이다.[1] 김일성 사상도 스탈린주의라고 보는 사람들이 있다. 물론 두 체제, 혹은 두 독재자 사이의 유사성을 부정할 수는 없다. 그러나 아이가 부모를 닮지 않는 것만큼이나 북한은 그 조상국가 소련과 차이가 있다.

---

1   George W. Breslauer, *The Rise and Demise of World Communism*, Oxford: Oxford University Press, 2021, p. 166.

경제 제도

김일성 시대 북한 경제의 가장 기본적인 특징은 배급제였다. 소비자 개인이 상품을 구매하지 않는 대신 나라가 주민들에게 할당량을 배급했다. 소비에트 연방은 대다수 국가들처럼 이 시스템을 극심한 대기근 시대에 아사를 방지하기 위한 용도로만 사용했다. 결국 소련 국민들은 공급제도 실시를 경제 붕괴 직전이라는 신호로 받아들였다.[2] 북한은 완전히 반대였다. 1950년대 후반 배급이나 공급이 시작된 이후의 북한에서는 긴급대책이 아닌 일반적 규범으로 인식되었다. 1990년대 중·후반 이 제도가 사실상 붕괴하는 동시에 대기근이 닥쳤기 때문에 북한은 배급제 폐지를 오히려 경제가 붕괴하기 직전이라는 신호로 받아들이게 되었다.[3]

두 번째 차이점은 북한의 경제가 의존적이라는 점이다. 북한은 현재까지도 중국을 비롯한 외국의 원조를 받는다.[4]

세 번째, 김일성 치하 북한에서는 소련뿐만 아니라 다른 어느 나라와 비교해 봐도 국내에서의 외화 사용에 대한 통제가 약한 편이었다. 김일성 정권은 외화를 자국 화폐로 환전해 사용하도록 한 다른 사회주의 국가와 달리, 재일교포들이 들어온 엔화 등 외화를 북한 내에서 보유하거나 거래하도록 허용했다.

---

2   Елена Осокина. Прощальная ода советской очереди // *Неприкосновенный запас*, 2005, № 5(43).

3   Natalia Matveeva, "Effect of economic policies on everyday life: North Korea," *Building a New World: The economic development strategies of the two Koreas in the Cold War, 1957-1966*, PhD thesis, SOAS, 2021, pp. 118-131; 서동익, 「의식주 생활」, 『인민이 사는 모습』, 제1권, 서울: 자료원, 1995, 203~263쪽.

4   김광현, 「외채의 늪에 빠진 북한 경제」, 《통일한국》, 46호, 1987년 10월, 12~13쪽.

조직과 인민반

북한 사람들은 유치원생과 수감자를 제외하고는 모두 조직에 소속되어 있다. 조선소년단, 사회주의애국청년동맹, 조선로동당, 사회주의녀성동맹, 직업총동맹, 농업근로자동맹 등 여러 조직이 있다. 각 조직은 주 2~3회 주기적으로 사상교육 시간을 마련해 회원들이 '어버이 수령님의 위대성'을 배우고 자아비판과 호상(互相)비판을 하도록 시킨다.[5] 소비에트연방에는 북한의 '인민반' 같은 주민 생활조직이 없었다. 북한의 이 최말단 행정협조 시스템은 일본 식민지 시대에 물려받은 유산이다.[6] 미나미 지로(南次郎) 총독 시대에 나타난 '애국반'이 광복 후 '인민반'으로 개명된 것이다. 국영기관이 학교와 직장에서 사람들을 통제한다면 이 주민 조합들은 각자의 집에서 사람들을 통제하고 주택 방문자 기록을 작성한다.

때로는 이 조직이 '숙박 검열'도 한다. 인민반장과[7] 순찰대가 인민반에 소속된 아파트 가구들을 검열한다. 아파트 건물에 외부인이 있으면 곤란하다. 소비에트연방에서 사택은 거의 통제되지 않았다. 어떤 반체제 인사들은 "소비에트 정권의 권한은 내 아파트 현관에서 끝난다"라는 농담을 하기도 했다.

북한은 소련과 달리 개인의 출신성분을 매우 중요하게 취급한다. 스탈린 집권기에도 고귀한 신분의 사람이라고 특별한 대우를 받은 것은 아니었으나, 북

5　이우영·황규진, 「북한의 생활총화 형성과정 연구」, ≪북한연구학회보≫, 2008, 제12권, 제1호, 121~145쪽.

6　애국반에 대해 이종민, 「전시하 애국반 조직과 도시의 일상 통제: 경성부를 중심으로」, ≪동방학지≫, 2004, 제124권, 839~881쪽 참조.

7　현재 북한에서 인민반장으로 여성들만 근무하지만, 1950년대에 남자도 그런 업무를 할 수 있었다. "적들의 간첩 모략을 분쇄하라! 내무원으로 가장한 간첩 적발. 인민반장 강석우 동무", ≪로동신문≫, 1952년 12월 27일 자, 3면.

한에서는 성분과 계층이 개인의 출신을 나타내고 사회 내 개인의 지위를 규정한다.[8]

소련은 북한과 달리 조직 미가입도 허용했다. 모든 어린이는 '10월단(октябрята)'에 가입한 후 '피오네르단(пионеры)'에 가입해야 했는데, 신부(神父)의 자식들은 여기서 제외될 수 있었다. 소련 젊은이들은 전 연방 레닌 공산주의 청년동맹(комсомол)에 가입했으나, 폭력배는 지원을 거절당할 수도 있었다.

소련의 모든 선거에는 사전 승인된 후보가 단 한 명 있었지만, 소련공산당이 내세우는 후보자에게 반대 투표해도 아무런 대가를 치르지 않았다. 총선에서는 당 중앙위원회 정치국이 투표 시행 전 이미 공식적으로 결과를 승인했으므로 상관이 없었기 때문이다. 당내 초급위원회 등 하위 단계에서도 상관의 제안을 투표로 부결 처리하는 것은 어려웠지만 불가능하지는 않았다.[9]

그러나 북한 주민들은 출마하거나 공천된 후보에게 반대투표를 할 수 없으며, 모든 투표에서 당을 지지해야 한다. 북한은 융통성이 없다. 모든 어린이는 유아와 수감자들을 제외하고 조선소년단과 사회주의애국청년동맹 소속이어야 한다. 필자가 북한을 방문했을 때 한 평양시민에게 소련에서는 그렇지 않다고 말하자 그녀는 충격을 받았다. "사회주의 국가의 국민이 조직에 소속되어 있지 않다는 말입니까? 어떻게 그럴 수가 있습니까?"

---

8   김상선·리성히, 『주민등록사업참고서』, 평양: 사회안전부 출판사, 1993.

9   *Информационная сводка № 12 информотдела ОГПУ о кампании по перевыборам сельсоветов на 4 апреля 1927 г.*, 6 апреля 1927 г. ЦА ФСБ РФ, ф. 2, оп. 5, д. 390, лл. 110-116, https://istmat.org/node/53903

북한은 공산주의 국가인가?

북한과 소련 사상체계의 핵심적인 차이는 북한이 사실상 '공산주의'라는 개념을 부인한다는 점이다. 소련에서는 자신들이 추구하던 유토피아적인 질서를 '공산주의'라고 부르고, 소련 사회의 당시 질서를 '사회주의'라고 불렀다. 그래서 소련의 유일한 정당은 '소련공산당'이라는 이름을 가졌다. 공산주의 질서를 설립하려는 당이라는 뜻이었다. 그리고 소련의 공식적인 이름도 '소비에트 사회주의 공화국 연방'이었다. 소련은 스스로 사회주의국가, 즉 공산주의 유토피아를 아직 이루지 못한 나라라고 강조했다. 소련 작가 중에는 훗날 소련이 공산주의 건설에 성공한다면 나라이름도 '소비에트 공산주의 공화국 연방(Союз Советских Коммунистических Республик: ССКР)'으로 개명할 것이라고 말한 사람도 있었다.[10]

북한 지도부는 공산주의 건설이라는 마르크스-레닌주의 핵심 개념을 별로 믿지 않았던 것 같다. 2000~2010년대 북한에서는 '공산주의'라는 단어조차 사용하지 않았다. 북한은 공산주의를 설립하기는커녕 '경애하는 원수님의 탁월한 령도'에 따라 사회주의를 유지하겠다고 주장했다. 이 시대의 북한을 '공산주의 국가'라고 부르기 어렵다. 공산주의 건설이라는 핵심 목표가 없었기 때문이다.

재미있게도 2020년경 북한의 공식 담론에 '공산주의'라는 단어가 다시 등장한다.[11] 특히 2021년 당 제8차대회에서 채택된 조선로동당 규약에는 다음과 같은 문장이 나온다.

---

10 Лев Кассиль. *Про жизнь совсем хорошую*. Москва: Детгиз, 1961, стр.184; Владимир Барков. Экспедиция в звездное пространство, Огонек, 1948 год, № 24 (июнь), стр. 4.

11 "승리의 10월을 향하여 신심드높이 앞으로!", ≪로동신문≫, 2020년 9월 14일 자, 2면.

조선로동당의 당면 목적은 공화국북반부에서 부강하고 문명한 사회주의 사회를 건설하며 전국적범위에서 사회의 자주적이며 민주주의적인 발전을 실현하는 데 있으며 최종 목적은 인민의 리상이 완전히 실현된 공산주의 사회를 건설하는 데 있다.[12]

이 문장을 보면 북한이 '공산주의 사회'라는 개념을 다시 복원한 것으로 보인다. 마르크스주의로부터 벗어난 지 50년 이상 지난 뒤 북한은 옛 소련처럼 마르크스가 말한 '공산주의'에 다시 관심을 보이는 것 같다.

수령숭배

개인숭배는 외부에 가장 많이 알려진 북한의 특징 중 하나다. 1967년 이후 북한에서 개인숭배는 스탈린 시대의 소련보다도 훨씬 심하게 진행되었다.

모든 건물에 수령의 초상화가 있어야 하고, 초상화가 있는 벽에는 다른 물건을 붙일 수 없다. 거의 모든 문서에 김일성이나 김정일, 김정은의 발언을 인용한 문구를 포함해야 한다. 유치원에서부터 '위대한 수령 김일성대원수님의 어린 시절'과 같은 과목을 배운다.[13] 주민들은 수령과 이름이 같으면 개명부터 해야 한다.[14] 소련에서도 이러한 일들은 존재하지 않았다.

12　『조선로동당 규약』, 2021년 1월. (필자가 입수한 자료)

13　한만길, 『통일시대 북한교육론』, 파주: 교육과학사, 1997, 164쪽.

14　김주원, "본명 김정일인 김정기 박사의 개명", 2016년 7월 19일, 《자유아시아방송》, https://www.rfa.org/korean/weekly_program/ae40c528c77cac00c758-c228aca8c9c4-c9c4c2e4/hiddentruth-07192016100504.html

여행의 자유

소련에서 국내 여행에 대한 자유도는 높은 편이었다. 예컨대 키예프(소련에서 독립한 현재 우크라이나의 수도) 거주자가 라트비아 소비에트 사회주의 공화국 수도인 리가(Rīga)에 가고 싶다면 그냥 표를 사서 갈 수 있었다. 국가에서 어떤 허가서를 받을 필요가 없었다. 물론 접경지역, 군사기지나 군사연구소가 있는 '폐쇄도시' 등 여행 제한지역은 쉽게 방문할 수 없었지만, 소련 영토 대부분은 제한 없이 방문할 수 있었다.

북한에서는 1960년대 말부터 다른 군(郡)에 가는 사람은 '려행 증명서'라는 허가서를 받아야 했다. 평양이나 라선과 같은 직할시에 가려면 받기가 쉽지 않은 특별형 증명서를 얻어야 한다. 평양 사람과 접경지역 주민들은 일반 주민들보다 갈 수 있는 지역이 많았지만, 이들도 허가 없이 전국을 방문할 수는 없다.

국제여행 자유도도 북한보다 소련이 높았다. 소련 주민(특히 당원)은 다른 사회주의권 나라에 관광하러 갈 수 있었다.[15] 인맥이 있다면 자본주의 나라까지 방문이 가능했다. 북한에서 최고 엘리트와 가장 부

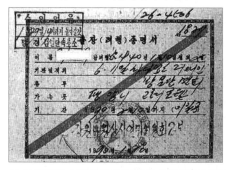

〈그림 1-11-1〉 려행 증명서의 사례

주: 이 증명서는 평양 방문 권리를 준다. 특급 허가서에 붉은 줄(현 그림에서 대각선 굵은 줄)을 붙이는 풍습도 소련에서 나왔다.
자료: 북한 공식 문서; 무명 작가가 찍은 사진이다. 복사본은 https://namu.wiki/w/려행증 참조.

---

15 Михаил Восленский, *Номенклатура: Господствующий класс Советского Союза*, Москва: издательство «Советская Россия», 1991, стр. 418-434.

유한 돈주를 빼고는 관광 목적으로 외국에 방문하는 것은 불가능한 일이다.

검열

북한의 검열은 소련과 비교할 수 없을 정도로 강하다. 구소련 공산당 기관지 ≪프라우다(Правда)≫(진리를 알리는 신문이란 뜻)는 스탈린 시대에도 1967년 이후의 ≪로동신문≫보다 훨씬 솔직하고 재미있었다. 스탈린 시대 ≪프라우다≫에는 하급 간부를 비난하고 소련 체제의 단점까지 인정하곤 했는데, 북한에서는 그럴 수가 없다. 김일성·김정일 시대에 그런 주장은 ≪로동신문≫에는 나올 수 없었던 것이며, 북한 주민이 그런 주장을 하면 사형을 당할 수도 있다.

소련에서는 다른 사회주의 국가의 문학서적을 아무 문제없이 살 수 있었다. 북한 문학은 인기가 없었지만, 폴란드를 비롯한 동유럽 문학서적을 구입한 소련 주민이 많았다. 심지어 폴란드어를 배워서 외국 소설의 폴란드어 번역서를 읽기도 했다. 폴란드인민공화국의 검열이 더 약했기 때문이다. 소련 주요 도시에 사는 주민들은 자본주의 나라의 공산당 기관지들도 살 수 있었다. 훗날 레오니드 브레즈네프(Леонид Брежнев) 시대 소련에서는 영국, 미국, 서독과의 특별 협정에 따라 3가지 해외판 러시아어 잡지가 나왔다. 영국의 ≪안글리야(Анг-лия)≫, 미국의 ≪아메리카(Америка)≫ 그리고 서독의 ≪구텐 탁(Гутен таг)≫이었다.[16] 이 잡지들은 정치적인 내용은 없었고, 서양 문화를 소련 주민들에게 소개하는 것이었다.

또한 소련 주민들은 중고서적을 통해 많은 것들을 알아볼 수 있었다. 공산

---

16 Ирина Подзолкова, Феномен журнала "Гутен Таг" как источника международной информации // *Вопросы студенческой науки*, № 6 (34), июнь 2019, стр. 384-397.

당 지도부는 이에 신경을 썼지만, 완전히 탄압할 수는 없었다. 북한에서는 1967년 '도서정리사업'이라는 이름으로 옛날 책들을 도서관에서 '숙청'시켰고,[17] 소련이나 다른 사회주의 나라들의 문학들도 강하게 제한했다. 북한에도 과학기술 도서가 있고, 고전문학도 나오며, 가끔 현대문학도 발표된다. 만일 '위대한 수령 김일성 동지께서' 일본 소설을 좋아하면 이 소설을 소개하는 것이 허락되었다. 이외에 북한에서는 어떤 외국 문학 작품도 나오지 않는다.

그래서 문학에서 소련과 경쟁할 수 없었다. 소련에서는 전 세계에 알려진 영화나 소설이 나왔지만, 북한에서는 예술에 관심이 많았던 김정일 시대에만 진짜 그림과 좋은 음악이 조금 나왔을 뿐이다. 북한에서 조금이라도 예술적인 가치가 있는 영화나 소설은 드물다.

군사복무

소련군에는 징병제가 있었다. 육군 복무기간은 2년, 해군은 3년이었다. 역사상 최대 기간은 9년이었다. 1945년에 해군에 징병한 사람들은 바로 9년 동안 복무했다.[18] 그러나 북한군 복무기간은 이보다도 길고 북한 역사에 병사들이 13년 동안 복무해야 했던 시대까지 존재했다. 전 세계에 이와 비교할 수 있는 사례를 찾을 수 없다.[19] 그러나 북한에 비하면 소련 시민들은 다행이었다.

---

17 손광주, 『김정일 리포트』, 서울: 바다출판사, 1996, 63~66쪽.

18 Ф. Гуков, *Последний призыв* // Морская газета, 9 июня 2007 г., https://web.archive.org/web/20150623214658/http://gazetam.ru/9-iyunya-2007/posledniy-prizyiv.htm

19 Fyodor Tertitskiy, "Approximate conscription terms in the KPA," *The North Korean Army: History, Structure, Daily Life*, Abingdon-on-Thames: Routledge, 2022, pp. 32-33.

김일성 시대에 군 복무기간은 3년에서 10년까지 연장되었고, 결국 북한군은 전 세계에서 복무기간이 가장 긴 군대가 되었다.

하지만 북한 사람들은 구소련 시민들보다 군대에 대해 긍정적인 태도를 보인다. 대부분의 소련 시민들은 징병을 피하려고 애썼으나, 북한 주민들은 여러 가지 이유로 입대를 반겼다. 좋지 않은 출신성분과 계층에 속한 사람들에게는 군 복무가 그들의 사회적 지위를 높이고 당원이 될 가능성을 제공하는 몇 안 되는 기회다.

마지막으로 가난한 자들에게는 직업군인의 길이 매력적으로 다가온다. 음식이 제공되고 막사에서 지내므로 의식주를 걱정할 필요가 없다. 인민반의 불시 시찰에 놀랄 일도 없이 편안하게 잘 수 있다. 복무가 끝나면 당원 자격을 얻고 간부가 될 수도 있다. 그래서 김일성 시대에 많은 사람들이 인민군에 입대하고 병역을 기피하지 않았다.

감옥과 노역 수용소

독자들은 북한의 감옥과 관련해 무시무시한 이야기를 기대하겠지만, 필자는 북한의 '장점'으로 볼 수 있는 것부터 시작하고 싶다. 스탈린식 '임의 탄압'은 북한에서 존재하지 않는 것 같다. 즉, 아무 죄가 없는 사람을 잡아서 수용소에 보내 사형시키는 것은 1930년대 말 소련에서는 일반적인 일이었지만 북한에서는 그렇지 않았다.[20]

하지만 북한에서 범죄에 관한 형벌은 참으로 끔찍하다. 외국 방송을 청취하

---

20 Законы об отмене и восстановлении смертной казни. 1947-1950 г. // *Музей истории российских реформ имени П. А. Столыпина*, http://museumreforms.ru/node/13856

는 것만으로도 1년 이하의 '로동단련대' 복역이 내려진다. 5번 이상 청취 시에는 교화소 노역 10년까지 판결을 받을 수 있다.[21] 고의가 아니어도 '수령님'의 초상화를 떨어뜨리면 사형을 받을 수 있다. 물론 북한에서는 사형제도가 존재하고 집행도 이뤄진다. 소련에는 1947~1950년 사형제도가 없었던 짧은 시기가 있었다.[22]

일반적인 비정치적 범죄라면 소련과 달리 김일성 시대의 북한은 꽤나 안전한 나라였다. 국가는 반체제 활동을 탄압하듯 범죄도 탄압했다. 1990년대 대기근 이후에도 북한의 범죄율은 생각보다 낮았다. 깡패나 살인자가 될 수 있었던 사람들도 공포의 시대를 잘 기억하고 있어서 범죄를 자제하는 경우가 많았다.

종교에 대한 정책

소련은 무신론 국가였다. 그런데 시대마다 종교를 탄압하는 수준이 달랐다. 소련이라는 나라를 '세계 혁명을 이뤄야 할 노동계급의 나라'로 볼 때 종교인은 살기가 어려워졌고, 반대로 '좋은 전통이 있고 러시아의 역사를 계승한 나라'로 보면 탄압은 약해졌다.

북한 상황은 많이 달랐다. 북한 당국은 세계 혁명을 이루겠다고 주장하지 않았다. 이른바 '주체사상'은 '인간 중심 세계관'이라는 주장 외에는 아무 내용이 없어 인기를 얻지 못했다. 소련은 세계를 정복하겠다고 선언했지만, 북한의 영토 확장 계획은 '남조선' 합병뿐이었다. 북한은 소련보다 더 전통적인 사회

---

21 「제185조(적대방송청취, 적지물 수집, 보관, 류포죄)」, 『조선민주주의인민공화국 형법』, 2015년.

22 *Законы об отмене и восстановлении смертной казни. 1947-1950 г.* // Музей истории российских реформ имени П. А. Столыпина, http://museumreforms.ru/node/13856

라고 할 수 있다. 그런데 종교인에 대한 정책은 북한이 훨씬 강압적이었다.

북한은 '조선그리스도교연맹'과 같은 상징적인 조직을 설립했지만, 이들은 아무 실권이 없고 선전 목적으로만 존재했다. 마찬가지로 평양 교회는 주로 외교관을 위한 교회들이다. 다만 이 교회에 사용한 북한판 성경책의 번역 수준은 매우 높고 필자는 이것이 남한 번역보다 더 좋다고 생각한다.[23] 역시 북한의 원래 번역 수준은 높았다. 그리고 일반 북한 주민은 이 책을 절대 볼 수 없다.[24]

종교인에 대한 북한 당국의 정책은 매우 단순했다. 이 남자가 불교신자인가? 수용소에 보내라. 이 여자가 기독교인인가? 수용소에 보내라. 이 사람이 성경을 공민에게 줬다고? 즉시 총살하라!

기독교는 로마제국 시대부터 국가적인 탄압 아래서도 살아남을 수 있다는 걸 보여줬다. 북한에서도 지하 기독교가 있고, 이 사람들은 조용히 자신들만의 선교 활동을 하고 있다.[25]

가짜 거울로 들여다보기

소련인과 북한인이 서로를 어떻게 봤는지 쉽게 표현하면 이렇다. 소련인에게 북한은 소련의 패러디처럼 보였다. 북한에서 발간하는 ≪조선≫과 같은 선전 잡지를 보고는 조롱하며 비웃는 사람들이 많았다. 물론 북한은 코미디언이 상상한 나라가 아니라 실제로 존재한다는 것을 생각하면 웃을 일은 아니었다.

---

23 『조선어 성경』, 서울: 서울유에스에이, 날짜 없음(복각).

24 주성하, 「외국도서 번역은 북한이 더 낫다?」, 『서울에서 쓰는 평양 이야기』, 서울: 기피랑, 2004, 270~275쪽.

25 「북한-지하교회 성도들의 편지 두 통 공개돼」, ≪한국선도연구원≫, 2022년 10일 31일, https://krim.org/북한-지하교회-성도들의-편지-두-통-공개돼/

북한 주민들은 소련을, 소련 주민이 폴란드 보듯 했다. 즉, 자신들처럼 사회주의 국가지만 자신들보다 더 잘 살았고 자유로웠으며 재미있고 게다가 좋은 곳이었다. 이 때문에 소련은 언제나 북한에서 인기가 많았다. 러시아는 더 이상 사회주의 국가가 아니지만, 이 옛사랑의 일부나마 북한 주민들로부터 받고 있다.

제12장

중소분쟁과 북한의 외교전략

'동맹'은 '애정'이라는 뜻이 아니다.
— 프랜시스 파커 요키, 『지배권』

독자들도 알다시피 1950년대 말 중소 관계는 급속하게 악화되었으며, 스탈린 시대 '영원한 친선'을 선언했던 소련과 중국 매체들도 상대방을 열렬히 비난하기 시작했다. 예컨대 그 시절 중국에서는 "브레즈네프[1] 패당은 히틀러가 갔던 길로 가고 있다"라는 도서들이 나왔다.[2] 반대로 소련에서도 '인류를 위협하고 있는 마오쩌둥주의' 등 중국 공산당과 마오쩌둥 정권을 비난하는 책들이 출판되었다.[3]

이 분열의 근본적인 원인을 찾아보면 소련의 비스탈린화 정책 때문이라고 할 수 있다. 마오쩌둥은 흐루쇼프 제1비서가 전임자 스탈린을 비난하는 것을

---

1 1964~1982년까지 집권한 소련공산당 총비서였다.

2 『勃列日涅夫集团正在走希特勒的老路』, 沈阳: 辽宁人民出版社, 1976.

3 *Маоизм-угроза человечеству (серия)*, Москва: Издательство «Международные отношения», 1981.

받아들이지 못했고 스탈린주의에 대한 의견 차이로 중소동맹은 분쟁으로까지 이어졌다. 이 시대 동구권 바르샤바조약 가입국들은 당연히 소련을 지지했고, 몽골도 가장 오래된 소련의 위성국가로서 친소 방침을 따랐다. 그러나 알바니아의 호자 정권은 마오쩌둥 편을 선택했고, 요시프 티토(Јосип Тито)의 유고슬라비아는 소련이나 중국 모두 지지하지 않았다. 그런데 북한은 흥미롭게도 중소분쟁 시대에 예외적으로 중국과 소련 양측 모두를 지지한 이력이 있었다.

노골적인 친중 노선(1950년대 후반~1960년대 중반)

마오쩌둥처럼 김일성도 비스탈린화를 결코 지지하지 않았다. 1956~1957년경 김일성이 소련으로부터 정치적 독립을 얻은 직후 북한에서는 개인숭배 비판이 중단되었다. 1957년 북한에서 나온 '정치용어사전'에서는 '개인숭배사상은 맑스·레닌주의와는 아무런 인연도 없는 것으로서, 당 대열의 공고화와 혁명과업 수행에 커다란 해독을 준다'라고 하는 문장을 볼 수 있었지만,[4] 이후 북한에서 개인숭배에 대한 비판은 물론, 그에 대한 언급조차 완전히 사라졌다.[5]

그래서 중소분쟁 당시 김일성은 당연히 흐루쇼프보다는 마오쩌둥 편을 선택했다. 북한의 공식매체에서도 이 사실을 확인할 수 있다. 그래서 중소분쟁에 북한이 마오쩌둥을 지지한 것은 놀라운 사실이 아니다. 1962년에 이 사실은 매우 분명하게 보이게 되었다. 1962년 10월 인도와 중국 사이에 대규모 군사충돌이 벌어져 소련은 인도를 지지했다. 그러나 북한은 중국의 편을 선택했고 ≪로동신문≫은 친중 문서를 계속 개제했다.[6]

---

4 「개인숭배사상」, 『대중 정치 용어 사전』, 평양: 조선로동당 출판사, 1957, 47쪽.

5 『대중 정치 용어 사전 (증보판)』, 평양: 조선로동당 출판사, 1959.

6 "인도 침략군이 중국측을 또다시 공격", ≪로동신문≫, 1962년 10월 23일 자, 6면; "

같은 1962년 북한과 중국은 변계 조약을 맺었다.[7] 중국은 백두산 천지의 거의 절반을 자기 영토로 인정을 받았다.

북한의 친중 노선의 징후는 적지 않았다. 기존에는 매년 8·15 광복절 ≪로동신문≫에 소련 지도자의 초상화가 게재되었지만, 1962년 흐루쇼프의 초상화가 사라졌고, 1963년에는 소련의 깃발까지 신문에 나오지 않았다. 그리고 몇 달 지나 이 시대 가장 대표적인 북한의 친중 문서, 「사회주의 진영을 옹호하자」라는 논문이 게재되었다. 이 문서는 1963년 10월 28일 자 ≪로동신문≫에 사설로 실렸고 다른 주요 신문들에도 게재되었다. 북한은 '참된 사회주의 국가'인 중화인민공화국을 지지하고 '수정주의자', 즉 흐루쇼프에게 반대한다고 직설적으로 선언했다.[8]

그러나 소련과 단교한 친중 국가 알바니아와 비교하면 김일성의 노선은 더 온건했다. 북한은 소련과 관계를 끊어버리면 소련으로부터 원조를 받을 수 없게 될 사실을 잘 이해했다. 그래서 예컨대 쿠바 미사일 위기가 종결되자 김일성은 소련 대사를 찾아 위기를 평화적으로 해결해 다행이었다고 강조했다.[9]

그러나 이 정책의 결과는 그래도 엄중했다. 이 시기 김일성에게 매우 충성스러웠던 방학세, 남일, 김봉률 등 세 명을 제외한 고려인 출신 정치인 대부분은 소련으로 돌아가거나 숙청당했으며, 일반 고려인 중에도 소련 국적을 포기

도측은 중국 정부의 협상 제의에 즉시 호응해야 한다", ≪로동신문≫, 1962년 10월 26일 자, 2면; "인도 침략군이 중인 국경에서 새로운 도발 행동 감행", ≪로동신문≫, 1962년 11월 11일 자, 3면.

「中华人民共和国和朝鮮民主主义人民共和国边界条的」, 『中朝, 中苏, 中蒙 有关条约, 协书汇编』, 吉林: 中国吉林省革命委员会外事办公室, 1974, 第5-10页.

"⋯을 옹호하자", ≪로동신문≫, 1963년 10월 28일 자, 1~3면.

КНДР В. П. Московского за 1962 г., том 2, 1 ноября 1962 г., /3, д. 5, л. 137.

하지 않았던 자들은 대부분 귀국하게 되었다. 고려인을 위한 학교인 평양의 '제6고등중학교'도 문을 닫았다. 원래 김정일은 이 학교에 다니고 싶어 했고, 소련에서 유학할 꿈도 꾸었지만 당시 김일성의 반대로 다니지 못하게 되었다. 결국 김일성 시대 말기 북한에 거주했던 소련 국적자는 단 한 명만 남았으며, 그는 아직까지 북한에 살고 있다. 원산에 거주하고 있는 그의 북한 이름은 리동국이고, 러시아 이름은 '블라디미르 리(Владимир Ли)'다.[10]

고립(1966~1970년)

김일성이 중국과 손을 잡은 데는 또 다른 이유가 있었다. 소련의 통제로부터 벗어나고 독립적인 통치자가 된 그는 1950년에 했던 것처럼 다시 남한을 공격해 무력적화통일을 일으킬 꿈은 있었다. 1965년에 주북한 중국 대사관을 찾은 그는 중국 대사에게 '다가오는 싸움에 당신네 군대도 참가하는 것을 요청드립니다!'라고 했다.[11] 그러나 6·25전쟁의 여파를 잘 기억한 마오쩌둥은 이 요청을 거절했다. 이때부터 북중관계는 악화되기 시작했다.

마오쩌둥이 '문화대혁명'을 선포했을 때 김일성의 반응은 매우 부정적이었다. 김일성은 명확한 질서를 좋아했다. 전체 사회가 군대처럼 일하고 배급·공급을 받으며 교육을 받고 김일성에게 충성을 다하는 모습이 그에게 이상적이었다. 반대로 대학교수를 마구 때리는 중국 홍위병(紅衛兵)은 김일성이 생각한

---

10   Посольство России в КНДР, *Любовь не знает границ*, http://www.rusembdprk. ru/ru/posolstvo/novosti-posolstva/660-lyubov-ne-znaet-granits

11   中华人民共和国外交部, 驻朝鲜大使郝德青辞行拜会金日成首相谈话情况, 解密档案 06-01480-07, 成晓河, 「'主义'与'安全'之争: 六十年代朝鲜与中, 苏关系的演变」, ≪外交评论≫, 2009年 2月, 第21-35页에서 재인용.

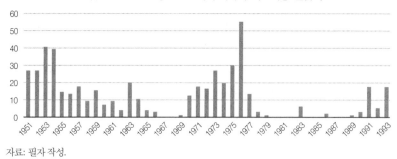

〈그림 1-12-1〉《로동신문》 기사 제목에 '마오쩌둥' 언급 수

자료: 필자 작성.

올바른 사회 질서의 이미지와는 전혀 맞지 않았다. 그래서 1960년대 중반 '조중 친선'은 갑자기 중단되었고, 1960년대 말에 이르면 《로동신문》과 같은 북한 대중매체에서도 마오쩌둥에 대한 언급이 거의 사라지게 되었다.

1966년 8월 12일에 《로동신문》은 중대한 사설을 게재했다. '자주성을 옹호하자'라는 이 연설은 북한의 적이 '현대적 수정주의자', '교조주의자' 그리고 '종파주의자'라고 선포했다.[12] 현대적 수정주의자는 곧 소련 지도부, 교조주의자는 중국 지도부 그리고 종파주의자는 김일성에 대한 반대감이 있는 간부라는 뜻이었다. 이 사설은 사실 쇄국 정치의 선포였다.

중국 측은 물론 이 반중 노선을 환영할 수 없었다. 루마니아 문서에 따르면 1966년 10월 중국 대사 쟈오루어위(焦若愚)가 평양에서 떠났고[13] 같은 해 11월에 김일성은 소련 측에 주중 북한대사도 소환될 예정이라고 말했다.[14] 이 시대

12 "자주성을 옹호하자", 《로동신문》, 1966년 8월 12일 자, 1~3면.

13 *Telegram from Pyongyang to Bucharest, No. 76.171, TOP SECRET, May 20, 1967*, https://digitalarchive.wilsoncenter.org/document/telegram-pyongyang-bucharest-no76171-top-secret-may-20-1967

14 *Дневники посла СССР в КНДР А. И. Горчакова за 1966 г.*, 27 ноября 1966 г. АВП РФ, ф. 0102, оп. 22, п. 107, д. 6, л. 241.

에 마오쩌둥의 홍위병들은 김일성을 비난한 대자보를 준비했다. 북한은 공개 매체는 이 시대에 중국 지도부에 대한 언급을 거의 중단했지만, 한 번에 홍위 병의 활동에 공개적으로 이의를 제기했다.[15]

같은 시기 북한과 중국 간 국경 문제가 불거졌다. 주북한 헝가리대사관의 보고서에 따르면 중국 당국은 북한에 "창바이산(长白山)[16] 지역에 대한 1956년 요구를 재개하고 우리 제안을 승인하지 않으면 분쟁지역에 인민해방군을 파견 하겠다"라고 위협하는 최후통첩을 보냈다.[17] 이 요구가 무엇인지 알 수 없지만 1966년에 나온 논문에 관련한 정보를 찾을 수 있다. 논문에 따르면 1965년 7월 20일에 ≪인디언 익스프레스(The Indian Express)≫ 신문은 주소련 북한 대사관 의 직원을 인용했다. 직원은 6·25전쟁 종결 후 중국은 인민지원군 참전 배상 으로 100m² 영토를 요구했다.[18] 헝가리 자료에 언급한 요구가 바로 이 요구라 고 추측할 수 있다. 다만 1960년대 후반기에 북중 국경선은 변경되지 않아 북 한은 최후통첩을 피할 수 있었다고 판단할 수 있다.

이 시기 김일성의 국내 정책은 역사적인 전환점을 돌았다. 1967년 북한이 '유일사상체계'를 선언하고 같은 해 5월 25일 김일성이 이에 대한 '5·25교시'를 하달해 북한 내 사회적 통제가 매우 강화된 것이다.[19] 이제 북한은 '해방을 주 신 위대한 쏘련 군대'가 아니라 '경애하는 수령 김일성 원수님께서 령도하신 항 일유격대'를 찬양하기 시작했다. 바로 그때부터 북한은 제2차 세계대전 당시

---

15 "조선민주주의인민공화국 중앙통신사의 성명", ≪로동신문≫, 1967년 1월 27일 자, 1면.

16 창바이산은 백두산의 중국 이름이다.

17 Magyar Nemzeti Levéltár, XIX-J-1-j Korea, 1969, 59. doboz, 1, 002218/1/1969. 필자 에게 이 자료를 준 발라쉬에게 감사를 드린다.

18 Thomas An, "New winds in P'yŏngyang?," *Problems of Communism*, Vol. XV, no. 4 (July-August 1966), p. 68.

19 성혜랑, 『등나무 집』, 서울: 지식나라, 2000, 312~317쪽.

연합국이 아닌 김일성의 빨치산들이 일본제국을 쳐부수었다고 가르치게 되었다. 마찬가지로 6·25전쟁에 대한 문서에는 '중국인민해방군 전우'에 대한 언급도 줄어들게 되었다.

북한에 거주하는 화교들도 이 새로운 시대의 분위기를 체감하게 되었다. 1960년대 후반 북한 당국은 화교 동화 캠페인을 시작했다. 북한으로 귀화하지 않은 화교들은 상품 공급 대상에서 제외했다. 그들은 기본 배급으로 받는 곡물 외에는 아무 상품도 공급받지 못하게 되었다. 화교의 신분을 계속 유지하는 것은 곧 아사로 가는 길이어서 1960년대 말 '북한 화교'라는 사회집단은 거의 사라졌다.[20]

신중한 친중 노선(1970년대)

북중 관계에 중요한 영향을 미친 사건 중 하나는 1970년 중국 총리 저우언라이의 방북이었다. 중국에서 문화대혁명이 이미 종결되어 중국 당국은 북한과 관계를 개선하기 위해 노력하기 시작했다. 결국 양측은 갈등을 종결하는 데 합의했다. 이번에도 ≪로동신문≫은 새로운 외교 노선에 관한 사설을 게재했다. "프로레타리아독재와 프로레타리아민주주의를 고수하자"라는 이 사설은 친중 노선 복원을 선포했다.[21]

북한에 귀화했던 화교들에게도 중국 국적 복원을 비공식적으로 허용했다.[22]

---

20 필자가 북한이탈주민들과 한 인터뷰. 또한 王永貴, 『朝鮮记忆』, ≪桥园≫, 第160期, 2013年 10月, 第68-69页 참조.

21 "프로레타리아독재와 프로레타리아민주주의를 고수하자", ≪로동신문≫, 1971년 2월 4일 자, 1면.

22 王永貴, 『朝鮮记忆』, ≪桥园≫, 第160期, 2013年 10月, 第68-69页.

<그림 1-12-2> 저우언라이 동상(함흥시)

자료: ≪로동신문≫, 1979년 6월
1일 자, 1면.

다시 중화인민공화국 공민이 될 의지가 있던 사람들은 먼저 북한 국적을 제적
하고 나중에 중국대사관에서 다시 중국 국적을 신청해야 했다. 이 과정은 복잡
했지만 대부분의 화교들은 국적을 복원했다.

저우언라이 방북의 중요성을 상징하는 가장 두드러진 증거는 흥남비료련합
기업소(함경남도 함흥시 흥남구역) 내 정원에 자리 잡은 그의 동상이다. 북한에서
는 외국인 동상을 찾기 어려운데 저우언라이 동상은 매우 희귀한 예다.[23]

저우언라이의 방북 후 북한 매체들은 다시 마오쩌둥을 긍정적으로 평가하
기 시작했다. 1976년 9월 9일 그가 사망하자 ≪로동신문≫은 그를 '중국 인민
의 위대한 수령이시며 조선 인민의 가장 친근한 전우'라고 불렀고,[24] 같은 달

---

23   Глеб Криулин, *О политике ТПК на современном этапе и некоторых направлениях*
      нашей пропаганды на КНДР, 18 июня 1979 года, РГАНИ, ф. 5, оп. 76, д. 958,
      лл. 1-11.

24   "중국인민의 위대한 수령이시며 조선인민의 가장 친근한 전우이신 모택동동지의 서

사망한 최용건 부주석보다 그의 장례식과 인생을 훨씬 자세히 보도했다.

신중한 친소 노선(1970년대 말~1980년대 말)

마오쩌둥이 사망한 후 중국 최고지도자는 덩샤오핑(鄧小平)이 되었다. 그의 개혁·개방정책은 중국의 모습을 완전히 바꾸었다.[25] 그는 중국을 사회주의 계획경제에서 시장경제로, 억압적인 독재에서 온건한 과두제로 이끌었다. 중국은 역사가 매우 긴 나라이지만 중국 역사상 덩샤오핑만큼 효과적인 개혁가를 찾기 어렵다. 북한에서도 박철 과학원 지질학연구소 실장을 비롯해 중국식 개혁을 해보자고 주장했던 간부들이 있었다.[26] 그러나 김일성은 이 제안들을 받아들이지 못했다.

그래서 널리 알려져 있지는 않지만 1980년대 북한은 다시 친중보다는 친소 정책을 강화하기 시작했다. 1984년 김일성은 소련을 방문했는데, 그때 만났던 사람들 중 보리스 옐친(Борис Ельцин)도 있었다.[27] 옐친은 당시 스베르들롭스크주(Свердловская область) 공산당위원회 제1비서였고, 독자들도 알다시피 소련 붕괴 이후 러시아 초대 대통령이 되었다.

거에 즈음하여", ≪로동신문≫, 1976년 9월 10일 자, 1면.

25 Ezra F. Vogel, *Deng Xiaoping and the Transformation of China*, Cambridge: Belknap Press, 2013.

26 "10년 전 '농지 개인책임제' 좌절이 식량난 불러 … ", ≪NK조선≫, 2001년 3월 7일, http://nk.chosun.com/news/articleView.html?idxno=4764

27 Данил Свечков, *Почему Ким Ир Сен в Свердловске отказался от бани с Ельциным?* Комсомольская Правда. Екатеринбург, 6 февраля 2015 года, https://www.ural.kp.ru/daily/26339.7/3221562/

김일성은 모스크바를 방문해 체르넨코 총비서와 정상회담도 했다. 회담에서 북한 수령은 체르넨코의 선물을 받았고[28] 1946년 자신이 경험했던 암살미수 사건에 대한 영화를 제작하자고 소련에 제안했다. 당시 김일성을 구출한 사람은 소련군 소위(少尉) 야코브 노비첸코(Яков Новиченко)였다.

물론 이 영화의 내용은 사상적 검열 대상이 되었다. 소련과 북한을 매우 긍정적으로, 일본과 미국, 남한은 매우 부정적으로 보여주어야 하는 것은 물론 1948년까지도 북한에서 사용했던 태극기를 절대 보여줄 수 없었다. 그래도 소련은 이 프로젝트를 승인했는데, 영화감독은 예상하지 못한 문제를 대면해야 했다. 1940년대 북한에서 벌어진 사건에 대해 소련과 북한이 큰 입장 차이가 있었던 것이다. 타협에 이르기는 쉽지 않았다. 결국 이 영화 러시아어판에서는 붉은 군대가 '조선인민군'과 손잡고 일본과 싸웠다는 내용이 나왔다. 물론 이것은 사실이 아니었다. 1945년 조선인민군은 존재하지도 않았다. 그러나 북한이 주장하는 '조선인민혁명군'과 달리 조선인민군은 1948년 구성된 실제 무장력이었다. 그럼에도 불구하고 북한 더빙판에서 '조선인민군'은 '조선인민혁명군'으로 바뀌어 언급되었다.

북소 공동 영화의 북한 이름은 '영원한 전우'였고 소련 이름은 '공훈을 위한 1초'였다. 영화 수준은 일반 소련 영화와 북한 영화 사이에 있다고 할 수 있다. 따라서 이 영화는 북한에서 인기를 얻었지만 소련에서는 완전히 실패했다.[29]

1985년 소련공산당 총비서가 된 미하일 고르바초프(Михаил Горбачёв)는 페레스트로이카, 즉 국가 재건정책을 실행하기 시작했다. 덩샤오핑의 개혁·개방정책과 달리 고르바초프의 페레스트로이카는 경제의 자본주의화보다는 정치

---

28 Дмитрий Волкогонов, *Семь вождей*, том 2, Москва: АО Издательство «Новости», 1995, стр. 229.

29 Анатолий Журин, Сделан в СССР // *Совершенно секретно*, № 9/268, https://web.archive.org/web/20150628072203/http://www.sovsekretno.ru/articles/id/2889/

적 자유화에 중점을 두었다. 그래서 페레스트로이카가 시작된 지 6년이 지나자 공산당 독재는 완전히 무너졌고, 소련은 경제·사회적 위기를 견디지 못하고 붕괴되었다. 북한은 1989~1990년까지 친소 노선을 유지했지만, 페레스트로이카가 강화되면서 '전통적인 조소(朝蘇) 친선'도 없어지게 되었다. 1990년 북한은 소련에서 공부하던 유학생들에게 귀국 명령을 내렸다. 이후 북한 매체들은 고르바초프를 '사회주의를 배신한 반역자'로 비판했다.[30]

스탈린주의자 김일성?

김일성 사상은 스탈린, 흐루쇼프, 마오쩌둥, 덩샤오핑 등 네 명의 중소 지도자 중에서 스탈린의 통치 방식과 가장 가까웠다. 좀 더 정확하게 말하면 김일성주의는 극단화된 스탈린주의에 해당한다. 이 사실은 중소분쟁 당시 북한의 정책에 강한 영향을 미친 것 같다. 흐루쇼프가 스탈린을 비난한 뒤 김일성은 소련과의 관계에서 이탈하기 시작했고, '참된 스탈린주의자'인 마오쩌둥을 지지했다. 그러나 마오쩌둥은 스탈린식 통치와 매우 다른 문화대혁명을 일으켜 김일성은 친중 노선을 버렸고, 잠시 고립정책을 시행하기도 했다.

문화대혁명 시대가 끝나자 김일성은 신중하게 중국과 우호관계를 복원했다. 그러나 덩샤오핑의 개혁·개방정책은 김일성의 사상과 맞지 않았고, 북한은 다시 중국보다 소련을 지지하게 되었다. 그런데 소련도 김일성의 정책 노선과 전혀 다른 페레스트로이카 정책을 시행했고, 한국과 수교를 하면서 북한은 다시 고립될 수밖에 없었던 것이다.

---

30 А. Панин, В. Альтов, *Северная Корея: эпоха Ким Чен Ира на закате*, Москва: ОЛМА-пресс, 2003, стр. 88.

제13장

북한의 역사 왜곡과 소련의 반응

미래는 참으로 확실한 것이지만 과거를 예측하기는 매우 어렵습니다.

— 공산권 농담

역사는 정치적 목적으로 이용되는 경우가 많다. 북한에서 이런 경향은 특히 심하다. 북한의 공식 역사관이 안고 있는 특징을 보면 핵심 중 하나는 이른바 '조선인민혁명군'에 관한 것이다. 북한 당국은 김일성이 1932년 이 부대를 창설했으며, 1945년 '최후 공격작전으로 일제를 처부수고 조국을 해방했다'라고 주장한다. 이 장에서는 조선인민혁명군 신화의 진실과 실제로 조선 땅에서 일본군과 전투를 벌였던 소련 측의 이에 대한 반응에 관해 말하려고 한다.

'조선인민혁명군' 신화의 진화 제1단계: 신화의 탄생

1930년대 김일성은 만주국 항일빨치산운동가였다. 중국 공산당 지도 밑에서 전투했던 그는 지휘관 중 한 명이었다. 김일성 부대가 치른 작전 중 가장 유명한 것은 '보천보 전투'였다. 그러나 빨치산 투쟁의 패배로 김일성은 전우 몇 명과 함께 소련으로 탈출했고, 소련 당국의 검토를 받은 뒤 붉은 군대에 입대했다. 1945년 8월 당시 김일성은 소련군 제2극동전선 제88여단의 대대장이었고, 그의 군사계급은 대위에 불과했다.[1]

한마디로 말해 김일성은 나름 걸출한 사람이었지만 그의 전기(傳記)는 국가 지도자 수준은 아니었다. 그래서 스탈린이 김일성을 북조선 지도자로 임명한 뒤 소련 당국은 그에 대한 '올바른' 전기를 만들어내기 시작했다. 물론 이 전기는 소련의 공식 역사관과 일치되어야 했다. 즉, 소련과 스탈린을 선(善)으로, 일본제국과 미국, 남조선을 악(惡)으로 그려야 했다.

당시 김일성의 공식 전기를 만든 이들 중 핵심 인물은 고려인 출신 박일이었다.[2] 박일이 써야 하는 전기는 김일성의 실제 빨치산전투를 과장하는 것이었다. 김일성 부대의 보천보 공격은 항일운동 역사의 핵심 사건으로 묘사되었고, 당시 김일성의 부대 자체도 조선인민혁명군으로 불렸다고 주장했다.[3]

이 위선적인 '김일성 군대' 이름은 누가 만들었는지 알 수 없다. 만일 '조선인민혁명군'이라는 이름을 김일성이 만들었다면 그것은 1933년 중국공산당이 설립한 동북인민혁명군의 이름을 딴 것이라고 추측할 수 있다. 동북인민혁명군은 동북항일연합군의 전임 조직이었고 김일성은 이 부대에 복무한 적이 있다.[4] 만일 '조선인민혁명군'을 민정청의 간부가 명명한 것이라면 그것은 전전(戰前) 시대 소련의 위성국가 군대들의 이름에서 따온 것이 아닐까 추정해볼 수 있다. 몽골, 1944년까지 존재했던 투바인민공화국, 1922년까지 존재했던 극동공화

1   Наградной лист. Цзин Жи-чен // *Приказ войскам 2 Дальневосточного фронта № 10/н от 29.08.1945,* ЦАМО России, ф. 33, оп. 687572, ед. хр. 2317.

2   Андрей Смирнов, "Как Советская Армия внедрила в Северную Корею президента Ким Ир Сена и его правительство," *Совершенно секретно,* No. 8 (1992), стр. 10-11.

3   『朝鮮中央年鑑 1949』. 平壤: 朝鮮中央通信社, 1949, 63쪽.

4   『东北地区革命历史文件汇集』, 甲60册, 哈尔滨: 黑龙江省出版总社, 1991, 第247页.

국의 군대들은 모두 '인민혁명군'으로 불렸다.

결국 박일은 실제 역사를 왜곡하는 김일성 전기를 쓰는 것을 견디지 못해 도덕적인 이유로 직속 상관인 안드레이 로마넨코(Андрей Алексеевич Романенко) 소장에게 물러나게 해달라고 요청했다. 로마넨코는 "나도 당신도 감시하는 사람들이 있다"라고 답했지만 박일은 가까운 장래에 물러나게 해주겠다고 약속했다. 그러나 박일과 그의 부하들이 만든 신화는 결국 북한 역사관의 핵심적인 부분 중 하나가 되었다.[5]

당시 북한은 '김일성의 군대가 나라를 해방했다'라고 결코 주장하지 않았다. 1945년 10월 14일 김일성은 첫 번째 공개 연설에서 '우리의 해방과 자유를 위하여 싸운 쏘련 군대에게 진심으로 감사를 드린다. 36년간 우리를 압박하던 일본 제국주의는 쏘련군의 영웅적 투쟁으로 멸망을 당했다'[6]라고 했고, 이후로도 여러 차례 '소련 해방자'들에게 감사를 표했다. 그러나 시간이 흐르면서 공식 담론은 변화하기 시작했다.

제2단계: '붉은 군대를 보조한 조선인민혁명군'

소련이 북한을 통제하던 시절에는 소련의 공식 역사관이 곧 북한의 역사관이었다. 그러나 6·25전쟁 발발 이후 소련의 통제가 약화되면서 북한 당국은 역사 도서를 수정하기 시작했다. 1952년 4월 15일, 김일성의 40번째 생일에 나온 『김일성 장군 략전』이라는 책에서는 '조선인민혁명군의 소부대들'이 소일 전쟁에 참가했으며 붉은 군대를 보조했다는 주장이 나왔다.[7]

---

5 Андрей Смирнов, "Как Советская Армия внедрила в Северную Корею президента Ким Ир Сена и его правительство," *Совершенно секретно*, No. 8 (1992), стр. 10-11.

6 『朝鮮中央年鑑 1949』. 平壤: 朝鮮中央通信社, 1949, 63쪽.

이 역사관은 1960년대 중반까지 유지되었다. 당시 북한 교과서들을 보면 한 편으로는 '소련 군대가 조선을 해방했다'라는 주장이 있지만, '조선인민혁명군의 소부대'에 대한 이야기도 반드시 나왔다. 이 시기부터 김일성은 자신을 '조선의 해방자'로 포장하기 시작했다.[8]

독자들은 '소부대(小部隊)'라는 명칭이 어디서 나왔는지 궁금할 것이다. 1940년대 초반 중국공산당 지도부는 만주에 항일무장운동이 소멸된 것을 알게 된 후 동북항일연합군에 '소부대로 분리'하라는 명령을 하달했다.[9] 이 명령은 사실 항일부대 해산 명령이었다. 그래서 1940년대 만주국에서 항일 빨치산 투쟁은 거의 중단되었다. 그리고 북한 지도부는 나중에 '소부대'라는 명칭도 '조선인민혁명군'의 '활동'을 서술하는 데 사용하게 되었다.

제3단계: '조선을 해방한 조선인민혁명군'

조선인민혁명군 신화의 세 번째 단계에서 북한 당국은 조선인민혁명군이 일본제국을 쳐부순 핵심 세력이었고, 소련 군대는 보조 세력에 불과했다고 주장하기 시작했다. 재미있게도 이 역사관은 북한 내에서 공식화되기 전 재일본조선인총연합회(조총련)에서 1965년 등장했다.[10] 즉, 북한 당국은 조총련을 역사관의 '실험장'으로 이용했다. 일본에 사는 조총련 회원들은 북한 주민과는 달리 아무 때나 실제 역사를 알려주는 도서자료를 볼 수 있으므로 이 전술은 비효율적이었던 것으로 보인다. 그러나 조총련 회원들은 원래 자신의 의지에

---

7 『김일성 장군의 략전』, 평양: 조선로동당 중앙위원회 선전 선동부, 1952, 32쪽.

8 『조선력사. 고급중』, 평양: 교육도서출판사, 1955, 115, 117쪽.

9 『东北地区革命历史文件汇集』, 甲42册, 哈尔滨: 黑龙江省出版总社, 1991, 第284页.

10 『조선민족의 위대한 령도자』, 도쿄: 조선신보사, 1965, 138쪽.

따라 김일성을 지지하겠다는 선택을 한 사람들이기 때문에 북한 정권은 그들이 조작된 새로운 신화도 받아들일 수 있다고 본 것 같다. 실제로 조총련 측은 북한의 역사 왜곡에 반발하지 않았으므로 이는 틀린 생각이 아니었다.

결국 북한에서 이 새로운 담론은 1967년 도입되었다. 1967년 5월 초순 조선로동당 제4기 제15차 중앙위원회 전원회의가 진행되었다. 이 회의에서 북한 당국은 '유일사상체계'를 선언했고, 같은 달 25일 김일성은 유일사상체계 수립에 관한 '당면한 당 선전사업 방향에 대하여'라는 연설(소위 5·25교시)을 했다. 5·25교시가 공포되자 북한에서 사회적 통제와 김일성에 대한 개인숭배는 매우 강화되었다. 바로 그 시기 여행증명서, 성분·계층 제도 등 북한 체제의 핵심적인 특징들이 완성되었다.[11]

이 새로운 시대의 북한에서는 '조선을 해방한 소련 군대'에 대한 언급이 사라졌다. 북한 당국은 김일성의 조선인민혁명군이 일본제국을 쳐부수었다고 주장하기 시작했고, 소련의 붉은 군대는 그의 보조 세력에 불과했다고 주장했다. 1960년대 말부터 1970년대 초까지 진행됐던 '도서 정리사업' 동안 기존에 나왔던 문서들은 도서관에서 빠졌다.

이 시대 공식 담론에서 재미있는 특징 중 하나는 김일성이 붉은 군대의 작전들을 훔쳐 온 것이다. 북한은 소련의 붉은 군대가 치렀던 웅기, 청진 등에서의 상륙작전들을 조선인민혁명군이 했다고 주장하기 시작했다.[12] 이러한 조작

---

11 성혜랑, 『등나무 집』, 서울: 지식나라, 2000, 312~317쪽; 김진계, 『조국: 어느 '북조선 인민'의 수기』, 제2권, 서울: 현장문학사, 1990, 79쪽; 공보부, 『현대사와 공산주의』, 제1권, 서울: 공보부, 1968, 433~436쪽.

12 「조선인민혁명군의 조국 해방을 위한 최후공격작전과 항일무장투쟁의 빛나는 승리」, 『조선로동당 략사』, 평양: 조선로동당, 1979, 184~188쪽; 『조선전사』, 제22권, 평양: 과학, 백과사전종합출판사, 1981, 118~133쪽; 「조선인민혁명군의 최후공격작전」, 『백과사전』, 제4권, 평양: 과학, 백과사전출판사, 1983, 600~601쪽; 『조선통사』, 평양: 사회과학출판사, 1987, 275~279쪽.

은 새로운 김일성 개인숭배의 중요한 일부가 되었다. 5·25교시가 나온 직후 북한 당국은 보천보 전투 30주년 기념일에 대규모 행사를 벌였고, 김일성을 조선반도 전체를 대표하는 항일운동 지도자이자 승리자로 포장했다.[13]

제4단계: '소련 군대의 위대한 스승, 김일성'

조선인민혁명군 신화의 마지막 단계는 1990년대 개막했다. 이 단계에 관한 문서 중 가장 핵심적인 것은 『세기와 더불어』다. 김일성 회고록 『세기와 더불어』는 1945년까지 김일성 일생에 대한 공식 전기로 출간되었다. 이 문서는 전체 8권이며, 제7~8권은 김일성 사망 후 '계승본'으로 나왔다.

『세기와 더불어』에 나온 이야기는 실제 역사와 더욱 거리가 멀었다. 이 책에 따르면 김일성은 1940년대 초반 만주에 있었고, 소일전쟁 발발 전 소련을 여러 차례 방문했다. 그는 바실렙스키, 메레츠코프, 로디온 말리놉스키(Родион Малиновский) 원수를 비롯한 최고위급 붉은 군대 지휘관들을 만났고, 말리놉스키 원수와 친구가 되었다고 주장했다.[14]

또한 『세기와 더불어』에 따르면 메레츠코프 원수가 "일본 제국주의를 반대하는 전쟁에서는 조선 동지들이 우리들의 선배입니다. 대일작전에 조선 동지들의 역할이 매우 중요합니다. 우리는 당신들의 활동에 큰 기대를 가지고 있습니다"라고 발언한 것으로 되어 있다.[15] '회고록'은 소일전쟁에서 김일성이 소련

---

13 "보천보전투 승리 30주년 만세! 영광스러운 혁명의 해불을 높이 들고 조선혁명의 전국적승리를 앞당기자", ≪로동신문≫, 1967년 6월 4일 자, 1면.

14 『김일성동지 회고록 세기와 더불어(계승본)』, 제8권, 평양: 조선로동당 출판사, 1998, 448쪽.

15 Ibid., 450쪽.

군 제1극동전선에 전술에 대한 교
시를 내렸다면서 '조선인민혁명군'
이 조선뿐만 아니라 만주국에서 일
본군과 전투해본 적이 있다고 주장
했다. 『세기와 더불어』는 진창(金
昌), 둥닝(東寧), 무링(穆棱), 무단장(牡
丹江) 등 만주 도시들을 '조선인민혁
명군이 해방했다'라고 주장했다.[16]

물론 이 스토리는 사실과 아무
관계가 없었다. 독자들도 알다시피
김일성은 1940년 만주국에서 탈출
했고, 1942년 붉은 군대에 입대했
으며, 대위 계급을 수여받고 제88
여단 제1대대 대대장으로 복무했
다. 김일성 대대장은 소일전쟁 시
기 소련에 있었고, 실제 전투에는
참가하지 않았다. 독자들 중에는

〈그림 1-13-1〉 주북한 러시아 대사관이
찍은 함흥시 해방탑 모습

자료: http://www.rusembdprk.ru/images/ham
hyn-graves/02.jpg

『세기와 더불어』가 김일성 사후에 나왔으니 김일성이 아닌 김정일의 의지에
따라 쓰인 것이라고 생각할 수도 있다. 그러나 1991년, 즉 김일성 생전에 나왔
던 '조선로동당 력사'에 이미 『세기와 더불어』와 비슷한 담론이 나왔다.[17] 그래
서 이 '조선인민혁명군' 신화의 마지막 단계도 김일성이 승인한 것이라고 할 수
있다.

16   Ibid., 459쪽.

17   『조선로동당 력사』, 평양: 조선로동당 출판사, 1991, 157쪽.

그 당시부터 현재까지 북한에서 가르치는 1945년 광복에 대한 역사관은 대체로『세기와 더불어』를 기본으로 하는 것이다. 2003년과[18] 2012년에 나온 김일성의 전기,[19] 조선대백과사전이나[20] 광명백과사전에는[21] 이러한 역사 왜곡이 나와 있고, 북한의 모든 학교에서는 이 담론을 기반으로 역사를 가르친다.

'최후의 공격작전'에 관한 김일성의 '명령'

북한 당국은 공식 역사관에서 '조선인민혁명군의 최후 공격작전'을 수십 년이 지난 후인 1995년 출판된『김일성 전집』1권에서 다루면서 마지막 문서로 이 '작전'에 관한 김일성의 명령을 포함시켰다. 이 사료는『김일성 전집』1권이 나오기 전에는 전혀 공표된 적이 없고, 실제로는 1990년대 초반 북한 당국의 지시에 따라 작성되었을 가능성이 매우 높다.

전집의 제1권은 사실상 첫 번째로 나온 것이 아니라 제2권부터 제12권까지 11권의 책이 출판된 후에 나왔다. 그 11권은 김일성이 실제로 한 연설을 포함하고 있어 비교적 쉽게 출판할 수 있었으나, 1945년 이전 시절을 다룬 1권에 나온 문서는 전부 김일성이 실제로 한 적도 없는 것이었다. 따라서 북한 당국은 이를 작성하기 위해 시간이 필요했던 것이다. 이 '명령'은 길지 않아서 전문을 첨부한다.[22]

---

18 『위대한 수령 김일성동지 략전』, 평양: 조선로동당출판사, 2003, 239~241쪽.

19 『위대한 수령 김일성동지 략전(증보판)』, 평양: 조선로동당출판사, 2012, 238~242쪽.

20 「조선인민혁명군의 최후공격작전」, 『조선대백과사전』, 제19권, 평양: 백과사전출판사, 2000, 135~136쪽.

21 「조선인민혁명군의 최후공격작전」, 『광명백과사전』, 제1권, 평양: 백과사전출판사, 2007, 494~496쪽.

명령
조국 해방을 위한 총공격전을 개시할 데 대하여

1945년 8월 9일

조선인민혁명군 각 부대들과 전체 지휘관, 병사들! 우리 민족이 일일천추(一日千秋)로 갈망하던 조국 광복의 력사적 위업을 성취할 결정적 시각이 목전에 도래했다. 이미 파쑈 독일을 격멸한 쏘련군은 일제 침략자들을 소탕하기 위하여 선전포고를 했다. 쏘련군의 대일전쟁 참가는 극동의 정치군사 정세를 근본적으로 변경시키게 될 것이며 우리 민족이 조국 광복 위업을 성취하는 데 유리한 환경을 조성하게 될 것이다. 나는 이 엄숙하고 결정적인 시각에 조선인민혁명군 각 부대들과 전체 지휘관, 병사들에게 다음과 같이 명령한다.

첫째, 전체 조선인민혁명군 지휘관들과 병사들은 일본 제국주의 침략자들을 조국 강토에서 완전히 격멸구축하기 위한 최후 결전에 총출동할 것이다. 전체 지휘관, 병사들은 일본 군대와의 격전에서 애국 충정과 용감성을 높이 발휘하라! 고국 강토를 겨레의 붉은 피로 물들인 강도 일본 제국주의 침략자들을 한 놈도 남김없이 섬멸하라! 놈들에게 무자비한 복수의 철추를 내리라!

둘째, 국내에서 활동하고 있는 조선인민혁명군 소부대, 소조 성원들과 정치공작원들, 혁명조직성원들은 조선인민군의 총공격전에 호응하여 도처에서 전 민중의 반일 항쟁을 조직전개할 것이다. 로동자, 농민을 비롯한 전체 반일대중을 일제와의 최후 결전에 불러일으키고 그들을 승리의 길, 혁혁한 위훈의 길로 인도하라!

셋째, 국내에서 활동하고 있는 조선인민혁명군 소부대와 인민 무장조직들은

---

22 「명령. 조국 해방을 위한 총공격전을 개시할 데 대하여」, 『김일성전집』, 제1권, 평양: 조선로동당출판사, 1995, 572~573쪽.

조선인민혁명군의 총공격에 합세하여 적의 배후에 대한 타격전을 과감히 전개할 것이다. 소부대와 인민 무장조직들은 적의 군대와 군사 대상들을 공격소탕하며 적들의 지휘체계를 마비시키고 놈들을 혼란과 수세에 몰아넣으라!

넷째, 조선인민혁명군 정치일군들은 대원들을 원쑤격멸의 성전에로 적극 불러일으키며 해방지역 인민들 속에서 정치사업을 강화하여 그들이 자신의 손으로 자치기관들을 창설하고 반동들의 책동을 분쇄하며 치안 유지와 사회질서 수립에 한결같이 떨쳐나서게 할 것이다.

조선인민혁명군 전체 지휘관, 병사들! 조국 해방 성전에서 혁혁한 전과와 전투적 위훈을 떨치라! 나는 조선인민혁명군 각 부대들과 전체 지휘관, 병사들이 간악한 일제 식민지 통치를 종식시키고 조국 광복의 력사적 위업을 빛나게 성취하리라는 것을 확신한다. 승리는 우리의 것이다. 항일전의 최후 승리를 위하여 총진군하자!

앞서 말했듯 이 '명령'은 김일성 사망 후 첫 출판되었다. 김일성 자신이 '명령'의 내용을 봤는지, 진짜 저자가 누구였는지는 현재 확인할 수 없다. 보통 이와 같은 핵심 사상 자료는 조선로동당 중앙위 당력사연구소나 당 중앙위 사상부가 관리하지만, 북한의 정치적 상황이 본질적으로 변화될 때까지는 앞의 '김일성 명령'을 누가 작성했는지 알 수 없을 것이다.

제5단계: 김일성 사망 후에도 역사 또 왜곡

김일성은 1994년 7월 사망했고 부친과 함께 김일성 개인숭배 체계를 만든 김정일은 2011년 12월 사망했다. 그러나 김정은 시대에도 '조선인민혁명군' 신화의 진화는 멈추지 않았다. 북한은 100권으로 구성된 『김일성 전집』을 출판한 후에『김일성 전집(증보판)』을 출판하기 시작했다. 전집은 원칙적으로 김일성이 한 모든 연설과 그가 쓴 모든 저작을 포함해야 하는데 '전집(증보판)'이라는 표현 자체가 역설적으로 보인다.

원래 전집에서 1945년 이전에 김일성이 '했던' 위조 연설들은 전부 제1권에 있었지만, '증보판' 전집에서는 제1권부터 제3권까지 1926~1945년 사이 '김일성의 연설'들을 포함했다. 물론 이 연설들은 전부 조작한 것이었다. 즉,『김일성 전집(증보판)』의 제1, 2, 3권에서 사실과 다르지 않은 부분은 표지뿐이다.

이 가짜 연설들을 보면 일부는 소련을 직접 조롱하려고 쓴 것처럼 보인다. 예를 들면, '전집(증보판)'에 따르면 1941년 6월 22일, 즉 독일이 소련을 공격한 그날 김일성은 이 사실을 완전히 무시하고 '백두산 밀영을 튼튼히 보위하여야 한다'라는 연설을 했다.[23]

제3권은 '최후공격작전' 준비에 관한 연설들도 포함되었고, 1945년 8월 15일 김일성 연설까지 포함했다.[24] 북한 선전 일꾼들은 왜 이 2018년까지 그러한 연설들이 출판된 적이 없고 다른 도서들에도 이러한 언급이 전혀 없었는지를 주민에게 어떻게 설명할지가 궁금할 수밖에 없다.

소련의 반응

'조선인민혁명군' 신화는 김일성을 찬양했을 뿐 아니라 간접적으로 소련을 공격했다. 시간이 지날수록 북한에서 대일전쟁에 대한 붉은 군대의 기여도는

---

23   「백두산 밀영을 튼튼히 보위하여야 한다」,『김일성 전집(증보판)』, 제3권, 평양:조선로동당 출판사, 2018, 394~396쪽.

24   「조국해방경축모임에서 한 연설」,『김일성 전집(증보판)』, 제3권, 평양:조선로동당 출판사, 2018, 535~537쪽.

점점 줄어들었다. 그러나 제2차 세계대전에서의 승리를 소련 인민 최대의 자랑으로 삼으며, 실제로도 추축국의 패배에 크게 이바지한 소련은 북한 당국의 이 같은 행위에 배신감을 느낄 수밖에 없었다. 그래서 소련 당국은 북한의 신화 작업에 반격을 가하기 시작했다. 하지만 1950년대 후반 북한은 이미 소련의 통제에서 벗어났고, 1960년대 초반 중소분쟁 당시 북한이 노골적으로 중국 편을 들자 북한을 회유할 필요가 있었던 소련은 소일전쟁과 초기 북한 역사에 대한 회고록 등 도서 출판을 묵인했다.

당시 소련 당국은 북한과 직접적으로 대립하는 것은 피하고자 북한이 출간한 역사서에 관해 '북한 당국이 역사를 왜곡한다'라는 등의 반발을 하지는 않았다. 대신 소련 당국은 소일전쟁에 참전한 자국 군인들에게 회고록을 쓰면 좋겠다는 지시를 내렸고, 전쟁에 관한 일부 사료들은 비밀이 해제되었다.[25] 당시 북한 역사를 연구하는 학자들이 잘 알고 있는 『소련과 인민의 조선 관계』라는 사료집도 출판했다.[26] 그러나 소련 당국의 이러한 캠페인이 순수하게 역사적 진실을 지키기 위한 것이라고 보기는 어렵다. 소련 당국은 소련을 '위대한 해방자'로, 북한을 소련의 '동생 국가'로, 그리고 한국과 일본제국 및 1945년 이후의 미국은 '악의 세력'으로 묘사했다. 즉, 소련이 주장한 역사관은 1940년대 북한에서 가르쳤던 것과 거의 일치하는 것이었다. 물론 이 역사관은 북한이 주장하는 것보다는 그나마 실제 역사에 더 가까운 것이었다.

그러다가 1980년대 북소관계가 개선되면서 일부 소련 문서에도 조선인민혁

---

25 Владимир Успенский, *Глазами матроса*, Москва: Воениздат, 1964; *Во имя дружбы с народом Кореи, Воспоминания и статьи*, Москва: Наука, 1965; Макар Бабиков, *На восточном берегу*, Москва: Советская Россия, 1969; *Освобождение Кореи, Воспоминания и статьи*, Москва: Наука, 1976.

26 *Отношения Советского Союза с народной Кореей. 1945-1980, Документы и материалы*, Москва: Наука, 1981.

〈그림 1-13-2〉 김일성과 제88여단 요원들

주: 붉은 군대 복무 시절 김일성(앞줄 오른쪽 두 번째)의 사진.
자료: 무명 작가가 찍은 사진이다. 원본은 중국 하얼빈 헤이룽장성 혁명박물관에 보관되어 있다.

주: 북한 당국이 제88여단 장교와 병사들의 모습을 삭제해 편집한 김일성 사진(가운데).
자료: 조선중앙텔레비죤. 원본은 평양 조선혁명박물관에 보관되어 있다.

명군에 대한 언급이 나오게 되었다. 그러나 소련은 1940년대와 마찬가지로 조선인민혁명군을 일개 빨치산 부대로 묘사했다. 그리고 이 부대가 일본제국을 쳐부수었다고 주장하지는 않았다.

북한 당국은 이러한 소련의 역사관을 무시했다. 그러나 소련 해체로 러시아 기록원들이 개방되자 북한 외교관들은 소련의 사료들을 수집해 자신들이 주장하는 역사관과 맞도록 편집했다. 〈그림 1-13-2〉는 이러한 역사 왜곡의 한 사례다. 독자들도 알다시피 사진에 등장하는 사람들은 소련의 붉은 군대 제2극동전선 소속의 제88여단 장병들이다.

김일성은 앞줄 오른쪽에서 두 번째 사람이고, 김 대위 왼쪽에 여단장 저우바오중 중령, 오른쪽에 여단 참모장 티모페이 시린스키(Тимофей Ширинский)가 앉아 있다. 북한 당국은 바로 이 세 인물을 제외한 모든 제88여단 장교와 병사들의 모습을 삭제했고, '국제련합군인 전우들 속에 계시는 위대한 수령 김일성 동지. 주체32(1943). 10. 5'라는 설명을 붙였다.

재미있게도 편집한 사진에서 김일성이 입고 있는 군복에 계급장이 보인다. 당시 소련군과 현재 조선인민군의 군복 디자인이 매우 비슷해서 이 사진을 보는 북한 사람들은 '줄 하나, 별 네 개가 있는데 인민군 대위로군'이라고 생각할 수도 있다.

소련 당국은 북한의 역사 왜곡을 막지는 못했지만, 이 '숨은 역사관 전쟁'에서 한 가지 중요한 승리를 얻었다. 1940년대 세워졌고, 1950년대 말 수리된 평양의 해방탑이 여전히 보존되어 있는 것이다. 현재도 이 해방탑에서 북한 주민들은 '위대한 쏘련 인민은 일본 제국주의를 처부시고 조선 인민을 해방했다. 조선의 해방을 위하여 흘린 피로 조선 인민과 쏘련 인민의 친선은 더욱 굳게 맺어졌나니. 여기에 탑을 세워 전체 인민의 감사를 표하노라'라는 문장을 언제나 볼 수 있다. 이 문장은 1960년대부터 북한에서 가르치는 역사관과 분명히 모순된다.

결론

　이상의 글에서 볼 수 있는 것처럼 북한의 공식 역사관은 북한의 정치적 상황에 직접적으로 영향을 받았다. 물론 한국 사회학자들 중에서도『세기와 더불어』를 비롯한 '조선인민혁명군'에 관한 북한 문서들을 사료로 보는 경우가 있다. 그러나 앞에서 보았듯이 북한 당국은『세기와 더불어』를 비롯한 '조선인민혁명군'에 관한 문서들을 작성할 때 역사를 분석하겠다는 목적이 아니라 정치적 목적으로 작업을 진행했다. 다시 말해 이 문서들은 비판적으로 분석할 수 있는 역사학 연구 자료가 아니라 정치적 선전물에 불과한 것이다.

제14장

북한 선전지 ≪카레야≫가 소련에서 인기 있던 이유

제가 시간의 변천이나 불운에 대해서 애통함을 느꼈던 것은 딱 한 번 있었습니다.
맨발로 걷고 신발을 살 수 없었던 때였습니다.
그러나 제가 이 애통한 마음으로 쿠파의[1] 위대한 모스크에 들어올 때,
발이 없는 남자를 봤습니다.
이 순간 저는 신께서 제게 내리신 모든 선물에 대해 감사를 드렸습니다.
— 사디, 『굴리스탄』

훗날 북한 체제가 근본적으로 개혁되거나 붕괴된다면 북한 연구자들은 북한 정권의 기록원에 접근할 수 있을 것이다. 그때 북한 외무성 자료를 찾아보면 주소련 북한 대사관 보고서에서 북한 선전지에 대한 소련 주민들의 관심이 높았다는 문서를 찾을 가능성이 높다. 그러나 그 이유에 대한 솔직한 설명은 찾아보기 어려울 것이다. 필자는 북한 선전지들이 소련에서 인기 있었던 진짜 이유를 설명하려고 한다.

---

1   쿠파는 바그다드에서 남쪽으로 170km에 위치한 이라크의 도시다.

북한 해외 선전지

북한 당국은 북한 정권이 수립되었을 때부터 대외 선전지를 출판했다. 일반적으로 이 선전지 이름에는 '조선'이라는 단어가 들어갔다. 1950년대 출판한 ≪새조선≫, 현재까지 출판되고 있는 ≪오늘의 조선≫, 1980년대 후반 조총련이 출판했던 ≪People's Korea≫ 등이다. 하지만 이 모든 선전지 중 가장 대표적인 것은 ≪조선≫이었다. 브레즈네프 시절의 소련에서 이 선전지의 러시아어판은 ≪카레야(Корея)≫라는 이름으로 출판되었다. 북한에서 러시아어로 번역되고 출판된 이 잡지는 소련 사람들 사이에서 높은 인기를 끌었고, 현재 러시아인들 중에서도 이 잡지를 알고 있는 사람들이 매우 많다.

이 잡지가 이렇게 베스트셀러가 된 이유는 ≪카레야≫가 소련 사람들이 보기에 매우 웃긴 잡지였기 때문이다. 물론 소련 사람들도 사회주의식 선전을 잘 알고 있었지만, 북한식 선전은 그들에게 익숙한 소련 선전물보다도 훨씬 극단적이었다. 당시 소련에서도 브레즈네프를 가끔 '탁월한 혁명가이며 평화를 위한 투쟁자'[2]로 호칭했지만, 문장마다 '위대한 수령'이나 '경애하는 수령'이라 부르는 김일성과 비교할 수 없었다. 1967년 김일성의 '5·25교시'와 유일사상체계 도입 이후 김일성을 우상화하는 이 극단적인 찬양 방식은 북한에서 일반화되었던 것이다.

소련 역시 스탈린 시대까지도 스탈린을 가끔 '만민의 수령'이나 '소련 아동들의 가장 친근한 벗' 등과 같이 불렀지만 문장마다 '위대한', '경애하는', '탁월한' 등의 수식어를 무조건 사용해야 하는 규칙은 없었다. 그래서 ≪카레야≫ 독자들은 주로 이 잡지를 소련 선전물의 패러디로 봤다. 물론 ≪카레야≫의 실제

---

2 Обращение Центрального комитета КПСС, Президиума Верховного Совета СССР, Совета Министров СССР к Коммунистической партии, к советскому народу. *Правда*, 12 ноября 1982 года, стр. 1.

〈그림 1-14-1〉 ≪카레야≫(1981년 3호)

자료: 조선외국문도서출판사.

내용은 패러디가 아니었지만, 소련 사람들이 보기에는 내용이 매우 이상해 마치 전체주의를 조롱하는 패러디물처럼 보였던 것이다. 소련에서 정치 주제에 대한 농담은 금지되었지만, 코미디 같은 ≪카레야≫를 읽으면서 합법적으로 정치 주제의 글을 웃으며 즐길 수 있었다.

예를 들면 '위대한 수령 김일성 동지의 은총으로 리기영 동지는 김일성 상을 받게 되였다'와 같은 문장을 보면 김일성이 '겸허'라는 단어조차도 몰랐다는 것을 알 수 있었다. ≪카레야≫를 읽으면 소련 주민들이 웃음을 터뜨릴 만한 내용이 참으로 많았다. 예컨대 이 잡지에 벼가 무성하게 자라는 북한 논과 가뭄에 시달리는 남한 논 사진이 비교되어 나온다. 북한 논 사진 밑에는 '수령님께서 농업 문제에 대해 내려주신 논제(論題)의 햇발 아래에 쌀 이삭이 핀다'라는 표현이 나왔다. 그리고 그 옆에는 '박정희의 제국주의 정책 탓에 남조선에 3년 동안 비가 안 내린다'라는 말이 나왔지만 아쉽게도 박정희의 제국주의 정책이 날씨에 어떻게 영향을 미칠 수 있었는지에 대한 설명은 나오지 않았다.

이밖에도 잔디밭 사진 밑에 '경애하는 수령 김일성 동지께서 어린 시절에 일본 소년을 때리신 곳'처럼 정상적인 잡지에서는 절대 볼 수 없는 표현이 소련 독자들에게 큰 웃음을 주었다. '피바다'라는 무궤도 전차를 타고 싶어 하는 사람이 어디 있을까?' '경애하는 수령님의 령도를 받는 세금이 없는 내 나라'가 뮤지컬의 이름이라니? '만경대는 경애하는 수령님께서 혁명에 대한 계획을 세우시면서 태어나신 곳이다.' 이것이 무슨 소리일까? '모든 아동들은 쓰기를 배

울 수 있도록 많은 연필을 만들어야 합니다'라는 '위인의 영생불멸 교시'란 또
뭘까? 그래서 ≪카레야≫는 농담집만큼 잘 팔렸다. 소련에서 ≪카레야≫를 구
독한 사람이 많았던 것은 물론이고, 친구들과 ≪카레야≫ 독서 모임을 진행한
경우까지 있었다.

오역

선전 외에 또 하나의 문제는 오역이었다. 누구든지 외국어로 글을 쓸 때는
아무리 잘 쓰더라도 불가피하게 어색하게 보이는 부분이 생길 수밖에 없다. 그
러나 북한에서, 특히 1960년대 이후의 북한에서는 원어민이 교정을 보지 않은
외국어 번역문을 그대로 출판하는 것이 일반적이었다. 그러다 보니 여러 가지
우스운 해프닝이 벌어질 수밖에 없었다. 당시 선전지에 실린 북한의 광고 한
편을 보자.

자연식품 전문회사인 조선부강회사는 인간에 활기를 되찾게 하는 천연샘물고
추냉이, 샘물고추냉이양념, 샘물고추냉이김치, 샘물고추냉이조림을 수출합니다.
… 고추냉이 덕분에 청소년들은 보다 빨리 자라며 청년들은 활기를 얻으며 중년
기에 활기찬 청춘을 되찾게 하며 노년기에 튼튼한 건강을 유지하게 합니다. …
세계자연식품기록 등재식품인 이 조선의 고추냉이는 1994년 도쿄 고추냉이 전시
회에서 높은 평가를 받았으며, 세계 고추냉이 전시회에서도 1위를 획득했습니다.
천연고추냉이의 무게는 10~20그램입니다. … 고추냉이과 잎으로 만든 고추냉이
김치의 특이한 냄새와 매콤한 맛은 소비자의 인기를 모읍니다. 만수무강을 위한

---

3 '피바다'는 '천리마-72'형 무궤도 전차의 옛 이름이다.

이 소비재를 언제나 구매하실 수 있습니다.

별로 어색하지 않아 보이는 일반 광고다. 북한 당국도 그렇게 생각해서 이 광고를 러시아어로 번역했다. 문제는 한국어로 고추가 남성 성기를 일컫는 것처럼, 이 광고의 번역본에 쓰인 러시아어 '고추냉이(хрен)'도 같은 의미의 비속어였던 것이다. 그래서 '고추냉이 김치' 광고는 광고문구 작성자가 전혀 기대하지 못했던 인기를 모았다.

"우리는 최악이 아니구나"

북한 선전지가 인기를 끌었던 또 하나의 이유는 공산당의 정치적 검열과 소비품 부족에 시달리는 소련 사람들이 이 잡지를 보면서 소련이 세계 최악의 나라가 아니라고 느낄 수 있었기 때문이다. 소련 사람들은 북한이 자신의 조국보다 훨씬 더 무서운 곳이라고 생각했고, 따라서 의식적으로나 무의식적으로 애국심과 같은 감정을 느낄 수 있었다. 자신의 나라를 세상에서 가장 나쁜 곳으로 보고 싶어 하는 사람은 없기 때문이다.

필자는 언젠가 북한에서 온 한 친구와 캄보디아 폴 포트(Pol Pot) 정권에 대한 이야기를 나눴다. 도시 해산, 화폐 폐지, 안경 쓰기 금지, 아동 학살 같은 정책을 벌인 이 정권은 세계 역사상 가장 살인적이고 악독한 정권이었을 가능성이 높다. 그 친구는 이 이야기를 들으면서 "어, 그럼 김일성과 김정일도 이놈보다는 나았네"라고 답했다. 한편 이 친구는 폴 포트와 같은 대살인마가 존재했다는 사실을 두려워하면서도 자신의 고향인 북한이 그나마 세계 역사상 최악의 나라가 아니라는 것을 알게 되어 조금 기쁜 마음도 있었던 것 같다.

소련 대중가요에도 언급된 북한 선전지

체제 선전물은 북한뿐 아니라 동독, 중국, 몽골 등 다른 사회주의 나라들도 출판했다. 하지만 소련 대중문화에 관련 기록이 남은 것은 북한의 ≪카레야≫ 뿐이다. 1988년에 발표된 소련 락밴드 '민병대(Гражданская оборона)'의 「모든 것은 계획대로(Всё идет по плану)」라는 노래에 이 잡지가 언급되기도 했다. 내용상 노래의 주인공은 소련 말기 페레스트로이카에 충격을 받아 정신착란에 걸린 사람인데, 소련 시절에 대한 혼란스러운 기억을 되새기면서 이렇게 노래를 부른다.

> 레닌 할아버지만 좋은 수령이래,
>
> 나머지 놈들 다 똥이라고 했네,
>
> 나머지 놈들도 다 적이고 이런 바보들이래.
>
> 사랑하는 나의 조국에서 악마 같은 눈이 내린다.
>
> 난 '카레야' 잡지를 샀고,
>
> 어, 그쪽에 다 좋다고 하고,
>
> 김일성 동지도 계신다고,
>
> 우리와 같네
>
> 역시
>
> 계획대로

북한 선전물이 오히려 북한 정권에 해로움 끼쳐

소련, 그리고 현대 러시아 국민에게 북한 이미지를 나쁘게 만든 요인을 찾아본다면 ≪카레야≫ 잡지는 핵심적인 원인 중 하나라고 할 수 있다. 필자는 공산주의에 흥미를 가지는 러시아 사람도 ≪카레야≫에 대해서만은 "야, 북한이 진짜 미친 나라구나"라고 한 것을 본 적이 있다. 즉, 이 잡지를 발행한 북한 당국이 기대했던 결과와는 완전히 다른 효과가 나타난 것이다.

그러나 한국에서는 아직까지 북한 사이트들이 차단되고, 북한 출판물이 '특수 자료'로서 접근이 제한된다. 이러한 정책에 대해 '북한 선전물이 사상적 위험이 있고 대한민국의 자유민주주의질서에 위협을 줄 수 있다'라는 말로 설명한다. 필자는 이 입장에 동의하지 않으며, 이러한 정책을 바꿔야 한다고 생각한다.

첫째, 북한 선전물 차단은 효과적인 것이 아니다. 북한 사이트를 보고 싶어하는 사람은 프록시나 VPN으로도 볼 수 있다.

둘째, 소련 사례에서 보듯 북한 선전물을 차단하는 것보다 허용하는 것이 북한 공식 사상의 인기에 더 큰 해로움을 준다. 평양 현지에서 나온 선전물을 본다면 북한이 얼마나 검열과 개인숭배가 강한 독재국가인지를 알 수 있다. 같은 사회주의 국가였지만 소련 사람들은 이러한 사실을 명확하게 봤다.

셋째, 검열은 자유민주주의적인 것이 아니다. 자유민주주의 자체는 다수의 사상, 다수 정당의 공존과 경쟁을 인정하는 질서다. 검열은 민주주의의 무기가 아니라 독재의 무기다. 물론 독자들 중에서는 다른 나라에서도 공산주의, 인종주의, 근본주의 등의 사상을 내세운 정당이나 사상이 금지되고 있다고 지적할 수 있다. 대표적인 사례는 독일이다. 독일에서는 히틀러의 나치 사상은 물론, 하켄크로이츠(卐)와 같은 상징도 금지된다. 최근까지 『나의 투쟁(Mein Kampf)』이라는 히틀러의 회고록은 독일에서 출판이 금지되어 있었다. 그러나 이런 정책은 히틀러를 증오하는 사람들에게도 비판을 받는다. 이들은 '독일의 민주주의는 충분히 강력하므로, 검열이 아니라 공개 논쟁으로 나와 신나치와 싸워야 한다'라고 주장한다. 마찬가지로 한국의 민주주의는 충분히 강력하므로 검열이 아니라 공개 논쟁으로 김일성주의자들과 싸워야 한다고 본다.

대표적인 자유민주주의 국가인 미합중국에서도 '미국 공산당', '미국 나치

당', '쿠 클럭스 클랜(Ku Klux Klan)'과 같은 극단적인 집단이 존재하지만 미국의 민주주의는 전혀 붕괴되지 않았으며, 이 집단들은 선거에서 득표율이 1%를 돌파한 적도 없다. 대한민국에서도 2017년 대선 당시 민중연합당 후보 김선동이 얻었던 득표율이 0.08%이었던 것 또한 2022년 대선 당시 진보당 후보 김재연이 얻었던 득표율이 0.11%이었던 것을 보면, 한국에서 극좌 세력이 집권할 가능성은 별로 없다고 주장할 수 있다.

타이완에서는 2009년부터 2018년까지 '중화민국 공산당(中華民國 共產黨)'이라는 정당이 존재했고, 이 정당은 당기(黨旗)로 중화인민공화국 국기를 사용했다. 즉, 이 정당은 가장 노골적인 방식으로 중국공산당을 지지하고 중화민국 붕괴를 지지한 세력이었다. 그러나 타이완에서는 이 정당의 행위가 허용되었고, 자유민주주의 질서가 파괴되기는커녕 타이완은 국제사회로부터 '진정한 민주주의 국가'로 칭찬을 받았다.

마지막으로 북한 선전 검열 폐지는 국제 종북 세력에 큰 해로움을 줄 수도 있다. 서양에서 김정은 정권에 대한 호기심을 가진 사람들은 일반적으로 '한국에도 검열이 있고, 북한에도 검열이 있다'라고 주장하면서 남북한 사이에 큰 차이가 없다고 주장하기도 한다. 외국에서 일해본 적이 있는 북한 인권운동가들은 이 사실을 잘 알고 있다. 만일 이들에게 '한국에서 누구나 합법적으로 ≪로동신문≫을 사거나 읽을 수 있다'라고 답할 수 있다면 대한민국의 국제적 이미지도 좋아지고, 국제 종북 세력들도 타격을 받을 것이다.

결론적으로 검열은 마음속으로 자유로운 사상 경쟁에서 이길 수 없다는 사실을 알고 있는 세력의 무기인 것이다. 즉, 조선로동당과 같은 세력의 무기다. 승리할 자신이 있는 세력은 검열이 필요 없다.

제15장

1991년 소련 해체와 북한

우리가 지금 해이해지면 래일은 쓴맛을 보게 될것이다.

— 김정일, 1992년

1991년 12월, 냉전은 소비에트연방의 해체로 종결되었다. 북한 당국 입장에서 소련의 해체는 북한 체제 보장에 큰 위협을 안겨준 사건이었다. 김일성과 김정일을 비롯한 북한 지도층은 소련 해체 과정을 아주 꼼꼼하게 관찰했다. 소련과 같은 강대국의 멸망을 주민들에게 숨길 수는 없었다. 그래서 당시 ≪로동신문≫에는 비교적 중립적인 말투로 쓴 소련 상황에 관한 보도가 나오기도 했다. 즉, 북한 주민들도 그때 벌어지고 있던 소련의 최후를 알 수 있었던 것이다. 고르바초프가 페레스트로이카를 선언했을 당시, 그는 자신의 정책이 소련의 붕괴로 끝날 것이라고는 상상하지 못했을 것이다. 하지만 이 정책의 결과인 나라의 개방, 언론의 자유화, 그리고 스탈린 시대를 비롯한 소련공산당 정권의 범죄에 대한 보도 검열 해제는 고르바초프 총비서도 통제할 수 없었던 민주화 운동 탄생의 근본 원인이 되었다.

고르바초프식 개혁정책의 핵심적인 특징은 덩샤오핑이 이끈 중국과 달리 정치 개혁의 속도가 경제개혁보다 훨씬 빨랐다는 점이다. 그래서 고르바초프 시대 소련 주민의 자유 수준은 급격히 올라갔지만 생활수준은 떨어지게 되었다. 1990년 소련의 국회 격인 인민대표자회의는 헌법에서 제6조 '소비에트연방 공산당은 소련 사회의 지도적·향도적 세력이면서 정치적 제도, 국가 및 사회적 조직의 핵심'이라는 조항을 삭제했고, 소련에서 공산당 일당체제는 무너져버렸다. 그러나 시간이 지날수록 경제 상황이 악화되면서 주민들 속에서 고르바초프에 대한 불만의 소리가 커졌다. 소련 정부 내에서 이 목소리를 대표하는 세력은 고르바초

〈그림 1-15-1〉 모스크바에서 시위자들(1991년)

주: 군중이 소련 비밀경찰의 창시자인 펠릭스 제르진스키(Феликс Дзержинский)의 동상을 철거할 준비를 하고 있다. 포스터의 비문에는 '도당은 끝나버렸다!'라고 써 있다.
자료: ⓒ 드미트리 보르코(Дмитрий Борко).

프를 반대한 지도부 보수파였다(재미있게도 1990년대 초 소련에서는 친스탈린주의자들을 '보수'나 '우파'라고 불렀고, 반공 민주주의자들을 '좌파'로 불렀다). 이들은 소련이 '레닌주의 원칙'으로부터 이탈하고 주민의 생활수준도 떨어지고 있는 것으로 봤다. 고르바초프가 1991년 8월 소련의 본질을 바꾸자는 제안을 하자 보수파는 단순한 반대에서 항의 차원으로 넘어갔다.

이 제안이 무엇인지 이해하려면 소련의 설립 과정을 알아야 한다. 소비에트 사회주의 공화국 연방 자체는 러시아, 우크라이나, 벨라루스, 자캅카스[1] 등 소비에트공화국들이 1922년 12월 30일 채택한 기본조약으로 설립되었다. 그런데 고르바초프는 소련을 '자주국가동맹'이라는 맹방(盟邦)으로 재구성하는 새

로운 기본조약을 내세운 것이다. 서명식은 1991년 8월 20일 진행될 예정이었다. 서명식 전날인 8월 19일, 보수파는 바로 오늘 행동하지 않으면 내일은 너무 늦을 것이라고 느꼈다. 소련의 재구성을 막을 수 있는 방법은 쿠데타밖에 없었다.

8월 쿠데타

8월 19일 보수파의 명령에 따라 고르바초프가 자신의 빌라에서 사실상 체포되었고, 보수파 중에서 지위가 제일 높은 인물이었던 소련 부통령 겐나디 야나예프(Геннадий Янаев)는 '대통령 대행 임무를 수행하기 시작한다'라는 대통령령을 하달했다. 야나예프가 형식상 소련의 국가원수가 되었지만 이 정권의 실권자는 소련 비밀경찰인 국가보안위원회의 위원장 블라디미르 크류츠코프(Владимир Крючков)였다. 같은 날, 소련 TV는 '소비에트 지도부의 선언'을 방송했다. 선언은 고르바초프가 '건강 상태'를 사유로 사임했고, 대통령을 대신해 '국가비상사태위원회'라는 조직이 권력을 잡았다고 했다. 물론 국가비상사태위원회 위원으로 야나예프와 크류츠코프도 포진했다.[2]

선언은 '전체 소비에트연방 영토의 모든 권력조직, 공무원과 국민들은 소비에트 사회주의 공화국 연방 국가비상사태위원회의 결정에 무조건 복종해야 한다는 것이 결정됐다'로 끝났다. 소련 지식인들 중에는 곧 공산당 독재가 돌아오지 않을까 하고 공포를 느낀 사람들도 있었다. 하지만 국가비상사태위원회

---

1   자캅카스 사회주의 연방 소비에트공화국은 1922~1936년까지 존재했던 소련의 공화국이었다. 현재의 그루지야, 아르메니아, 아제르바이잔 그리고 미승인 국가들인 아르차흐, 압하지야 그리고 남오세티아의 영토로 구성된다.

2   Заявление советского руководства // *Правда*, 20 августа 1991 года, стр. 1.

위원들이 TV에 나왔을 때 술에 취한 채 등장한 야나예프의 모습을 보고 "이런 놈이 어떻게 나라를 다스릴 수 있겠나" 하며 미심쩍어하던 사람들이 더욱 많았다.[3] 그리고 소련인들은 대부분 앞으로 다가올 며칠 동안 나라와 전체 사회주의권의 운명이 결정될 것이라고 느꼈다.

국가비상사태위원회에 맞선 저항운동의 리더가 된 사람은 바로 러시아 사회주의 연방 소비에트공화국 대통령 옐친이었다. 옐친은 '불법 쿠데타'에 반대하는 모스크바 시민들에게 정부 청사로 나오도록 호소했다. 그는 시위자들 앞에서 "총검으로 왕좌를 만들 수는 있지만, 이 왕좌에 오랫동안 앉을 수는 없다"라고 선포했다.[4] 주민들의 지지는 물론 복종도 얻지 못한 크류츠코프의 마지막 희망은 군대였다. 하지만 이때 전체 쿠데타의 운명을 결정짓는 사건이 벌어졌다. 정부 청사로 돌격하라는 명령을 받았던 정예 특수부대 '알파' 부대원 전원이 불법 명령에 따를 수 없다고 거부한 것이다. 쿠데타는 실패한 것으로 보였다. 물론 내전이라는 방법이 남아 있었지만, 국가비상사태위원회 위원들은 핵 보유국 소련에서 내전이 벌어지면 수천만 명이 죽을 수 있다는 것을 알고 있었다. 그래서 위원회 위원이었던 소련 국방장관 드미트리 야조프(Дмитрий Язов)는 군대에 병영으로의 귀환 명령을 하달했고, 크류츠코프는 고르바초프 앞에 사죄하기 위해 모스크바에서 대통령 빌라로 떠났다.

그렇다면 북한에서는 이 운명적인 사건을 어떻게 받아들였을까. 당시 주북한 소련대사였던 소련공산당 사상부 부장 출신 알렉산드르 캅토(Александр Семёнович Капто)는 보수파 정치인으로, 쿠데타를 매우 환영했고 이제 페레스트

---

3 *Пресс-конференция ГКЧП, Москва, 19 августа 1991 г.*, https://www.youtube.com/watch?v=TVxH4e3Rfes

4 Обращение президента России к солдатам и офицерам вооруженных сил СССР, КГБ СССР // *Путч. Хроника тревожных дней.* http://old.russ.ru/antolog/1991/putch12.htm

로이카를 막을 수 있다고 봤다. 그래서 북한도 쿠데타가 성공할 가능성이 높다고 본 것 같다. ≪로동신문≫ 보도는 매우 조심스러웠지만, 소련 외교관들은 이 시기 북한 지방도시의 선전차량들이 "고르바초프 역도가 타도당했다"라며 북한 주민들에게 선전했다고 훗날 증언했다.[5]

소련의 멸망

쿠데타 실패 후 이제 소비에트연방도 아주 가까운 미래에 망할 것이란 점이 명확해졌다. 1991년 9월 27일 소련공산당 청년 조직인 콤소몰은 자체 해산했고,[6] 그해 11월 6일 옐친 대통령은 소련공산당 해산 및 활동 금지에 대한 대통령령을 내렸다.[7] 1991년 12월 8일 과거 소비에트연방을 건국했던 주요 공화국인 러시아, 우크라이나, 벨라루스는 1922년에 체결한 '소비에트연방 설립조약'을 무효화했다.[8] 12월 21일 소련 공화국이었던 8개의 나라는 소련 해체와 함께 독립국가연합 설립을 선언했다. 12월 25일에는 크렘린궁에서 붉은 기가 내려졌고, 이를 대신해 러시아의 전통적인 깃발인 삼색기가 게양되었다. 같은 날

---

5 А. Панин, В. Альтов, *Северная Корея: эпоха Ким Чен Ира на закате*. Москва: ОЛМА-пресс, 2003, стр. 88.

6 Совсем распустились: как в СССР закончился комсомол // *Экспресс-газета*, https://www.eg.ru/politics/630412-sovsem-raspustilis-kak-v-sssr-zakonchilsya-komsomol-075346/

7 *Указ Президента РСФСР от 06.11.1991 г. № 169 «О деятельности КПСС и КП РСФСР»*, http://kremlin.ru/acts/bank/385

8 Соглашение о создании Содружества Независимых Государств // *Единый реестр правовых актов и других документов Содружества Независимых Государств*, http://cis.minsk.by/reestrv2/doc/1

고르바초프 대통령은 대통령직에서 사임한다고 선언했다.

이 역사적인 시기에는 거의 날마다 중대한 소식이 나오는 바람에 소련을 완전히 해체한 문서 자체에 주목한 사람들이 별로 없었다. 헌법상 소련의 최고 권력기관은 '최고소비에트'였고, 소련을 해산한 문서는 바로 이 최고소비에트의 상원인 제(諸)공화국 소비에트가 12월 26일에 채택한 '제142-ㄴ 선언(Декла-рация 142-H)'이었다.

> … 소비에트 사회주의 공화국 연방 최고소비에트의 제공화국 소비에트는 독립국가연합 설립과 함께 소비에트 사회주의 공화국 연방이 국가로서 또한 국제법의 대상으로서 자기의 존재를 종결하는 것을 확인한다. … [9]

당시 북한 ≪로동신문≫도 12월 26일의 선언이 아니라 21일 독립국가연합 설립 선언을 소련을 멸망시킨 문서라고 보도했다.

> 선언은 독립국가협동체가 형성됨으로써 쏘베트 사회주의 공화국 련맹은 자기의 존재를 끝마치게 된다고 지적했다. [10]

이로써 세계에는 새로운 시대가 개막되었다. 다음날 ≪프라우다≫ 신문은 소련 해체에 대해 보도했을 때에 이 기사 위에 큰 문자로 쓴 광고가 나왔다. '러시아 전국 거래 은행의 주권(株券)은 귀하 성공의 보증과 귀하 번영의 상징

---

9 Декларация Совета Республик Верховного Совета СССР в связи с созданием Содружества Независимых Государств // *Ведомости Верховного Совета СССР*, 1991, № 52, 26 декабря 1991, http://vedomosti.sssr.su/1991/52/#1561

10 "고르바쵸브 대통령직에서 사임. 11개 공화국 수반들 독립국가 협동제 형성을 선포", ≪로동신문≫, 1991년 12월 27일 자, 6면.

〈그림 1-15-2〉 최고소비에트 상임위원회 명판 제거

주: 1991년 12월 26일 소비에트 연방이 해산된 후 소련 최고소비에트 상임위원회에서
    명판이 제거되는 모습.
자료: ⓒ 발렌틴 쿠지민(Валентин Кузьмин).

입니다'.[11] 과거에 이 자리에 '만국의 노동자들이여, 단결하라'라는 구호가 있었
다. 자본주의 승리를 위해 더 대표적인 상징을 찾기는 참으로 어렵다.

새로운 시대, 새로운 지도

소련 역사의 마지막 날인 1991년 12월 26일 이틀 전에 김정일은 북한군 최
고사령관으로 임명되었다.[12] 이 시기는 통치자가 된 김정일에게 굉장히 어려
운 시기가 되었다. 핵심적인 우호국가인 소련이 이제 지구상에서 사라졌다는

---

11 Последнее «прости» союзного парламента // *Правда*, 27 декабря 1991 года, стр. 1.
12 "조선로동당 중앙위원회 정치국 상무위원이시며 당 중앙위원회 비서이신 김정일동지를
    조선인민군 최고사령관으로 추대", ≪조선인민군≫, 1992년 12월 26일 자, 1면.

주: 소련이 '로련'으로 적혀 있다.
자료: 「아세아」, 『조선중앙년감 1992년』, 평양: 조선중앙통신사, 1992, 336쪽.

현실에 북한은 익숙해져야 했다. 당시 북한의 공개 사료를 보면 이러한 상황에 익숙해지는 것 자체도 쉬운 일이 아니었다. 소련 해체 후 출판된 첫 번째 『조선중앙년감』에서 북한은 소련의 지도(地圖)를 원래와 같은 모습으로 그렸지만, 국명을 '로련', 즉, '로씨야 련방(러시아 연방)'으로 바꾸었다. 물론 러시아연방의 영토는 소련보다 작아 이 지도는 사실과 달랐다. 1993년경부터는 대체로 올바른 지도들이 출판되었지만, 그러한 지도에도 문제는 남아 있었다.

새로운 러시아에는 폴란드와 리투아니아 사이 칼리닌그라드(Калининград) 주라는 고립 영토가 있다. 소련 시절에 독일에서 빼앗았고 러시아 사회주의 연방 소비에트공화국의 일부였던 이 지역은 소련이 해체되면서 자연스럽게 러시아의 일부가 되었다. 그러나 칼리닌그라드 주의 동쪽 옆에 있는 리투아니아가

〈그림 1-15-4〉『조선중앙년감』(2006년)에 수록된 유럽 지도

주: 칼리닌그라드는 리투아니아('리뜨바'로 표기, 원안)의 일부로 표기된다.
자료: 「유럽」, 『조선중앙년감 주체 95년(2006)』, 평양: 조선중앙통신사, 2006, 446쪽.

독립국가가 되면서 이 지역은 러시아 본토로부터 고립되었다. 칼리닌그라드 주에 관해서는 어떤 영토 문제도 없고 전 세계가 이를 러시아의 영토로 인정하지만, 북한 당국은 이 사실을 파악하지 못해 소련 해체 15년이 지난 2006년에 출판된 북한 지도에도 칼리닌그라드 주가 나오지 않았다.

경제 분야에서도 소련의 멸망과 러시아의 탄생은 북한에 큰 타격이었다. 기밀 해제된 1990년 초반 소련 외교부 문서를 보면 당시 외교관들은 북한 측에 "조선(북한)과 좋은 관계가 유지되면 좋겠지만, 더 이상 일방적인 원조를 해줄 수 없다"라고 발언했다.[13]

---

13 *Из дневника Георгия Кунадзе. Запись беседы с Чрезвычайным и полномочным*

그리고 그보다 더욱 중요한 것이 정치적 문제였다. 어떻게 '자본주의보다 훨씬 우월한' 사회주의 제도가 붕괴될 수 있었는가? 북한은 이 현실을 주민들에게 설명해야 했다.

북한 당국이 사회주의권의 붕괴에 관해 한 설명을 보면 주로 "반역자 때문에 붕괴됐다" 혹은 "위대한 수령을 모시지 못해 붕괴됐다" 등 두 가지 설명이 나온다. 이때부터 스탈린을 공식적으로 비난한 흐루쇼프와 소련의 해체로 끝난 페레스트로이카 노선을 일으킨 고르바초프는 북한에서 매우 부정적으로 표현되기 시작했다.[14]

그리고 북한 당국에는 그보다 더 중요한 임무가 있었다. 소련을 비롯한 사회주의권이 붕괴되었지만 북한은 왜 그들처럼 붕괴되지 않을 수 있는지 주민들에게 설명해야 했다. 그때 북한 체제의 공식 사상을 보면 지상낙원인 공산주의 건설이나 민족주의보다 수령에 대한 숭배가 중심이었다고 할 수 있었다. 그래서 소련의 붕괴와 북한의 체제 유지를 설명하면서 "소련에는 '위대한 수령'이 없었지만, 북한에는 김일성과 김정일이 있기 때문"이라고 설명했다. 사실이 설명은 맞다고도 할 수 있다. 김일성과 김정일은 권력 유지에서만은 참으로 능력 있었던 사람들이기 때문이다.

소련, 러시아 그리고 북한

러시아 출신인 필자는 북한의 역사나 북한과 구소련 관계보다는 북러관계

послом КНДР в СССР Сон Сен Пхиром. 20 сентября 1991 года, ГАРФ, ф. 10026, оп. 4, д. 2083, лл. 1-3.

14 "라틴아메리카 나라들에서 배척 받은 고르바쵸브", ≪로동신문≫, 1992년 12월 16일 자, 6면.

를 연구하는 것이 어떻겠냐는 질문을 자주 받는다. 이 책 제1장의 결론에서 현재의 북러관계보다 옛 북소 관계를 더 중요하게 보는 이유를 설명하고 싶다.

우선, 소련의 계승 국가는 러시아만이 아니다. 소련 붕괴로 15개의 유엔 가입국, 또한 여러 미승인 국가들이 태어났다. 이 책 등장인물 중에도 러시아가 아닌 소련 지역 출신자들이 적지 않았다. 시트코프는 벨라루스 사람이었다. 소련과 간부들의 압도적 대부분은 북한에 가기 전 카자흐스탄, 우즈베키스탄 등 중앙아시아 공화국에 거주했다.

북한에서 러시아는 이제 별로 중요하지 않은 나라다. 이 사실을 인식하는 사람들이 많지 않지만 사실이다. 한국에서 '북한과 외국' 문제를 살펴볼 때 아직까지 '6자회담'의 틀로 보는 경우가 많다. 북한과 관련한 학술회의서는 중국, 일본, 미국 그리고 러시아의 대표자를 초대하는 것이 일반적이다. 그러나 객관적으로 보면 러시아도 일본도 북한 문제에서 중요한 나라가 아니다. 북한과 관련한 거의 모든 국제 토론에서 일본은 미국을, 러시아는 중국을 무조건 지지한다. 현재까지 러시아 정부는 북한 문제에 대해 중국과 일치되지 않은 발언을 한 적이 없다.

2021년의 북한 대외무역 통계를 보면 중국은 1위였고 대중 무역의 비율은 95.6%였다.[15] 러시아는 41위에 불과했다. 대러 무역은 대중 무역의 0.006%에 불과했다.[16] 즉, 16,626 대 1 정도 차이였다.

교육이나 문화 분야에서는 러시아와 북한 사이에 특별한 관계가 없다. 외교

---

15 "2021 북한 대외무역 동향", 대한무역투자진흥공사, https://dream.kotra.or.kr/kotra news/cms/news/actionKotraBoardDetail.do?pageNo=1&pagePerCnt=10&SITE_NO =3&MENU_ID=530&CONTENTS_NO=1&bbsGbn=249&bbsSn=249&pNttSn=195 519&recordCountPerPage=10&viewType=&pStartDt=&pEndDt=&sSearchVal=&sS earchVal=#

16 Ibid.

부에 인맥이 없는 러시아 학생에게는 북한에 있는 대학보다 한국의 대학에 가는 것이 훨씬 쉬운 일이다. 한국어도 무조건 남한 표준어로 공부한다. 필자와 함께 공부했던 학우들 중에 '일 없다(괜찮다)'나 '직승기(헬리콥터)'와 같은 북한 말투, 표현까지 아는 사람들은 없었다.

"러시아는 북한과 우호적인 나라로서 특별한 관계가 있다"라는 주장도 있다. 그러나 현재 이런 주장에는 근거가 보이지 않는 것 같다. 2000년대 중반 탈북민을 북송했던 수치스러운 사건도 한때 존재했지만 이 정책은 중단되었다.[17] 러시아와 북한 사이에는 어떤 군사동맹도 없고,[18] 러시아 국민은 북한으로 관광 갈 때 중국 국민과 달리 할인도 받지 못한다.[19]

즉, 현재 북한 문제에서 러시아는 어떤 '특이한 위치'도 없고, '예외적인 영향력'도 없다. 문재인 정부나 김정은 정권도 이 사실을 인식하게 된 것 같다.

---

17   박기현, "러시아, 中처럼 탈북자 강제북송 안해", ≪시사 포커스≫, 2014년 11월 21일, https://www.sisafocus.co.kr/news/articleView.html?idxno=111058

18   *Договор о дружбе, добрососедстве и сотрудничестве между Российской Федерацией и Корейской Народно-Демократической Республикой*, https://www.facebook.com/RusEmbDPRK/photos/a.1250541055119681/1250541288452991/?type=3&theater 참조. 북한 매체는 2000년에 체결한 새로운 이 북러 조약의 전문을 게재하지 않았다. "조선민주주의인민공화국과 로씨야련방사이의 친선, 선린 및 협조에 관한 조약 조인", ≪로동신문≫, 2000년 2월 10일 자, 3면 참조. 바로 군사 동맹에 관한 조건이 빠져 있기 때문이라고 추측할 수 있다.

19   필자는 2014년 중국여행사를 통해 북한에 방문했을 때 이 정책을 직접 경험했다. 북한의 정책에 따라 중국 본토 여권 보유자는 관광에 큰 할인을 받았고, 중국 특별행정구인 홍콩이나 마카오 여권 보유자도 어느 정도 할인을 받았다. 중국 정부는 타이완이 자국의 땅이라고 주장해 타이완 국민도 작은 할인을 받을 수 있고 화교가 매우 많은 싱가포르 국민도 타이완 국민처럼 작은 할인을 받을 수 있다. 미국이나 일본 국민은 열차 승선 금지 등 제한이 있지만, 러시아 국민은 다른 나라 국민처럼 혜택도 제한도 받지 않는다.

2018년 4월 27일 채택한 판문점 선언에서 '6자회담' 모델이 아니라 남·북·미·중 대화 모델이 언급되었다. 김정은은 블라디미르 푸틴을 만나기 전 중국 시진핑과 여러 번 만난 것뿐만 아니라 쿠바 신임 지도자 미겔 디아스카넬(Miguel Díaz Canel)과 정상회담까지 했다.[20] 이런 객관적인 요소를 보면 6자회담에서 4자회담으로의 변화가 합리적이라고 판단할 수 있다.

미래보다 중요한 과거

2022년 2월 24일은 역사의 중대한 날 중 하나였다. 이 날 푸틴의 명령에 따라 러시아 군대는 우크라이나를 침공했다. 2023년 기준으로 이미 수백만 명의 우크라이나 주민들은 난민이 되었고 수만 명은 사망했고 도시파괴, 침략군 범죄 등 무시무시한 소식은 전 세계에 충격을 주었다.

북한 정권은 이 전쟁을 자기 국익을 위해 사용하려고 했다. 북한은 우크라이나 동부에서 러시아가 설립한 괴뢰 정권들을 인정했고 나중에 러시아가 우크라이나 여러 지역 합병을 선포했을 때 북한은 즉시 지지 발언을 했다.[21] 드디어 북한 러시아 사이에 진짜 우정과 동맹이 생길 수 있지 않을까 생각한 사람들은 적지 않았다. 그러나 객관적으로 보면 그렇지 않았다.

2023년 초반 기준으로 보면 북러 협력의 증거는 많지 않은 것으로 보인다. 북한이 러시아 정권의 준군사 세력인 바그너 집단에 탄약을 지원했던 보도는

---

20 Artyom Lukin, "The Putin and Kim Rendezvous in Vladivostok: A Drive-By Summit". *38 North*, 2 May 2019, https://www.38north.org/2019/05/alukin050219/

21 "조철수 외무성 국제기구국장 로씨야의 도네쯔크, 루간스크통합 지지", ≪조선중앙통신≫, 2022년 10월 4일 자, http://kcna.co.jp/calendar/2022/10/10-04/2022-1004-007.html. 이 문서는 우크라이나 도시 루한스크를 러시아식으로 '루간스크'라고 부른다.

유일한 것이었다.[22] 원래처럼 북한인 친러 국제기구인 집단 안보조약기구나 유라시아 경제 연합에 가입 가능성조차 고려되지 못했다. 러시아는 북한 측에 유의미한 원조도 지원하지 않았다. 러시아가 침공을 위해 자원이 필요해 나눌 수 없는 변수도 있지만 북한의 지지는 러시아에 쓸모가 없고 러시아가 중국의 영향권에 진입하고 싶어 하지 않는 변수도 있다.

'소련과 북한'에 대한 스토리는 한반도 현대사의 핵심 가운데 하나다. 여기에 소일전쟁과 한반도 분단, 북한 정권 탄생과 김일성 옹립, 6·25전쟁과 8월 종파사건 등 중대한 사건이 들어간다. 그러나 '북한과 러시아'에 대한 스토리는 서로 중요하지 않은 나라 간 매우 작은 규모의 무역에 대한 이야기뿐이다. 다시 말해 소련이 없었다면 북한이라는 개념 자체가 생기지 않았겠지만 러시아가 없더라도 북한의 정치적·사회적·경제적 변화는 거의 없었을 것이다. 이제 북한에 영향을 미칠 수 있는 나라를 찾아보자면 모스크바 쪽이 아니라 베이징 쪽으로 살펴봐야 한다. 북한의 과거는 소련의 것이었지만, 북한의 미래는 중국의 것이 될지도 모른다.

---

22 2023년 5월 기준으로 북한이 러시아에 무기 원조를 한 사실을 입증하는 증거는 바그너 집단과 연계된 텔레그램 채널 'Grey Zone'의 항목이다. 이 항목에서 북한산 보급품이 언급된다. *Телеграм-канал Grey Zone*, https://t.me/grey_zone/15736 참조.

제2부 잊혀진 인물

제1장

북한 지도자 등극에 실패한 후보들

패자에겐 비애뿐!
— 로마제국의 속담

1940년대 후반 스탈린이 김일성을 북한 최고지도자로 임명하기로 한 것은 이후 북한의 전체 역사를 결정지었다. 그렇지만 당시 스탈린은 다른 인물을 내세울 수도 있었다. 사실 김일성이 선택된 것은 우연한 일이었다. 한 나라의 지도자는 그 나라의 모습을 만들어간다. 김일성이 선택되지 않았다면 북한은 어떤 나라가 되었을까?

'코로트코프 목록'에 등재된 인물들

북한 역사 초기에 관한 소련 사료는 대부분 기밀이 해제되었지만 연구자들이 아직까지 접근할 수 없는 중요한 사료가 있다. 이 문서는 1945년 스탈린에게 제출된 북조선 최고지도자 후보 목록이다. 우리는 이 문서의 존재를 가브릴 코로트코프(Гавриил Иванович Коротков) 박사 덕분에 알게 되었다. 6·25전쟁 당시 소련 극동군구 참모부 소속 정보장교였던[1] 코로트코프 박사는 2001년 모스크바에서 진행된 '한국전쟁: 전쟁 발발 50년 후에 이를 인식하며'라는 학술회의에서 이 문서를 언급했다. 대한민국 국립중앙도서관에도 보관되어 있는 이 학술회의 발표집 71~72쪽에서 이 흥미로운 문서의 요약본을 볼 수 있다.[2]

이 문서에 따르면 북한을 이끌어갈 지도자 후보들은 국제공산당 출신 김용범, 박정애, 장시우, 김광진, 박정호, 양영순과 연안파 김두봉, 민족주의파 조만식, 소련계 고려인 허가이, 유성철, 박병률, 김찬 등이었다.

당시 김일성 말고 다른 사람이 선택되었다면 북한은 어떤 길로 갔을까? '코로트코프 목록'에서 첫 번째로 거론된 사람은 김용범이었다. 소련 측은 그를 '불굴의 스탈린주의자'로 봤다.[3] 그러나 북한 지도자 후보로 볼 때 김용범의 성격보다 훨씬 더 중요한 사건은 그가 석방된 지 2년 만인 1947년 9월 7일 사망했다는 것이다. 즉, 김용범이 최고지도자로 선택되었다고 해도 스탈린은 1947년 또다시 '조선 인민의 수령'을 뽑는 결정을 내려야 했을 것이다.

흥미롭게도 김용범의 배우자인 박정애도 목록에 포함되었다. 전체 후보자 중 유일한 여성이었다. 사회주의는 '여성의 평등'을 주장하지만, 실제로 전체 사회주의권에서 여성 지도자는 한 명도 없었다. 스탈린이 박정애를 선택했다면 북한은 사회주의권에서도 매우 예외적인 국가가 될 수 있었고, 역시 한국에서도 여성 권리에 대해 더 큰 관심이 생겼을 것이다. 박정애는 매우 유능한 모략가였기 때문에 그녀는 유교 문화가 있는 북한에서도 권력을 유지할 수 있었을 것으로 생각할 수 있다. 그러나 여성을 멸시했던 스탈린의 성격을 감안했을

1 "訪韓한 러시아軍史研 코로트코프박사 '「6·25」7개월前 蘇―中 南侵 합의'", ≪동아일보≫, 1992년 6월 27일 자, 5면.

2 Гавриил Коротков. Сталин и Корейская война // Война в Корее 1950-1953 гг.: взгляд через 50 лет, Тула: Grif i Ko, стр. 67-89.

3 Ibid.

〈그림 2-1-1〉 북한을 이끌어갈 지도자 후보

자료: 필자 작성.

때 그가 국가 지도자로 여성을 임명하는 것은 상상하기 어려운 일이다.

북한의 첫 번째 상업상이었던 장시우도 북한의 최고지도자가 될 기회가 있었다. 그는 블라디보스토크의 소비에트당학교 교원이었고 1939년 조선에 파견되었다. 그러나 1953년 김일성에게 숙청되었는데, 스탈린의 선택이 달랐다면 그는 북한의 공식 역사에서 '반당분자'가 아니라 '민족적 영웅'으로 기록될수도 있었다.

한국 사회에서 식민지 시대 항일운동가에 대한 관심이 크지만 김광진, 박정호, 양영순이라는 이름은 한국인들도 모르는 것 같다. 이들은 모두 국제공산당

(코민테른)이 지하공산당 활동을 시킬 목적으로 조선에 파견한 인물들이었다.

김광진은 후보자 목록에 포함된 사람들 중 유일하게 북한에서 오래 살았다. 그는 1981년 9월 10일 사회과학원 원사(院士)로 사망했다.[4] 지식인인 그가 북한의 수령이 되었다면 어떤 방향으로 갔을지 알 수 없지만, 우리가 알고 있는 김일성의 북한과 완전히 다른 나라였을 것이다.

박정호는 6·25전쟁 후 한국에 남았고 북한 지하 요원으로 근무했다. 결국 한국 당국은 그를 잡아내 1959년 처형했다.[5] 1950년대 한국 역사에서 사람들이 '박정호 간첩 사건'에 대해 들어봤을 수는 있지만, 그가 북한의 수령 후보자였다는 사실을 아는 사람은 거의 없다. 다른 후보자처럼 박정호 자신도 이 사실을 몰랐을 것이다. 그런 사람이 수령이 되었다면 북한은 대남 혁명화 정책을 보다 적극적으로 실행하지 않았을까 생각하게 된다.

양영순은 조선으로 떠나기 전 소련 태평양함대 정보부에서 일한 적이 있고,[6] 1950년대 주체코슬로바키아 북한 대사로 근무했다.[7] 나중에 그는 숙청되었다.

다른 사회주의권 국가에서는 국제공산당 출신 국가 지도자가 있었다. 바로 공산주의 불가리아의 초대 지도자 디미트로프였다. 1943년 국제공산당 해산 당시 디미트로프는 집행위원회 위원장이었다. 디미트로프 시절의 불가리아는 '소련의 제17공화국'이라는 별칭까지 있었다.[8] 만약 앞에서 언급한 사람들 중

---

4 「김광진」, 『조선대백과사전』, 제4권, 평양: 백과사전출판사, 1996, 148~149쪽.

5 「박정호」, 『조선대백과사전』, 제10권, 평양: 백과사전출판사, 1999, 340쪽; 『박정호간첩사건』, ≪한국민족문화대백과사전≫, http://encykorea.aks.ac.kr/Contents/Item/E0021133

6 Ibid.

7 "정령. 양영순동지를 체코슬로바키야 공화국 주재 조선민주주의인민공화국 특명 전권 대사로 임명함에 관하여", ≪로동신문≫, 1954년 3월 11일 자, 1면; Praha uvítala korejskou vládní delegaci. Rudé právo, 22. června 1956, s. 1.

8 1956년 카렐리야·핀란드 소비에트 사회주의 공화국이 러시아 소비에트연방 사회주의

한 명이 최고지도자로 선택되었다면 북한은 불가리아와 매우 유사한, 그저 소련의 괴뢰정권에 불과했을 것이라고 추측할 수 있다. 물론 1953년 스탈린이 사망한 후 북한의 상황이 어떻게 되었을지는 알 수 없다.

다음 후보자는 연안파 출신 김두봉이었다. 실제 역사에서 김두봉의 활동을 보면 그는 정치 능력이 매우 부족하다는 것을 명확하게 알 수 있다. 최고인민회의 상임위원회 초대 위원장이었던 김두봉은 정치적 경험도 없었고, 정치·경제·사회 문제보다는 북한의 깃발 모양과 같은 상징 문제에 더 주목한 사람이었다. 스탈린의 승인을 받았다고는 해도 그가 북한을 통치할 수 있었을지는 매우 의심스럽다.

자신감이 많은 조만식은 소련 측이 원하는 사람은 아니었다. 그는 소련 군대를 점령군으로 봤고, 이들과 협력하고 싶어 하지 않았다. 사회주의권에서 이 사람과 가장 비슷한 인물은 체코슬로바키아 초대 대통령 에드바르트 베네시(Edvard Beneš)인 것 같다. 강력한 민족주의자인 베네시는 1939년에 체코슬로바키아 붕괴 후 망명정부를 설립했고, 나치 독일이 멸망한 다음에 다시 체코슬로바키아 대통령으로 선출되었다. 그러나 소련 군대의 지지를 받았던 공산당이 1948년 권력을 완전히 장악하자 베네시는 사임했고 같은 해 사망했다.[9] '조만식의 북한'은 '베네시의 체코슬로바키아'와 비슷한 길로 갔을 것으로 보인다.

허가이는 평범한 소련 관료였다. 소련 군대 입장에서 보면 그들에게 필요한 사람은 허가이 같은 사람이 아닐까 싶다. 만약 허가이가 선택되었다면 그는 불가리아의 체르벤코프 같은 지도자가 될 수 있었다. 즉, '조선의 스탈린'과 같은 사람이다.

유성철은 북한의 역사학자들에게 비교적 잘 알려진 인물이다. 그는 장수했

공화국에 합병되기 전까지 소련은 16개의 공화국으로 이뤄져 있었다. '제17공화국'이라는 별명은 소련의 일부나 다름이 없다며 조롱하는 뜻이었다.

9 이 사건에 대해 Václav Veber, *Osudové únorové dny*, Praha: NLN, 2008 참조.

으며 1990년대 역사학자와 기자들과 여러 차례 인터뷰를 했다. 유성철의 성격을 볼 때 그는 굉장히 부드러웠고, 국가적 이익보다 도덕과 역사적 사실을 중요하게 생각했다. 만일 그가 정권을 잡았다면 다른 후보자들과 비교해 가장 덜 탄압적이었을 것이라고 추측할 수 있다.

박병률이 1990년대 했던 인터뷰를 보면 그는 6·25 남침에 대한 반감이 매우 강했다는 것을 명확하게 알 수 있다. 그는 이 전쟁을 '필요도 없고 쓸모도 없는 전쟁'이라고 봤다. 물론 그가 1940년대에도 그렇게 생각했는지는 알 수 없다. 그렇지만 만약 박병률이 북한 최고지도자가 되었다면 6·25전쟁이 없었을 가능성이 상당히 높으며, 남북 분계선은 계속 38선이었을 것이다. 그랬다면 오늘날 대한민국 개성시에 통일전망대가 있고, 북한 속초시에서 이산가족 상봉이 진행되었을지도 모른다.[10]

김일성을 제외하고 '코로트코프 목록'에서 마지막으로 언급된 인물은 김찬이었다. 나중에 북한 중앙은행의 초대 총재가 된 그는 전체 고려인파 중 가장 권위적인 사람이었던 것 같다. 대표적인 사건에서 이 사실을 볼 수 있다. 같은 고려인 출신으로 북한군 중장이었던 강상호는 1959년 소련 망명 후 1991년 소련 잡지 ≪오고뇩(Огонёк)≫과 인터뷰를 했는데, 그는 이 인터뷰에서 6·25전쟁에 대해 "맹인이나 바보가 아니라면 누구나 이 전쟁이 김일성이 일으켰다는 것을 알 수 있습니다. 바로 그는 아들들이 아버지들을, 형제가 형제를 살인했던 시기인 전쟁의 주범으로서 조선 인민 앞에 모든 책임을 져야 합니다"라고 발언했고 1950년대 내무성 숙청에 대해서도 말했다.[11] 이에 김찬은 강상호의 이야기는 사실이지만 소련과 북한의 우호관계와 국가 이익을 위해 말하지 않았으면 좋겠다고 했다.[12] 만일 김찬이 북한 지도자가 되었다면 '국가의 이익'을 위

---

10 안드레이 란코프가 박병률과 한 인터뷰, 1990년 1월 25일.

11 Иван Афанасьевич меняет профессию // *Огонёк*, январь 1991 года, стр. 25-27.

12 안드레이 란코프가 김찬과 한 인터뷰, 1991년 1월 15일.

해 또 어떤 희생이 필요했을지 궁금해진다.

코로트코프 목록은 완전히 비밀리에 작성되었다. 앞에서 언급한 사람들 가운데 그 누구도 자신이 북한 최고지도자가 될 기회가 있었던 사실을 전혀 몰랐다. 이 문서의 요약본이 공개되었을 때 이들 모두는 이미 사망했다. 현재는 코로트코프도 사망했기 때문에 '코로트코프 목록'에 어떻게 접근할 수 있는지 알 수 없다. 코로트코프가 주로 러시아 국방부 중앙기록원의 사료들을 이용한 점을 감안하면 코로트코프 목록은 그곳에 보관되어 있을 가능성이 높아 보인다. 그리고 코로트코프 본인 외에 이 문서의 원문을 본 사람은 없는 것 같다.

앞에서 언급한 학술회의 발표 자료집에서 코로트코프는 각주를 붙이지 않았다. 아마 이 문서는 그때 아직 기밀이 해제되지 않은 것으로 생각된다. 그러나 지난 10여 년간 러시아에서 소련 시절 비밀문서는 계속 해제되고 있고, 푸틴 시대가 끝나면 이 과정이 더 빠르게 진행될 가능성이 높다. 그래서 우리는 비교적 가까운 미래에 이 문서를 볼 수 있지 않을까 싶다.

'코로트코프 목록' 미등재 인물

제2차 세계대전 종결로 분단국가가 된 나라는 3개다. 독일, 오스트리아, 그리고 조선이었다. 독일은 동독과 서독, 조선은 한국과 북한으로 나뉘게 되었지만, 오스트리아는 놀랍게도 평화적 통일에 성공했다. 1955년 연합국 군대가 완전히 철수했고, 분단이나 공산화도 피한 오스트리아는 중립 민주주의 국가가 되었다.

오스트리아 기적의 주인공은 따로 있었다. 이 사람의 이름은 카를 레너(Karl Renner)다. 레너는 오스트리아 주민에게 잘 알려진 인물이었다. 정치적으로 레너는 좌파 사회민주주의자로서 소련 측이나 미·영·불(美英佛) 측에서도 받아들일 수 있는 인물이었다. 나치 독일 항복 전 임시정부를 설립한 레너는 연합군

〈그림 2-1-2〉 영·미·소·불 대표자들과 함께 카를 레너

자료: 원본은 오스트리아 국립도서관에 보관되어 있다. 복사본은 https://epg-images.tvdirekt.de/800x
500/12392803.jpg 참조.

으로부터 승인을 받았다. 한편 오스트리아 총선에서 공산당은 매우 낮은 지지
를 얻어서 스탈린은 동(東)오스트리아를 설립하는 것이 정치적으로나 경제적으
로도 어렵다고 판단했다. 결국 1955년 통일 오스트리아는 완전 독립을 얻었다.[13]

조선에서도 레너와 비슷한 인물이 있었다. 그뿐만 아니라 항복 직전 일제의
조선총독부는 바로 이 사람과 정권 이양에 대한 논의를 하기도 했다. 바로 여
운형이었다. 정치적으로 매우 좌파적인 정치인이었지만, 공산주의자가 아닌
그는 소련 측도 미국 측도 받아들일 수 있는 사람이었던 것 같다. 그러나 여운
형은 '조선인민공화국' 수립을 계획했다. 그는 자신을 부주석으로 하고, 주석

---

13 *Staatsvertrag betreffend die Wiederherstellung eines unabhängigen und demokrati-*
   schen Österreich, https://www.ris.bka.gv.at/Dokumente/BgblPdf/1955_152_0/1955_
   152_0.pdf

으로 이승만을 추대하려고 했다.[14] 물론 대표적인 친미 성향 인물인 이승만이 소련의 승인을 받을 가능성은 없었으며, 조선인민공화국은 미국의 승인을 받지 못했다. 재미있게도 1946년 소련 측은 여운형의 지도 밑에 통일정부를 세우자는 계획을 꾸민 적이 있다. 소련이 제안한 '조선통일민주정부'에서 여운형은 수상이었고, 김일성은 내무상[15]이나 군무상(軍武相, военный министр)에[16] 불과했다. '여운형의 조선'이 어느 길로 갔을지는 정말 가늠하기 어렵다. 여운형이 독재자가 되었을지, 좌우 갈등을 어떻게 해결할 수 있었을지 알 수 없다. 여운형 정부하에서 조선도 오스트리아처럼 통일민주주의 국가가 되었을 가능성도 배제할 수 없다.

당시 여운형 외에 또 다른 후보자가 있었다. 소련 군대 소령이었던 '미하일 강'이다. 미하일 강은 다른 인물들과 비교하면 조선 역사에 가장 작은 영향을 미친 것 같다. 붉은 군대 기관지인 ≪조선신문≫의 편집자였던 그는 북한 정치에 개입하지 않았고 1948년 소련으로 귀국했다. 아마 1945년 10월 14일 진행된 평양시 민중대회에서 김일성이 그의 재킷을 빌려 입었던 것은 미하일 강이 북한 역사에 거의 유일하게 남았던 기록이었다. 소련 군대의 일부 장교들도 그를 내세워볼 것을 고려했으나 실패했고, 미하일 강은 역사학자들에게만 알려져 있는 인물로 남았다.[17]

그리고 마지막으로 또 한 명의 후보자 이야기를 해야 할 것 같다. 1945년 9월 초순 경성(서울)이나 평양에 있는 사람에게 "38선 이북에 단독정권이 설립

---

14 "朝鮮人民共和國發表", ≪民衆日報≫, 1945년 9월 24일 자, 1면.

15 *Предложение Штыкова от 7.3.46 г. № 2776*, РГАСПИ, ф. 17, оп. 128, д. 998, лл. 3-4.

16 *Характеристика на кандидатов во Временное демократическое правительство Кореи*, РГАСПИ, ф. 17, оп. 128, д. 61, лл.1-14.

17 안드레이 란코프가 이반 로보다와 한 인터뷰, 1990년 11월.

된다면 소련 당국은 누구를 내세울 것 같습니까?"라고 질문한다면, "당연히 조선 공산당 당수가 지도자가 되지 않을까요?"라는 답변이 나왔을 것이다. 조선 공산당 당수는 박헌영이었다.

코로트코프 목록이 작성되었을 때 박헌영은 평양에 주둔한 소련 장성들에게 아직 알려진 인물이 아니었다. 그러나 소련 측은 이후 박헌영도 후보자로 고려한 적이 있다. 남북 조선로동당을 통합했을 때 당시 북한에서 최고 실권자였던 시트코프 대사는 김일성과 박헌영, 그리고 고려인 한 명 중 누구를 내세울지 고민했다. 모스크바에서 온 비밀경찰 총수 베리야의 대리인은 김일성과 여러 차례 만났고, 그를 지도자로 내세우라고 지시했다. [18]

결국 박헌영은 북한의 2인자에 불과하게 되었고, 1940년대 말 김일성과 함께 남침 계획을 열심히 추진하기 시작했다. 그때 박헌영이 선택되었다면 역사가 어떻게 되었을까? 이 질문을 떠올리면 러시아에서 들었던 내용이 떠오른다.

1990년경 소련에서 정치에 관심 있는 학생들의 모임이 있었다. 그런데 갑자기 한 명의 노인이 이 모임에 나타났다. 학생들은 "할아버지께선 누구시죠?" 하고 물어봤고, 노인은 "나는 마지막 트로츠키주의자요. 레프 트로츠키(Лев Троцкий) 동지와 일해본 적이 있지만 어떤 기적인지 스탈린 시대에도 마지막까지 체포되지 않았소"라고 고백했다. 참가자들은 너무 감동해서 "선생님, 놀랍습니다. 그럼 트로츠키 동지가 이겼다면 소련은 어떤 나라가 될 수 있었을까요? 좀 얘기해주십시오"라고 물어봤다. 노인은 슬프게 웃었고 "아마도 실제 우리 역사와 같을 것 같소. 조금 더 세련되게 했을 것 같지만 거의 같을 것 같소." 이 지혜로운 노인의 말씀은 역시 '박헌영의 북한'에도 적용할 수 있지 않을까 생각된다.

---

18 Георгий Туманов, "Как изготовляли великого вождя," *Новое время*, № 16 (1993), стр. 32-34.

최상, 최악 그리고 가장 흥미로운 후보자

북한 주민 입장에서 보면 리스트에 포함된 후보자 중에서 유성철이 최상의 후보자로 보였다. 역사학자 중에는 김일성의 정책을 '불가피한' 일로 보는 사람들이 있다. 하지만 유성철이 선택되었더라도 북한에서는 온건한 사회주의 질서가 '불가피하게' 생겼다고 설명할지 모른다. 고려인이 최고지도자가 되는 선택을 불가리아의 사례로 설명할 수 있다. 불가리아의 초대 지도자는 전 볼셰비키당 국제부 부장 디미트로프였다. 또한 사회주의 폴란드의 2대 민족보위상은 소련 군대 원수(元帥)였던 콘스탄틴 로코숍스키(Константин Рокоссовский)였다. 티토의 유고슬라비아를 보면 온건한 사회주의가 있었다는 것을 확인할 수 있다. 그리고 식민지 시기부터 공업화되고 교육 수준이 비교적 높은 북한도 바로 유고슬라비아와 같은 길로 가는 것이 매우 당연하다고 할 수 있겠다. 과거에 믿을 만한 설명을 만드는 것은 우리 역사연구자들의 직업병이다.

가장 예외적인 후보자는 확실히 박정애였다. 북한을 다스리는 여자. 상상하기 어려운 일로 보인다. 모든 사회주의권에서 어떤 힘 있는 정치인의 배우자가 아닌 자신의 힘으로 권력을 잡은 여성은 거의 없었다. 어느 정도 비슷한 인물은 루마니아 외무장관 아나 파우케르(Ana Pauker)였지만 그녀도 박정애처럼 최고권력자 수준까지 올라가지는 못했다. 또한 '박정애의 북한'을 가정한다면 이러한 나라는 서양 지식인들로부터 큰 지지를 받았을 가능성이 있다. 20세기 서양에서 여성의 권리는 기본 사회문제 중 하나였고, 여성이 다스리는 사회주의 정권은 큰 관심의 대상이 될 수밖에 없다.

그러면 최악의 후보자는 누구였나? 확실하지는 않아도 바로 김일성이었을 가능성이 높다. 1945년 누군가 "김일성이 스탈린보다 더 탄압적인 정권을 세울 것이다. 김일성의 정권은 고대 로마황제 시대부터 역사에서 거의 찾을 수 없는 개인숭배의 시대일 것이다. 그의 통치하에서는 '수령'의 초상화에 우연히 잉크를 엎지른 사람까지도 사형시킬 것이다. 김일성은 후계자로 자신의 아들을 내세울 것이며, 그의 정권의 종말은 경제의 완전한 붕괴와 대기근일 것이다"라고 했다면 당시 반공주의자들도 "그것은 너무 심한 예측이 아닐까? 설마 그럴 리는 없겠지"라고 답했을 것이다. 그런데 1945년 그때, 스탈린이 북한의 최고지도자로 김일성을 뽑았기 때문에 이 모든 것은 사실이 되고 말았다.

제2장

'제88여단파'

붉은 군대에서 김일성과 함께 복무한 사람들의 운명

> 족벌주의는 부패의 일종 중
> 가장 더럽고 가장 상상력이 부족한 유형이다.
> — 다니엘 알라르콘

　　김일성 시대 초기의 북한 정치인을 주로 '소련파', '연안파', '국내파', 그리고 '빨치산파'로 나눈다. 이 분류법은 아주 옛날부터 사용되었다. 필자는 이 분류가 틀렸다고는 생각하지 않지만, '빨치산파' 출신들은 또 다른 하나의 중대한 공통점이 있다고 강조하고 싶다. 그것은 소련 비밀자료 속 북한 인물들이 소련군 제88여단에 복무한 경력이 있는지 여부다. 그래서 이 종파는 '제88여단파'로 호칭하는 것이 더 정확하지 않을까 싶다.

제88여단 연구

　　이 여단에 대해 세계가 처음으로 알게 된 것은 1982년이었다. 소련으로 탈출한 허웅배라는 북한 유학생은 일본에서 '임은'이라는 가명으로 『북한왕조 성

〈그림 2-2-1〉 제88여단 요원들(1943년)

주: 왼쪽에서 오른쪽으로 첫째 줄은 바탈린(Н. С. Баталин)*, 장서우지앤(張壽箋), 왕이즈(王一知), 저우
바오중, 김일성, 시린스키, 둘째 줄은 장꾸앙띠(張光迪), 평종윈(馮仲雲), 왕샤오밍(王效明), 왕밍꿰이
(王明貴), 평스루(彭施魯), 셋째 줄은 양칭하이(楊淸海), 서철, 강신태(강건), 김광협, 쒜이창칭(隋長靑),
넷째 줄은 안길, 박덕산(김일), 최용진, 타오위펑(陶雨峰), 김경석.
* 이 사람에 대해서 알려져 있는 정보는 거의 없다. 일부 사료에서 '바탈린'이라고 불렀고 중국어 도서에
'巴达林'(Bādálín)이라고 불렀다. 제88여단 관계자 이바노프에 따르면 바탈린 소령은 1943년 초부터
제88여단에 여단의 제식전투훈련담당 부여단장이었다. Василий Иванов, *В тылах Квантунской армии*,
Москва: ИДВ РАН, 2009, стр. 198 참조
자료: 무명 작가가 찍은 사진이다. 원본은 중국 하얼빈 헤이룽장성 혁명박물관에 보관되어 있다.

립 비사』라는 책을 출간했다. 이전에도 김일성이 1940년대 초반 소련에 있었
다는 사실은 대내외에 알려져 있었지만, 그가 제88여단에 복무했다는 것을 처
음 공개한 것은 바로 이 책이었다.

소련과 러시아에서 제88여단을 연구한 사람은 네 명이 있다. 게오르기 플롯
니코프(Георгий Константинович Плотников), 바르타노프, 안드레이 포츠타료프
(Андрей Николаевич Почтарёв), 그리고 코로트코프 등이었다.

소련군 대령이었던 플롯니코프는 1950년대 북한 고위간부를 알게 되었고,
6·25전쟁이 끝난 뒤 북한 문서보관소의 사료 수집 과정도 직접 관찰했다. 소

〈그림 2-2-2〉 제88여단 요원들

주: 왼쪽에서 오른쪽으로 첫째 줄은 심태산, 김경석, 서철, 박락권, 최명석(최광), 장꾸앙띠*, 둘째 줄은 바시
   코베츠(Вашковец), 최춘국, 김책, 강신태(강건), 양청하이, 타오위펑, 쪼우앤펑(周岩峰), 셋째 줄은 장시
   창(張錫昌), 리우티에스(劉鐵石), 판더린(范德林), 까오완요우(高萬有), 챠오슈페이(喬樹貴), 리우앤라이
   (劉雁來), 천더산(陳德山).
 * 기존 연구 도서들에는 첫째 줄에 있는 인물이 왼쪽에서 오른쪽으로 심태산, 최명석(최광), 김경석, 서
   철, 장꾸앙띠 등이라는 주장을 볼 수 있었다. 이 주장은 사실과 다르다. 역시 첫째 줄에 5명이 아니라 6
   명인 사실을 쉽게 확인할 수 있다.
자료: 무명 작가가 찍은 사진이다. 원본은 중국 하얼빈 헤이룽장성 혁명박물관에 보관되어 있다.

런으로 귀국한 후 그는 영관 장교 신분을 사용해 제88여단을 비롯한 북한 역사
에 대한 사료를 수집하게 되었다. 소련 시대 그는 당연히 자신의 연구를 출간
할 수 없었고, 아쉽게도 공산당 정권이 붕괴한 후에도 나이가 많아 수집한 자
료를 논문이나 도서로 출간하지 못했다. 그런데 다행히도 플롯니코프의 연구
가 완전히 사라지지는 않았다. 플롯니코프 대령은 김국후와 란코프를 비롯한
북한학자와 인터뷰도 했고, 1998년에 게재된 기광서의 논문에 그가 수집한 사
료가 활용되었다.

　러시아어로 쓴 제88여단 연구 중 가장 구체적인 것은 포츠타료프와 바르타
노프의 「스탈린의 특공대: 제88독립보병여단」이라는 논문이다. 러시아 국방
부 문서보관소 자료와 중국어로 쓴 빨치산 회고록을 기반으로 한 매우 우수한

연구다.

1925년 크라스노야르스크에 태어난 코로트코프는 외국어군사대학교(Военный институт иностранных языков)를 졸업한 뒤에 군사(軍史)연구소(Институт военной истории)에서 근무했다. 6·25전쟁 시 코로트코프는 소련 극동지역 군 사령관의 로디온 말리노프스키(Родион Яковлевич Малиновский) 원수의 정치담당 보좌관으로 근무했고, 그때부터 김일성과 한국전쟁에 관한 사료와 증언을 수집하기 시작했다. 코로트코프의 핵심 연구 도서인 『스탈린과 김일성』의 러시아 원문은 출판되지 않았고, 한국어 번역판만 출판되었다.[1] 2017년 여름 필자는 이 책을 번역한 어건주와 대화했는데, 책이 출판된 지 20년 이상 지나 어건주도 현재 원고를 보관하고 있지 않다는 사실을 알게 되었다. 『스탈린과 김일성』에서 가장 중요한 부분은 김일성 등장에 대한 내용이다. 아쉽게도 책의 번역 수준은 매우 낮지만, 이 책을 통해 다른 자료에서는 접근할 수 없는 정보를 얻을 수 있다.

한국에서도 제88여단에 관한 중요한 도서와 논문들이 있다.

가명인 '여정'으로 알려져 있는 강수봉은 1925년 식민지 조선에서 태어났다. 중국 국공내전(國共內戰) 시기 그는 중국 공산당의 전사로 싸웠고 1950년 6·25 전쟁에 참전한 중국 군대와 함께 북한으로 다시 들어왔다. 북한에서는 사단 정치위원까지 진급했다. 북한 설립사가 궁금했던 강수봉은 최현, 오진우, 최광, 백학림, 김동규를 비롯해 김일성의 전우 수십 명과 이야기를 나눴고, 제88여단과 김일성의 전기에 대해 알게 되었다. 강수봉은 대부분의 중국 출신 북한 엘리트와 함께 숙청되었고, 1959~1969년까지 10년 동안 자강도에 있는 수용소에 수감되었다. 석방 후 강수봉은 중국으로 탈출했고, 중국 측은 국공내전 전우인 그를 망명자로 받아들였다. 1990년 '여정'이라는 가명으로 강수봉은 《동

---

1   가브릴 코로트코프, 『스탈린과 김일성』 제1권, 어건주 옮김, 서울: 東亞日報社, 1992.

아일보≫ 기자들과 시리즈로 인터뷰를 했고,[2] 다음 해 ≪동아일보≫는 이를 『붉게 물든 대동강』이라는 단행본으로 출판했다.[3] 이 책은 북한 역사에서 가장 흥미로운 증언 중 하나다.

마지막으로 국군 중장 장준익의 「북한 인민군대사」[4]와 조선대학교 교수 기광서의 「1940년대 전반 소련군 88독립보병여단 내 김일성 그룹의 동향」[5]이라는 논문을 언급해야 한다. 장준익 장군은 주로 제88여단 성원의 증언들을 사용했고, 기광서 교수는 플롯니코프가 수집했던 사료들도 활용했다. 이 글도 제88여단에 대해 매우 소중한 정보를 포함한다.

여단의 역사

첫 번째로 언급할 것은 제88여단의 정확한 명칭이 '제88독립보병여단'이라는 것이다. 소련 군대에서 독립부대는 상부의 여러 명령체계를 뛰어넘어 더 높은 부대에 직속된 부대의 명칭이었다. 예컨대 중대 직속의 소대는 그냥 소대라고 부르지만, 대대 직속 소대는 독립소대였다. 제88여단 역시 사단이 아니고 전선 소속 부대로서 독립여단이었다.

한국 도서에서는 이 여단을 '국제여단', '특별여단' 또는 '88여(旅)'라고 호칭하는 경우가 있다. 이 모든 오칭의 기원은 중국이다. 훗날 제88여단의 중국인

---

2   ≪東亞日報≫, 1990년 4월 22일 자, 3면, 마지막 화는 "秘話 金日成과 北韓: 前 北韓軍 師團 정치위원 呂政 手記 <18>", ≪東亞日報≫, 1990년 7월 22일 자, 7면 참조.

3   呂政, 『붉게 물든 대동강』, 서울: 동아일보사, 1991, 116~124쪽.

4   張浚翼, 『北韓 人民軍隊史』, 서울: 서문당, 1991.

5   기광서, 『1940년대 전반 소련군 88독립보병여단 내 김일성 그룹 동향』, ≪역사와 현실≫, 1998년, 28권(6호), 254~291쪽.

복무자들은 자신이 외국 군대의 평범한 부대에서 복무한 사실을 강조하고 싶지 않았고, 이 여단을 '국제' 혹은 '특별' 여단이라고 불렀다. 그리고 중국어로 '여단'을 '旅'라고 불러 일부 한국인은 이 한자의 한국어 발음에 따라 '88여'라고 부르기 시작했다.

게다가 '저격여단'이라는 표현도 가끔 볼 수 있다. 이 오칭의 기원은 러시아 군사 용어의 진화다. 현재 러시아어에서 '스트렐코바야(стрелковая)'라는 단어는 '저격'이라는 뜻이지만 1940년대엔 '보병'이라는 뜻이었다. 그래서 이 부대의 정식 명칭은 '제88독립보병여단'이다.

제88여단 설립에 대한 전선 명령은 1942년 7월 16일에 나왔다.[6] 명령을 내린 장성은 독소전쟁 당시 동방 후방을 담당했던 아파나셴코 대장이었다. 여단이 설립된 이유는 1939~1941년 사이 만주국에서 소련으로 항일빨치산 수백 명이 탈출했기 때문이었다. 일본 당국은 만주국에서 통제를 강화했고 빨치산 운동을 성공적으로 진압했기 때문에 빨치산들은 살아남기 위해 소련으로 탈출할 수밖에 없었다. 김일성도 자기 부대를 데리고 소련·만주국 국경선을 넘어갔다.

국제공산당으로부터 검증을 받은 빨치산들은 1941~1942년 소련 각지의 훈련소에 있었으며, 1942년 아파나셴코 장군의 명령에 따라 이 훈련소들은 소련 붉은 군대의 여단으로 재편성되었다. 여단 설립에는 여러 가지 목적이 있었다. 첫 번째, 빨치산들을 조선이나 만주에서 정보를 수집하는 활동에 이용할 수 있었다. 둘째, 소련과 일본 사이 전쟁이 발발했을 경우 그들을 파괴 특공대나 정치장교, 나중에 점령정권 보좌관으로 이용할 수 있었다.[7] 물론 소련에 있었던

---

6   *Исторический формуляр бригады*, ЦАМО России, ф. 1896, оп. 1, д. 1, л. 1.

7   *Письмо командира 88-й отдельной бригады главнокомандующему Советскими войсками на Дальнем Востоке с предложениями по использованию бригады*, ЦАМО России, ф. 66, оп. 3191, д. 2, лл. 14-15.

빨치산들은 공산당과 스탈린에게 충실하도록 정치교육을 시킬 수 있었다.

1942~1945년까지 제88여단은 붉은 군대의 후방 부대 역할을 담당했다. 부대 성원들은 훈련을 받았고 배우자와 아들딸들도 키웠다. 그중에는 여단장 저우바오중의 딸도 있었고, 여단 제1대대 대대장 김일성의 아들 유라(김정일)도 있었다. 일부 성원들은 붉은 군대의 지시에 따라 외국에 나가 정보 수집활동을 했다. 정보활동에 선발된 사람들은 현지로 출발하기 전 일정 기간 제88여단 본부와 격리된 생활을 해야 했다. 그러나 김일성을 비롯한 대부분의 여단 병사와 장교들은 1945년까지 아예 소련의 국경선 밖으로 넘어가본 적이 없었다.

제88여단의 운명을 결정한 사건은 소일전쟁이었다. 여단의 성원은 만주와 북조선 지역에 주로 파견되었고, 나중에 중국과 북한에서 주요 간부가 된 사람들이 많았다. 대체로 중국인의 경우에는 상당히 높은 직위지만 최고 엘리트까지는 아닌 1성 장군 정도의 간부가 되었고, 북한에 파견된 성원들은 바로 가장 높은 최고위층이 되었다.

제88여단에 대한 이야기를 하면서 또 하나의 중요한 사실을 강조하고 싶다. 기존 연구에서 가끔 '제88여단은 중앙아시아에 파견된 적이 있다' 혹은 '제88여단의 일부는 중앙아시아에 있었다'라는 주장을 볼 수 있다.[8] 이 주장은 완전히 틀린 주장으로 오해 때문에 생긴 것이다. 붉은 군대에는 제88독립보병여단이라는 부대가 두 개 있었다. 첫 번째는 바로 김일성이 복무했던 극동전선(훗날의 제2극동전선) 소속의 제88여단이었고, 둘째는 투르크메니스탄에 설립된 중앙아시아 군구(軍區) 소속 제88여단이었다. 물론 두 번째 제88여단은 김일성과 아무 관계가 없었다.

---

8 李基奉, "추적조사: 두개의 '제88특별여단'," ≪北韓≫, 1993.01(제253호), 98~112쪽; В. Н. Вартанов, А. Н. Почтарёв, '*Сталинский спецназ': 88-я отдельная стрелковая бригада* // Новый часовой, № 5, 1997, стр. 178-185.

제88여단 출신 조선인

이 책 부록에 나온 목록을 보면 김일성은 1945년 최고지도자가 되었지만 '제88여단파'의 승승장구는 1950년대 후반 시작되었다. 그때 김일성은 이미 소련의 통제에서 벗어났고, 본인에게 가장 충실한 인물들을 제외한 국내파, 연안파 그리고 소련파를 숙청했다. 김광협을 비롯해 숙청된 제88여단 성원들도 없지 않지만 대부분은 그렇지 않다. 또한 여단 복무 당시의 성원들과 김일성과의 관계는 그들의 승진에 큰 영향을 미치지 않았다고 할 수 있다. 여단 복무 당시 서철은 김일성 대대장을 별로 좋아하지 않았다는 증언이 있다.[9] 그러나 서철도 1945년 이후 고급간부가 되었다.

제88여단 출신자 중 가장 오래 산 사람은 2021년 105번째 생일을 맞이한 리영숙이었다.[10] 그녀의 남편인 당 중앙위원회 위원 안영은 1978년 사망했지만[11] 리영숙은 2021년 11월 13일 사망했다.[12]

그러나 김정은 시대 엘리트를 보면 제88여단 최현 상위의 아들 최룡해가 당 정치국 상임위원이고, 오진우 특무장의 아들인 오일정은 당 중앙위 군사부부장을 지냈다. 그리고 물론 북한의 최고지도자는 김일성 대위의 손자인 김정은이다. 그래서 제88여단의 유산은 지금도 북한의 역사를 형성하고 있다고 할 수 있다.

---

9   안드레이 란코프가 유성철과 한 인터뷰, 1991년 1월 29일.

10   김경윤, "김정은, '항일빨치산 1세대' 리영숙에 105세 생일상", 연합뉴스, 2021년 3월 18일 자, https://www.yna.co.kr/view/AKR20210318185400504

11   「안영」, 『조선대백과사전』, 제26권, 평양: 백과사전출판사, 2001, 538쪽.

12   Посольство России в КНДР, *Венок к могиле героя*. 19 ноября 2021 года, https://vk.com/rusembdprk?w=wall-151746438_1740

제88여단 출신 중국인, 고려인, 그리고 소련 사람들

'제88여단'에 조선인이 아닌 성원들도 상당히 많았다. 먼저, 여단장은 중국 빨치산 저우바오중이었다. 재미있게도 저우바오중은 한족(漢族)이 아닌 바이족(白族) 출신이었다. 바이족은 주로 중국 남부 윈난성(云南省)에 살고 있어서 만주의 빨치산 지휘관이 바이족이라는 것은 상당히 예외적인 일이었다.

일본 패망 후 저우바오중은 만주로 귀국했다. 국공내전에서 중국 공산당이 승리한 후 그는 윈난성에 파견되었고, 윈난대학교 총장을 지낸 뒤 1964년 사망했다. 1945년 당시 중국에는 조선과 달리 강력한 공산당이 있어서 저우바오중은 최고지도자가 될 수 없었다. 그러나 만일 스탈린이 북한처럼 만주에 단독정권을 설립하기로 결정했다면 상황이 어떻게 되었을지 알 수 없다. '만주인민공화국의 위대한 영도자 저우바오중'이 생기지 않았을까 생각하게 된다.

제88여단의 다른 중국인 성원들의 운명은 달랐다. 저우바오중의 배우자 왕이지(王一知)를 비롯해 문화대혁명 시기 탄압을 받았던 사람들도 있었다. 특히 중소분쟁 시기 마오쩌둥 정권은 이들을 '친소분자'로 봤다. 예컨대 제88여단의 제2대대 대대장이었던 왕샤오밍 대위는 3년 동안 감옥 생활을 했다. 단, 일부 성원들은 탄압 대상이 되지 않았고, 제88여단 출신자 두 명은 인민해방군 소장 계급을 수여받았다.

제88여단에는 고려인들도 있었다. 여단의 조선인 성원들과 의사소통이 가능했던 그들은 붉은 군대의 지시에 따라 이 여단에 파견되었다. 이들 중에서 가장 중요한 사람은 훗날 김일성의 보좌관이 된 문일과 북한군 중장이 된 유성철이었다. 이 책에서 문일과 유성철에 대해 따로 다루므로 여기서는 자세한 내용을 생략한다.

나머지 고려인 중에서 어느 정도 알려진 인물은 김봉률과 이반 쳉(Иван Ва-сильевич Чен)이었다. 김봉률은 여단에 파견되기 전 소련 극동지역의 집단농장 위원장이었으나 어느 날 재정 남용 혐의로 체포되었고, 수용소에 수감되었다.

나중에 그는 무죄 판결을 받아 석방되었고, 이후 제88여단에 파견되었다. 어쩌면 이 파견은 석방 조건이었을지도 모른다.[13] 1945년 김봉률은 북한에 파견되었고, 인민군 포병국의 부국장이 되었으며, 포병국장 무정이 해임된 후에는 국장까지 진급했다. 6·25전쟁 당시 김봉률은 조선민주주의인민공화국 영웅 칭호를 수여받았고, 1992년 인민군 차수까지 진급했다. 현재 북한의 백과사전을 보면 김봉률의 출생지는 언급하지 않으면서 그가 '주체31(1942)년 11월부터 조선인민혁명군에서 항일 무장투쟁에 참가했다'라는 주장을 찾을 수 있다.[14] 실제로 1942년 그는 당시 존재하지도 않았던 '조선인민혁명군'이 아니라 제88여단에서 복무를 시작했다.

그리고 이반 쳉은 훗날 평양에서 소련 사람들을 위해 설립된 제6학교의 교장이 되었다. 그에게는 딸이 세 명 있었는데, 한 명은 폴란드, 한 명은 카자흐스탄, 나머지 한 명은 남미 콜롬비아로 이민을 갔다.[15] 또한 소련 출신 북한 작가 조기천은 제88여단 소속이 아니었지만, 1940년대에 여단에 파견된 적이 있다는 정보가 있다.[16] 즉, 그는 1945년 이전에도 김일성을 잘 알았던 것이다. 그러나 제88여단에 복무한 소련 사람 중에는 나중에 유명해진 인물을 찾기 어렵다. 단, 여단에 소련의 소수민족 출신 성원들이 많아서 러시아의 나나이족(族) 중에는 제88여단을 자신의 '민족 부대'로 기억하는 사람들도 있다고 한다.

13 안드레이 란코프가 강상호와 한 인터뷰, 1990년 3월 7일.

14 「김봉률」, 『조선대백과사전』, 제4권, 평양: 백과사전출판사, 1996, 168쪽.

15 안드레이 란코프가 박의완의 아들인 유리 박과 한 인터뷰, 2001년 1월 25일.

16 안드레이 란코프가 이반 로보다와 한 인터뷰, 1990년 11월.

역사의 아이러니

소련의 붉은 군대 전체에서 외국인 성원으로 설립된 부대는 제88여단뿐인 것 같다. 이 부대는 대단히 예외적이었지만 군사적으로는 별로 중요한 부대가 아니었다. 독소전쟁이나 소일전쟁에 참가하지 않았던 이 여단은 예비역 부대에 불과했다. 그러나 1945년 이후 소련의 지시에 따라 이 부대 성원들은 북한과 만주에 파견되었고, 북한과 중국의 엘리트가 되었다. 북한의 경우에 제88여단 성원들은 최고 엘리트가 되었고, 김일성 대위는 최고지도자로 임명되었다. 특히 1950년대 후반부터 '제88여단파'와 '북한 당국'이라는 개념은 거의 일치하게 되었다.

중국인 성원 중 왕밍귀(王明貴)와 팽시로(彭施魯) 등 중국 인민해방군 소장까지 진급한 사람들이 있다. 하지만 이 여단이 중국 역사에 결정적인 영향을 미쳤다고 할 수는 없다. 그리고 제88여단 출신 소련인은 단 한 명도 고위급 인물이 되지 못했다. 역사는 김일성 대대의 정치부대대장 스테판 말체프(Степан Григорьевич Мальцев)나 여단 참모장 시린스키 같은 인물을 '김일성과 같이 복무했던' 사람으로만 기억한다. 제88여단은 소련 군대의 부대였지만, 소련 역사보다 중국, 그리고 특히 북한 역사에 훨씬 큰 영향을 미쳤다. 여기에서 어느 정도 역사의 아이러니를 느낄 수 있지 않나 싶다.

▶ 부록

〈부록 표〉는 러시아 국방부가 운영하는 '인민의 공훈(Подвиг народа)'이라는 독소전쟁·소일전쟁 상장(賞狀) 데이터베이스를 기반으로 만든 것이다.[17] 이 데이터베이스는 1945년 8월 29일 제2극동전선 사령부가 하달한 제88여단 성원들에게 훈장 수여에 관한 명령, 그리고 명령에 관한 상장들을 포함한다.[18] 이 자료를 이용해 필자는 〈부록 표〉를 작성했다.

• 상장에서 키릴 문자 표시는 한자의 중국어 발음에 따라 나왔다. (예: 김일성→金日成 → Цзин Жи-чен). 물론, 표기법을 준수하지 않았던 경우도 적지 않았다. 〈부록 표〉에서 '키릴 문자' 열에 상장에 나온 표기가 나온다. 가끔 '인민의 공훈'에서 나온 전자 항목과 일치되지 않을 수도 있지만, 이 차이는 러시아 국방부 일꾼 실수로 나왔다.

• 〈부록 표〉에 등장하는 인물은 사망 날짜 순서로 나오고, 사망 날짜를 확인할 수 없는 사람들은 표의 뒷부분에 나온다.

• '제88여단에서 계급 및 직위'와 '생년'은 상장에 따라 나온다. 필자는 상장의 내용을 소개할 목적으로 여기서 일부러 다른 사료를 사용하지 않는다. 이 부분은 다른 증언이나 북한의 공식입장과 다를 수도 있다.

• 상장으로 작성할 때 부대 표시에 대한 규칙은 정확하지 않았던 것 같다. 어느 경우는 소대까지 정보가 나왔고 어느 경우는 '제2극동전선 제88여단 병사'밖에 안 나왔다. 〈부록 표〉에 나온 내용은 상장에서 나온 내용과 일치한다.

---

17 Министерство обороны России, *Открытая база данных «Подвиг народа»*, http://www.podvignaroda.ru/

18 *Приказ войскам 2 Дальневосточного фронта № 10/н от 29.08.1945*, ЦАМО России, ф. 33, оп. 687572, ед. хр. 2317.

- 라디오 대대를 제외하고 제88여단 대대들의 정식 이름은 '보병대대'였고 중대들의 이름은 '보병중대'였다. 간결성을 위해 〈부록 표〉에 이를 그냥 '대대'와 '중대'로 표시했다.

- 제88여단에 모든 복무자들은 중령 이하 계급이 있었고 1945년 붉은 군대에 당시 중령 이하 계급은 다음과 같은 순서였다. 중령→소령→대위→상위→중위→소위→특무장→상사→중사→하사→상등병→병사 등이었다.

- 당시 붉은 군대에 '특무장', '정치 부부대장', '위생 지도원' 등의 직위가 있었다. 첫 번째, '특무장'은 주로 중대 일상생활을 관리하는 병사였고 중대장을 보좌했다. 군사계급들 중에는 '특무장'도 존재했기 때문에 이 직위는 복잡하게 볼 수도 있다. 중대 특무장의 계급은 특무장이 아닐 수도 있었으며, 특무장의 계급 보유자가 중대 특무장으로 복무하지 않을 수도 있기 때문이다. 두 번째, 1942년 이후 정치 부부대장은 부대자를 보좌했고, 부대의 정치 교육을 관리했다. 원래 존재했던 정치지도원이나 정치위원들과 달리 그들은 부대장을 통제할 권리가 없었다. 그리고 세 번째, '위생 지도원'은 기초 의학 교육을 받았던 의무병(義務兵)이었다.

- 강건(姜健), 류경수(柳京洙), 최용건(崔庸健), 김일(金一), 최광(崔光) 등은 1945년 8월에 다른 이름을 사용했다. 〈부록 표〉에서는 널리 알려져 있는 한글 이름을 먼저 쓰고, 1945년 8월 당시 썼던 한자 이름과 더불어 설명 각주를 붙였다.

- 제1대대의 복무자, 즉 김일성 제1대대장의 부하로 복무한 사람에 관한 행을 회색으로 표시했다. 김일성 자신도 회색으로 표시했고 원래 김일성 밑에 복무하다가 1945년 기준으로 제3대대에서 복무한 안길은 표시하지 않았다.

- 잘 알려져 있지 않은 인물에 대한 사료에는 정보가 부족한 경우가 있다. 그래서 〈부록 표〉에 이름의 한자 표현, 북한에서 직위, 사망년 등 정보가 빠질 수도 있다. 마지막 인물에 대한 한국어, 중국어 또 일본어로 쓴 사료들에 언급을 찾지 못해 한글 이름 대신에 한어병음(漢語拼音) 표현을 썼다.

- 여성은 이름을 고딕체로 표시했다.

소련 붉은 군대 상장(賞狀)을 받은 제88여단의 성원들의 총목록

이름	키릴문자	제88여단 계급 및 직위	북한 계급 및 직위	생몰
박락권 (朴洛權)	Пяо Ло-Чуань	중위 제2대대 제3중대 소대장	_ [1]	1918~1946
안길 (安吉)	Ань Цзи	대위 정치부 대대장	보안간부 훈련대대부 참모장	1906~1947
심태산 (沈太山)	Шэн Тай Шань	중위 제2대대 제3중대 소대장	평양학원 일꾼	1920~1949
최창만 (崔昌滿)	Цуй Чан-Вэн	상등병 제2대대 제3중대 제1소대 병사	정보 없음	1923~1950
리철수 (李哲洙)	Ли Чжэ Чжу	전사 제1대대 제1중대 병사	인민군 대대장	1914~1950
최춘국 (崔春國)	Цуй Чун-Го	상위 제2대대 제4중대 소대장	인민군 사단장	1914~1950
강건 [2] (姜信泰)	Цзян Син-Тай	대위 제4대대장	인민군 총참모장	1918~1950
김만익 (金萬益)	Цзин Ван-И	특무장 제2대대 제4중대 특무장	연대장	1917~1950
조정철 (趙正哲)	Чжао Чжан-Чжэ	상사 제1대대 제1중대 분대장	해군군관학교 정치부교장	1916~1950(?)
박장춘 (朴長春)	Пяо Чин-Чунь	전사 제1대대 제1중대 병사	정보 없음	1914~1950
김책 (金策)	Цзин-Чэ	대위 제2대대 정치부대대장	민족보위성 부상	1903~1951
김증동 (金曾東)	Цзин Чжэн-Дун	특무장 제2대대 제3중대 소대장의 보좌	사단장	1923~1955
류경수 [3] (柳三孫)	Лю Сан-Сунь	중위 제1대대 제3소대장	상장 전선 사령관	1913~1958
김경석 [4] (金京錫)	Цзин Цзин-Ши	상위 제2대대 제3중대 제3소대장	당 평양시위원회 위원장	1910~1962
리봉수 (李鳳洙)	Ли Фын-чжу	하사 제1대대 위생지도원	중장 만경대혁명학원 원장	1901~1967
김광협 (金光俠)	Цзин Гуан-Ся	상위 제1대대 제2중대장	대장 민족보위상	1915~1969(?)[5]
허봉학 (許鳳學)	Суй Фын-Сяо	중위 제1대대 소대장	대장 총정치국장	1917~1969(?)

박우섭 (朴宇燮)	Пяо Юй-Сэ	전사	중장 군단장	1918~1976
최용건 [6] (崔石泉)	Цой Ши-Чуань	대위 여단 정치부 지도원	공화국 차수 민족보위상	1902~1976
최민철 (崔敏哲)	Цюй Мин-Чжэ	상등병 제2대대 제3중대 제1소대 병사	중장 군단장	1916~1977
리영호 (李永鎬)	Ли Юн Хао	상위 제1대대 소대장	대장 당 중앙군사위 부위원장	1910~1978
장상룡 (張相龍)	Чжан Сян-Лун	전사 제3대대 제5중대 제3소대 병사	중장 인민군 지휘관	1905~1978
한익수 (韓益洙)	Хан И-Сю	특무장 제1대대 제1중대 소대장의 보좌	상장 민족보위성 부상	1913~1978
김룡화 (金容華)	Цзин Лу-хэ	전사 제1대대 제1중대 병사	사회안전성 국장	1905~1980
김지명 (金智明)	Цзин Чжи-мин	전사 제3대대 제5중대 제3소대 병사	사회안전성 홍원휴양소 소장	1905~1980
전창철 (全昌哲)	Чуань Чан-Чжэ	상사 라디오 대대 분대장	조선직업총동맹 중앙위원회 위원장	1905~1982
최현 (崔賢)	Цуй Сянь	상위 제1대대 소대장	대장 인민무력부장	1906~1982
김일 [7] (朴德山)	Пяо Дэ-Шань	상위 제1대대 참모장의 보좌	제1부수상	1910~1984
리두찬 (李斗瓚)	Ли Ду-чан	상등병 제2대대 제4중대 제2소대 병사	중장 인민군 지휘관	1915~1984
박영순	Пяо Ин-Шунь	중위 라디오대대 소대장	당 중앙위 행정부 부장	1916~1987
림춘추 (林春秋)	Лин Чун-Чу	상사 제1대대 제1중대 소대장의 보좌	국가부주석	1912~1988
안정숙 (安靜淑)	Ань Цзин Шу	전사 제3대대 제5중대 위생병	평양학원 녀성동맹 위원회 위원장	1909~1989
리오송 (李伍松)	Ли У-Сун	중사 제1대대 제2중대 병사	상장 만경대혁명학원 원장	1925~1989
김성국 (金成國)	Цзин Чэн-Го	전사	상장 군단장	1919~1991

공정수 (孔正洙)	Кун Чжэн Шоу	전사 제2대대 제2중대 제2소대 병사	소장 공군 부사령관	1918~1991
김성옥	Цзин Чэн-Юй	전사 제1대대 위생지도원	조선민주녀성동맹 평양시 위원회 일꾼	1919~1992
서철 (徐哲)	Сюй Чжэ	중위 제2대대 제3중대 소대장	인민군 총정치국장	1911~1992
김일성 (金日成)	Цзин Жи-чен	대위 제1대대장	공화국 대원수 최고 지도자	1912~1994
김양춘 (金陽春)	Цзин Ян-Чунь	중사 제2대대 제4중대 제2소대 분대장	중장 군단장	1920~1994
오진우 (吳振宇)	У Дэ-юнь	특무장 제1대대 제1중대 소대장의 보좌	인민군 원수 인민무력부장	1917~1995
태병렬 (太炳烈)	Тай Пин Лэ	상등병 제1대대 제1중대 병사	대장 조국해방전쟁 승리기념관 관장	1920~1997
최광 (崔明錫)	Цуй Мын-Си	중위 제2대대 제4중대 소대장	인민군 원수 인민무력부장	1918~1997
최용진 (崔龍鎭)	Цуй Юн-Цзин	상위 제1대대 제1중대장	부수상	1915~1998
전문섭 (全文燮)	Цюань Вань Сэ	상사 제1대대 제1중대 분대장	대장 인민무력부 부부장	1919~1998
리두익 (李斗益)	Ли До-И	하사 제1대대 제1중대 병사	인민군 차수 군단장	1920~2002
최인덕 (崔仁德)	Цуй Ин-Дэ	중사 제1대대 분대장	인민군 차수 김일성군사종합대 총장	1918~2003
박성철 (朴成哲)	Пяо Чин-Чжэ	중사 제1대대 제1중대 분대장	국가부주석	1913~2008
김익현 (金益鉉)	Цзин И-сянь	중사 제1대대 제1중대 병사	인민군 차수 당 중앙위 민방위부 부장	1921~2009
김옥순 (金玉順)	Цзин Юй-Шунь	하사 제1대대 제5중대 병사	조선민주녀성동맹 중앙위 부위원장	1919~2016
김덕위	Цзин Тэ Юй	중위 라디오대대 소대장	(정보 없음)	1903~?

황룽길 (黃隆吉)	Хуан Лун Цзи	전사	(정보 없음)	1910~?
김용현 (金用賢)	Цзин Юй-Сянь	중사 제3대대 제5중대 특무장	(정보 없음)	1912~?
윤태홍 (尹泰洪)	Ин Тай хун	상등병 제2대대 제4중대 제3소대 병사	(정보 없음)	1912~?
류경희 (柳京熙)	Лю Цзин-Си	중사 제3대대 제5중대 위생분대장	(정보 없음)	1913~?
류명옥 (柳明玉)	Лю Мин-юй	상사 제2대대 제4중대 위생지도원	당 평양시 위원회 위원장	1919~?
리명순	Ли Мин-Шунь	상사 제3대대 제5중대 제3소대 분대장	(정보 없음)	1921~?
류창권 (兪昌權)	Лю Чан-Чуан	상사 제2대대 제4중대 제1소대 분대장	상장 해군 사령관	1923~?
리재운	Ли Цзай-Юнь	중사 제2대대 제3중대 제2소대 분대장	(정보 없음)	1924~?

1 박락권은 조선인이었지만 조선에 귀국하는 대신 소련에서 만주로 갔고 1946년 국공내전에서 전사했다.
2 본명은 강신태이며 1945년에 강건으로 개명했다.
3 본명은 류삼손(柳三孫)이며 나중에 류경수로 개명.
4 김경석 이름의 한자 표현은 중국 자료에 '金京石', 김일성의 공식 회고록의 중국어 번역판에 '金京錫'이다.
5 「人民軍 黨4期 4次 全員會議時의 金日成 結論 演說 (1969. 1. 6~1. 14)」, 『北傀軍事戰略資料集』, 서울: 中央情報部, 1974, 327~341쪽. 이 자료는 1969년 4월 귀순한 북한군 중위 노관봉이 갖고 온 자료다. 이 연설에서 김일성은 김광협에 대해 매우 심하게 비판했으며, 그때부터 북한의 공개 매체에서 김광협에 대한 언급이 사라진다. 그러나 그가 사형을 당했는지는 확인할 수 없다.
6 가명 최석천(崔石泉)도 사용했다.
7 본명은 박덕산이며 1945년 광복 직후 김일로 개명했다.

다른 자료를 보면 이 목록에 등장한 인물들에 대한 추가 정보도 얻을 수 있다. 소련 국가보안위원회의 보고서 김옥순은 최광의 배우자였고 류명옥은 김광협의 배우자였다. 장준익 장군이 쓴 『북한인민군대사』에 따르면 류경희는 류경수의 누나였고 리영호의 배우자였다.[19]

물론 상기한 목록을 제88여단의 조선인 복무자 총목록이라고는 결코 볼 수 없다. 여단 성원들 중에는 아무 상(賞)을 받지 못한 사람이 적지 않았기 때문이다. 그러나 이 목록은 등장인물마다 소련 1차 사료를 통해 여단에 직위와 계급을 확인할 수 있다는 장점이 있다.

19   張浚翼, 『北韓 人民軍隊史』, 서울: 서문당, 1991, 378쪽.

제3장

'김일성 대위의 전우' 유성철

30년 동안 침묵을 강요당한 6·25 남침의 산증인

이 세상의 운명적인 순간을 본 사람은 축복을 받았다.

— 표도르 튜체프, 「키케로」

1990년대 초반 북한 관련 기사를 읽었던 사람들에게 '유성철'은 비교적 익숙한 인물이다. 북한군 중장이었던 그는 6·25전쟁 당시 인민군 작전국장이었고, 숙청을 피해 소련으로 망명한 뒤 1990년대 김일성의 전기와 북한의 초창기 역사 연구와 관련해 수많은 인터뷰를 했다. 특히 1990년 11월 ≪한국일보≫에서 유성철의 인터뷰 시리즈가 나왔고, 이는 『증언 김일성을 말한다』라는 책으로 출판되기도 했다.[1]

유성철은 러시아 연해주에서 태어났다. 공식 기록상 그는 1918년 9월 1일생이었고[2] 유성철 자신이 그가 1년 전에 1918년 9월 1일에 태어났다고 말한 적이

---

1 『證言 金日成을 말한다: 兪成哲, 李相朝가 밝힌 북한정권의 실체』, 서울: 한국일보社, 1991.

2 *Ю (Югай) Сен Чер. Учётно-послужная карточка Г-139394.* (필자가 입수한 자료); Югай (Ю) Сен Чер, Анкета-заявление о выходе из гражданства СССР // *О выходе*

〈그림 2-3-1〉 유성철(북한군 복무 시절)

자료: "Ю Сен Чер – генерал, генштабист северокорейской
армии", *Koreans.kz*, https://koreans.kz/news/yu-sen-cher-
general-genshtabist-severokoreyskoy-armii.html

있었다.[3] 공식등록상 그는 러시아어 이름이 없었지만,[4] 비공식적으로 그는 '보
리스(Борис Павлович Югай)'라는 이름을 쓴 것으로 보인다.[5]

고향에서 초등학교를 졸업한 뒤 농민청년학교를 졸업했으나 교원대학교의
예과인 '노동자 학부'에 입학한 지 2년 만에 몸 상태가 나빠져 자퇴했다. 이후
스탈린에 의해 고려인 강제 이주를 당한 유성철은 카자흐스탄의 크질오르다
(Кзыл-Орда)에서 살게 되었다. 그곳에서 출판사 편집자로 일하다가 1940년부

из гражданства СССР советских граждан корейской национальности Ан Ивана
Семёновича, Ан, урождённой Ким, Сун Ок, Кан Сан Хо и других лиц, в числе 82
человек. ГАРФ, ф. Р-7523, оп. 88, д. 2549 (ЛГ-202/43с), лл. 197-198об.

3 안드레이 란코프가 유성철과 한 인터뷰, 1991년 1월 18일.

4 Югай (Ю) Сен Чер, Анкета-заявление о выходе из гражданства СССР // *О выходе*
из гражданства СССР советских граждан корейской национальности Ан Ивана
Семёновича, Ан, урождённой Ким, Сун Ок, Кан Сан Хо и других лиц, в числе 82
человек, ГАРФ, ф. Р-7523, оп. 88, д. 2549 (ЛГ-202/43с), лл. 197-198об.

5 Д. В. Шин, Б. Д. Пак, В. В. Цой, *Советские корейцы на фронтах Великой*
Отечественной войны 1941-1945 гг., Москва: ИВ РАН, 2011, стр. 597.

터 현지 대학교에서 러시아어 교원 준비 과정을 밟았다. 그러나 1941년 6월 나치 독일의 침공으로 독소전쟁이 발발하자 1941년 9월 소련의 붉은 군대에 입대하게 되었다. 소련 군사당국은 유성철을 정보학교에 파견했다. 전시(戰時) 교육은 쉬운 일이 아니었다. 월요일부터 토요일까지 낮에는 교육을 받고, 저녁에는 당직근무를 했다. 일요일에도 쉬지 않고 방위시설 건설에 참가했다. 1942년 말 유성철을 포함한 정보학교 졸업생 6명은 극동지역에 파견되었다.[6]

붉은 군대의 정보원

유성철과 같이 정보학교를 졸업한 사람들은 예핌 김, 니콜라이 초이, 리창인, 정학준 등이었다. 이들은 식민지 조선에 파견되었지만 원산 지역에서 체포되었다. 나중에 예핌 김과 니콜라이 초이는 이중간첩이었던 것으로 밝혀졌다. 유성철은 1943년 5월 첫 번째 임무를 받았다. 원산에 거주하면서 정보를 수집하는 것이었다. 현지에 도착한 유성철은 이 임무가 쉽지 않다고 판단했다. 그는 원산에서 어떤 방법으로도 거주를 등록할 수가 없었다. 조선에서 유성철은 일본을 대단히 싫어했던 한 농민 부부와 대화를 나눴는데, 이 부부는 조선에서 내지화[7] 정책이 본격적으로 진행되고 있고, 일본 당국에서 지속적으로 신분증 검열을 한다고 알려주었다.[8]

유성철은 만주국 출신 조선인 신분증을 갖고 있었지만, 검열 중 위조 신분증이라는 사실이 밝혀질 것을 우려해 소련으로 귀국했다. 소련에서 잠깐 휴식기

---

6   안드레이 란코프가 유성철과 한 인터뷰, 1991년 1월 18일.
7   일본제국에서 제국의 본토를 '내지(內地)'라고 호칭했다. 그래서 내지화 정책은 일본화, 즉 동화 정책의 공식 명칭이었다.
8   안드레이 란코프가 유성철과 한 인터뷰, 1991년 1월 18일.

를 가진 유성철은 한 달 만인 6월 다시 지금의 헤이룽장성 무단장에 파견되었다. 임무는 만주에 주둔한 일본군 부대, 특히 전차부대에 대한 정보 수집이었다. 이 임무는 성공적이었고, 유성철과 그의 팀은 그해 8월 소련으로 귀국했다.[9]

소련에 돌아온 유성철은 1943년 8월 상관의 호출을 받았다. 상관은 그에게 "연해주 하바롭스크 방면에서 빨치산들과 함께 일하러 파견될 것"이라고 말했다. 유성철은 직접 전선으로 파견해달라고 요청했지만, 그의 상관은 "전선에는 이미 사람들이 많이 있다. 자네의 능력은 이곳에서 더 유용하고 자네도 이 사실을 이해하고 있잖나"라며 요청을 거부했다. 그래서 유성철은 제88여단이 위치한 뱌츠코예 마을로 파견된 것이다. 제88여단에서 유성철은 여단 제1대대 대대장 김일성 대위의 통역관으로 임명되었다. 그러나 여단에서 서류는 주로 중국어로 작성되었고, 김일성은 중국어를 유창하게 했으므로 유성철은 크게 할 일이 없었다. 그러던 중 1945년 8월 일본이 패망하자 제88여단은 해산되었고, 다음 달인 9월 여단의 조선인과 고려인 부대원들은 조선으로 파견되었다. 이때부터 이들에게는 완전히 새로운 시대가 개막되었다.[10]

유성철과 북한의 6·25전쟁 준비

북한에 도착한 유성철은 김일성의 통역관으로 계속 근무했다. 소련군 경무관 무르진(Мурзин) 지휘하에 있었던 그는 1946년 보안간부학교에서 근무했고, 부총장까지 진급했다. 그러나 1948년 북한군 작전국 국장이 되었고, 북한의 6·25전쟁 준비 과정을 직접 목격했다. 유성철은 김일성이 처음부터 무력통일

---

9   Ibid.
10   Ibid.

을 하려는 계획이 있었다면서, 1950년 봄 스탈린의 최종 승인을 받은 후 포스트니코프(Постников) 소장 지도하에 인민군 참모부는 남침계획을 수립했다고 증언했다.

가장(假裝)을 위해 이 계획을 '반격계획'이라고 불렀습니다. 제 기억으로는 그 계획서의 첫 문장은 '남조선 군대의 공격을 받을 시에는 적군이 2~3km 침입 후 반격을 시작하라'였습니다. 물론 이것은 기밀이었죠. 포스트니코프는 이 계획을 러시아어로 작성했고, 저는 조선어로 번역한 뒤에 참모장에게 보고했습니다. 참모장은 김일성과 정치국 위원들 중 중추 몇 사람에게만 보고했습니다. 계획이 승인된 후에 저희는 이를 기반으로 참모부 국장들에게 구체적인 지시를 작성하기 시작했습니다. 저는 이들을 각자 한 명씩 호출했습니다. 포병국장, 후방국장, 공군국장, 통신국장 등이었죠. 각 국장들에게 기밀 유지 서명을 받은 후에 준비된 지시를 주었죠. …

제 기억대로라면 계획 설립은 전쟁 발발 한 달 전에 완성되었고, 공격 날짜는 6월 중순 말경, 즉 공격 일주일 전쯤에 선택되었습니다. 돌연성을 위해 일요일을 뽑았습니다.

이승만도 공격계획은 있었죠. 그는 북진을 수차례 주장했지만, 실제로는 농민 반란, 빨치산 봉기, 정부 내부 문제 등 다른 일이 너무 많았습니다. [남침―필자 추가] 공격 후 이승만 측의 계획서들을 압수했지만, 이 계획들은 완전히 비현실적이었습니다.[11]

스탈린은 이 사료를 사용해 '리승만 역도의 북침'설을 조작하라고 지시했다.[12] 북한 당국은 이를 이행했고 북침설을 '증거'하는 사료집을 출판했다.[13]

---

11 안드레이 란코프가 유성철과 한 인터뷰, 1991년 1월 18일.

유엔군의 반격과 중국군의 참전

유성철에 따르면 6·25전쟁 때 북한은 장기적인 전쟁계획이 없었다. 서울만 점령하면 남한이 무조건 무너질 줄 알았다. 특히 박헌영은 남한에서 좌파의 영향력을 과도 평가했고 전쟁이 발발하면 남한 전체 지역에 인민봉기가 일어날 것이라고 주장했다. 그래서 인민군 사령부는 인천상륙작전도 전혀 예측하지 못했던 것이다. 유성철은 "전쟁을 5일 전쟁으로 계획했는데 어떻게 그렇게 할 수 있나"라며 "후퇴 당시는 질서도 없이 모든 것을 버린 혼란뿐이었다"라고 증언했다.[14] 유성철의 부인 김용옥도 "그때 고생이 정말 많았습니다. 제 가족은 전부 사망했습니다. 저도 기적적으로 살아남았습니다. 제 소대와 함께 산길로

---

12 *Телеграмма посла СССР в КНДР Министру иностранных дел СССР с предложением о рекомендациях северокорейскому правительству направить в ООН заявление и копии южнокорейских трофейных документов*, № 1154, 13 сентября 1950 г., 13.22, АП РФ, ф. 15, оп. 1, д. 347, лл. 18-19.

13 이동훈, "'6·25 북침설'은 이렇게 만들어졌다 … 北 작성 자료집 발견", 《주간조선》, 2020년 9월 27일 자, https://www.chosun.com/national/national_general/2020/09/27/ERJRAE5UFZDZ7JONTBPIFQXH3E/; *Documents and materials exposing the instigators of the civil war in Korea*, Pyongyang: Ministry of Foreign Affairs of the Democratic People's Republic of Korea, 1951; *Документы и материалы, изобличающие зачинщиков междоусобной войны в Корее*, Пхеньян: Департамент культурной связи с заграницей министерства культуры и пропаганды КНДР, 1951; *Jak byla připravena válka v Koreji: Dokumenty z archivů Li Syn-manovy vlády*, Praha: Orbis, 1951; *Entlarvung der Anstifter des Bürgerkriegs in Korea: Dokumente und Materialien aus den Archiven der Li-Syng-Man-Regierung*, Berlin (Ost): Dietz, 1952; 朝鮮民主主義人民共和国外務省, 『朝鮮における内戦誘発者の正体を暴露する諸文書·資料』, 東京: 祖國防衛全国委員会, 1951.

14 안드레이 란코프가 유성철과 한 인터뷰, 1991년 1월 18일.

전 조선을 걸어서 후퇴했습니다. 그때 저희는 그들이 무엇을 계획했는지 무슨 실수를 했는지도 몰랐지만, 고생을 참 많이 했습니다"라고 증언했다.[15]

한편 현재 북한이 존재하는 이유 중 하나는 1950년 가을 마오쩌둥이 중국 군대를 북한에 파견하기로 결정한 것 때문이다. 이 결정이 언제 내려졌는지는 이미 알려져 있다. 그해 10월 6일 좌절한 김일성이 자기 비서관 문일에게 "전쟁은 이미 패배했고, 우리가 외세의 도움을 받지 못하면 조선을 잃을 것이오"라고 고백한 적도 있다.[16] 그러나 10월 8일 아침 중국의 참전 결정을 알게 된 김일성은 천국에 온 기분을 느꼈다.[17] 현재 중국 자료에 대한 접근에 제한이 있어 모르는 것이 참으로 많다. 그래서 당시 현지에 있었던 유성철의 증언은 중요한 사료다.

10월 18일이나 19일에 저희는 예젠잉(葉劍英)을 만나러 도착했습니다. 예젠잉은 그 당시 중국군의 총참모장이었습니다. 그는 같은 날에 만날 수 있다고 했습니다. 저희는 호텔에서 밤 11시까지 기다렸지만 아무 소식이 없었습니다. 예젠잉은 내일 만나겠다고 했습니다. 저희가 잠을 자러 누운 15분 후에 그들은 저희

---

15 안드레이 란코프가 유성철과 한 인터뷰 당시에 부인 김용옥의 발언, 1991년 1월 18일.

16 *Телеграмма посла СССР в КНДР первому заместителю министра иностранных дел СССР о намерениях правительства КНДР просить правительство Советского Союза подготовить лётные кадры и офицеров других специальностей из числа советских корейцев и корейских студентов, обучающихся в СССР, № 1426.* 6 октября 1950 года, ЦАМО России, ф. 5, оп. 918795, д. 124, лл. 89-90.

17 *Телеграмма посла СССР в КНДР Председателю Совета Министров СССР о реакции северокорейских руководителей на его письмо с сообщением о поддержке войны корейского народа КНР и Советским Союзом.* 8 октября 1950 года. ЦАМО России, ф. 5, оп. 918795, д. 121, л. 720.

를 깨우며 마오쩌둥을 만날 것이라고 했습니다. 저희는 빨리 옷을 입고 천안문에 갔습니다. 그쪽에서 이미 전체 중국 공산당 중앙위원회 위원들이 모여 있었습니다. 마오는 저희에게 친근하게 인사했지만 5분이나 10분 동안 날씨나 사소한 일에 대해서만 이야기했습니다. 그러면서 모두가 누군가를 기다리고 있었습니다. 그리고 그때 지팡이를 들고 있는 주더(朱德)가 들어왔습니다. 그가 들어가자마자 마오쩌둥을 비롯한 모든 사람들이 일어났습니다. 주더가 자리에 앉자 토론이 본격적으로 시작되었습니다.

이 자리에서 박헌영은 40분 동안이나 보고를 했습니다. 다음에 제가 보고했지요. 전시 상황에 대한 브리핑을 시작하자 마오는 '저기 지도를 좀 열어달라'고 했습니다. 벽의 창가림 뒤에 큰 지도가 있었고, 이를 통해 작전 상황을 확인할 수 있었습니다. 저는 창피했습니다. 제가 들고 온 지도에서 우리 쪽(북한군)은 아직 [평안남도] 중화군에서 밀려나지 않고, 중국 지도에서는 평양도 함락당한 상황을 볼 수 있었습니다. 제가 보고를 마무리하자 마오는 '당신은 군인으로서 무엇을 제안하죠?'라고 물어봤습니다. 저는 '우선, 공군과 고사포병이 필요합니다. 저희는 이 두 가지가 모두 없고, 이들 없이는 현대적 전쟁을 할 수 없습니다'라고 답했습니다. 이날 마오쩌둥은 다음과 같이 결론을 내렸습니다. '우리는 지원병들을 파견하고 조선 인민을 도와주기로 결정했습니다. 다음과 같은 사업을 곧 이행해야 합니다. 첫째, 공동사령부를 설립해야 합니다. 둘째, 통역관들이 필요한 만큼 있도록 해야 합니다. 셋째, 중국의 조선 지원을 널리 선전해야 합니다.'

마오쩌둥은 지원군 사령관으로 펑더화이, 후방 책임관으로 가오강(高崗)을 임명하면서 그들과 협조할 수 있는 방법을 모색하라고 했습니다. 회의 마지막에 그는 '편 손가락으로 적을 때릴 수 없고, 주먹으로 때려야죠. 군사력을 분산시키면 안 됩니다'라고 당부했습니다. 대놓고 김일성을 비판하지는 않았지만, 우리는 무슨 의미인지 알았죠. 이날 우리가 회의가 진행되었던 건물에서 나왔을 때 저우언라이가 함께 나왔습니다. 그는 회의장 밖에서 김일성에게 쓴 편지를 박헌영에게 주었습니다. 당시 우리를 배웅해준 사람은 저우언라이뿐이었습니다. 우리는 중국 랴오닝성 선양으로 갔고, 펑더화이를 잠깐 방문하기도 했습니다. 긴 이야기를 나눌 시간은 없었죠. 펑더화이는 너무 바빴고, 군부대로 부임하려고 서둘렀습니다. 우리는 아주 잠깐 이야기를 나눴는데, 마지막으로 펑은 '신의주에서 뵙겠습니다'라고 했고 가오강과 만나러 파견했습니다.

가오강은 왜 우리와 만남이 이렇게 늦게 되었는지 설명해주었습니다. 그에 따르면 중공 중앙위원회는 두 개의 의견이 존재했습니다. 조선을 지지해 참전하자고 하는 사람들도 있었고 그렇게 하면 중국이 미국과 전쟁 상태에 빠지게 될까봐 걱정해 참전에 대해 근심한 사람들도 있었습니다. 특히 당시 전체 중국 영토의 해방과정이 완료되지 않아 중국은 그런 전쟁에 준비되지 않았습니다.

이 문제를 해결하기 위해 모스크바에 스탈린을 만나러 저우언라이가 파견되었습니다. 그는 빨리 귀국해야 했지만 회담은 계획보다 오랫동안 진행되었습니다. 스탈린은 처음에 그와 한 번만 만날 예정이었지만 결국 두 번 만났습니다. 그래서 저우언라이가 늦었고 그가 도착하고 모스크바 회담의 결과에 대해 알려줄 때까지 결정을 내리도록 결단하지 못했습니다. 회담에서 스탈린은 저우언라이에게 현 상황에서 미국이 중국에 대한 직접 군사 대립을 하지 않을 것이고 중국의 영토에 침입하지 않기 때문에 중국의 참전은 완전히 가능하다고 본다고 했습니다. 마오쩌둥은 이 대담을 알게 되어 중국 최고 지도를 소집했고 우리도 초대했습니다. 가오강이 이야기했듯이 모스크바 회담 때 저우언라이는 스탈린에게 군사적 원조와 공군 지원을 요청했다고 했습니다. 스탈린은 주저 없이 요청을 수락했습니다.

가오강은 이야기가 끝나고 자신의 중앙정치국 연설을 보여주었습니다. 가오강의 입장은 조선에 즉시 그리고 절대적으로 지원해야 한다는 것이었습니다. 박헌영은 이 연설을 꼼꼼하게 읽었습니다.

조선에 돌아올 때 저희는 안둥에서 펑더화이와 만났고 급히 우리의 회담 결과를 보도하도록 평양에[18] 갔습니다.[19]

유성철의 실각과 망명

1955년경 북한 지도부는 고려인 간부에게 소련 국적을 포기하도록 압박하기 시작했다. 그래서 유성철은 1956년 1월 6일 소련 국적 포기를 신청했고[20] 소련 측은 같은 해 3월 23일 이 요청을 수락했다.[21]

1956~1957년경, 스탈린을 비판한 소련공산당 제20차대회와 북한의 8월 종파사건 이후 김일성은 소련의 통제로부터 벗어났다. 그때 그는 소련파와 연안파를 숙청하기 시작했고, 유성철도 이 숙청의 피해자 중 한 명이 되었다. 1956년 유성철은 오진우와 함께 소련 총참모부 군사대학교로 유학했고 1958년 귀국하자 사상 검토의 대상이 되었다. 고발은 주로 '개인숭배론에 대한 수정주의적 선전'과 '김일성이 전쟁을 일으켰다는 소문을 퍼뜨린 것'이었다. 유성철은 전쟁 후 친구인 김봉률, 정학준과 만났을 때 남북문제를 평화적으로도 해결할 수 있었고, 전쟁을 치를 필요가 없었다고 하면서 개인숭배에 대해도 언급했다.[22] 아마 이 이야기는 유성철의 실각 원인 중 하나가 되었을 것이다. 북한 당

---

18 당시 평양은 북한 실효지배하에 있지 않았다. 이 인터뷰는 1990년대에 진행되었고 나이 많은 유성철은 '평양'을 북한 수도라는 뜻으로 말한 것 같다.

19 안드레이 란코프가 유성철과 한 인터뷰, 1991년 1월 18일.

20 Югай (Ю) Сен Чер, Анкета-заявление о выходе из гражданства СССР // О выходе из гражданства СССР советских граждан корейской национальности Ан Ивана Семёновича, Ан, урождённой Ким, Сун Ок, Кан Сан Хо и других лиц, в числе 82 человек, ГАРФ, ф. Р-7523, оп.88, д. 2549 (ЛГ-202/43с), лл. 197-198об.

21 Указ Президиума Верховного Совета СССР, О выходе из гражданства Ан И.С., Ан (Ким) Сун Ок, Кан Сан Хо и других лиц, проживающих в Корейской Народно-Демократической Республике, 23 марта 1956 г. ГАРФ, ф. Р-7523, оп. 88, д. 2960, л. 8.

22 안드레이 란코프가 세르게이 유가이와 한 인터뷰, 1990년 1월.

국은 유성철을 심문(審問)하기 위해 호출했다. 그는 친소(親蘇) 간첩 행위로 고소당했다. 유성철은 구타를 당했지만 자백하지 않았다.[23]

〈그림 2-3-2〉 망명 후 유성철

자료: 필자 입수.

소련 국적도 없는 유성철에게 희망은 보이지 않았다. 그러나 기적적으로 그는 구출되었다. 1959년 소련공산당 제1비서 흐루쇼프가 북한을 방문할 예정이었다. 북한 측은 당시 평양에 세워진 해방탑에 새겨진 문구에서 스탈린에 대한 언급을 삭제했다. 결국 이때 흐루쇼프는 평양을 방문하지 않았지만, 이 취소된 방문이 유성철을 구했다. 그가 흐루쇼프에게 직접 신고할 수 있다고 본 북한 당국이 유성철에게 소련으로의 출국을 허용한 것이다. 결국 그해 유성철은 북한을 떠났다.

소련으로 귀국한 유성철은 1960년 6월 27일에 소련군 대령으로 임관되었다.[24] 30년 동안 그는 조용히 살았다. 소련 당국은 특히 중소분쟁 시기 북한과의 관계가 매우 중요하다고 생각해 공개매체에서 김일성에 대한 비방을 전혀할 수 없었다. 그래서 유성철도 자신이 인생에서 겪은 진실을 밝히지 못했다. 그러나 1980년대 말 페레스트로이카 시대에 소련에도 언론 자유가 생겨 유성철은 누구보다도 소련 및 한국 기자들과 많이 만났고 인터뷰를 했다.[25] 우리가

---

23   Ibid.

24   *Ю (Югай) Сен Чер. Учётно-послужная карточка Г-139394.* (필자가 입수한 자료)

25   "6·25때 북한군 작전국장/유성철 '나의 증언': 1", ≪한국일보≫, 1990년 11월 1일 자, https://www.hankookilbo.com/News/Read/199011010041424744. 이 칼럼은 19개 칼

소련군 제88여단에서 김일성의 생활, 6·25 남침 준비 등 한국사의 중요한 사건에 대해 알고 있는 것은 유성철의 증언 덕분이기도 하다. 1991년 8월 27일 고려인 신문 ≪고려일보≫에 유성철의 "김일성 주석께 보내는 편지"가 게재되었다.[26] 저자는 바로 '조선인민군 전 작전국장, 퇴역중장 유성철'이었다. 유성철은 김일성에게 제88여단이 주둔한 뱌츠코예 마을, 소련에서의 생활, 그리고 아들 김정일 탄생에 대해 상기시켰다.

물론 이 편지에 대한 답장은 없었다. 김일성이 사망한 1994년 다음 해인 1995년 1월 15일 유성철도 세상을 떠났다.[27] 김씨 일가 정권의 탄생을 본 그가 이 정권의 종말은 보지 못한 것이다.

럼 시리즈의 첫 번째 것이다. 『證言 金日成을 말한다: 兪成哲, 李相朝가 밝힌 북한정권의 실체』, 서울: 한국일보社, 1991;『김일성을 말한다 [비디오 녹화 자료]: 유성철 전 인민군 작전국장의 증언』, 서울: KBS영상사업단, 1991.

26   유성철, "김일성 주석께 보내는 편지", ≪고려일보≫, 1991년 8월 27일 자, 2면.

27   "兪成哲 前 北韓軍중장 별세", ≪중앙일보≫, 1995년 2월 10일 자, https://www.joongang.co.kr/article/3013985

제4장

미하일 강

도망을 선택한 음지의 실력자

복되어라
악을 꾸미는 자리에 가지 않고
죄인들의 길을 거닐지 않으며
조소하는 자들과 아울리지 않으며
조소하는 자들과 어울리지 않 … 는 사람
— 성경(북한 번역), '시편', 1:1~2

　북한 역사에 대한 관심이 있는 한국 독자들은 미하일 강이 누군지 몰라도 그의 얼굴은 봤을 것이다. 1945년 10월 14일 김일성이 평양 주민들 앞에 처음으로 등장해 연설했을 때 소련군 소령 군복을 입은 미하일 강이 바로 김일성 옆에 서 있었다. 이 사람은 과연 누구였나?

　미하일 강에 대한 정보는 많지 않다. 그러나 그를 아는 사람들이 했던 인터뷰를 통해 그가 어떤 사람이었는지 어느 정도 알아볼 수 있다.

어부의 아들, 비밀경찰관, 소련군 장교

미하일 강은 그의 아들에 따르면 블라디보스토크에서 멀지 않은 루스키섬에서 1910년 10월 16일 태어났다.[1] 그의 아버지 이반 강(Иван Афанасьевич Кан)은 아들이 네 명 있었지만, 학교를 졸업한 자식은 미하일뿐이었다. 그가 공부한 학교의 이름은 '농업 청년 학교(Школа крестьянской молодёжи)'였다. 당시 이 학교에서 공부한 강상호는 미하일 강이 이 학교를 선택한 이유가 장학금 지원이었다고 증언했고 장학금이 없었다면 공부할 수 없었을 것이라고 증언했다.[2] 농민 출신자에게 입당은 어렵지 않았는데 미하일 강은 1931년에 볼셰비키당의 당원이 되었다.[3]

이어 미하일 강은 블라디보스토크의 국립 극동대학교를 졸업했고 번역가 연수도 이수했다. 결국 미하일 강은 소련 비밀경찰인 내무인민위원회에 입대했다. 그는 상급 예심원까지 진급했다. 나중에 미하일 강의 가족들에게 '아버지는 진짜 일본 간첩을 잡았다'라는 전설까지 생겼다. 스탈린 시대에 간첩 혐의로 체포된 사람들의 압도적 대부분은 죄 없는 숙청의 희생자들이었기 때문에 진짜 간첩을 잡는 것은 업적이었다. 이 전설에 따르면 미하일 강이 잡았던 일본 간첩은 자신이 '조선 사람'이라고 주장했지만 본관이 무엇인지 몰랐다. 따라서 강 예심원은 그의 정체를 알게 되었다.[4]

블라디보스토크에서 미하일 강은 류드밀라 리(Людмила Алексеевна Ли)라는

---

1   안드레이 란코프가 비탈리 강과 한 인터뷰, 2001년 2월. 다만, 공식 자료에 따르면 미하일 강은 1910년 8월 12일생이다. 음력 날짜 양력 날짜로 잘못 등록된 것으로 보인다. *Кан Михаил Иванович. Учётно-послужная карточка Б-423497.* (필자가 입수한 자료)
2   안드레이 란코프가 강상호와 한 인터뷰, 1990년 3월 7일.
3   *Кан Михаил Иванович. Учётно-послужная карточка Б-423497.* (필자가 입수한 자료)
4   안드레이 란코프가 비탈리 강과의 한 인터뷰, 2001년 2월.

주: 왼쪽에서 오른쪽으로 미하일 강, 김일성, 치스탸코프, 안드레이 로마넨코 그리고 레베데프.
자료: 8·15 해방 일주년기념 중앙준비위원회. 『북조선민주주의건설 사진첩』, 평양, 1946. 원본은 국사편
    찬위원회 사료관에 보관되어 있다.

처녀를 알게 되었다. 1919년에 태어난 그녀는 미하일 강보다 훨씬 어렸다. 그
녀도 고려인이었지만 미하일 강의 가족과 달리 그녀는 러시아에 동화되었고
문화적으로 러시아인과 더 가까웠다. 류드밀라 리는 어렸을 때 부모를 잃었고
삼촌네 가족과 살았다. 그녀는 의학전문학교를 졸업한 후 준의사(准醫師) 자격
을 받았다.[5]

　미하일 강과 류드밀라 리는 1937년 블라디보스토크에서 결혼했다. 그러나
같은 해 스탈린 정권은 고려인 강제 이주를 이행했다. 비밀경찰관도 이주 대상
이 되었다. 미하일 강은 카자흐스탄의 크질오르다에 살게 되었다. 내무인민위
원회 출신인 그는 검열관으로 임명되었다. 강제 이주로 중앙아시아에 사는 고

5　Ibid.

〈그림 2-4-2〉
미하일 강 소령, 김일성 대위, 메클레르 중령

주: 메클레르 중령은 이 사진을 김일성이 1945년 8월
    훈장을 받은 직후 찍게 되었다고 주장한 적이 있다.
    그러나 사진에서 김일성이 입고 있는 옷은 소련 대위
    군복이 아니라 10월 14일 시위 당시 입었던 양복과
    넥타이다. 사진 뒤에 있는 조선 아이의 모습도 고려
    하면 사진이 10월 14일 시위 이후 찍힌 것으로 판단할
    수 있다. 필자는 아마도 이 시위 직후에 찍은 것이
    아닐까 추측한다.
자료: Андрей Почтарёв, Тайный советник "солнца
    нации," Независимое военное обозрение, 14
    января 2005 года, http://nvo.ng.ru/history/2005-
    01-14/5_kim_ir_sen.html

려인 수는 대단히 많아져 미하일 강은 조선어로 쓴 도서와 매체의 내용을 검열했다. 예를 들면, 한국에서 비교적 잘 알려져 있는 ≪레닌기치≫라는 고려인 신문의 검열관이 바로 미하일 강이었다.[6]

1941년 4월 미하일 강은 붉은 군대에 입대했다. 두 달 뒤인 1941년 6월 22일 나치 독일은 소련을 공격했고 독소전쟁이 발발했다. 공식 기록에서 그런 언급을 찾을 수 없지만, 미하일 강은 시인 조기천과 함께 총정치국 특별조에서 공부했다는 증언도 있다.[7] 1941~1943년 사이 미하일 강은 극동전선 소속이었다. 1941년 그는 대위에 해당하는 '상급 정치지도원'이라는 계급을 수여받았다. 바로 이 시기 미하일 강은 김일성이 복무하는 제88여단을 처음으로 방문하게 되었다.[8]

---

6 Кан Михаил Иванович // Корейцы – ветераны Великой Отечественной войны, http://www.arirang.ru/veterans/kang_mi.htm

7 장학봉 외, 『북조선을 만든 고려인 이야기』, 689~690쪽.

1943년 미하일 강은 서방 전역(戰役)에 호출되었지만 1945년 체코슬로바키아에서 다시 극동지역에 파견되었다. 소련은 대일(對日)전쟁 준비를 시작했고 군대는 통역가가 필요했다. 미하일 강은 극동전선의 제7부에[9] 메클레르 중령 밑에서 복무하게 되었다. 당시 이미 소령까지 진급한 미하일 강은 같은 극동전선에서 복무한 김일성보다 군사계급이 높았다.[10]

북조선에서

1945년은 북한의 역사를 결정한 해였다. 이 책에서 이미 언급한 것처럼 당시 소련군은 북한 수령 후보자들을 고려했다. 미하일 강을 내세우자고 한 사람도 있었고 로보다 소련 기자의 증언에 따르면 그를 후보로 지지한 사람은 표도로프 중령이었다. 표도로프 중령 딸의 증언에 따르면[11] 그는 마음속으로 스탈린주의에 반대하는 사람이었고, 소련 자료도 보면 표도로프 중령이 소련 통제를 완화해 조선 사람들을 도와주도록 적극적으로 노력했다는 것을 확인할 수 있다.[12] 이런 사람이 미하일 강을 내세운 것을 보면 당시 그가 상당히 온건한

---

8 Кан Михаил Иванович // *Корейцы – ветераны Великой Отечественной войны*, http://www.arirang.ru/veterans/kang_mi.htm

9 소련 군대에서 제7부서(제7부, 제7국, 제7과 등)는 점령지 거주자 관리를 위해 설립한 부서들이었다.

10 Кан Михаил Иванович // *Корейцы – ветераны Великой Отечественной войны*, http://www.arirang.ru/veterans/kang_mi.htm

11 필자의 타티야나 표도로바와 한 인터뷰, 2019년 7월 30일.

12 Фёдоров, Лившиц, "Докладная записка," *Разные материалы, поступившие из Гражданской администрации Северной Кореи*, ЦАМО России, ф. 172, оп. 614631, д. 37, лл. 14-32.

〈그림 2-4-3〉 김일성과 미하일 강

주: 만경대에 방문한 김일성(왼쪽에서 두 번째)과 미하일 강
   (오른쪽에서 첫 번째).
자료: 필자 입수.

사람으로 인식되었다는 것을 확인할 수 있다.[13]

미하일 강은 결국 북한의 수령이 되지 못했지만 소련군정에 상당히 중요한 사람이 되었다. 소련 군대가 북조선을 점령한 후 미하일 강은 레베데프 장군, 로마넨코 장군과 함께 근무했다. 여러 증언에 따르면 미하일 강은 당시 소련군 당국과 김일성을 비롯한 북한 정권 인물 사이의 매개체가 되었다.[14] 예를 들면, 1945년 가을 소련 장교들이 김일성, 조만식과 만났을 때 미하일 강이 통역을 해주었다.[15]

소련군 기관지 ≪조선신문≫에서 부편집장으로 근무하게 된 그는 1947년 가을 이 직위로 남아 있었다. 당시 소련군이 히로타라는 일본군 장교에게 빼앗은 집으로 그의 가족이 들어와 살았다.[16]

이 시기 미하일 강은 자식이 세 명 있었다. 장녀는 1938년생 스베틀라나였고, 1941년생 비탈리와 1943년생 블라디미르 등이었다. 북조선에서 미하일 강

---

13 이휘성, "6·25 발발前 굶주리는 北인민 살렸던 '영웅'", ≪데일리NK≫, 2022년 3월 29
    일, https://www.dailynk.com/북한-어제와-오늘-6·25-발발前-굶주리는-北인민-살렸던/

14 林隱, 『北朝鮮王朝成立秘史 – 金日成正伝』, 東京: 自由社, 1982, 137頁.

15 중앙일보 특별취재반, 『秘錄 조선민주주의 인민공화국』, 서울: 中央日報社, 1992, 51쪽.

16 안드레이 란코프가 비탈리 강과의 한 인터뷰, 2001년 2월.

의 가족은 비극에 대면했다. 1946년 스베틀라나는 교통사고로 목숨을 잃었다. 사고를 일으킨 범죄자는 술에 취한 소련군 기사였다. 스베틀라나 급사 1년 후인 1947년 딸 마리아나가 태어났고, 막내인 타마라가 1951년 태어났다.[17]

귀국의 수수께끼

1940년대 후반 북한에서 근무한 고려인의 운명을 보면 대부분 북한 국적으로 입적했고 김일성 정권의 고급 간부가 되었다. 1945년 이미 잘 알려져 있던 북조선 고려들 가운데 미하일 강은 거의 유일한 예외였다. 그는 자신이 조선 사람이 아니라 소련 고려인이라고 여겼다고 할 수 있다.

형식상 미하일 강 소령의 경력은 아무 이상이 없었다. 군구(軍區)의 호출에 따라 그는 1947년 소련으로 귀국했고 조선어 선전지 및 신문 출판 분야에 근무하게 되었다. 퇴역한 다음 미하일 강은 하바롭스크에서 조선어 라디오 방송 책임자가 되었고 1953년 칸스크(Канск)라는 소도시에서 군사 번역가 학교에 강의를 하게 되었다. 바로 1953년 미하일 강은 다시 북한에 가서 근무하는 제안을 받았지만 거절했다. 조선에 가는 대신 그는 모스크바로 이주했고 ≪쏘련 녀성≫이라는 소련 잡지의 조선어판 창간자 겸 편집자가 되었다.[18]

1956년 중령까지 진급한 미하일 강은 퇴역했고, 1960년 병이 걸려 1961년 1월 3일 사망했다. 그의 묘지는 모스크바 다닐로브스코에 묘역에 있다. 류드밀라 리는 남편보다 훨씬 오랫동안 살았고 1993년 사망했다.[19]

---

17 Ibid.

18 Кан Михаил Иванович // *Корейцы – ветераны Великой Отечественной войны*, http://www.arirang.ru/veterans/kang_mi.htm

19 안드레이 란코프가 비탈리 강과의 한 인터뷰, 2001년 2월.

바로 앞 두 개 문단을 보면 미하일 강의 경력은 평범한 소련 번역가 장교처럼 보인다. 그러나 1940년대 이 사람이 갖고 있었던 실권, 특히 그가 북한 수령 자리 후보자 중 한 명이었다는 것을 기억하면 그의 귀국은 매우 예외적이고 전략적인 결정으로 보인다. 다음 인터뷰의 수수께끼는 미하일 강의 가족도 몰랐던 것을 확인할 수 있다.

안드레이 란코프: 선생님의 아버님께서는 왜 북한에서 떠나셨나요? 상당히 갑작스러운 일이었죠.

비탈리 강(미하일 강의 아들): 잘 모릅니다. 어머니는 이에 대해 아예 이야기한 적이 없었습니다. 전 거기에 어떤 문제가, 어떤 스토리가 있었다고 생각한 적이 있습니다. 아버지는 조만식과 관계가 좋아서 그랬을까요? 아버지는 조만식이 선물로 준 권총까지 있었거든요. 우리 가족은 권총을 오랫동안 보관했고, 나중에 누가 국가보안위원회에 알려주었고 1963년에 그쪽에서 연락이 왔고 권총을 내달라고 했습니다. 아니면 나중에 진도 그룹 설립자가 된 진도 김씨에 관한 스토리일까요? 김씨는 자주 극좌 분자로부터 괴롭힘을 당했고 아버지는 여러 번 그를 지킨 적이 있습니다. 김씨의 집에 살도록 방첩국 요원 몇 명까지 파견했고 나중에 남조선에 이주하도록 도와주었습니다. 아무튼, 잘 모르겠습니다 … [20]

'김씨', 즉 진도 그룹의 설립자인 김성식은 강 소령의 도움을 잊지 않았다. 수십 년 후 미하일 강과 김성식의 가족들은 다시 만나 ≪중앙일보≫ 이헌익 기자에게 이 사건에 대해 보다 자세하게 말했다.[21] 김성식은 광복 직후 미하일 강

---

20 Ibid.

21 이헌익, "이념보다 진한 우정 … 자식이 되찾았다|진도 김영원 회장-미하일강|두 집안의 우정과 분단44년", ≪중앙일보≫, 1991년 9월 18일 자, 13면, https://news.joins.com/article/2641915

을 알게 되었고 두 사람은 친한 친구가 되었다.

소련군 장교와 북조선 지주가 사귀는 것은 참으로 예외적인 일이었다. 그리고 물론 공산화 노선에 맞지 않는 우정이었다. 결국 김성식은 최용건의 보안대에 연행되었다. 미하일 강은 즉시 최용건과 김일성에게 연락했고 김성식을 석방하라고 요구했다. 당시 북한 당국은 소련군에 무조건 복종했기에 김성식은 석방되었다.

1947년 친구들은 영원히 헤어졌다. 미하일 강은 김성식에게 '당의 명령'에 따라 하바롭스크로 떠나야 한다고 했다. 그는 김성식에게 남조선으로 가라고 권유했다. 미하일 강이 공산주의 사상에 얼마나 의구심이 많았는지 느낄 수 있다.

그러나 그는 조선에서 떠나는 이유를 친한 친구인 김성식에게도 알려주지 않았다. 1947년 미하일 강의 아버지 이반 강이 별세했는데[22] 부친의 사망이 이의 귀국에 영향을 미쳤는지는 알 수가 없다. 정답을 아는 사람은 미하일 강 자신뿐이었다. 비밀경찰 출신자인 그는 이 비밀을 잘 지켰고 이 비밀은 역사의 그림자 속에서 영원히 남아 있을 것 같다.

22 Герман Ким, "*Кан Михаил – советский подполковник с генеральскими полномочиями*", ≪고려일보≫, 2020년 6월 12일 자, 6면, https://koreans.kz/download/files/22-2020_compressed.pdf

제5장

인노켄티 김

북조선 주민을 지킨 소련 비밀경찰관

> 우리는 태어날 나라,
>
> 민족이나 시대를 선택할 수 없다.
>
> 그러나 인간으로 살지 괴물로 살지는 선택할 수 있다.
>
> — 세르비아 정교회 총대주교 파블레

북한의 소련군정기 당시 북소관계의 특성을 살펴보면 예상과 달리 소련 비밀경찰이 북한에서 거의 영향을 미치지 못했다는 것을 알 수 있다. 일본제국 항복 직후 북한은 소련 군대의 점령지였고, 소련 군대가 직접 통치했다. 1949년 8월 2일 소련 내각은 인민민주주의 국가에 정보원을 파견하지 말라고 결정했다.[1] 그리고 1950년 후반기 북한 소련 통제에서 완전히 벗어났다. 그래도 소련군정기 당시 북한에 근무한 국가안전부 간부가 있었는데 이들 중 핵심인물

---

[1] *Постановление СМ СССР «Вопросы разведки» № 3309-1385сс от 2 августа 1949 г.*, АП РФ, ф. 93. Цит. по Н. Петров. *Глава 5. Общие закономерности и различия в организации деятельности советских советников госбезопасности в странах Восточной Европы. 1945-1953 гг.*, https://pure.uva.nl/ws/files/2016071/55769_10.pdf

은 두 명이다. 바로 발라사노프와 인노켄티
김(Иннокентий Михайлович Ким)이었다. 인
노켄티 김은 고려인이었고, 발라사노프도
러시아족(族)은 아니었다. 본명은 '발라시얀'
으로, 아르메니아 출신이었다.

<그림 2-5-1> 인노켄티 김

자료: 필자 입수.

　인노켄티 김은 1919년 10월 14일, 러시아
극동지역의 고르사코브카(Корсаковка) 마을
에서 태어났다. 아버지 미하일 김과 어머니
는 평범한 고려인 농민이었다. 사립학교에
다니다가 공산당이 학교를 폐지해 고려인
초중학교(初中學校)로 편입했다. 1930년대 사
범전문학교에 입학했는데 3학년 때인 1937
년 고려인 강제 이주정책을 당해 중앙아시아에 살게 되었다. 새로운 거주지에
도착한 뒤에는 1년 정도 학교를 다니지 않다가 다시 고등학교에 들어가 정상
적으로 졸업하고 알마아타 농업대학교 기술기계학부에 입학했다. 타슈켄트에
서 공부하려고 했지만, 고려인 이주통제 탓에 가지 못했다. 1942년 대학생 당
시 비밀경찰인 내무인민위원회에서 취업 제안을 받아 고민 끝에 수락했고, 내
무 일꾼이 되었다.[2]

　1946년 인노켄티 김은 갑자기 모스크바로 가라는 호출을 받고는 3개월 동
안 대기하면서 준비 과정을 이수한 뒤 북한에 파견되는 것으로 확정되었다. 국
가안전 차관 표트르 페도토프(Пётр Васильевич Федотов) 중장이 그를 최종 면접
했다. 평양에 도착한 다음날, 서울로 간 인노켄티 김은 미소 공동위원회에서
세묜 남과 박영빈이라는 고려인들과 함께 통역관으로 근무했다. 그 후 다시 북

2　안드레이 란코프가 인노켄티 김과 한 인터뷰, 2001년 9월 14일.

〈그림 2-5-2〉 레베데프 소장, 김일성, 발라사노프 대령

자료: 필자 입수.

한으로 와서 발라사노프의 부하로 근무하게 되었다. 그런데 소련 비밀경찰은 생각보다 북한에서 할 일이 없었다.[3]

1945년 이전의 식민지 조선에서 소련의 정찰 네트워크는 매우 약했다. 내무인민위원회, 군대 정찰총국, 태평양함대, 그리고 극동전선에서 고려인 정보원들을 보냈지만, 고려인들이 일반적인 조선인처럼 행동하는 것은 어려웠기에 정보원이 금방 노출되고 마는 것이 부지기수였다. 그래서 북한에 도착한 발라사노프나 인노켄티 김은 자신들이 관리할 수 있는 정보원 네트워크가 없었다. 게다가 소련에서 비밀경찰이 하던 활동, 즉 정치범 처벌은 소련군 제25군의 특별재판소에서 했다.[4] 비밀경찰 역시 해야 할 의무가 거의 없었다. 인노켄티 김은 그냥 통역관으로 계속 일했다.[5] 특히, 북한 정권 수립 다음해인 1949년 스탈린은 인민민주주의국가 대상의 정찰사업을 금지했다.[6]

---

3 Ibid.

4 제25군의 특별재판소로부터 판결을 받는 사람의 목록을 다음 링크에서 참고할 수 있다. Поиск по открытому списку жертв политических репрессий в СССР, *Открытый список*, https://ru.openlist.wiki/Служебная:OlSearch?olsearch-conviction-org=военный трибунал 25 армии&olsearch-run=1&olsearch-conviction_min=1945

5 Ibid.

6 *Постановление СМ СССР «Вопросы разведки» № 3309-1385сс от 2 августа 1949 г.*,

<〈그림 2-5-3〉 주북한 소련 고문관

바시킨(1903-1961)　베숄로프(1913-1917)　렌코프(1910-1973)

자료: Н. В. Петров, *Кто руководил органами госбезопасности. 1941-1954. Справочник,*
Москва: Мемориал, Звенья, 2010.

그래서 그때부터 소련대사관에 간첩 책임관(резидент) 직위 자체가 폐지되었
고[7] 고문관들은 북한과 함께 다른 나라에 대한 정보활동을 했다. 정보는 보통
북한 측에서 받았고, 소련 국가안전위원회 제1총국 제11부(고문관부)에 보냈
다.[8] 인노켄티 김에 따르면 주북(駐北) 고문관 이반 바시킨(Иван Алексеевич Вашк
ин)에[9] 이어 표도르 베숄로프(Фёдор Иванович Весёлов), 바실리 렌코프(Василий
Иванович Леньков) 등이 북한에서 근무했지만 북소관계가 악화되면서 고문관
조직도 사라졌다.[10] 고문관 소환을 요청한 사람은 바로 김일성이었다.[11] 소환

АП РФ, ф. 93. Цит. по Н. Петров. *Глава 5. Общие закономерности и различия в*
организации деятельности советских советников госбезопасности в странах
Восточной Европы. 1945-1953 гг. https://pure.uva.nl/ws/files/2016071/55769_10.pdf

7　*Резидентура КИ в Пхеньяне,* https://shieldandsword.mozohin.ru/ki4758/resident/pyong-
yang.htm

8　안드레이 란코프가 인노켄티 김과 한 인터뷰, 2001년 9월 14일.

9　인노켄티 김은 바시킨의 성을 기억했고 이름은 기억하지 못했다. 그러나 이 책을 통해
바시킨의 이름을 확인할 수 있다. Вашкин Иван Алексеевич // Н.В. Петров, *Кто*
руководил органами госбезопасности. 1941-1954, Справочник. Москва: Мемориал,
Звенья, 2010, стр. 245.

직전인 1950년대 소련 외교관은 조선로동당 종파 투쟁에 개입하지 않았다. 공식적으로 소련 측은 이를 북한 국내 문제라고 봤다.[12]

이 사실은 사료로도 입증된다. 바시킨은 1950년 6월 6일부터 1951년 11월 2일까지 주북한 소련 외교부 정보위원회 대표자(представитель КИ при МИД СССР в КНДР)로 근무하다가 1951년 11월 2일부터 1953년 3월까지 주북한 국가보안부 제1총국 대표자(представитель 1 главного управления МГБ СССР в КНДР)로 근무했다.[13]

베숄로프는 1952년 7월 9일 고문관으로 임명되었지만 평양에는 1952년 9월에서야 도착했다. 1955년 11월 16일까지 그는 북한 국가안보기관 산하 국가보안부·내무부·국가보안위원회 상급고문관(старший советник МГБ–МВД–КГБ при органах госбезопасности КНДР)으로 근무했다.[14]

렌코프는 1955년 11월 16일부터 1958년까지 북한 국가안보기관 산하 소련 국가보안위원회 상급고문관(старший советник КГБ при органах госбезопасности КНДР)으로 근무했다.[15]

인노켄티 김은 이 사람들만큼 높은 간부가 아니었지만 이 사람들과 달리 소련 최고지도자인 스탈린과 만난 적이 있었다. 1949년 3월 5일 김일성과 박헌

---

10 안드레이 란코프가 인노켄티 김과 한 인터뷰, 2001년 9월 14일.

11 안드레이 란코프가 강상호와 한 인터뷰, 1990년 1월 13일.

12 안드레이 란코프가 강상호와 한 인터뷰, 1989년 11월 30일.

13 Вашкин Иван Алексеевич // Н.В. Петров. *Кто руководил органами госбезопасности. 1941-1954*, Справочник, Москва: Мемориал, Звенья, 2010, стр. 245.

14 Весёлов Фёдор Иванович // Н.В. Петров. *Кто руководил органами госбезопасности. 1941-1954*, Справочник, Москва: Мемориал, Звенья, 2010, стр. 250.

15 Леньков Василий Иванович // Н.В. Петров. *Кто руководил органами госбезопасности. 1941-1954*, Справочник, Москва: Мемориал, Звенья, 2010, стр. 540-541.

영을 비롯한 북한 간부로 구성된 대표단은 모스크바를 찾았을 때 인노켄티 김
도 이 회의에 참석했고 통역과 대화 기록을 했다.[16]

주민들을 위해 군대와 맞선 비밀경찰관들

발라사노프와 인노켄티 김은 스탈린의 비밀경찰로 근무한 사람들이었지만,
그들이 북한에서 사람답게 활동했던 모습을 보여주는 에피소드가 있다. 1945
년 북한을 점령한 소련군 제25군의 사령관인 치스탸코프 상장의 명령에 따라
일본인들은 '특정 지구'에 강제 이주되었다. 이 '특정 지구'는 수용자들이 밀집
되어 있고 비위생적이었는데, 한 소련 장교는 이곳을 '추위와 기근의 장소'라고
평했다. 이 상황을 본 발라사노프는 로마넨코 소장과 함께 치스탸코프 사령관
에게 쌀 3만 톤을 일본인 주민들에게 공급하자는 제안을 했다. 그러나 사령관
은 "이 쌀은 이미 경리국에 등록되었다"라며 거절했다. 한 소련군 장교의 증언
에 따르면 고급 군 지휘관들은 일본인 주민들에 대해 자주 "놈들은 뒈져도 돼"
라고 했다고 한다.[17] 비밀경찰 요원이 군부대의 장군보다 더 양심이 있었던 것
을 보면 참으로 신기하면서도 흥미롭다. 나중에 표도로프 중령과 립시츠 소령
이 치스탸코프의 상관인 메레츠코프 원수에게 이 문제를 보고한 후에야[18] 일본

---

16   *На приёме у Сталина*, Москва: Новый Хронограф, 2008, стр. 476-477; *Запись*
     беседы председателя Совета Министров СССР с Председателем Кабинета
     Министров Корейской Народно-Демократической Республики о перспективах
     советско-корейских межгосударственных отношений, 5 марта 1949 г. АП РФ,
     ф. 45, оп. 1, д. 346, лл. 13-23, 46.

17   Фёдоров, Лившиц, "Докладная записка," *Разные материалы, поступившие из*
     Гражданской администрации Северной Кореи, ЦАМО России, ф. 172,
     оп. 614631, д. 37, лл. 14-32.

인 특정 지구 문제가 해결되었다.[19]

그리고 인노켄티 김은 2001년 란코프 교수에게 다음과 같은 이야기를 들려
주었다.

방학세는 음침한 인물이었고, '조선의 베리야'라는 호칭이 잘 맞습니다. 많은
일을 담당했고, 본인도 욕심이 있었으며 직위를 악용했습니다. 저는 이 사실을
일찍이 알게 되었습니다. 여기에 진도그룹 회장 김영원의 회고록도 추천합니다.
저는 평양에 처음 도착했을 때 김영원의 부친 김성규의 집에서 살았습니다. 평양
중심에 위치한 2층짜리 좋은 집이었고, 당시 소련 민정청 직원들과 우리 고려인
들이 살았던 일본 장교 집들보다 더 좋았습니다.

김성규는 재산이 많은 사람이었습니다. 택시도 몇 대 있었고, 전쟁이 발발하
기 전에 토지까지 샀습니다. 그래서 그를 '지주'로 등록했지요. 저는 김성규를 좋
아했습니다. 순수하고 정연하고 훌륭한 사람이었습니다. 그런데 그는 경찰에 자
주 잡혀 들어갔습니다. 제가 한 번은 그의 집을 방문하니 부인이 울고 있었습니
다. '무슨 일이 생기셨습니까?'하고 묻자, '또 우리 남편을 잡아 갔습니다'하고 답
했습니다. 저는 참을 수가 없어 경찰서에 가서 '김성규를 왜 체포했나?'하고 물어
보았지요. '잘 모릅니다만, 체포하라는 지시를 받았습니다'라고 답하더군요. 저는
그들에게 '석방하라!'라고 말했습니다. 그는 석방되었지만, 이날 내 경찰서 방문
에 대해 누군가가 발라사노프에게 보고했어요. 발라사노프는 나에게 '조선 내부
일에 개입하지 말라'라고 경고를 했습니다. 그러다 결국 김성규의 가족은 남쪽으
로 탈출합니다. 방학세는 그의 훌륭한 집을 차지했습니다. 지금 생각하면 방학

---

18 Постановление Военного Совета 25 армии Приморского военного округа //
    Постановления Военного Совета 25 армии за 1946 год, 15 января 1946 года,
    ЦАМО России, ф. 25А, оп. 532092, д. 1, лл. 3-5.

19 이휘성, "6·25 발발前 굶주리는 北인민 살렸던 '영웅'".

252   제2부 잊혀진 인물

세가 마음에 들었던 집을 차지하기 위해 이 가족을 일부러 박해한 것이 거의 확실하다고 봅니다. 방학세는 불쾌한 사람이었습니다. 그에 대한 나쁜 평판은 정확했습니다. 그러나 김일성이 자신을 좋아하도록 만들 수 있는 사람이었지요.[20]

인노켄티 김의 소련 귀국

수많은 고려인들과 달리 인노켄티 김은 조선 이름이 없었다. 이름을 만드는 것은 어려운 일이 아니라서 북한에 근무했던 소련인이 조선 이름을 지은 경우도 있었다. 예컨대, 북한에서 근무한 플롯니코프 소련군 대령의 조선 이름은 '김목수'였다.[21] 하지만 인노켄티 김은 그러지 않았다. 그는 북한 국적도 받지 않았고, 자신을 '북한 사람'으로 여기지도 않았다. 북한 정권에서 건설성 부상 직위까지 받았지만 소련으로 귀국하려고 했다. 인노켄티 김의 배우자가 결핵에 걸리자 의사는 "북한의 날씨는 결핵에 걸린 사람에게 좋지 않다"라고 해 그는 귀국할 결심을 했다. 발라사노프는 즉시 안드레이 브신스키(Андрей Вышинский) 외교장관에게 인노켄티 김의 귀국 요청을 보냈고, 같은 날 브신스키가 귀국을 허용했다. 하지만 비밀경찰 측의 허가가 나올 때까지는 시간이 걸렸고, 그 당시 인노켄티 김은 귀국이 취소되진 않을까 하고 걱정을 많이 했다. 그의 귀국 과정에 소련대사 시트코프와 김일성의 비서 문일이 도움을 주었으며, 많은 선물도 전달했다. 인노켄티 김은 열차를 타고 함경북도 청진까지 갔다가 배로 소련 블라디보스토크에 도착했으며, 이후 모스크바에 도착하자마자 인노켄티 김의 부인은 즉시 입원했고 그는 다시 비밀경찰 소속 정찰국 본부에서 근무

---

20 안드레이 란코프가 인노켄티 김과 한 인터뷰, 2001년 9월 14일.
21 안드레이 란코프가 플롯니코프와 한 인터뷰, 1990년 2월 1일. 목수(木手)는 '플로트니코프(Плотников)'라는 성의 직역이었다.

하게 되었다. 나중에 인노켄티 김은 귀국한 발라사노프와 가끔 만났지만, 가벼운 안부 정도만 묻곤 했다.[22]

그러나 이후 인노켄티 김은 발라사노프의 부하가 아니라 다른 신분으로 다시 북한에 가게 되었다. 1953년 3월 5일, 스탈린이 사망하고 난 얼마 뒤에 소련 정부에서 북한에 대표단을 파견했다. 소련공산당 중앙위 본부의 고위간부 한 명, 외교 차관 한 명, 그리고 인노켄티 김이었다. 대표단의 방문 이유는 김일성의 박헌영 체포, 숙청 문제였다. 대표단은 김일성, 남일, 그리고 박창옥과 만나 이야기를 나누었다. 그러나 효과는 없었다. 소련 간부들은 "이제 상황이 달라졌으니 옛날 방식은 맞지 않는다"라고 했으나, 북한 측은 정적에 대한 공개적인 고발과 숙청을 계속했다. 이들은 김일성, 남일, 박창옥 그리고 회의에 불참했던 박정애와 점심을 먹은 후 중국 선양을 출발해 소련으로 귀국했다. 이 방문은 완전히 비밀리에 진행되었고, 당시 소련대사 블라디미르 라주바예프(Вла-димир Николаевич Разуваев)도 이에 대해 모르고 있었다.[23]

선입견은 좋지 않다

사람들은 북한이나 다른 공산권 국가 인사들을 그가 복무한 조직에 따라 평가하는 경우가 많다. 전투병과 군인은 정직한 사람일 수 있겠지만 정치장교는 그렇지 않을 가능성이 높고, 비밀경찰 요원이라면 거의 확실히 '살인마'일 것이라는 선입견은 흔하게 접하는 일이다. 이 장의 내용을 보면 북한에서는 완전히

---

22 안드레이 란코프가 인노켄티 김과 한 인터뷰, 2001년 9월 14일.

23 Ibid; 김국후, 『평양의 카레이스키 엘리트들』, 파주: 한울, 2013, 274~276쪽. 필자는 러시아어로 고려인들을 '카레이스키'로 부르지 않는데, 이 호칭은 러시아어 원어민에게 매우 어색하게 보인다는 것을 강조하고 싶다.

다른 경우가 있었음을 확인할 수 있다. 도덕성이 부족한 전투병과(戰鬪兵科) 장군으로부터 정치장교는 인민을 구출했고, 비밀경찰관은 주민이 탄압을 받지 않도록 노력했다.

필자는 이러한 선입견의 원천을 나치 독일 연구에서 찾을 수 있다고 본다. 냉전 시대에 서독에서 이른바 '국방군 무오설(國防軍無誤說, Mythos der sauberen Wehrmacht)'이라는 것이 있었다. 그 내용은 나치의 친위대는 극악한 범죄 집단이었지만, 일반적인 군대였던 국방군은 조국을 위해 용감하게 싸우는 용사였다는 주장이다.[24] 물론, 나치 독일을 깊이 연구한 학자들은 이 주장이 사실과 매우 다르다고 말해왔다. 실제로 국방군에서도 학살자나 전쟁 범죄자들이 매우 많았으며, 나치 친위대 병사 중에서도 쿠르트 게르슈타인(Kurt Gerstein) 상급돌격지도자나 홀로코스트 주범 라인하르트 하이드리히(Reinhard Heydrich)의 남동생인 하인츠 하이드리히(Heinz Heydrich) 상급돌격지도자처럼 나치의 살인 행위를 막기 위해 노력한 영웅들도 있었다. 마찬가지로 독일 국방군에는 폴란드 포로 수백 명을 죽이라고 명령을 하달한 발터 베셀(Walter Wessel) 대령도 있었다.

공산권 인물을 볼 때 '전투병과 군인=괜찮은 사람'이라거나 '비밀경찰 요원=살인마'라는 선입견을 가지면 절대 안 된다. 앞에서 볼 수 있는 것처럼 소련 사람 중에는 무시무시한 치스탸코프 상장도 있었던 반면, 다른 사람들을 생각했던 인노켄티 김도 있었다. 필자는 마찬가지로 북한에서 김씨 일가 정권의 시대가 종결되고 나면 무서운 인민군 군관이나 영웅적인 보위원들도 존재했다는 것을 알게 될 것이라고 확신한다.

---

24 Ronald Smelser and Edward J. Davies II, *The Myth of the Eastern Front: The Nazi-Soviet War in American Popular Culture*, Cambridge: Cambridge University Press, 2008.

제6장

여성 모략가 박정애

> 못 생긴 여자들은 예쁜 여자들보다
> 남자들을 더 잘 파악한다.
> ― 캐서린 헵번

북한 역사상 여성 정치인을 찾기는 어렵다. 남녀평등을 주장한 공산권에서 오히려 자본주의 선진국보다 여성 차별이 더 심했던 것이다. 출세한 여성들을 보면 대부분은 어떤 강력한 남자들의 친족이었다. 김일성의 배우자 김성애, 허헌의 딸 허정숙, 김정일의 배우자 김옥, 김정은의 배우자 리설주나 여동생 김여정이 대표적인 사례다. 힘이 있는 남편이나 친족이 아니라 자신의 힘으로 출세한 북한 여성은 한 명밖에 없었던 것 같다. 바로 이 장의 주인공인 박정애다.

최초의 북한 정치인

북한 정치사에서 박정애는 김일성보다 일찍 등장했다. 북한에서 일제 통치가 종결된 날은 1945년 8월 26일이었다. 그날 평양 조선호텔에 도착한 소련 제

25군 사령관 치스탸코프 상장은 평양사관구(平壤師管區) 사령관 타케시타 중장의 항복을 받았다. 당시 소련 자료를 살펴보면 박정애에 관한 다음과 같은 설명을 찾을 수 있다. '베라 초이'가 바로 그녀의 러시아어 이름이다.

〈그림 2-6-1〉 박정애

자료: ≪조선인민군≫, 1953년 3월 13일 자, 2면.

평양시에서 가장 잘 알려져 있는 공산주의자 중 베라 초이(Вера Цой), 그녀의 남편 김씨 그리고 조선인 양씨가 있습니다. 초이씨는 러시아어를 유창하게 구사합니다. 그녀는 소련 크라스키노(Краскино)에서 태어났습니다. 1929년 보로실로프 시에서[1] 교육전문학교를[2] 졸업했으며 1932년까지 모스크바 비행기공장에서 일했고, 또한 공산대학에서 공부했으며 1932년 그녀의 말에 따르면 국제적색노동조합(Профинтерн) 소속으로 조선으로 파견되었습니다. 최근 몇 년 동안 초이씨는 감옥에 있었습니다. 그녀의 남편 김씨도 소련 출신 사람이고, 소련에서 공산대학을 졸업했습니다.[3]

〈그림 2-6-2〉 1962년 소련 달력

주: 1962년 8월 23일 목요일. ... 1907년에 태어난 조선의 탁월한 정치·사회 운동가 박정애의 55회 생일.

자료: *Пак Ден Ай(Цой Вера Ивановна) – La Donna Misteriosa*, https://koreans.kz/news/pak-den-ay-coy-vera-ivanovna-la-donna-misteriosa.html?lang=ru

---

1   현재의 연해주 우수리스크 시다.

2   고려사범전문학교로 보인다.

3   Борис Сапожников, *Положение в Корее: Информационная сводка*, 13 сентября 1945 года, ЦАМО России, ф. 32, оп. 11306, д. 692.

소련군이 도착했을 당시 박정애는 감옥에 있었고, 히로히토 천황의 항복 선언 이후 석방되었다. 치스탸코프 상장을 만난 그는 사실상 북한 최초의 정치인이 되었다. 일본 항복 선언 직후 아베 노부유키(阿部信行) 조선총독은 후루카와 가네히데(古川兼秀) 평안남도 도지사에게 조선인들에게 권력 이양을 위한 인민위원회 설립 지시를 하달했고, 박정애는 바로 이 인민위원회의 위원이 되었다. 당시 인민위원회에는 아직 공산주의자가 많이 없어 박정애는 예외적인 정치인이었다.

앞의 사료에서 언급한 그의 남편 '김씨'는 김용범이다. 부인과 달리, 실제로 그는 조선 평안도 출신이었다. 어렸을 때부터 공산주의자가 된 그는 소련 동방 노동자공산주의대학(Коммунистический университет трудящихся Востока)을 졸업해 추가 교육을 받고 식민지 조선에 파견되었다. 부부로 위장해 파견된 그들은 사랑에 빠져 실제 부부가 되었다. 그러나 일본 경찰은 그들을 체포했고, 나중에 박정애는 "조선에 있는 동안에는 5·1절(근로자의 날)마다 감옥에 있었다"라고 한 적이 있다.[4]

김용범은 젊었을 때 조선공산당ML파의 관계자였다는 설이 있으며, 1945년 10월 조선공산당 북조선분국이 설립된 뒤 그는 바로 이 분국의 제1비서가 되었다.[5] 당시 이미 김일성을 내세울 결정이 나오긴 했지만, 소련군 립시츠 소령이 보고한 바와 같이 당시 소련 당국은 북한을 당 조직보다 국가 조직을 통해 통치하려고 했고, 김일성을 국가 조직의 지도자로 내세우려고 했다. 결국 독자

4 Александр Гитович, Борис Бурсов, *Мы видели Корею*, Ленинград: Издательство ЦК ВЛКСМ «Молодая Гвардия», 1948, стр. 36.

5 Лившиц. Информационная сводка о состоянии компартии в северных провинциях Кореи // *Документы, характеризующие политические партии и общественные организации Северной Кореи за 1945 г.*, 20 октября 1945 года, ЦАМО России, ф. 172, оп. 614630, д. 5, лл. 45-51.

〈그림 2-6-3〉 1945년 8월 26일, 평양 철도 호텔

주: 다케시타의 항복을 받는 치스탸코프 상장 뒤에 서 있는 여자가 바로 박정애다.
자료: 8·15 해방 일주년기념 중앙준비위원회. 『북조선민주주의건설 사진첩』, 평양, 1946. 원본은 국사편
　　찬위원회 사료관에 보관되어 있다.

들도 잘 알고 있는 것처럼 1946년 2월 8일 김일성은 북조선임시인민위원회의
위원장이 되었다.

　김일성을 내세울 결정이 나오기 전에, 앞서 언급했던 바와 같이 소련 당국
은 박정애도 북한 지도자 후보 중의 한 명으로 봤다. 그녀는 후보자들 중 유일
한 여성이었다. 그러나 스탈린의 여성들에 대한 태도를 보면 박정애가 북한의
지도자로 지명되었을 가능성은 매우 낮아 보인다. 그는 자기 어머니를 사랑했
지만 부인과 딸에 대해서는 폭군처럼 행동했다. 그의 부인은 자살했고, 딸은
우울증이 생겼다. 그리고 스탈린이 만든 정치체제를 보면 당 중앙위 비서들 중
여성은 한 명도 없었고 소련이 설립한 정권들 중에 여성 지도자가 임명된 나라
는 하나도 없었다.

　그러나 박정애가 이 최종선발 후보군에 등장한 것 자체는 그녀가 소련군에
대단히 좋은 인상을 주었다는 증거로 볼 수 있다. 광복 직후 박정애가 시트코

프 상장과 레베데프 소장과 적지 않은 시간을 보냈고 장성들은 그녀의 의견을 경청했었다는 증언도 있다. 박정애의 이 예외적인 영향력을 보면 두 가지 요인을 고려해야 한다. 첫 번째, 사람들은 그녀를 '김용범의 아내'로 보는 것보다 김용범을 '박정애의 남편'으로 봤다는 것이다. 즉, 그녀는 남편 그림자 속에 있었던 것이 아니었다. 둘째, 사진을 보면 박정애를 절대 미녀라고 부를 수 없다. 물론 1940년대 식민지 조선에 건설된 감옥은 지내기 어려운 곳이었는데, 일제 감옥에서 받았던 고생은 그녀의 외모에 부정적인 영향을 미칠 수밖에 없었다. 즉, 그녀는 절대 외모 덕분에 영향력을 얻은 것이 아니었고, 유능한 정치인이기 때문에 그랬다는 것이다. 하지만 다음의 내용을 계속 읽다보면 박정애를 페미니즘의 아이콘으로 볼 수 없는 이유를 짐작할 수 있을 것이다.

김일성을 위하여

마오쩌둥의 배우자인 장칭(江靑)은 심판을 받을 때 "나는 주석님의 개였습니다. 주석님께서 물라고 하면 나는 물었습니다"라는 유명한 발언을 했다.[6] 박정애도 비슷한 발언을 할 수 있었을 것이다. 박정애 활동기에는 김일성이 아직 주석이 아니라 내각 수상이었지만, '주석님'을 '수상님'으로만 바꾸면 이 장칭의 명언은 박정애의 정치 활동 요약이라고 할 수 있다. 남일과 방학세처럼 소련파 출신이었던 그녀는 그들처럼 김일성의 편으로 넘어가 김일성의 권위를 확장하기 위해 노력했다. 그녀는 소련파 리더 허가이의 박해에 가세했고, 허가이가 자살한 후 그를 표독스럽게 비난했다.[7]

---

6   許台英, 『寄給恩平修女的六封書信』, 臺北縣: 聯經出版事業公司, 1995, 第158頁.
7   장학봉 외, 『북조선을 만든 고려인 이야기』, 599~600쪽; 안드레이 란코프가 유성걸과 한 인터뷰, 1991년 1월 22일.

나중에 허가이의 딸 마이야 헤가이는 박정애의 성격이 남편 김용범과 완전히 달랐다고 기억했다.

아버지의 비참한 죽음에 박정애 역할이 컸습니다. 원래 박정애는 우리에게 부드럽게 대했으며 우리와 착하게 지냈지만 …

그런데 그녀의 남편 김용범을 저는 아주 좋아했습니다. 그는 젊은 사람들과 많은 시간을 보냈고 항상 어떤 역사적인 장소에 데려갔습니다. 조선에 대한 많은 이야기를 했고 조선 역사, 문화에 대해 많은 것을 알려주었습니다.

우린 같이 국수를 먹으러 간 적이 많았습니다. 그는 언젠가 저에게 '국수를 좋아하니'라고 물어봤죠. 전 우리집 국수를 진짜 싫어해서 별로라고 했어요. 그는 '진짜 평양 국수를 먹어 본 적이 없어서 그래. 자, 가 보자!'라고 했어요. 덕분에 요즘 국수를 아주 잘 먹습니다. 김용범은 높은 간부들과 떨어져서 지냈고 그들도 진지하게 받아들이지 않았던 것 같습니다. 그는 젊은이들과 시간을 많이 보냈지요.[8]

물론 1947년에 사망한 김용범은 자기 아내가 앞으로 할 일을 알 수 없었다. 8월 종파사건 실패 후 소련은 김일성에게 당 중앙위 위원장이나 수상 자리를 다른 사람에게 양보하도록 압박했으나 김일성은 물론 절대 그렇게 할 생각이 없었다. 그 당시 박정애는 이에 대해 남일과 함께 소련대사 푸자노프와 논쟁을 했는데, 경험이 부족한 대사를 설득해 김일성이 절대적인 권위를 유지하게 하는 데 성공했다.

---

8   안드레이 란코프가 마이야 헤가이와 한 인터뷰, 1991년 1월 15일.

이상한 숙청

민주녀성동맹 위원장이었던 박정애는 1961~1962년까지 농업상으로 근무했다. 현재 그녀는 북한 역사상 유일한 여성 농업상이었다. 그러나 1960년대 후반 그녀가 갑자기 사라졌다. 귀국한 소련파 정치인들 사이에서 박정애가 암살당했다는 소문도 있었다. 전 북한군 소장 유성걸과 전 인민군 간부국 부국장 심수철은 러시아인 연구자 란코프와의 인터뷰에서 1970년대 북한 당국의 지시에 따라 박정애가 암살당했다고 말했다.[9] 유성걸은 그녀가 김일성 지시에 따라 조작된 교통사고로 사망했다고 주장했다.[10] 조지 오웰(George Orwell)의 소설 『1984』에서 '무인(無人, non-person)'이라는 개념이 나온다. 독재 국가에서 숙청된 간부를 역사 기록에서도 제거하는 제도를 설명하는 개념이다. 예컨대, 조선로동당 초대 위원장 김두봉은 바로 '무인'이 되어버렸다. 다음에 볼 수 있는 것처럼 그는 6·25전쟁 휴전협정 서명식 사진에서 사라졌다.

현재 북한에서 출판되는 이 사진에는 김일성과 남일만 등장하거나 김일성만 등장한다. 즉, 박정애를 김두봉처럼 제거한 것이다. 그리고 2017년경 북한 내부 보관소는 ≪조선인민군≫ 신문의 스캔 프로젝트를 진행했을 때 어떤 일꾼들은 스캔 사진의 일부에서 박정애 이름을 제거했다. 특히, 〈그림 2-6-4〉에서 보면 박금철, 김창만, 김광협, 리효순, 한상두 등 숙청된 간부들의 이름은 제거되지 않았다. 검열을 한 사람은 박정애가 숙청된 사실을 매우 잘 알고 있었다고 추측할 수 있다.

이 모든 사실들을 미루어 보면 박정애도 곧 '무인'이 되었다고 할 수 있다. 그러나 박정애의 운명은 더 복잡했을 수 있다고 믿을 근거가 있다. 2017년 7월

---

9   안드레이 란코프가 심수철과 한 인터뷰, 1991년 1월 17일.
10 안드레이 란코프가 유성걸과 한 인터뷰, 1991년 1월 22일.

〈그림 2-6-4〉 휴전 협정 서명식 사진 편집 과정

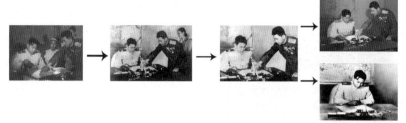

주: 박정애는 서명식 사진에서 김두봉 다음으로 사라졌다. 이들과 달리 남일은 숙청된 인물이 아니었다.
　　그래도 정전 협정을 서명하는 김일성의 사진에서 북한 매체는 남일까지 제거한 사례가 있다.
자료: 1) 1953년 당시 촬영. 동영상은 ≪KBS 특별기획. 한국전쟁. 8편. 정전≫ 참조.
　　　2)『조선민주주의인민공화국』. 평양: 국립미술출판사, 1958.
　　　3) 2000년대 후반기에 '우리민족끼리' 등 북한 사이트에 등장했던 사진이다. 북한 정권을 지지하
　　　　 는 단체 중 현재까지 사용하는 단체도 있다. "Kim Il Sung: gênio militar", *Centro de Estudos da*
　　　　 Política Songun – Brasil, https://cepsongunbr.com/2020/04/14/kim-il-sung-genio-militar/
　　　4) ≪로동신문≫, 2014년 7월 27일 자, 2면. 원문에는 컬러 사진으로 실렸다.
　　　5) 주홍콩 북한 영사관, http://internationallinkmagazine.com.hk/home/?q=diplomatic1307a1

〈그림 2-6-5〉 1962년 최고인민회의 선거에 대한 보고

성　명	선거구명		성　명	선거구명
김 일성 동지	강선　선거구		김 일성 동지	강선　선거구
최 용건 동지	북충　선거구		최 용건 동지	북충　선거구
김 ·일 동지	운곡　선거구		김 일 동지	운곡　선거구
홍 명희 동지	사동　선거구		홍 명희 동지	사동　선거구
박 금철 동지	쌍포　선거구		박 금철 동지	쌍포　선거구
김 창만 동지	흥남　선거구		김 창만 동지	흥남　선거구
리 효순 동지	전평　선거구		리 효순 동지	전평　선거구
김 광협 동지	갈마　선거구		김 광협 동지	갈마　선거구
정 일룡 동지	제동　선거구		전 일룡 동지	제동　선거구
남 일 동지	봉산　선거구		남 일 동지	봉산　선거구
리 종옥 동지	송평　선거구		리 종옥 동지	송평　선거구
박 정애 동지	연안　선거구			
리 주연 동지	락원　선거구		리 주연 동지	락원　선거구
김 익선 동지	혜산　선거구		김 익선 동지	혜산　선거구
하 앙천 동지	문천　선거구		하 앙천 동지	문천　선거구
한 상두 동지	청계　선거구		한 상두 동지	청계　선거구
정 준택 동지	구성　선거구		정 준택 동지	구성　선거구

주: 박정애는 당선자들 중 한 명이다.　　　　주: 박정애의 이름은 제거되었다.
자료: ≪로동신문≫, 1962년 10월 11일 자, 1면;　자료: ≪조선인민군≫, 1962년 10월 11일 자, 1면;
　　　원본의 스캔.　　　　　　　　　　　　　　　북한 내부 스캔.

13일 주북한 러시아 대사관의 페이스북에 아주 재미있는 게시물이 나왔다. 게
시물의 내용은 대사관 일행이 평양 대성산 혁명 렬사릉을 방문한 기록이다. 그
들이 찍었던 묘지 중에 하나는 김용범과 박정애의 묘지이고, 〈그림 2-6-5〉에서

〈그림 2-6-6〉 러시아 외교관이 찍은 박정애 묘지

볼 수 있는 것처럼 묘비에 새겨진 박정애의 사진을 볼 수 있다. 러시아 대사관의 게시 글에 따르면 박정애는 1970년대가 아니라 1998년 사망했다.

북한 정권을 별로 좋아하지 않는 알렉산드르 마체고라(Александр Иванович Мацегора) 주북 러시아 대사의 페이스북 스타일에 아주 잘 맞는 포스팅이다. 러시아 대사관의 페이스북을 보면 북한 문화재나 명소에 대한 방문 기록에서 북한 정권이 보여주기 싫어하는 사실을 공개하거나 "이 간부는 소련 극동전선 제88여단에 복무했

다"[11] 등 북한 공식 역사관과 전혀 맞지 않는 주장을 한다. 역시 박정애의 운명을 공개한 것은 마체고라 대사의 '작은 힐책' 중에 하나였던 것 같다.

박정애는 1970년대 숙청되었지만, 사형 당하지는 않았고 김영주나 최광처럼 강등되었던 것으로 보인다. 그리고 1980년대 말~1990년대 초에 나이가 든 김일성이 자신의 '옛 동무들'을 조용히 복권했는데, 박정애도 그 시기에 복권된

11 Посольство России в КНДР, *О награждении юбилейными медалями ветеранов 88-й отдельной стрелковой бригады Дальневосточного Фронта*, http://www. rusembdprk.ru/ru/posolstvo/novosti-posolstva/208-o-nagrazhdenii-yubilejnymi-medalyami-veteranov-88-j-otdelnoj-strelkovoj-brigady-dalnevostochnogo-fronta

후 1998년 사망했다고 볼 수 있다. 이 복권은 비공개로 진행되었기 때문에 북한 간부들 중에도 박정애가 이제 '무인'이 아니라는 것을 모르는 자가 많을 것 같다.

제7장

북한의 모리아티, 문일

그는 거미줄 한가운데 있는 거미처럼 꼼짝 않고 엎드려 있다네.

그런데 거미줄은 천 가지 방향으로 뻗어 있고,

그는 거미줄 하나하나의 떨림을 예리하게 포착해내거든.

그가 직접 행동에 나서는 일은 거의 없어.

오로지 계획을 세울 뿐이지.

— 아서 코난 도일, 『마지막 사건』

북한 역사상 문일만큼 과소평가된 인물을 찾기 어렵다. 북한 역사를 다루는 서적에서도 문일의 이름은 거의 나오지 않지만, 그는 북한 역사 초창기에 상당한 영향을 미친 것으로 보인다. 1940년대와 6·25전쟁 당시 김일성의 개인 비서이자 친한 친구였던 문일은 당시 전쟁에 관한 대부분의 중요한 결정을 자신의 눈으로 직접 봤다.

문일의 본명은 '에리 문(Эри Александрович Мун)'이었다. '에리'는 고려인 사투리 발음으로 문일의 '일' 자일 가능성이 높아 보인다. 이 이름은 러시아식 이름 '에릭(Эрик)'과 비슷해서 문일을 '에릭'이라고 부르는 경우도 있었다. 그는 1915년 5월 1일생으로 하바롭스크에서 태어났고 1930년대에 다른 고려인들처

〈그림 2-7-1〉 소련, 북한 인물이 함께 찍은 사진

주: 문일(뒷줄 오른쪽에서 2번째), 김일성, 김정숙, 레베데프 장군의 부인 디나 레베데바(Дина Лебедева) 등.
자료: 필자 입수.

럼 중앙아시아에 강제 이주된 카자흐스탄 크질오르다(Кзыл-Орда) 집행위원회 경기사(инженер-экономист)로 근무했다.[1]

소련 측 자료에 따르면 문일은 1939년 8월 1일 소련의 붉은 군대에 입대했으며 당시 붉은 군대는 고려인들을 잘 받지 않았기 때문에 문일은 예외적인 장교였다고 할 수 있다. 제88여단에서 김일성의 통역관이었던 유성철의 증언에 따르면 문일은 유성철의 선배로서, 붉은 군대 정찰학교를 1941년에 졸업한 뒤[2] 소련 당국이 만주 빨치산들을 위해 설립했던 하바롭스크의 밀영에 근무하면서 라디오 통신 관련 지식을 가르쳤다. 이 사실은 사료로도 입증된다.[3] 1942년 제

---

1 *Мун Эрик Александрович. Учётно-послужная карточка Г-012858.* (필자가 입수한 자료)

2 안드레이 란코프가 유성철과 한 인터뷰, 1991년 1월 29일.

〈그림 2-7-2〉 가족과 함께 있는 문일

주: 그의 배우자 이름은 베라 남(Вера Александровна Нам, 1923년생)이었고 딸 네 명의 류드밀라
　(Людмила, 1939년생), 에밀리야(Эмилия, 1942년생), 갈리나(Галина, 1944년생) 그리고 나탈리야
　(Наталья, 1947년생)였다.
자료: 필자 입수.

88여단이 창설되자 문일은 행정 중위로서 제88여단 군사번역가와 통신대대 통신지도원(радиоинструктор)으로 복무했다.[4] 제88여단은 정찰부대였고, 만주국에 파견한 정찰병들은 본부와 라디오를 통해 연락했다. 소련파 출신 강상호 장군의 증언에 따르면 문일은 이미 하바롭스크 주의 밀영 시절부터 김일성과 절친한 사이가 되었다.[5] 1945년 기준으로 문일 중위는 소련 볼셰비키당의 후

3　*Мун Эрик Александрович. Учётно-послужная карточка Г-012858.* (필자가 입수한 자료)

4　Наградной лист. Мун Эри Александрович. // *Фронтовой приказ ВС 2 Дальневосточного фронта № 10/н от 29.08.1945*, ЦАМО России, ф. 33, оп. 687572, ед. хр. 2317; *Мун Эрик Александрович. Учётно-послужная карточка Г-012858.* (필자가 입수한 자료)

보 당원이었고,[6] 나중에 상위로 진급해 정식으로 입당하게 되었다.[7]

북한 킹메이커?

문일에 대한 증언을 분석하면 이 사람은 김일성이 북한의 최고지도자가 된 것에 상당히 큰 영향을 미친 것 같다. 그는 소련 당국 앞에서 김일성을 북한의 지도자로 내세울 것을 2번 이상 간접적으로 추천했다고 한다. 박일 김일성종합대학 전 부총장에 따르면 장차 광복 후 조선의 지도자 옹립을 고민하고 있던 소련 당국에게 김일성에 대해 알려준 사람이 바로 문일이었다.

1945년 봄 모스크바 중앙위원회 대표자들은 우연히 문일을 찾았는데, 그는 1942년에 어떤 조선인 빨치산의 그루빠가 국경 너머 하바롭스크 쪽에 살고 있는 것을 어렴풋이 기억했어요. 문일은 그들 중 어떤 '김씨'가 있다고 하면서(이름은 기억하지 못했음), 아마 그 사람이 중앙위원회의 올바른 후보자가 될 수도 있다고 했죠.[8]

---

5 안드레이 란코프가 강상호와 한 인터뷰, 1989년 11월 30일.

6 Наградной лист. Мун Эри Александрович. // Фронтовой приказ ВС 2
   Дальневосточного фронта № 10/н от 29.08.1945. ЦАМО России, ф. 33,
   оп. 687572, ед. хр. 2317.

7 Указ Президиума Верховного Совета № 203/491 от 15.11.1950. О награждении
   орденами и медалями СССР маршалов, генералов, адмиралов, офицерского и
   сержантского состава сверхсрочной службы за выслугу лет в Вооруженных
   Силах Союза ССР, ЦАМО России, ф. 033, оп. 0170417сс, ед. хр. 0118, л. 276.

8 Андрей Смирнов, "Как Советская Армия внедрила в Северную Корею президента
   Ким Ир Сена и его правительство," Совершенно секретно, No. 8 (1992), стр. 10-11.

그리고 레베데프 장군의 증언에 따르면 그에게 김일성에 대해 알려준 사람도 문일이었다.

> ― 김일성과 그의 빨치산들은 조선에 언제, 어떻게 귀국했습니까?
> ― 잘 모릅니다. 저는 그 그루빠에 대해 (1945년) 9월 말에야 알게 되었습니다. 김일성의 보좌관 문에리(문일)가 저를 찾아 인사했고 앞으로의 계획에 대해 이야기했습니다. 그들은 그때까지도 정치에 대해 큰 관심이 없었고, 세상을 좀 구경하면서 무역을 해볼 생각 정도만 갖고 있었습니다. 저는 문일에게 "왜 그래, 좀 더 적극적으로 하자"라고 했지요.[9]

이 두 사건은 대단히 중요하게 보인다. 이 당시에는 시간이 생명이었다. 문일이 소련 당국에게 김일성에 대해 알려주지 않았다면 소련군이 작성한 북조선 지도자 후보 목록에 김일성 이름이 빠질 수도 있었다. 즉, 문일이 없었으면 김일성이 아예 북한 지도자가 되지 않았을 가능성도 있었던 것이다.

소련 당국이 김일성을 북한 최고지도자로 승인한 뒤 문일은 김일성의 비서가 되었다. 그 때부터 이 두 사람은 더욱 가까워졌다.

문일, 김일성 그리고 박헌영

북한 역사에 관심이 있는 사람이라면 누구나 북한 지도부 4개의 종파 모델을 안다. 바로 이를 소련파, 중국 출신 연안파, 남한 출신 국내파 그리고 김일성파로 나누자고 하는 모델이다. 그런 모델을 처음 언급한 문서는 1948년에

---

9 안드레이 란코프가 니콜라이 레베데프와 한 인터뷰, 1990년 1월 19일.

나온 것 같고, 문서의 저자는 소련군 총정치국 장교 바실리 코브젠코(Василий Ковыженко)였다.[10] 이 사실로만 봐도 그가 얼마나 분석력이 깊은 사람이었는지 알 수 있다. 같은 문서를 보면 김일성과 박헌영의 관계에 문일이 한 역할에 대한 언급도 볼 수 있다.

1945~1946년 김일성과 박헌영은 사이가 좋았다. 그러나 이후 문일을 비롯한 로동당과 북조선인민위원회 일꾼들의 '다양한 뒷소문과 계속하는 고자질' 때문에 1946년 말부터 박헌영에 대한 김일성의 태도는 나빠지기 시작했다. 오기섭이나 최경덕 등 남로당 출신 간부는 '박헌영과 가까운 사람'이기 때문에 실수를 하면 지나치게 심한 비판을 받게 되었고 1946년에도 박헌영을 매우 적극적으로 지지한 소련 간부 아나톨리 샵신(Анатолий Иванович Шабшин)은[11] 그를 찬양하는 글을 썼을 때 북조선 매체는 먼저 이 글을 게재할 것인지에 대한 애매한 뜻을 표현했고 결국 「조선인민의 위대한 애국가 박헌영」이라는 제목을 「조선 대표 활동가 중의 한 명인 박헌영」으로 바꿔 게재했다. 당시 북조선에서는 아무도 소련 간부의 뜻을 반대할 수 없지만 김일성과 박헌영 사이는 이만큼 나빴다.[12]

앞의 글을 보면 코브젠코는 전체 책임이 문일에 있다고 주장하지 않지만, 문일만 이름을 부른다. 그래서 문일의 책임이 상당히 컸다고 추측할 수 있다. 특히 코브젠코가 김일성의 비서로 다른 사람을 임명할 필요성에 대한 내용이 보고 요지에 한 문단으로 포함된 사실을 본다면 그런 가능성이 더욱 높아 보인

---

10 B. Ковыженко, *Тов. Баранову Л.С.*, 20 апреля 1948 года, РГАСПИ, ф. 5, оп. 10, д. 618, лл. 30-36.

11 소련 정보원 겸 외교관이었다. 식민지 시대 후기에 그는 주경성 소련 영사관에 부총영사로 근무했다.

12 B. Ковыженко, *Тов. Баранову Л.С.*, 20 апреля 1948 года, РГАСПИ, ф. 5, оп. 10, д. 618, лл. 30-36.

다.[13] 그러나 이 제안은 결국 부결로 처리한 것 같다. 문일은 여전이 김일성의 비서로 남았다.

문일과 북한의 국호

소련 군정기 시대에 문일은 김일성과 소련 당국의 연결고리가 되었다. 예컨 대 레베데프 장군은 평양 해방탑의 위치에 대한 결정을 문일을 통해 김일성에 게 알려주었다. 원래 계획은 평양역 근처에 세우는 것이었지만, 레베데프는 당 시 평양공항과 가까이 위치한 모란봉에 건설하라고 지시했다.[14] 게다가 문일 은 북한의 국호가 '조선민주주의인민공화국'이 된 것과도 어느 정도 관계가 있 었던 것 같다. 강웅천의 석사학위 논문 「조선민주주의인민공화국 국호의 기원 과 제정과정 연구」[15]와 소련 측 자료의 내용을 같이 분석하면 이 국호 탄생의 역사를 다음과 같이 복원할 수 있다.

공산주의자들은 종교근본주의자들과 다름없이 나라를 '인민공화국'이라고 불러야 할지, '민주공화국'이라고 불러야 할지 등 별로 중요하지 않은 문제 때 문에 매우 큰 신경을 썼다. 사회주의권 역사상 러시아 내전 당시 존재했던 '우 크라이나 소비에트들의 인민공화국(Українська Народна Республіка Рад)'을 비롯 해 '인민공화국'이라고 칭한 정권들을 찾을 수 있다. 그러나 소련-핀란드 전쟁 (1940년) 당시 소련 군대가 점령한 지역에서 스탈린 정권이 수립한 괴뢰국가 '핀란드 민주공화국(Suomen kansanvaltainen tasavalta)'도 있었다. 즉, '인민공화

13 Ibid.

14 안드레이 란코프가 니콜라이 레베데프와 한 인터뷰, 1989년 11월 13일.

15 강웅천, 「조선민주주의인민공화국 국호의 기원과 제정과정 연구」, 북한대학원대학 교 석사학위논문, 2018.

국'도 '민주공화국'도 합리적 명칭이었다고 할 수 있었다.

당시 북한 정치인들 가운데에서는 북조선의 미래 국호에 대해 여러 가지 의견들이 있었다. 박헌영은 '인민공화국'이라는 국호를 내세웠다. 바로 1945년 8월 히로히토 천황의 항복 선언 직후 경성 좌파세력이 선언했던 '조선인민공화국'과 같은 국호였다. 그러나 김두봉의 신민당이 북조선공산당과 합병해 북조선로동당이 설립되었을 때에는 국호의 제안도 이 합병에 맞도록 바꾸게 되었다. 바로 '민주주의인민공화국'이 된 것이다. '민주주의'는 마오쩌둥이 1930년대에 선전한 '신민주주의'라는 개념과 비슷한 명칭이었고,[16] '인민'은 전 공산당 당수 박헌영의 제안이었다. 그리고 그 당시 북조선로동당의 위원장이 김일성이 아니라 김두봉이었던 것을 기억하면 왜 김두봉의 '민주주의'가 '인민' 앞에 나왔는지 이해할 수 있을 것이다.

물론 당시 최종 결정을 내리는 세력은 소련이었다. 문일과 만난 레베데프 장군은 그에게 북한사회가 '인민정권'의 수립 단계는 이미 거쳤지만 아직 완전한 '민주주의' 단계까지는 올라가지 못한 것으로 판단할 수 있다고 했다. 그래서 레베데프 장군은 '카레이스카야 나로드노-데모크라티체스카야 레스푸블리카(Корейская Народно-Демократическая Республика)', 즉 '조선 인민-민주주의 공화국'이라는 국호를 제안했다.

독자들이 잘 알고 있는 것처럼 북한은 건국시절부터 '조선 인민-민주주의 공화국'이 아니라 '조선민주주의인민공화국'이라고 불렀다. 그러나 러시아어의 북한 국호는 원래부터나 지금까지도 레베데프 장군이 제안했던 '조선 인민-민주주의 공화국'이다. 이 시기 북한의 정치경제 용어와 문건 대부분이 러시아어를 그대로 직역한 것이었기 때문에 '인민'과 '민주주의'의 순서가 뒤바뀐 것은

---

16   毛泽东, 『新民主主義論』, https://www.marxists.org/chinese/maozedong/marxist.org-chinese-mao-194001.htm

절대 우연한 것으로 볼 수 없다. 이 수수께끼는 이렇게 설명할 수 있다. 문일이 이와 같은 레베데프의 의견을 김일성에게 전했다는 것은 거의 확실하다고 볼 수 있다. 매우 유능한 모략가인 김일성은 한글로는 북조선로동당 측이 주장하는 '민주주의인민공화국'이라는 국호를 사용하면서도, 소련 당국이 이 사실을 눈치 채지 못하도록 러시아어로는 레베데프 장군이 제안한 대로 '인민-민주주의 공화국'이라는 다른 명칭을 쓰자고 했을 가능성이 있다.

수령의 가장 친근한 비서

문일은 북한에 있을 때 소련군 장교 신분을 계속 보유했다. 1950년 2월 12일에 소련군 총참모부는 그를 대위로, 1951년 5월 14일에 소령으로 진급시켰다.[17] 그러나 김일성은 외국군대 소속인 그를 누구보다 신뢰했다.

문일과 김일성의 친근한 관계에 대한 증거가 또 하나 있다. 강상호 장군은 김일성의 아들 급사 사건에 대해 이렇게 말했다.

강의를 듣다가 집에 돌아오는 길에 김일성 집 마당에 모인 무리를 봤습니다. 이곳에서 김책을 만났는데, 그는 김일성 집안에 재난이 벌어졌다고 했습니다. 김일성의 아들이 우물에 빠져 익사했다는 것입니다. 잠시 집에 돌아갔다가 우리는 함께 김일성을 찾았습니다. 그 당시 이미 술을 많이 마신 김일성은 자기 가족에 대해 이야기했습니다. 남동생이 두 명 있었는데, 공산주의 청년조직의 열성자였던 큰 남동생이 일본인에게 체포당한 후에 실종되었다는 것이었습니다. 김일성은 바로 전날에 이 남동생이 꿈에 나왔다며, 나쁜 징조였다고 했습니다. 이때 김

---

17 *Мун Эрик Александрович. Учётно-послужная карточка Г-012858.* (필자가 입수한 자료)

일성은 문일에게 보드카를 더 달라고 했지만 문일은 '드리지 않겠습니다. 보드카를 관리하는 것은 저입니다. 김일성 동지께선 모든 것을 관리하셔도 되고, 나라까지 관리하셔도 됩니다. 하지만 보드카는 저의 것입니다'라고 반박했습니다. 김일성이 '손님들이 왔으니 보드카를 드려야지'라고 한 후에야 문일은 한 병을 더 가져왔습니다. 이후 김일성을 달래기 위해 몇 시간 동안이나 이야기하면서 보냈죠.[18]

이 이야기를 보면 김일성과 문일은 상당히 가까운 사이라고 볼 수 있다. 1959년 일본을 통해 대한민국으로 넘어온, 북한 정권 기관지인 ≪민주조선≫ 전 주필 한재덕도 "연령도 비슷하고 몸집도 비슷한 문일은 이 당시부터도 김일성과 마치 쌍둥이와 같이 붙어 다녔다"라고 증언했다.[19]

문일과 6·25전쟁

독자들도 알다시피 1950년 북한의 무력남침계획은 스탈린의 명령이 아니라 김일성과 박헌영의 제안 때문에 생긴 것이다. 주북한 소련대사 시트코프는 먼저 이 계획을 승인하지 못했다.[20] 그러나 문일이 소련 임시대리대사 그리고리 툰킨(Григорий Тункин)과 이야기를 한 뒤 대사관 입장은 동요하기 시작했다.[21] 결국 1950년 1월 30일에 스탈린은 남침 제안을 승인했다.[22]

---

18   안드레이 란코프가 강상호와 한 인터뷰, 1990년 1월 13일.

19   韓載德, 『金日成을 告発한다』, 서울: 內外文化社, 1962, 57쪽.

20   *Телеграмма Штыкова в Москву*, 12 августа 1949 года, АП РФ, ф. 3, оп. 65, д. 775, лл. 102-106.

21   *Телеграмма Тункина в Москву*, 3 сентября 1949 года, АП РФ, ф. 3, оп. 65, д. 775, лл. 116-119.

'남조선 해방'에 대한 토론을 하도록 스탈린의 사무실을 찾았던 북한 정치인은 김일성과 박헌영만이 아니었다. 이들과 함께 동행한 사람은 바로 문일이었다. 그래서 스탈린, 박헌영과 김일성을 빼면 문일이 전 세계의 누구보다도 6·25전쟁 준비 과정을 잘 알고 있었다. 그리고 유엔군의 반격으로 남침이 실패한 뒤 시간이 흐를수록 걱정이 깊어진 김일성은 자신의 감정을 문일에게 솔직하게 고백했다. 주북 소련대사 시트코프의 일기에 이런 증언이 있다.

8월 19일 김일성의 비서 문일(고려인)이 나를 찾아와 김일성의 임명에 따라 기밀 취급된 문제상황을 알려주고 싶다고 했다. 나는 무슨 문제인지 물어봤다. 문일은 김일성이 잠자리에 있던 자신을 호출해 흥분하면서 전선 참모장 강건으로부터 매우 중대한 메시지를 받았다고 했다. 이 메시지에서 강건은 적군(유엔군)이 중폭격기로 연속 집중 맹폭(猛爆)을 시작해 전체 전선이 이 폭격을 받았다고 알려주었다. … 문일은 김일성이 이렇게 망연자실한 상태에 있던 걸 본 적이 없다고 했다.[23]

1950년 10월 초순은 김일성 인생에서 가장 어두운 시절 중에 하나였다. 10월 2일 중국은 "사단 여러 개를 파견해봤자 조선 문제를 해결하기 매우 어렵다"라고 하면서 "우리의 평화 수립계획은 완전히 실패할 것"이라고 했다. 그러고 나서는 '임시적인 패배를 맞아 투쟁 형태를 빨치산 전법으로 바꾸면 좋겠다'

22 *Телеграмма Сталина Штыкову*, 30 января 1950 года, АП РФ, ф. 45, оп. 1, д. 346, л. 70.

23 *Телеграмма посла СССР в КНДР Министру иностранных дел СССР с запросом советского правительства по поводу возможного вступления в войну китайских войск, 981*, 29 августа 1950 года, ЦАМО России, ф. 5, оп. 918795, д. 1227, лл. 666-669.

라고 했다.[24] 이를 들은 김일성은 곧 모든 일의 종말이 왔다고 생각했다. 아주
가까운 미래에 유엔군은 북한 전체 지역을 점령하고, 조선민주주의인민공화국
은 건국된 지 2년 몇 개월만에 멸망할 것이다. 그리고 김일성 자신도 '조선 인
민의 수령'이 아니라 또다시 10년 전처럼 빨치산 생활을 하거나 중국이나 소련
에서 망명자 생활을 해야 할지도 모른다고 생각했다. 이 순간에 김일성이 찾았
던 사람은 바로 문일이었다. 시트코프 대사의 일기에서 이런 흥미로운 증언을
찾을 수 있다.

1950년 10월 6일, 3시 55분.
… 문일은 나에게 김일성과 한 대화를 알려주고 싶다고 했다. 문일이 보기에
는 김일성의 현재 기분은 비관적이고 패배주의적이다. 1950년 10월 5일, 김일성
은 문일을 호출하면서 문일을 오랫동안 알아왔고 믿기 때문에 솔직한 이야기를
나누고 싶어 했다고 했다. 김일성은 우리는 전쟁에서 패배했으며 외세의 도움을
받지 못하면 조선을 잃어버릴 것이라고 했다. 지금 갈 길은 하나밖에 없다며 곧
투쟁을 계속하는 것이라는 것이다. 만일 적군을 저지할 수 없고, 평양에서 후퇴
해야 한다면 그들은 적군을 산기슭의 작은 언덕들에서 저지하도록 해보고 산에
서 방어를 하도록 해보겠다고 했다. 그들은 100만 명의 군대가 필요하다며 모든
조선 사람으로 군대를 조직하고 많은 비행사도 훈련시켜야 한다고 했다. 이 모든
것을 위해 6개월이나 1년이 필요하다며, 이런 군대를 창건하고 반격을 실시하면
나라를 해방할 수 있겠다는 것이다.
동시에 김일성은 스탈린 동지께 편지를 써서 고려인 비행사 약 1500명과 다른

---

24 *Телеграмма посла СССР в КНДР Председателю Совета Министров СССР с*
текстом письма Председателя Центрального Народного правительства КНР о
позиции ЦК КПК по вопросу ввода китайских войск на территорию Кореи, 2270,
3 октября 1950 года, АП РФ, ф. 45, оп. 1, д. 334, лл. 105-106.

병과의 군관(장교)들을 훈련시켜달라는 부탁을 드리고 싶어 한다고 했다. 문일은 김일성이 이 문제에 대한 나의 의견을 알고 싶어 한다고 했다. 스탈린 동지께 이 문제에 대한 편지를 올려야 할지도 알고 싶어 한다고 했다. 나는 물론 김일성이 이 문제에 대해 스탈린 동지께 편지를 써서 올리고 싶다면 그래도 된다고 했다. 이때 문일은 김일성이 스탈린 동지께 편지를 올리고 싶어는 하지만 잘 못 쓰겠다고 걱정한다고 했다. 예전에도 스탈린 동지께 편지를 올렸지만 답장을 받지 못했다는 것이다. 아마 문제를 제대로 제기하지도 못하고 꾸지람과 잔소리를 들을 것을 걱정했다는 것이다. 나는 스탈린 동지께서 김일성의 편지를 받으셨고 답장을 주실 거라고 했다.[25]

이 문서에서 제일 흥미로운 부분은 김일성이 '외세의 도움을 받지 못하면 조선을 잃어버릴 것'이라고 하는 것이다. 늘 '자주, 자립, 자위, 자력갱생'을 강조해 온 김일성주의와 절대 어울리지 않는 주장이다. 그러나 바로 다음날 마오쩌둥이 중국의 참전을 결정하면서 이 결정이 김일성을 구원했다. 하지만 10월 6일까지만 해도 자신이 완전히 실패할 것이라고 생각했던 김일성이 누구보다 문일을 찾았던 것을 보면 이 사람의 영향력을 충분히 느낄 수 있을 것이다.

25 *Телеграмма посла СССР в КНДР первому заместителю министра иностранных дел СССР о намерениях правительства КНДР просить правительство Советского Союза подготовить лётные кадры и офицеров других специальностей из числа советских корейцев и корейских студентов, обучающихся в СССР,* № 1426, 6 октября 1950 года, ЦАМО России, ф. 5, оп. 918795, д. 124, лл. 89-90.

갑작스러운 귀국

〈그림 2-7-3〉 동지들과 함께 있는 문일

주: 왼쪽부터 문일, 레베데바, 허가이, 김책.
자료: 필자 입수.

그러나 1951년 문일은 갑자기 소련으로 귀국했다. 김국후 《중앙일보》 기자의 연구를 보면 이 결정의 배경을 살펴볼 수 있다. 1951년에 김일성과 문일의 관계를 악화시킨 에피소드들이 있었던 것이다. 김일성이 문일에게 선물로 준 강아지를 그가 친구들과 함께 잡아먹어서 김일성이 기분이 나빴던 일이 있었다.[26] 김일성이 강아지를 키운 적이 있는 것을 기억하면[27] 수령의 불만을 쉽게 이해할 수 있다. 또 김일성의 주치의가 자동차가 필요하다고 하자 김일성이 문일에게 자동차를 빌려주라고 했던 일도 있었다. 문일은 자신의 차를 김일성의 주치의에게 빌려주었지만 주치의가 "차가 너무 낡았다"라고 불평하는 등 김일성이 자신에 대한 대접에 소홀해진 문일에게 불만을 느끼게 되었다는 것이다.[28]

1951년에는 허가이가 당 중앙위 부위원장 직위에서 해임된 것을 비롯해 김일성의 소련파 탄압 징후가 본격적으로 나타났다. 문일은 김일성이 앙심을 품고 있는 사람인 것을 잘 알았고 앞으로 고려인들은 북한에서 사는 것이 위험할 수 있다고 느낀 것 같다. 그래서 그는 소련으로 귀국하기로 결정했고, 1951년

---

26 김국후, 『평양의 카레이스키 엘리트들』, 194쪽.

27 필자가 드미트리 카푸스틴과 한 인터뷰, 2020년 2월.

28 김국후, 『평양의 카레이스키 엘리트들』, 193쪽.

부터 소련 알마아타(Алма-Ата) 시에 살게 되었다.[29]

이후 소련파들이 맞이한 비극적인 운명을 보면 문일은 정치적 천재가 아니었는가 생각하게 된다. 여기에 문일이 눈치가 얼마나 빠른지 볼 수 있다. 얼마 후에 김일성은 본격적으로 소련파 숙청을 개시했고 귀국하지 못한 사람들의 압도적 대부분은 숙청 대상이 되었다. 소련에 귀국한 문일은 1963년까지 카자흐스탄 알마아타에서 구군사동원부에 복무했고, 1968년 8월 1일 사망했다.[30]

북한 역사를 조종한 사람의 위대한 수수께끼

고대 그리스 신화에 대한 책을 읽은 독자들은 '헤라클레스의 12업'에 대해 들어본 적이 있을 것이다. 통신지도원, 비서 등과 같은 높지 않은 직위를 보유한 문일은 그래도 신화적 영웅처럼 역사에 영향을 미쳤다. 그에 대한 모든 증언들을 합치면 다음과 같은 목록이 나온다.

- 문일은 소일전쟁 전에 미래 조선 지도자 후보자로서 김일성을 소련 당국에 처음에 소개했다.
- 문일은 1945년 9월 북조선 귀국 직후 김일성을 소련 장성들에게 소개했다.
- 문일은 김일성과 박헌영 사이에 갈등이 벌어진 것에 큰 역할을 했다.
- 문일은 '조선민주주의인민공화국' 국호 제작에 간접적으로 참여했다.
- 문일은 소련대사관이 남침 계획을 덜 부정적으로 보도록 설득했다.
- 문일은 남침 실패 때 김일성의 심복지인으로 지냈다.

---

29   Ibid., 192쪽.

30   *Мун Эрик Александрович. Учётно-послужная карточка Г-012858.* (필자가 입수한 자료)

- 문일은 누구보다도 다가오는 소련과 숙청을 일찍이 예측해 남들보다 소련에 먼저 귀국했다.

문일에 대한 가장 큰 수수께끼는 그의 의도다. 그가 어떻게 북한 역사를 조작했는지는 알 수 있지만, 그가 왜 그렇게 했는지는 알 수 없다. 문일은 스탈린주의나 공산주의 등 어떤 사상에 대한 충실성이 깊은 사람처럼 보이지 않는다. 또한 그는 늘 김일성의 비서로만 지낸 사실을 보면 그가 권력 야심이 만만한 사람처럼도 절대 보이지 않는다고 판단할 수 있다. 김일성이나 어떤 개인에게 충성한 사람이라고도 주장하기가 어렵다.

문일의 계기에 대해 명확한 것이 하나 있다. 그는 자신의 영향력을 숨기고 싶어 했다. 북한에서 공개 활동을 자제했고 소련에 귀국해서도 소련과 다른 귀국자를 비롯해 남을 피해 다니려고 노력했다. 그는 아서 코난 도일(Arthur Conan Doyle)의 제임스 모리아티(James Moriarty)처럼 그림자 속에서 다수를 다스렸다. 그리고 그의 가면을 벗길 셜록 홈즈가 없기 때문에 문일은 이 그림자에 남았다.

아쉽게도 소련의 개방과 붕괴 이후 문일의 인생과 역할을 제대로 깊이 연구한 사람은 없었다. 그리고 그때 나온 자료 중에 도움이 되지 않는 자료들도 있다. 예컨대 인터넷에서 찾을 수 있는 '문일의 딸 에밀리야와의 인터뷰'는 출처가 불분명하고 '소련 군대 내에서 문일이 김일성보다 계급이 높았다', '스탈린은 김일성이 아니라 문일을 먼저 지도자로 내세우려고 했다'라는 등 사실과 전혀 다른 주장이 있어 이들은 허위 문서일 가능성이 있다.[31] 어떤 새로운 자료들이 등장하지 않는다면 문일이라는 불가사의는 영원히 풀리지 않을 것이다.

---

31 "스탈린의 분신은 김일성 아닌 고려인2세 문일", ≪탈북자 동지회≫, 2014년 7월 9일, http://nkd.or.kr/community/free/view/30949

제8장

장학봉과 그의 잊혀진 회고록

'소련파 숙청'의 희생자들 그리고 초기 북한사에 대한 생생한 기록

진실은 태양과 같습니다.
잠깐은 막을 수 있지만, 사라지지는 않습니다.
— 엘비스 프레슬리

만일 어떤 북한 간부가 숙청되거나 실각되면 일반적으로 그는 북한의 공식 역사관에서 제거된다. 박헌영, 최창익 등 김일성 반대파의 핵심 인물은 북한의 역사서에 '반당·반혁명분자'로 언급되지만, 김일성에게 반대하거나 항의한 중급 간부나 일반인들에 대해서는 언급조차 없다. 이 '사라진 인물'들 가운데 한 사람이 장학봉이다. 소련 출신인 그는 김책정치군관학교의 정치국 국장이었고, 인천상륙작전 당시 인천 방어에 참가한 사람들 중 한 명이었다. 필자는 이 장을 이 사람의 평전과 그가 쓴 매우 구체적인 회고록을 소개하기 위해 썼다.

장학봉은 1917년 4월 6일 러시아 공화국 하바롭스크에서 태어났다.[1] 고려인 중학교를 졸업한 후에 스탈린의 고려인 강제 이주 정책에 의해 1937년 카자흐

---

1 장학봉 외, 『북조선을 만든 고려인 이야기』, 568쪽.

스탄 악튜빈스크[현재의 악퇴베 (Актөбе)]라는 도시로 강제 이주당했다. 악튜빈스크에서 장학봉은 고등학교를 졸업하고 3년 동안 학교 교사로 일했다. 1940년 대학교에 입학하게 되었지만, 대학 당국은 주로 교육보다는 노동 동원을 시켜 1942년 자퇴하고 말았다. 이후 좋은 일자리를 찾기 힘들었던 그는 집단농장에 고용되었다. 그러나 지식인인 장학봉은 집단농장의 농민이 아니라 학교 교원 다음의 직위인 회관(клуб)의 책임관이 되었다.[2]

〈그림 2-8-1〉 장학봉의 회고록 시작 페이지

자료: https://www.loc.gov/resource/asianscd.2005551562v4/?sp=1

집단농장 일꾼에서 간부 학교 부총장까지

그러던 1945년 9월 다시 대학에 3학년 학생으로 복학한 10일 뒤 장학봉은 군사동원부로부터 호출을 받았다. 이때 장학봉은 곧 자신이 조선에 파견되리라는 것을 알게 되었다. 같은 해 11월 북한에 도착한 장학봉은 북한을 점령한 소련군 제25군의 정치국 번역원이 되었다. 평양에서 장학봉은 주로 공장 공영화, 그리고 토지개혁 실행과 관련한 분야에 근무했다. 북한에서 장학봉의 책임

---

2 안드레이 란코프가 장학봉과 한 인터뷰, 1991년 1월 21일.

〈그림 2-8-2〉 장학봉과 부인 타티야나 채

자료: https://www.loc.gov/resource/asianscd.2005551562v4/?sp
=46

분야는 평양 옥수수 공장이었다. 원래 미국 사업가가 설립한 이 공장은 일제 조선총독부가 몰수했다가 광복 후 북한 당국의 재산이 되었다. 공장의 지배인은 김승훈이라는 기사(技師)가 되었고, 그의 고문관은 소련군 공병 중위 미하

일 게르샤토르(Михаил Гершатор)였다.[3]

　1946년 6월 중앙 고급간부학교가 설립되어 장학봉은 이 학교에 파견되었다. 4개월 후 그는 일반 번역원에서 학교의 부총장까지 진급했다. 학교의 형식상 총장은 김일성이었고, 수석 고문관은 일라리온 시비리듁(Илларион Иванович Свиридюк) 중령이었다. 그러나 '김일성 총장'은 한 번도 학교를 방문해본 적이 없다. 학교는 제25군 정치부 부장 알렉산드르 그로모프(Александр Георгиевич Громов) 소련군 대령의 직접 영도를 받았다. 그로모프 대령은 이 학교의 교육과정을 직접 승인한 사람이었다.[4]

　이 학교의 교육과정 역시 소련 내 다른 학교들과 매우 비슷했다. 과목 중에 '볼셰비키당의 영도 경험', '마르크스·레닌 철학', '세계의 정치지도', '제2차 세계대전 그리고 세계의 분열', '소비에트 연방', '러시아어' 등이 있었다. 여기서 볼 수 있는 것처럼 조선 관련 과목은 없었고, 김일성의 빨치산 활동에 대한 내

3　Ibid.

4　Ibid.

용도 물론 없었다. 이 학교에는 장학봉 외에 유명한 고려인 간부도 근무했다. 교무부 부장은 박영빈이었고, 교사들 중에는 유성훈, 리춘백, 강상호 등이 있었다.[5]

장학봉과 인천상륙작전

6·25전쟁이 발발할 때까지 간부학교에서 계속 일해 온 장학봉은 전쟁이 발발하자 북한군 제226여단 문화부장이 되었다. 여단의 참모부는 인천에 있었고, 임무는 남포 이남의 황해 연안지대 방어였다. 장학봉에 따르면 이 여단 예하에 7개 대대가 있었다. 이 대대들 중에 하나인 여단 참모부, 통신중대 그리고 위병소대와 함께 인천에 주둔했다. 당시 인민군 사령부는 인천을 중요한 지역으로 보지 않았다. 미군이 상륙할 수도 있지만, 당연히 부산 교두보를 지키기 위해 영남 지역에 상륙할 줄로 알았다. 이 때문에 인천에 주둔한 부대들은 대체로 부대원이 모자랐다. 장학봉이 근무한 정치부에는 총원인 20명이 아니라 7명밖에 없었고, 작전부의 부대원들은 두 명에 불과했다.[6]

1950년 9월에도 북한 측은 미군 상륙의 가능성이 있다고는 봤지만 상륙 직전까지도 상륙 위치가 당연히 부산인 줄 알았다. 그래서 9월 10일 미국 공군이 인천에 공습을 시작한 것이 제226여단에 큰 충격을 주었다. 상륙 작전 전에 미군은 닷새 동안 습격, 포격으로 상륙을 준비했다. 장학봉에 따르면 '(9월) 15일에 아군 진루(陣壘)는 (미군의) 습격으로 완전히 파괴되었고 이미 존재하지 않았다'. 이날 오전 10시 미군은 상륙을 시작했다. 제226여단 여단장 리청송은 3개

---

5   Ibid.

6   Ibid.

대대와 함께 이를 막기 위해 남쪽으로 갔다가 행방불명되었다. 그래서 리청송 여단장 대신에 여단 참모장 김찬희가 방위를 맡은 지휘관이 되었다.[7]

김 참모장의 입장에서 전황은 곧 재앙이었다. 월미도에 위치한 포병과 3개 보병중대는 아무리 싸워도 미군에 맞설 수 없었다. 정찰에 따르면 미 해군 전함 85척이 다가오고 있었다. 월미도를 방어하던 병사들 중에 유일하게 살아 있는 사람은 해협을 헤엄쳐서 건너간 부사관뿐이었다. 해군사령부와 연락이 안 되던 상황에서 장학봉은 서울에 있었던 최광에게 연락했고, 아무것도 할 수 없었던 최광은 그에게 그냥 '힘내라'는 말만 할 뿐이었다. 9월 15일 오후, 장학봉의 부대는 후퇴를 시작했다. 부대원 500명 중 46명만 살아남았다. 후퇴 중에 그들은 탱크 6대와 제18사단 소속의 포병전대를 만났다. 이들은 사령부에서 미군을 상대로 반격하라는 명령을 하달했다고 했다. 그러나 반격이 시작되자 미 공군과 포병은 북한 탱크들을 섬멸했고, 살아남은 사람들은 후퇴를 계속했다. 다음날인 16일 그들은 김포에 도착했다. 김포에서 습격을 받았던 생존자들은 여의도까지 이동했고, 잠시 휴식을 취했다가 거의 파괴된 다리를 사용해 서울 시내로 이동했다.[8]

북한 공군에 배속되어 복무

9월 19일 장학봉은 인민군의 참모부가 위치한 중앙청을 방문했다. 참모부는 당시까지도 전선 상황을 잘 이해하지 못해 공황이 없었다. 장학봉은 신병 팀을 인솔해서 함께 이북으로 후퇴하라는 임무를 받았다. 그 당시 서울에서도

---

7   Ibid; 장학봉 외, 『북조선을 만든 고려인 이야기』, 580쪽.

8   안드레이 란코프가 장학봉과 한 인터뷰, 1991년 1월 21일.

북한 정권 지지자들이 많았고, 지원병이 된 사람도 적지 않았다. 같은 달 25일이 되자 장학봉은 서울이 이제 북한 통치하에 있지 않다는 것을 깨닫게 되었다. 9·28 서울 수복 사흘 전의 일이었다. 연천, 평양을 거쳐 장학봉은 신의주에 도착해 북중 국경선을 넘어 중국 안동(安東)시까지 도달했다.[9]

〈그림 2-8-3〉 장학봉 대좌

주: 김책정치군관학교 정치국 국장으로 근무할 당시.
자료: https://www.loc.gov/resource/asianscd.2005551562v4/?sp=35

중국 측은 장학봉을 환영했다. 지원병들은 북한군 해안 방어 제26여단에 파견되었다. 장학봉 자신이 제2집단군 제32사단 정치부장으로 임명되었지만, 그 직후 이 임명은 취소되어 공군 제1전투기 사단 정치부장으로 임명되었다.[10]

그렇게 해서 1951년 2월부터 장학봉은 북한 공군에 복무하게 되었다. 1950년대는 군용기가 프로펠러형 비행기에서 신형 제트기로 전환되던 시대였다. 북한에서 제트기를 조종할 수 있는 비행사가 매우 부족해 당시 중국에 있던 북한 비행사들은 소련 비행사들로부터 직접 교육을 받았다. 교육과정은 6개월 정도 걸렸고, 1951년 8월부터 김대용 사단장 지휘 아래 이 사단이 참전했다. 사단의 형성 과정은 1951년 10~11월 완수되었다. 사단의 부대원 중 공화국 영웅 칭호를 받았던 사람들은 세 명이었고, 연대장, 비행대장 그리고 비행사 각

---

9 Ibid.

10 Ibid.

한 명이었다. 6·25전쟁 당시 북한의 공군 제1사단은 북한군에서 유일하게 제트기를 운영하는 사단이었다. 제2사단은 프로펠러형 비행기를 운영했고, 폭격기 사단과 기술 사단도 당연히 제트기를 운영하지 않았다. 1953년 3월까지 장학봉은 계속 제1사단에 복무했고, 3월에는 묘향산에 위치한 김책정치군관학교 정치국 국장으로 임명되었다. 전쟁이 끝난 후 장학봉은 1955~1956년경 북한 공군 군사위원회 위원까지 진급했다.[11]

실각과 귀국

1956년 말, 체코슬로바키아 연주단이 북한에 방문했다. 장학봉은 김일과[12] 함께 공연을 보러 갔고, 북한 당국은 연주단을 위한 연회를 차려 장학봉 일행도 참석했다. 이 연회에서 장학봉과 김일은 어떤 중좌가 그들을 따라다니는 것을 봤다. 김일은 이 중좌가 정보원이라고 생각해 "네가 왜 우릴 따라다니느냐? 그러지 마"라고 했다. 그러나 조금 있다가 옷 보관실에서 김일은 또다시 이 중좌를 보았다. 술에 취한 김일은 "왜 계속 따라다니느냐"며 싸우기 시작했다. 이에 그 중좌는 "상관에게 보고하겠다"라고 위협했다.[13]

이 사건 보름 후에 총참모장 김광협은 장학봉과 김일을 호출해 "당신들은 정말 어린애 같다"라며 비판했다. 최용건 민족보위상의 명령에 따라 김일은 해직되었고, 장학봉은 경고를 받았다가 나중에 공군 군관학교 정치부장으로 강등당했다. 장학봉은 이것이 시작일 뿐일 수도 있다고 판단했다. 1956년 8월 종

---

11 Ibid.

12 빨치산 출신 김일의 동명이인이다. 소련 출신으로 '작은 김일'이라는 별명으로 알려져 있다.

13 안드레이 란코프가 장학봉과 한 인터뷰, 1991년 1월 24일.

파사건 후에 김일성에게 가장 충성스러운 몇몇 인물을 제외한 소련파 간부들에게 암흑기가 시작되었다. 장학봉은 이미 북한 간부 8만 명 정도가 숙청되었다는 소문도 들었다. 이제 살아남기 위한 유일한 길은 소련으로 돌아가는 것이었다.[14]

1958년 6월 중순, 장학봉은 가족과 함께 평양을 떠나 무사히 모스크바에 도착했다. 북한 측은 장학봉의 이력서를 소련에 보냈고, 이력서에서 '전시에 용감하게 싸웠지만, 빨치산 운동의 역할을 이해하지 못했고 비판까지 했다'라고 주장했다. 그래서 소련 당 중앙위 간부는 장학봉에게 "장 동지는 나중에 조선에 갈 기회가 생겨도 아직은 가지 않았으면 좋겠습니다. 좀 공부도 하시고 있으면 나중에 상황이 바뀌지 않을까 생각합니다. 어느 곳에 사시면 좋겠습니까?"라고 물었다. 이에 장학봉은 부모님께서 사시는 도시인 타슈켄트에서 살면 좋겠다고 답했다. 1962년 소련에서 고급 당학교를 졸업한 장학봉은 1987년 정년퇴직할 때까지 우즈베키스탄 소비에트 사회주의 공화국 경공업성 산하 피혁잡화(皮革雜貨) 공장 지배인으로 근무했다.[15]

장학봉은 서울로 돌아온다

1990년에 소련과 한국은 국교를 맺었고 1994년 가을 우즈베키스탄 국민이 되었던 장학봉은 서울을 다시 방문하게 되었다. 지난 번 그가 이 도시를 방문했던 것은 1950년이었다. 당시 서울은 '해방된 조선민주주의인민공화국 수도'였고 경복궁 앞에 위치했던 중앙청 건물 앞에 인공기가 휘날리고 있었다. 장학

---

14   Ibid.

15   Ibid; 장학봉 외, 『북조선을 만든 고려인 이야기』, 613쪽.

봉도 그때 북한 군대의 지휘관이었다. 그때부터 얼마나 긴 세월이 지났나. 서울에서 장학봉은 김종필 전 국무총리를 비롯한 한국 정치인들을 만났다. 그리고 서울 버스의 창문에서 한강을 바라보면서 장학봉은 지난 1950년 9월 그곳에서의 무시무시했던 시절이 새삼스럽게 떠올랐다.[16]

소중한 사료인 장학봉의 회고록

1990년대 중반까지도 우즈베키스탄의 수도 타슈켄트에서 산 장학봉은 그가 알고 있던 여러 북한 간부들에 대한 회고록을 작성했다. 회고록의 제목인 『피와 눈물로써 씨여진 우리들의 력사 И слезами и кровью написанная наша история』만 보면 표준어보다 고려인 사투리로 쓴 것을 명확하게 알 수 있다.[17] 그러나 이 자료는 읽기 어렵다고 할 수 없다. 컴퓨터나 타자기로 인쇄한 것이 아니라 원고지에 볼펜으로 쓴 이 글은 쉽게 분실될 수도 있었지만, 장학봉 본인이 노년에 미국을 방문해 미합중국 의회도서관에 원고를 기증함으로써 널리 읽혀질 수 있게 되었다. 스캔된 회고록은 누구나 미국 의회도서관 사이트에서 내려받을 수 있다.[18] 장학봉 자신 외에 방학세, 리상조, 허가이, 유성철, 정상진 등 비교적 잘 알려져 있는 소련파 인물의 평전도 있고, 북한 역사 초기에 고급 간부였다가 역사에서 거의 사라진 사람의 평전도 볼 수 있다. 총 80부의 평전으로 작성된 이 컬렉션은 1940~1950년대 북한 역사를 연구하는 사람은 물론 6·25전쟁사에 대한 관심이 있는 사람들에게도 거의 필독서라고 볼 수 있다. 이 장

---

16   Ibid, 618~621쪽.

17   표준어로 쓰면 회고록의 제목은 '피와 눈물로 쓰인 우리들의 역사'다.

18   『피와 눈물로써 씨여진 우리들의 력사 И слезами и кровью написанная наша история』. *Library of Congress*. https://www.loc.gov/rr/asian/SovietKorean.html

을 쓰면서 장학봉의 회고록이 책으로도 출판되었다는 것을 알게 되었다. 도서의 제목은 『북조선을 만든 고려인 이야기』이고, 2006년에 경인문화사에서 나왔다.[19]

공산주의 정권의 피해자

장학봉은 소련파 간부의 대표적인 사례라고 할 수 있다. 장학봉은 소련 군대와 함께 북한에 와서 간부가 되었고, 1956~1957년 김일성이 소련의 통제로부터 벗어난 직후 실각되었다. 운이 좋은 장학봉은 숙청을 당하지 않고 소련에 귀국할 수 있었다. 장학봉의 인생을 보면 이 사람은 여러 번 공산주의 정권의 피해자가 되었다. 스탈린의 명령으로 고향에서 카자흐스탄으로 강제 이주당했다. 북한이 일으킨 6·25전쟁 당시 인천상륙작전에 김일성의 무능한 전술 탓에 죽어가는 전우를 눈앞에서 봤다. 그리고 김일성이 권력을 완전히 장악한 뒤에는 10년 넘게 거주했던 북한에서 영원히 떠날 수밖에 없었다.

그러나 구소련이 붕괴한 뒤에도 장학봉을 반공주의자로 부르기는 어렵고, 이 사람은 김일성에 대해서도 어떤 특별한 감정은 없었던 것 같다. 이런 태도가 이해하기 어렵다고도 할 수 있다. 그러나 그런 태도는 장학봉의 회고록의 객관성에 긍정적인 영향을 미칠 수밖에 없었다. 그리고 역사 앞에서 장학봉의 최고 업적은 바로 그가 쓴 회고록이라고 할 수 있다. 수백 페이지로 구성된 이 회고록은 북한 역사 초기를 경험한 사람들이 쓴 문서들 중에서도 제일 자세한 것이다. 이 회고록을 쓴 장학봉과 함께 전 세계를 위해 회고록을 보존해준 미 의회도서관에 큰 감사의 뜻을 표현하고 싶다.

---

19 장학봉 외, 『북조선을 만든 고려인 이야기』.

제9장

북한 보위성의 아버지, 방학세

충성은 나의 명예다.
— 하인리히 히믈러

수수께끼의 인물, 방학세

북한 역사상 방학세만큼 불가사의한 인물을 찾기 어려울 것 같다. 1940년대 그는 북한 비밀경찰 탄생 과정을 관리하는 사람들 중 한 명이었고, 1950년대에 는 북한의 정치숙청을 지도했으며 이후 북한 사회안전상으로서 주민통제제도 를 강화하기 위해 노력했다. 그러나 현재까지 북한 학계에는 방학세에 대한 정 보가 부족했고 소문을 기반으로 한 글이 냉전 시대에 나온 적이 있다.[1]

일반적으로 북한 간부에 대해 알아보려고 하면 그의 공식경력을 제외한 정

---

1 이 글은 대표적인 사례다. 오기완, 「북한 첩보기관의 전모 제5화(話): 소련통 방학세 제
   거」, 《통일한국》, 24호, 1985년 11월, 110~115쪽. 이 칼럼에 방학세의 출생지가 소
   련 크질오르다로 틀리게 나오고 북한에서 절대 안 쓰는 '수령동지'라는 호칭도 여러 차
   례 나온다. 필자는 이 칼럼에서 사실과 일치된 내용이 있을지 의심이 있다.

보가 거의 없다는 문제에 직면한다. 그러나 필자는 방학세와 관련된 여러 가지 가치가 있는 사료가 있어 보다 더 자세하게 방학세의 인생에 대해 서술해보려고 한다.

자료: ≪로동신문≫, 1992년 7월 19일 자, 4면.

방학세에 대한 이야기는 시작부터 첫 번째 수수께끼에 직면한다. 소련 자료에 따르면[2] 그는 1914년에 러시아제국 연해주의 조선인 이민자 마을[3] 바라노프카에서 태어났다. 1992년 방학세가 사망했을 때 ≪로동신문≫은 그가 "이국땅에서 태어났다"라고 했다.[4] 역시 그가 사망한 직후 부인 권영희가 ≪로동신문≫에 게재한 글도 보면 '저의 남편이 조국에 돌아온 것은 해방된 이듬해인 1946년이였습니다'라는 문장도 나왔다.[5] 그러나 2000년대 초에 나온 북한의 『조선대백과사전』에는 그의 탄생지가 '함경남도 단천시 금봉동'이라고 되어 있다.[6]

2　Указ Президиума Верховного Совета СССР, *О выходе из гражданства СССР Ким (Ким Чер Су) А.Г., Ким Вон Бон и других лиц, проживающих в Корейской Народно-Демократической Республике*, 9 апреля 1956 г. ГАРФ, ф. Р-7523, оп. 88, д. 2960, л. 10.

3　Валентин Пак, *Первые корейские семьи Южно-Уссурийского края*, Москва: Litres, 2022, стр. 28.

4　"방학세동지 서거에 대한 부고", ≪로동신문≫, 1992년 7월 19일 자, 4면.

5　"친애하는 지도자 김정일동지께 삼가 드립니다(친애하는 지도자 김정일동지께 중앙재판소 소장이였던 방학세동지의 부인인 평양의학대학병원 의사 권영희가 삼가 드린 편지)", ≪로동신문≫, 1992년 8월 1일 자, 2면.

이 왜곡의 이유를 확실하게 알 수는 없지만, 필자는 북한 성분·계층제도와 김정일 시대의 '심화조 사건'과 관계가 있을 가능성이 높다고 본다. 잘 알려져 있는 것처럼 김일성 시대 후기에 북한 당국은 주민을 3개 계층으로 나누었다. 1993년 북한 기밀문서에서 확인할 수 있듯이 당시 이 계층은 '기본', '동요' 그리고 '적대'라고 호칭되었다.[7]

그러나 1990년대 말 심화조 사건이라는 대규모 숙청 이후 북한은 5개 계층 (특수→핵심→기본→동요→적대)으로 분류한 새로운 제도를 도입하면서 주민들의 성분과 계층을 다시 정리했다.[8] 당시 북한 당국 입장에서 다른 나라에서 태어났다는 것은 후손들에게 좋을 게 없어 방학세의 친족들이 그의 공식기록을 '조선에서 태어났다'라고 바꾼 것 같다.

스탈린 시대의 수사

1910년대 러시아제국 극동지역에는 고려인 수십만 명이 거주했다. 그러나 당시 고려인 사회를 열린사회로 보기는 어렵다. 이들은 주로 러시아인보다는 자기들끼리 살고 결혼했다. 물론, 현재와 달리 당시 고려인들은 한국어를 유창하게 했다. 고려인 대부분은 한국 이름과 함께 러시아 이름도 있었다. 방학세 부친의 러시아 이름은 익나티 방(Игнатий Пан)이었고, 모친의 이름은 안나 김 (Анна Андреевна Ким)이었다.[9]

---

6 「방학세」, 『조선대백과사전』, 제10권, 평양: 백과사전출판사, 1999, 589~590쪽. 재미있게도 컴퓨터용 버전에서 이 주장은 빠져 있다.

7 김상선·리성히, 『주민등록사업참고서』, 평양: 사회안전부 출판사, 1993.

8 필자가 인민보안성 군관 출신 북한이탈주민과 한 인터뷰, 2016년 1월.

9 안나 김은 1946년에 방학세와 함께 북조선으로 이주했다. 그래서 소련 자료에서 그녀

방학세 자신도 출생 당시 러시아 이름으로 '니콜라이 방(Николай Игнатьевич Пан)'을 받았다. 당시 러시아 황제 니콜라이 2세와 같은 이름이었다. 1917년 혁명 이후 방학세는 소비에트 러시아 공민이 되었다. 그때 볼셰비키 정권은 소수민족들을 위한 다양한 혜택을 줘 고려인 중에서도 새로운 정권을 지지했던 사람들이 많은 편이었다.

향촌학교에서 기초교육을 받은 후 방학세는 1931년 시베리아 이르쿠츠크 주에 위치한 노보키예프스크(Новокиевск)라는 소도시에서 9년제 중학교를 졸업했다.[10] 그 당시 소련에서는 이미 스탈린정권이 수립되었고, 방학세의 청년기는 곧 스탈린 시대였다. 그의 모교 대학은 스베르들롭스크 법학대학(Свердловский юридический институт)이었다.[11] 이 대학교는 1934년까지 이르쿠츠크에 있었고 1934년에 스베르들롭스크로 이동했다. 전 북한 정치사관학교장 장학봉은 방학세가 최우등생으로 졸업했다고 주장했다.[12]

1937년 방학세는 다른 고려인들과 함께 중앙아시아로 강제 이주 당했다. 당

에 대한 기록을 찾을 수 있다. 기록에 따르면 그녀는 1886년생이었고 극동지구 하산군 티진하(Тизинха)리 출신 주부였다. 출국 직전에 아들 방학세와 며느리 권영희와 함께 탈드쿠르간 시 셰브첸코 거리 12/a동에 살았다. *Список членов семей корейцев, граждан СССР, выезжающих по месту постоянной работы глав семей, находящихся с 1946 г. в Северной Корее*, РГАСПИ, ф. 17, оп. 144, д. 84, л. 53. Жанна Сон. *Советские корейцы и КНДР (1946-1948)*, https://koryo-saram.ru/sovet skie-korejtsy-i-kndr-1946-1948/에서 재인용.

10 장학봉 외, 『북조선을 만든 고려인 이야기』, 441쪽.

11 *Список № 1 Корейцев граждан СССР, на которых полностью оформлены материалы к выезду в страну*, РГАСПИ, ф. 17, оп. 144, д. 84, лл. 3-9. Жанна Сон. *Советские корейцы и КНДР (1946-1948)*, https://koryo-saram.ru/sovet skie-korejtsy -i-kndr-1946-1948/에서 재인용; 장학봉 외, 『북조선을 만든 고려인 이야기』, 441쪽.

12 Ibid, 441쪽.

시 그의 고향 바라노프카의 전치 인구가 강제 이주 당해 이 마을은 지도에서 사라졌다.[13] 카자흐스탄에 위치한 크질오르다 시에 방학세는 검찰청의 수사 자리를 얻었다. 대숙청시대(1937~1938년)에 방학세는 수사로 일하고 있었다.[14] 이 시기 소련 비밀경찰은 스탈린의 지시에 따라 죄가 없는 사람 수백만 명을 체포하고 사형 또는 징역 판결을 내렸으며, 방학세 수사도 이 탄압 메커니즘의 일부가 되었다. 어떤 독자들은 사회주의권에서 탄압의 가해자가 따로 있고 탄압의 희생자가 따로 있으니 소련 비밀경찰관은 안정적으로 살 수 있었을 것으로 알 수도 있겠다. 그러나 실제로 소련의 비밀경찰조직인 내무인민위원회 내부에서의 숙청은 민간사회보다도 심했던 것 같다. 그 당시 안정적으로 살 수 있었던 사람은 스탈린뿐이었고, 방학세와 같은 소수민족 출신 비밀경찰관은 언제나 숙청당할 수 있었다. 그때 그는 한편으로 스탈린식 탄압기술을 배웠고, 다른 한편으로 스탈린주의국가에서 간부로 살면서 살아남는 법을 배웠다. 나중에 북한에서 근무할 때 이 두 가지 능력은 방학세에게 큰 도움이 되었다.

1940년 방학세는 소련 볼셰비키당에 입당했다.[15] 장학봉의 증언에 따르면 1940년 방학세는 부검사(副檢事)로 진급되었고 1942년 10월에는 탈드구르간 주(Талды-Курганская область) 책임검사로 임명되었다. 이후 2년 동안 근무하다가 1944년 10월 그는 과거 예심원으로 일했던 키질로르다의 책임검사가 되었다.[16] 1940년대의 사련 자료에 따르면 소련에서 방학세의 최종 직책은 탈드구

---

13 Валентин Пак, *Первые корейские семьи Южно-Уссурийского края*, Москва: Litres, 2022, стр. 29.

14 장학봉 외, 『북조선을 만든 고려인 이야기』, 441쪽.

15 *Список № 1 Корейцев граждан СССР, на которых полностью оформлены материалы к выезду в страну*, РГАСПИ, ф. 17, оп. 144, д. 84, лл. 3-9. Жанна Сон. *Советские корейцы и КНДР (1946-1948)*, https://koryo-saram.ru/sovetskie-korejtsy -i-kndr-1946-1948/에서 재인용; 장학봉 외, 『북조선을 만든 고려인 이야기』, 441쪽.

르간 주 검사보좌관(Помощник облпрокурора Талды-Курганской области)이었다.[17] 만 30살 청년에게 이것은 참으로 높은 직위였다.

새로운 시작

1945년 일본제국이 항복해 조선반도가 남북으로 분리되었다. 그러나 방학 세는 붉은 군대가 북한을 점령했을 때 북한에 도착한 것이 아니다. 그는 다른 고려인 지식인들과 함께 소위 '36그루빠(группа 36)' 소속으로 1946년 북한으로 이주했다.[18] 36그루빠에는 교육성 고등교육국장 장남일, 김일성종합대학교 부 총장 박일, 교통성 자동차도로국장 천치옥, 과학성 서기장 장주익, 땅크기갑여 단장 정철우, 교육성 부상 장익환, 최고검찰소 부소장 김동학 등 대학교를 졸 업한 고려인들이 들어갔고, 방학세도 이들 중 한 명이었다.[19] 북한에서 방학세 는 로마넨코 소장 소속인 소련 민간관리부(Советская гражданская администрация) 에서 일하기 시작했고, 사회단체 통제 및 검열을 책임졌다.[20] 그 당시 방학세는 드마트리 보댜긴(Дмитрий Иванович Бодягин) 대령의[21] 보좌관으로 일했다.[22]

---

16 장학봉 외, 『북조선을 만든 고려인 이야기』, 441쪽.

17 *Список № 1 Корейцев граждан СССР, на которых полностью оформлены материалы к выезду в страну,* РГАСПИ, ф. 17, оп. 144, д. 84, лл. 3-9. Жанна Сон. *Советские корейцы и КНДР (1946-1948),* https://koryo-saram.ru/sovetskie-korejtsy -i-kndr-1946-1948/에서 재인용.

18 안드레이 란코프가 강상호와 한 인터뷰, 1989년 11월 30일.

19 안드레이 란코프가 강상호와 한 인터뷰, 1991년 10월 7일.

20 장학봉 외, 『북조선을 만든 고려인 이야기』, 442쪽.

21 보댜긴 대령은 일본제국이 항복 때 소련 제1극동전선 제35군 방첩국 '스메르시' 국장 이었다. 이어 1946년 3월부터 1949년 1월까지 북조선을 점령한 제25군 소속에 국가

〈그림 2-9-2〉 보다긴(1908~1995)

자료: Н. В. Петров, *Кто руководил
органами госбезопасности.
1941-1954. Справочник*, Москва:
Мемориал, Звенья, 2010.

방학세가 북한에 도착한지 얼마 되지
않은 시기에 그의 성격을 잘 보여주는 에
피소드가 있었다. 당시 북한에는 김성규
라는 사업가가 살았는데, 자동차 여러 대
를 보유하고 있어 이를 택시로 사용할 정
도였다. 1930년대에 그가 토지를 구매한
이력이 있어 붉은 군대가 도착했을 때 '지
주(地主)'로 등록되고 북한 당국에 여러 차
례 체포되었다.

앞에서도 언급했듯이 한 번은 소련 정
보기관 일꾼 인노켄티 김이 울고 있는 김
성규의 부인을 만났는데 그녀가 "남편이
잡혀 있다"라고 호소해 인노켄티 김은 김
성규를 석방하라고 명령했다. 인노켄티 김은 '조선의 내부 일에 개입'했다는
이유로 소련 고문관 발라사노프로부터 경고를 받았지만, 덕분에 김성규는 가
족과 함께 남한으로 탈출했다. 그런데 김성규가 떠나자 방학세는 즉시 그가 살
던 좋은 집으로 이사했다는 것이다. 이에 인노켄티 김은 김성규의 체포 자체가
애초에 그의 집을 빼앗으려던 방학세의 계획이 거의 확실하다고 봤다.[23]

안전부 방첩국 국장, 1949년 1월부터 1950년 1월까지 북한 내무성 산하 소련 내무부
고문관, 1949년부터 1950년 6월 8일까지 북한 내무성 산하 소련 국가안전부 고문관
으로 근무했다. 주북한 초대 소련대사 시트코프와 '옳지 않은 관계'가 있는 혐의로 소
련에 소환되었다. Бодягин Дмитрий Иванович // Н.В. Петров, *Кто руководил
органами госбезопасности. 1941-1954. Справочник*, Москва: Мемориал, Звенья,
2010, стр. 206-207 참조.

22   장학봉 외, 『북조선을 만든 고려인 이야기』, 442쪽.

23   안드레이 란코프가 인노켄티 김과 한 인터뷰, 2001년 9월 14일.

김일성 정적 숙청을 지휘

1948년 9월 북한의 첫 내각이 수립되자 방학세는 내무성 정치보위국 국장으로 임명되어 북한 비밀경찰 지도자가 되었으며, 이후 박헌영, 리승엽, 최창익, 박창옥 등 김일성 정적들의 숙청을 지휘했다. 이 '종파분자'들에 대한 재판은 스탈린식으로 이뤄졌으며, 소련 검찰국 직원이었던 방학세는 자신이 배웠던 지식을 적극 활용해 김일성에게 반대했던 간부들은 '반당(反黨) 테로분자'로 사형판결을 받았다. 1951년 3월 방학세는 1년여간 사회안전상까지 진급했고, 이 직위의 이름은 1952년 10월 내무상으로 변경되었다.[24]

고려인 출신 조선로동당 부위원장 허가이 사망사건에도 방학세가 관여했을 가능성이 있다. 당시 북한정계 핵심인물 중 하나였던 허가이는 1953년 7월 2일 사망했다. 공식적인 사망 이유는 자살이었지만 그가 김일성의 지시에 따라 암살당했다고 생각한 사람들이 많다. 강상호 전 내무성 부상에 따르면 허가이의 유서는 러시아어로 부인 최 니나에게 쓴 노트였다. "니나, 미안하지만 난 다른 방법이 없었어(Нина, извини, но у меня не было другого выхода)."[25] 그러나 강상호에 따르면 방학세가 허가이의 두 번째 유서도 있었다고 주장했으며, 이 두 번째 유서에서 허가이가 김일성을 통렬하게 비난했다고 말했다.[26]

1956년 2월 소련공산당 제20차대회에서 흐루쇼프는 스탈린을 비난하는 역사적인 연설을 했다. 조선로동당 지도부가 이 연설의 번역문을 받았을 때 회의에서 이를 읽은 사람은 바로 방학세였다.[27] 김일성은 모든 소련 출신자 중에서

---

24 Посольство СССР в КНДР. Кабинет министров // *Корейская Народно-Демократическая Республика в 1954 году. /Справочные материалы/.* Март 1955 г. (필자가 입수한 자료)

25 안드레이 란코프가 강상호와 한 인터뷰, 1990년 3월 7일.

26 Ibid.

그를 제일 신뢰했기 때문이 아닌가 싶다.

흐루쇼프의 연설이 나온 지 얼마 지나지 않은 1956년 4월 9일 방학세는 소련 국적을 포기했다. 이제 그는 완전히 '북한 사람'이 되었다.[28]

같은 해 김일성에 반대하는 야권은 공격을 준비하기 시작했다. 수령에게 충성한 방학세는 평양 모든 지역을 감시하기 위해 내무 일꾼을 파견했다.[29] 8월 종파사건 이후 숙청을 담당한 사람은 바로 방학세 내무상이었다. 야권 운동가 150명 정도가 체포되었고 20명은 사형, 최소 15명은 금고 판결을 받았으며 최소 20명은 석방되었다. 1960년 2월 방학세는 나머지 95명 중 15명을 감옥에 보내고 80명을 석방하려고 했지만, 이들의 운명은 알 수 없다.[30]

김일성은 방학세에 대해 매우 만족했고 야권이 '김일성 자신과 방학세에 반대하는 테로 공격도 계획했다'라고 주장했다.[31] 물론 이 주장은 사실과 관계가 없지만 수령이 방 내무상을 자신과 같은 수준으로 올라가게 시킨 것은 상징적으로 큰 의미가 있었다. 방학세처럼 소련파에서 김일성파로 넘어온 박정애도 방학세를 매우 높게 평가했다.[32]

------

27 *Дневник посла СССР в КНДР тов. Иванова В. И. за период с 8 февраля по 27 марта 1955 года*, Запись за 27 марта. (필자가 입수한 자료)

28 *Указ Президиума Верховного Совета СССР. О выходе из гражданства СССР Ким (Ким Чер Су) А.Г., Ким Вон Бон и других лиц, проживающих в Корейской Народно-Демократической Республике*, 9 апреля 1956 г. ГАРФ, ф. Р-7523, оп. 88, д. 2960, лл. 10, 12.

29 *Письмо члена ЦК Трудовой партии Кореи Со Хуэя и трёх других товарищей в ЦК КПК*, ГАРФ, ф. Р-5546, оп. 98, д. 721, лл. 170-190.

30 В. Пелишенко, *Запись беседы с министром внутренних дел КНДР тов. Пан Хак Се*. 12 февраля 1960 года, АВП РФ, ф. 0541, оп. 15, д. 9, п. 85.

31 *Дневник посла СССР в КНДР А.М. Пузанова за период с 16 по 30 августа 1957 г.* Запись за 19 августа. (필자가 입수한 자료)

1959~1960년 소련대사관 자료들을 보면 북한 내에서 체포된 '테러리스트'나 '파괴분자'에 대해 보고하는 방학세에 대한 언급이 있다. 소련 대숙청 시대에도 이런 혐의로 죄 없는 사람들을 체포하는 일이 빈번했는데, 1950년대 말의 북한에도 김일성과 방학세가 지도하는 스탈린식 탄압 캠페인이 있었던 것 같다. 그런데 방학세의 보고에 따르면 1945년부터 1958년까지 숙청대상자들이 10만 명 이상이었지만, 그들 중 7만 명이 자수해 국가규정들과 법질서에 대한 '해설사업'을 받고 석방될 예정이라는 부분도 있었다. 이것이 사실이라면 이 시대에도 북한의 탄압방식은 스탈린의 방식과 조금 달랐다고 할 수 있다.[33]

그러나 다른 경우 방학세는 무서울 정도로 스탈린의 제자였다. 1960년 4월 북한 강원도에서 평양으로 돌아온 방학세는 소련 외교관에게 현지에서 2000세대의 가족을 량강도로 강제 이주하는 과정을 관리했다고 말했다.[34] 1937년 스탈린의 명령에 따라 고향에서 먼 카자흐스탄으로 떠나게 된 방학세는 그가 23년 후에 같은 명령을 하달할지 상상할 수 있었을까?

북한·소련 분열 이후의 방학세

방학세가 이룬 성공의 핵심적인 이유는 김일성에 대한 충성심이었다. 그는 비록 소련에서 태어났지만 사실상 그를 소련파의 한 인물로 볼 수 없고 김일성

---

32 *Дневник посла СССР в КНДР А.М. Пузанова за период с 11 по 31 июля 1957 г.*, Запись за 29 июля. (필자가 입수한 자료)

33 В. Пелишенко. *Запись беседы с министром внутренних дел КНДР тов. Пан Хак Се*, 12 февраля 1960 года, АВП РФ, ф. 0541, оп. 15, д. 9, п. 85.

34 В. Пелишенко, *Запись беседы с министром внутренних дел КНДР тов. Пан Хак Се*, 20 апреля 1960 года. (필자가 입수한 자료)

파 소속이었다고 봐야 한다. 다른 고려인과 달리 방학세는 북한에 도착한 순간부터 김일성에 대해 충성했고, 다시 소련으로 돌아가려는 시도도 해본 적이 없었다. 김일성은 방학세를 '굳은 사람' 또는 '용감하고 겁쟁이가 아닌 자'로 평가했다. 문제가 생길 때마다 김일성이 방학세를 지켜주었고, 그를 공격하는 사람들의 말을 듣지 않았다. 예컨대 6·25전쟁 이후 북한 당국은 방학세의 퇴폐, 타락행위, 부패, 그리고 근거 없는 체포 때문에 각종 신소를 받았지만, 김일성은 방학세를 숙청하지 못하도록 지켜주었다.[35] 그래도 고려인 출신인 방학세는 1960년대 북소관계 악화의 영향을 받을 수밖에 없었다. 1960년 11월 12일 그는 내무상직에서 해임되었다.[36]

1961년 당 제4차대회에서 그는 중앙위 위원 자격을 상실했다.[37] 강상호의 증언에 따르면 방학세는 당 중앙위원회 소속 남조선 정찰담당 부서의 지도원으로 강등되었다.[38] 남한 자료에 따르면 방학세는 1960년 11월부터 중앙재판소 부소장, 1966년 11월부터 당 중앙위 연락국 정보부장으로 지냈다.[39]

그러나 얼마 후 그는 다시 복권되었다. 1970년 제5차대회에서 방학세는 중앙위 위원 자격이 복원되었고[40] 이를 사망할 때까지 유지했다. 1972년 12월 그는 중앙재판소 소장으로 임명되었다.[41] 방학세 사망 이후 그의 배우자 권영희

---

35   안드레이 란코프가 강상호와 한 인터뷰, 1989년 11월 30일.

36   "조선민주주의인민공화국 최고 인민 회의 상임위원회 정령. 조선민주주의인민공화국 내무상 방학세동지를 그 직책에서 해임함에 관하여", ≪로동신문≫, 1960년 11월 12일 자, 1면.

37   "조선로동당 제4차대회에서 당 중앙위원회 위원 및 후보 위원들을 선거", ≪로동신문≫, 1961년 9월 19일 자, 1면.

38   안드레이 란코프가 강상호와 한 인터뷰, 1989년 11월 30일.

39   『北韓總覽』, 서울: 北韓研究所, 1983, 1896쪽.

40   "조선로동당 제5차대회에서", ≪로동신문≫, 1970년 11월 14일 자, 2면.

41   "조선민주주의인민공화국 중앙재판소 소장을 선거", ≪로동신문≫, 1972년 12월 29

는 ≪로동신문≫에 낸 글에서 1972년 12일 23일 '친애하는 지도자 동지' 김정일이 이 직위를 방학세에게 주었다고 주장했다.[42] 그러나 중앙재판소 소장의 직위 자체는 사회주의헌법에 따라 생긴 것이다. 최고인민회의는 12월 27일이 되어서야 헌법을 채택했다.[43] 여기서 북한은 '민주주의' 위장조차 제대로 못했던 것을 볼 수 있다. 일단, 중앙재판소 소장 직위는 방학세의 마지막 자리가 되었다. 그는 1992년 사망할 때까지 소장으로 일했다.

방학세의 성격

비밀경찰 지도자의 성격을 알아보는 것은 쉽지 않지만 방학세에 대해 다음과 같은 두 가지 증언이 있었다.

첫째, 아버지 익나티 방을 따라 방학세도 사냥을 즐겨했다. 특히 방학세는 꿩을 사냥해 아는 사람들에게 선물로 주었다. 선물을 받는 사람들 중에서는 꿩고기 안에 산탄(散彈)이 남아 있어 싫어하는 사람들도 있었다.[44]

둘째, 1950년대까지 소련과 북한의 관계가 매우 친밀했을 때 방학세는 다른 고려인들과 잘 지냈으나 북소관계가 나빠지기 시작하자 그는 고려인들을 피하기 시작했다.[45] 결국 고려인 출신 간부 대부분이 숙청되거나 소련으로 귀국했

일 자, 2면.

42 "친애하는 지도자 김정일동지께 삼가 드립니다(친애하는 지도자 김정일동지께 중앙재판소 소장이였던 방학세동지의 부인인 평양의학대학병원 의사 권영희가 삼가 드린 편지)", ≪로동신문≫, 1992년 8월 1일 자, 2면.

43 "조선민주주의인민공화국 최고인민회의 결정. 조선민주주의인민공화국 사회주의헌법에 대하여", ≪로동신문≫, 1972년 12월 28일 자, 1면.

44 안드레이 란코프가 이영발의 아들인 드미트리 리와 한 인터뷰, 2001년 2월 2일.

다. 소련파 남일도 1976년 교통사고로 사망했는데, 이 사고는 사실상 김일성의 지시로 한 암살이 아닐까 의심하는 사람들이 있었다. 남일의 아들이 아버지 사망의 진실을 알아보려 했지만 방학세는 그와 조용히 만나 그에게 문제가 생기기 전에 소련으로 떠나라고 했다고 한다.[46]

방학세의 가족

방학세의 아버지 익나티 방은 유명한 사냥꾼이었다. 나중에 북한 중앙은행 총재가 된 김찬은 1920년대에 익나티 방과 자주 사냥해본 적이 있다고 했다.[47] 방학세의 부인은 권영희[러시아 이름은 베라 권(Вера Ивановна Квон)]였다. 권영희는 '인투리스트'라는 소련의 대표적인 호텔에 수석 회계원으로 근무했다.[48] 1950년대 그녀는 소련을 비교적 자주 방문했다. 방학세도 1950년대 말까지는 내무성 대표자로 소련에 방문해본 적이 있지만 김일성이 내무원들은 민족적 정신을 잃지 말아야 한다며 방학세 등이 소련에 방문하는 것을 금지했다.[49] 방학세가 사망했을 때 권영희는 살아 있었고 평양의학대학병원 의사로 근무했다.[50]

소련 자료에 따르면 방학세는 딸 비올란타 방(Виоланта Пан, 1946년생)과 두 아들 게오르기(Георгий Пан, 1951년생)와 아나톨리(Анатолий Пан, 1954년생)가 있

45　Ibid.

46　안드레이 란코프가 강상호와 한 인터뷰, 1990년 3월 7일.

47　안드레이 란코프가 김찬과 한 인터뷰, 1991년 1월 15일.

48　안드레이 란코프가 인노켄티 김과 한 인터뷰, 2001년 9월 14일.

49　Ibid.

50　"친애하는 지도자 김정일동지께서 중앙재판소 소장이었던 방학세동지의 부인이게 보내신 친필서한", ≪로동신문≫, 1992년 8월 1일 자, 2면.

<그림 2-9-3> 방학세의 가족사진

자료: "Пан Николай," Жди меня, https://poisk.vid.ru/?switch=2&p=10&view=1&id=2635746&id_peopl
e=5636907

었다.[51] 다른 사료에 비올란타를 '비올레타(Виолета Пан)'라고 부르는 경우가 있
다. '비올란타'도 '비올레타'도 매우 희귀한 이름이기 때문에 사료 글쓴이가 헷
갈린 것으로 보인다.[52]

장학봉은 방학세의 여동생인 1916년생 이리나 방(Ирина Пан)이 우즈베키스
탄 타슈켄트 주에서 농민으로 살았다고 증언했다.[53] 소련 자료에 방학세의 남
동생 그리고리(Григорий Пан)에 대한 언급도 있다.[54] 그리고리도 북한에 이민하

---

51 Указ Президиума Верховного Совета СССР. *О выходе из гражданства СССР Ким
    (Ким Чер Су) А. Г., Ким Вон Бон и других лиц, проживающих в Корейской
    Народно-Демократической Республике.* 9 апреля 1956 г. ГАРФ, ф. Р-7523, оп. 88,
    д. 2960, л. 10.

52 *Список № 1 Корейцев граждан СССР, на которых полностью оформлены
    материалы к выезду в страну*, РГАСПИ, ф. 17, оп. 144, д. 84, лл. 3-9. Жанна Сон.
    Советские корейцы и КНДР (1946-1948), https://koryo-saram.ru/sovetskie-korejtsy
    -i-kndr-1946-1948/에서 재인용.

53 장학봉 외, 『북조선을 만든 고려인 이야기』, 441~443쪽.

54 Указ Президиума Верховного Совета СССР, *О выходе из гражданства СССР Ким
    (Ким Чер Су) А.Г., Ким Вон Бон и других лиц, проживающих в Корейской Народно-*

고 소련 국적까지 포기했지만[55] 나중에 귀국해서 모스크바에 거주했는데, 술을 과음하는 버릇이 있어 알코올중독자로 살았다고 한다. 소련에서는 학생들을 농촌일꾼으로 동원시키는 정책이 있었는데, 소련 비밀경찰 출신으로 북한에서 복무한 고려인 이영발의 아들, 드미트리 리(Дмитрий Янбарович Ли)는 1970년대 농촌동원으로 그리고리 방의 아들(방학세의 조카)과 같이 농촌에서 일하면서 그리고리 방의 운명에 대해 알게 되었다고 한다.[56] 또한 소련 자료와[57] 장학봉의 증언에 따르면 방학세에게는 또 한 명의 남동생인 바실리 방(Василий Пан)이 있었고, 카자흐스탄에 위치한 카라불락(Qarabulaq)이라는 마을에 거주했다고 한다.[58] 한편, 방학세의 손녀인 방유경은 북한에서 외국인들을 위한 안내원으로 일하고 있다는 증언이 있다.[59] 그녀를 만났던 사람들은 그녀 역시 할아버지처럼 굳은 성격의 보유자라고 한다.

Демократической Республике, 9 апреля 1956 г. ГАРФ, ф. Р-7523, оп. 88, д. 2960, л. 10

55   Ibid.

56   안드레이 란코프가 이영발의 아들인 드미트리 리와 한 인터뷰, 2001년 1월 16일.

57   *Список членов семей корейцев, граждан СССР, выезжающих по месту постоянной работы глав семей, находящихся с 1946 г. в Северной Корее*, РГАСПИ, ф. 17, оп. 144, д. 84, л. 53. Жанна Сон. *Советские корейцы и КНДР (1946-1948)*, https://koryo-saram.ru/sovetskie-korejtsy-i-kndr-1946-1948/에서 재인용.

58   장학봉 외, 『북조선을 만든 고려인 이야기』, 443쪽.

59   2005년경에 방북한 외국인의 여행 일기에 방유경에 대한 언급을 찾을 수 있다. Andrew Salmon, "In Kim we trust", *South China Morning Post*, 29 October 2005, https://www.scmp.com/article/522515/kim-we-trust; Donald Macintyre, "The Dream Life of the North Koreans", *Time*, 16 November 2005, http://content.time.com/time/world/article/0,8599,1131043,00.html; Bruce Wallace, "Cultural Bubble Goes Pop", *Los Angeles Times*, 31 October 2005, https://www.latimes.com/archives/la-xpm-2005-oct-31-fg-popculture31-story.html

'위대한 생존자'의 사망

겐리흐 야고다(Генрих Ягода), 니콜라이 예조프(Николай Ежов), 베리야 등 스탈린의 소련 비밀경찰 수장들의 운명은 곧 사형이었다. 방학세의 후임자 중에도 비슷한 운명을 맞았던 사람들이 적지 않았다. 김병하 국가정치보위부 부장은 자살했다.[60] 리진수 국가보위부 부장은 암살당했을 가능성이 높다.[61] 김영룡 국가보위부 제1부부장과[62] 우동측 국가안전보위부 제1부부장은[63] 김병하처럼 자살했다.[64] 장성택 전 국가안전보위부 제1부부장과[65] 김원홍 국가보위상은[66] 숙청되었다.

그러나 방학세 자신은 이들보다 더 똑똑하고 재능 있는 정치인이었다. 1992년 7월 18일 그가 사망하자 ≪로동신문≫은 이런 고부서(告訃書)를 발표했다.

---

60 "北 초대보위부장 김병하는 왜 자살했나?", ≪데일리NK≫, 2005년 10월 19일, https://www.dailynk.com/北-초대보위부장-김병하는-왜-자살했/

61 "北 보위부장 이진수 죽음, 아직 안개속", ≪데일리NK≫, 2005년 10월 21일, https://www.dailynk.com/北-보위부장-이진수-죽음-아직-안개/

62 "보위사에 밀리던 김영룡, 의문의 죽음", ≪데일리NK≫, 2005년 10월 25일, https://www.dailynk.com/보위사에-밀리던-김영룡-의문의-죽음/

63 "김정은 등장 실세 7인방 우동측 자살", ≪World Today≫, 2013년 12월 7일, http://www.iworldtoday.com/news/articleView.html?idxno=13073

64 1988년경부터 김정은 집권 때까지 북한 매체나 자료에서 국가보위기관 수관(국가보위부 부장 또는 국가안전보위부 부장)에 대한 언급은 없다. 그래서 당시 김정일 자신이 형식상 부장으로 지냈고 실체 수관이 제1부부장이었다는 설이 나왔다. 당시 부장 자리는 공석이었다는 설도 있다.

65 "천만군민의 치솟는 분노의 폭발. 만고역적 단호히 처단", ≪로동신문≫, 2013년 12월 13일 자, 2면.

66 이영종, "[단독] 北 실세 황병서 출당, 김원홍은 수용소 끌려갔다", ≪중앙일보≫, 2017년 12월 12일 자, https://www.joongang.co.kr/article/22195515

자료: 조선중앙텔레비죤.

조선로동당 중앙위원회 위원이며 조선민주주의인민공화국 최고인민회의 대의원이며 중앙재판소 소장인 방학세동지는 오랜 병환 끝에 1992년 7월 18일 23시에 78살을 일기로 애석하게도 서거했다. 이국땅에서 태어나 성장한 방학세동지는 해방 후 우리 당과 인민의 위대한 수령 김일성동지의 품에 안긴 다음에 유능한 일군으로 자라 당과 수령의 령도를 높이 받들고 나라의 사회주의 건설과 조국의 자주적 통일을 앞당기기 위하여 헌신적으로 투쟁했다. 동지는 다년간 사회안전부문과 사법검찰부문의 책임적인 위치에서 사업하면서 내외 원쑤들의 침해로부터 혁명의 전취물을 지키고 인민정권을 강화하며 나라의 법질서를 공고히 하기 위하여 자신의 모든 것을 다 바쳤으며 우리 당의 통일단결을 옹호고수하는 데 적극 이바지했다. 방학세동지는 생명의 마지막 순간까지 당의 유일사상체계를 확고히 세우고 당과 수령에게 무한히 충실했다. 방학세동지는 비록 서거하였으나 우리 당과 혁명위업 앞에 세운 그의 공로는 길이 남아 있을 것이다.[67]

앞에서 볼 수 있는 것처럼 방학세에 대해 알려진 것은 많지 않다. 그의 성장 배경이나 가족과 성격에 대한 증언들이 있지만 그의 핵심활동, 즉 북한 통제제도의 설립과 강화사업에 대해서는 북한의 기록원에 접근할 수 있을 때까지는 연구할 수 없다. 그림 틀이 준비되었지만 그림 자체는 지금 그릴 수 없는 것이

---

67 "방학세동지 서거에 대한 부고", ≪로동신문≫, 1992년 7월 19일 자, 4면.

다. 그러나 방학세와 관련된 핵심적인 질문인 "그가 어떻게 살아남았나?"에는 대답할 수 있을 것 같다. 전 북한 내무성 부상 강상호는 이렇게 말했다.

가끔 방학세가 '조선의 베리야'라는 말을 들을 수 있습니다. 그러나 그렇지 않습니다. 예조프나 베리야는 체포시켜야 하는 사람들을 스스로 찾았지만, 방학세는 중앙위원회로부터 목록을 받았습니다. 그는 창발성을 보여주지 않았고, 그저 집행만 하였습니다. 그리고 이 집행을 역시 아주 열심히 했습니다.[68]

여기에서 바로 김일성의 북한과 같은 나라에서 고급간부들의 생존비밀을 엿볼 수 있다. 살아남기 위해 첫날부터 최고지도자에게 충실하게 복종해야 하고, 창발성(創發性)을 보여주지 않으며 받는 명령은 무조건 열심히 집행해야 한다는 것이다. 이 사실은 방학세 인생의 가장 중요한 교훈이었던 것 같다.

---

68 안드레이 란코프가 강상호와 한 인터뷰, 1989년 11월 30일.

제10장

당 부위원장 허가이와
6·25전쟁 종료 직전 의문의 사망

> 자살은 비겁한 일이 아닙니다.
> 비겁한 일이 무엇이냐면, 어떤 사람이 자기 자신을
> 죽이고 싶어 할 정도로 이를 박해하는 것입니다.
> — 애슐리 퍼디

허가이의 본명은 알렉세이 헤가이(Алексей Иванович Хегай)였다.[1] '헤가이'의 어원을 보면 허가(許家)의 고려인 사투리 발음인 것 같다.

알렉세이 헤가이는 1908년 3월 18일 태어났다. 3월 18일은 프랑스의 파리 코뮌 설립일이다. 알렉세이 헤가이는 자신이 파리 코뮌과 같은 날 태어난 것에 대해 농담한 적도 있다. 1911년 부모가 사망하면서 알렉세이는 형제자매와 함께 고아가 되었다. 특히 아버지 이반 헤가이가 아내가 죽은 후 우울증이 생겨 아무르강에 투신해 자살한 것을 보면 알렉세이 헤가이의 어린 시절은 참으로 비극적이었다고 할 수 있다.[2]

---

1 '허가이'라는 이름은 북한에 간 후 사용했다. 그래서 개명 전 시기에 대해 말할 때는 그를 '알렉세이 헤가이'라고 부른다.

형제자매와 함께 삼촌 집에서 자란 알렉세이는 어렸을 때부터 신문 판매원이나 이발사 보조 등 할 수 있는 온갖 일을 했다. 1917년 사회주의 혁명과 공산당 정권 확립 후에 그는 마가단 주(Магаданская область) 개발 국영회사 '달스트로이(Дальстрой)'에 근무하게 되었다. 그 시절 알렉세이 헤가이는 소련의 유일한 정당이던 공산당에 입당했다. 추천인은 포시에트(Посьет) 군 책임비서인 아파나시 초이(Афанасий Цой)였다.[3]

〈그림 2-10-1〉 허가이(1952년)

자료: Лира Алексеевна Хегай, *Родители. Из забвения к людям*, 24 февраля 2016, https://koryo-saram.ru/l-a-hegaj-roditeli-iz-zabveniya-k-lyudyam/

알렉세이 헤가이와 안나 리

이때 알렉세이 헤가이는 첫 번째 부인 안나 리(Анна Иннокентьевна Ли, 한국이름 이순이)를 만났다. 안나의 가족은 극동지역 마을에 살았는데, 그녀의 아버지는 그야말로 폭군이었다. 아내나 딸에 대한 폭력은 일상적이었다. 당시 이 마을에 출장차 방문했던 알렉세이 헤가이는 집안 분위기가 이렇게 무서우니 같이 도시로 가자고 제안했다.[4]

안나는 이 제안을 수락했다. 알렉세이는 직접 안나의 아버지를 찾아가 이제 안나가 도시로 이주해 자기 운명을 결정하기로 했다고 했다. 아버지는 불같이

2　안드레이 란코프가 마이야 헤가이와 한 인터뷰, 1991년 1월 15일.

3　Ibid.

4　Лира Алексеевна Хегай, *Родители. Из забвения к людям*, 24 февраля 2016, https://koryo-saram.ru/l-a-hegaj-roditeli-iz-zabveniya-k-lyudyam/

〈그림 2-10-2〉
장녀 마이야와 함께 안나 리(1928년)

자료: Лира Алексеевна Хегай, *Родители. Из забвения к людям*, 24 февраля 2016, https://koryo-saram.ru/l-a-hegaj-roditeli-iz-zabveniya-k-lyudyam/

화를 내며 앞으로 안나를 절대 보고 싶지 않다고 했다. 도시로 함께 간 알렉세이와 안나는 사랑에 빠져 결혼했다.[5]

이후 극동지역 청년동맹이 개최한 어떤 회의에 소련 고위간부인 파벨 포스트셰프(Павел Петрович Постышев)가 참가했는데, 회의 결정서를 본 포스트셰프는 아주 잘 썼다고 칭찬하면서 결정서를 쓴 사람이 누구냐고 물어봤다. 바로 알렉세이 헤가이였다. 이 사건 후 알렉세이 헤가이는 포스트셰프의 추천으로 공산당 간부가 되었다.[6]

모스크바에 위치한 소련공산당 간부대학교인 스베르들로프 공산주의 대학교(Коммунистический университет имени Я. М. Свердлова)를 졸업한 알렉세이 헤가이는 키네시마(Кинешма)라는 소도시의 청년동맹 구위원회 제2비서가 되었다. 헤가이 제2비서의 책임 분야 중 하나는 스포츠였다. 그는 키네시마에서 고리키시까지 선박 행군 같은 행사를 준비했다.[7]

헤가이는 1936년 고향으로 돌아왔다.[8] 그는 소일 국경선 근처에 위치한 크라스키노 마을에 살면서 나중에 북한군 중장이 되는 강상호와 함께 일하게 되었다.[9] 알렉세이 헤가이와 강상호는 바로 이 시절부터 친해졌다.

---

5   Ibid.
6   안드레이 란코프가 유성걸과 한 인터뷰, 1991년 1월 22일.
7   안드레이 란코프가 마이야 헤가이와 한 인터뷰, 1991년 1월 15일.
8   Ibid.

다음 해는 소련 역사상 제일 무시무시한 해 중 하나였다. 지금도 '1937년'이라고 하면 러시아인 누구나 스탈린 대숙청을 떠올리게 된다. 포시에트 지역의 제2비서로 근무했던 혜가이는 "인민의 적들과 관계가 있다"라는 이유로 출당당했다.[10]

알렉세이 혜가이 자신이나 가족 모두 그가 곧 체포당할 줄로 알았다. 혜가이의 집에서는 체포 시 사용하기 위한 필수품 가방이 준비되어 있었다. 혜가이는 부인 안나 리와 함께 딸들에게 아버지나 부모가 체포당하면 어떻게 해야 할지 설명했다. 그런 경우 아버지가 어렸을 때 그랬던 것처럼 딸들은 친척집에 가서 그들과 함께 살아야 했다.[11]

그러나 대숙청 시대는 무시무시했을 뿐 아니라 역설적인 시대였다. 스탈린의 정책은 임의적인 탄압이었고 스탈린에게 완전히 충성스러웠던 사람도 하루 아침에 사형 판결을 받을 수 있었지만 혜가이는 살아남을 수 있었다. 그는 운이 참으로 좋았다고 할 수 있다. 숙청당한 100만 명 이상의 소련 국민과 달리 비밀경찰은 그를 잡지 않았다.

그러나 1937년은 또 다른 비극의 해였다. 그 시절 스탈린은 고려인 강제 이주 명령을 하달해 알렉세이 혜가이는 가족과 함께 우즈베키스탄의 양기율 지역으로 이주하게 되었다.[12]

그는 그곳에서 회계원으로 일하면서 당원 자격으로 복원되었다. 간부 경험이 있었던 혜가이는 1941년 말 치르치크 시의 제2비서가 되었다. 거주지가 아무리 바뀌어도 그는 계속 제2비서의 직위를 얻었다. 1940년대 그는 시르다리야(Сырдария) 강의 댐 건설을 맡은 당 간부로 일하다가 즈다노프 집단농장에서

9   안드레이 란코프가 강상호와 한 인터뷰, 1989년 10월 31일.

10   안드레이 란코프가 마이야 혜가이와 한 인터뷰, 1991년 1월 15일.

11   Ibid.

12   Ibid.

일했다. 집단농장의 다음 부임지는 바로 '북조선'이었다.[13]

지금까지 이 장을 읽은 독자들은 심심하게 느낄 수 있겠다. 소련공산당 하급간부 출신의 평전이 뭐가 중요하냐고 할 수도 있다. 그러나 마찬가지로 광복전 김일성은 소련군 대위에 불과했다. 일본제국 멸망으로 조선총독부의 조선인 간부들이 권력을 상실하면서 북한의 새로운 엘리트는 주로 통치 경험이 없는 독립운동가 출신들로 구성되었다. 즉, 출신 성분으로 보면 알렉세이 헤가이는 비교적 높은 사람이었다.

1945년 북한으로 이주

알렉세이 헤가이는 1945년 가을 북한으로 이주했다. 김일성이 조선 공산당 북부조선분국 책임비서가 되었을 때 허가이는 조직부국장이 되었다.[14] 당원이된 지 얼마 안 됐지만 벌써 당의 고위급 간부가 된 것이다. 앞에서 언급했듯이당시 소련 당국은 그를 수령 후보자 중 한 명으로 봤지만 결국 스탈린은 김일성을 선택했다.

이때부터 알렉세이 헤가이는 자신의 조선 이름 '허가이'를 사용하게 되었다.소련에 살았을 때 그는 이름의 한자 표기에 대해 신경을 쓰지 않았는데, 이후'허가이'를 '許嘉誼'로[15] 쓰자고 제안한 사람이 바로 김두봉이었다. '가이'의 발음은 '개'와 비슷해서 나중에 허가이의 이름은 불가피하게 친근한 농담의 대상이 되었다.[16]

13　Ibid.

14　중앙일보 특별취재반, 『秘錄 조선민주주의인민공화국』, 서울: 中央日報社, 1992, 191쪽.

15　허가이 이름의 한자 표현은 『金日成著作集 10』, 平壤: 外文出版社, 1982, 第103页 참조.

16　안드레이 란코프가 강상호와 한 인터뷰, 1989년 10월 31일.

다음 해 10월 그의 가족
도 북한으로 이주했다. 그
러나 당시 이미 건강이 좋
지 않았던 아내 안나 리는
1947년 6월 16일 결핵으로
사망했다. 안나가 사망할 때
허가이는 집에 없었고 그녀
의 마지막 순간을 보지 못
했다. 홀아비가 된 허가이
는 5명 아이가 남았다.[17]

안나가 사망한 지 1년 6
개월이 지난 1948년 어느 날,
퇴근한 허가이는 집에 오자
마자 자식들을 모아 놓고
이와 비슷한 이야기를 했다.

너희 어머니가 돌아가신
지 벌써 1년 6개월이 되었
다. 어머니를 잘 기억하고
있으며, 자식을 낳아주고 내

〈그림 2-10-3〉 김책, 허가이, 김일성

자료: Лира Алексеевна Хегай, *Родители. Из забвения к людям*, 24 февраля 2016, https://koryo-saram.ru/l-a-hegaj-roditeli-iz-zabveniya-k-lyudyam/

〈그림 2-10-4〉 허가이 가족

주: 아이를 안은 여성이 둘째 부인 최나나.
자료: https://www.loc.gov/resource/asianscd.2005551562
v22/?sp=1

게 어머니 같은 사람이었던 걸 고맙게 생각한다. 그러나 내 나이 지금 고작 서른
아홉 살이다. 좋은 여자인, 최표덕의 딸과 결혼하고 싶다. 그래서 너희들과 상의
해보고 이 최나나라는 여자친구를 소개하려고 한다.[18]

---

17 Лира Алексеевна Хегай, *Родители. Из забвения к людям*, 24 февраля 2016,
    https://koryo-saram.ru/l-a-hegaj-roditeli-iz-zabveniya-k-lyudyam/

결혼식은 1949년 1월 1일 진행되었다. 하객 중에는 김일성, 김두봉, 박헌영, 박일우, 김책 등이 있었다. 최나나와 결혼한 허가이는 자식들에게 "니나를 사랑하고 엄마라고 부르라고 강요하지는 않겠지만, 아빠의 배우자로서 존경해줄 것을 기대한다"라고 말했다.[19] 결국에는 그의 자식들도 새어머니가 아주 괜찮은 사람이라고 생각하게 되었다. 허가이 사망 이후 1972년 6월 2일 최나나가 사망할 때까지 자식들은 그녀와 아주 좋은 관계로 지냈다.[20]

수령 허가이?

허가이가 북한 최고지도자가 될 또 하나의 기회가 있었던 것 같다. 1949년에 소련 정권은 남북로동당을 통합하도록 결정했다. 합당은 비밀리 진행되었다. 1년 동안 《로동신문》은 자신을 계속 '북조선로동당 기관지'라고 불렀고 1950년 6월 28일에 인민군이 서울을 점령한 사흘 후인 7월 1일에만 조선로동당의 존재를 인정했다. 다음의 소련 간부의 가명 증언을 보면 당시 조선로동당 중앙위 위원장 후보자가 김일성만 있었던 것은 아니었음을 확인할 수 있다.

시트코프가 김일성과 다른 후보자 두 명 중 누구를 뽑아야 할지 아직 결정하지 않았던 것처럼 보였다. 이 한 명은 지하 공산활동가 박헌영과 고려인 한 명이었다. 소련의 '총독부'에서 조선로동당 중앙위 위원장이 되어야 할 사람이 박헌영이라는 의견은 유력이었다. 고려인 후보자는 대학교 졸업생인 탁월한 관리자였지

---

18   Ibid.

19   안드레이 란코프가 리라 헤가이와 한 인터뷰, 1991년 1월 26일.

20   Лира Алексеевна Хегай, *Родители. Из забвения к людям*, 24 февраля 2016, https://koryo-saram.ru/l-a-hegaj-roditeli-iz-zabveniya-k-lyudyam/

만 이력서에 한 '단점'은 있었다. 원래 다른 고려인처럼 '일본인들과 관계 의혹'으로 연해주에서 추방된 그가 '간첩'이라고 할 수도 있었다.[21]

이 글을 분석하면 저자가 소련 대외 정보기관들과 친밀한 관계가 있었던 로보다 기자였다고 판단할 수 있다.[22] 저자는 소련 당 정치국 위원 베리야가 보낸 특파원들이 최종 결정을 내렸다고 했다. 고려인 후보자 이름은 언급되지 않지만 특징에 맞는 사람은 허가이뿐이었다. 어느 날에 이 사건에 관한 새로운 자료들이 발견될지 모른다.

중앙위 부위원장에서 부수상으로 강등

허가이가 북한 지도부에서 어느 정도 높은 사람이었는지 보여주는 가장 중요한 증거는 그가 6·25 남침에 대해 미리 알고 있었다는 사실이다. 북한 지도부에서 남침 계획을 발의한 김일성과 박헌영 말고도 이 극비 정보를 알게 된 사람들은 이 장의 주인공인 당 중앙위 부위원장 허가이, 최고인민회의 상임위원장 김두봉, 민족보위상 최용건, 사법상 리승엽 등이 있었다.[23]

즉, 허가이는 '권력자 6인' 중 한 명이었다. 그리고 허가이는 김일성과 박헌영 바로 뒤를 잇는 북한의 3인자였다고 해도 과장이 아닐 것이다. 당 중앙위 부위원장 겸 조직부 부장인 그는 소련파 출신 누구보다 권력을 많이 갖고 있었

21 Георгий Туманов, "Как изготовляли великого вождя," *Новое время*, № 16 (1993), стр. 32-34.

22 표도르 쩨르치즈스끼(이휘성), 『김일성 이전의 북한: 1945년 8월 9일 소련군 참전부터 10월 14일 평양 연설까지』, 파주: 한울, 2018, 107~108쪽.

23 洪淳官, "前金日成 비서실장충격 고백", 188~207쪽.

다. 허가이는 조선로동당의 첫 번째 규약을 작성한 사람이었다. [24] 당내에서는 그를 '당 사업 교수'[25] 또는 '당 박사'[26]라고까지 불렀다.

그리고 그는 6·25전쟁을 준비한 사람들 중 한 명이었다. 1950년 6월 25일 밤 그는 강상호 중장에게 전화했고 내각 비상회의에 즉시 오라고 했다. 허가이는 남침 반대 발언을 한 적이 없었다. 스탈린이 지배하는 소련에서 성장해 온 허가이는 이 전쟁을 '남조선 동포를 위한 해방전쟁'으로 본 것 같다.

김일성은 한반도를 무력으로 통일시키지 못했지만, 6·25전쟁은 김일성에게 큰 도움이 되었다. 1950년 이전 북한의 실질적 지도자는 김일성이 아니라 평양 주재 소련대사 시트코프였으나 중국군 참전으로 소련이 전처럼 북한을 절대적으로 통제하지는 못하게 되었다. 이 신시대가 초래한 결과 중 하나는 허가이의 강등이었다. 1951년 11월, 그는 당 중앙위 제4차 전원회의에서 중앙위 부위원장에서 부수상으로 강등되었다.[27] 허가이는 이 지위를 사망할 때까지 유지했다.

---

24 안드레이 란코프가 강상호와 한 인터뷰, 1989년 10월 31일; 장학봉 외, 『북조선을 만든 고려인 이야기』, 99쪽.
25 안드레이 란코프가 강상호와 한 인터뷰, 1989년 10월 31일.
26 장학봉 외, 『북조선을 만든 고려인 이야기』, 99, 733쪽.
27 「박헌영의 비호하에서 리승엽도당들이 감행한 반당적 반국가적 범죄적 행위와 허가이의 자살사건에 관하여(전원회의 제6차 회의 결정서 1953년 8월 5~9일)」, 『북한관계사료집』, 제30권, 과천: 국사편찬위원회, 1998, 386~396쪽; 장학봉 외, 『북조선을 만든 고려인 이야기』, 534쪽.

허가이 자살의 수수께끼

허가이는 부수상으로 강등되고도 김일성과 충성파로부터 비난 받을 일이 또 생겼다. 여러 증언들에 따르면 허가이 박해에 제일 열심히 참가한 사람들은 박금철 총정치국 부국장, 박영빈 중앙위 조직부 부부장, 박정애 중앙위 비서, 박창옥 중앙위 비서 등이었다. 재미있게도 박금철 외에는 모두 같은 소련 출신자였다. 그래서 다시 말해 '소련파'를 일치된 정치 세력으로 볼 수 없다고 강조해야 한다. 다른 소련 출신들은 이 네 명을 '사박가(四朴家)'라고 불렀다.[28] 이들은 모두 박씨였다. 그러나 이 별칭에 또 하나의 뜻이 있었다. '사박가'는 러시아어 '사바카(собака)', 즉 '개'의 발음과 매우 비슷했다. 사박가가 김일성의 충견이 되었다는 의미의 별칭이었다.

6·25전쟁 종결 25일 전인 1953년 7월 2일 허가이는 매우 심한 비난을 받은 직후 사망했다. 공식 사망 원인은 권총으로 인한 자살이었지만,[29] 김일성의 밀칙(密勅)에 따른 암살이었다고 생각하는 사람이 많았다.

필자는 허가이의 사망과 관련한 사료와 증언을 소개한 후 분석을 첨부하려고 한다. 1953년 6월 30일 허가이는 주북한 임시대리대사 세르게이 수즈달레프(Сергей Петрович Суздалев)와 만났다. 그러나 다음에 나오는 대사의 일기를 보면 수즈달레프와 같이 모임에 참석했던 참사관 세르게이 시테피노프(Сергей Иванович Степанов)는 허가이에게 별로 도움을 주지 못했다.

> 헤가이 씨는 그가 소련 국민과 소련공산당 당원으로서 내각의 상황에 대해 상의하러 왔다고 했다. 오늘 진행한 정치위원회 회의에서 김일성은 헤가이 씨와 부

---

28 장학봉 외, 『북조선을 만든 고려인 이야기』, 735쪽; "20세기 마키아벨리의 화신 김일성", ≪월간중앙≫, https://jmagazine.joins.com/art_print.php?art_id=295496

29 장학봉 외, 『북조선을 만든 고려인 이야기』, 601쪽.

<그림 2-10-5> 사박가: 허가이 박해에 참여한 인물

박금철　　　박영빈　　　박정애　　　박창옥

자료: 박금철 ≪로동신문≫,1956년 4월 29일 자, 4면.
　　박정애 ≪조선인민군≫, 1953년 3월 13일 자, 2면.
　　박영빈 https://www.loc.gov/resource/asianscd.2005551562v65/?sp=1
　　박창옥 ≪로동신문≫, 1953년 1월 22일 자, 2면.

수상 정일룡을 엄격히 비판했다고 했다. 헤가이 씨는 관료주의적으로 일을 하고, 하는 일을 질질 끌고, 특히 저수지 복원에 행정 및 기사기술적인 지도를 주지 않았다고 고발을 당했다. 게다가 김[일성]과 다른 정치위원회 위원들은 그를 원래 당 부위원장 겸 비서 시절에 했던 실수로 비판했다. 헤가이 씨는 김일성이 그를 부수상 직위에서 해임하고 대외무역상으로 임명하자고 제안했다고 했다. 그는 최근 김[일성]의 신뢰 부족을 느껴 실제로 하는 일을 태만히 했고, 이 경우에 그가 받았던 비난이 옳다고 했다. 그러나 그는 올바르지 않은 간부 임명, 적대분자 행위 무시, 후퇴 당시 당 기록원 파괴 등으로 김일성과 박창옥이 한 고발은 받아들이지 못했다고 했다. 헤가이 씨는 이 고발의 대부분은 비객관적이고 인위적이라고 하며 고발의 원인이 헤가이 씨에 대한 김[일성—필자 추개]과 박창옥의 어느 정도 개인적인 적의이고, 자신이 표현했던 김[일성—필자 추개]과 중앙위 지도부의 간부 정책, 세금 제도 김[일성]에 대한 과도적인 찬양 등 문제에 대한 반대였다고 했다. 헤가이 씨는 그가 고발에 변론하는 시한이 이틀 남았다고 했다.

우리는 헤가이 씨에게 정치위원회에서 할 발언에 대해 꼼꼼하고 조용히 생각하고 실수와 잘못을 인정하고 앞으로 보완하겠다는 약속을 하자고 조언했다. 동의하지 못하는 고발에 대해서는 그대로 정치위원회 앞에서 말하라고 조언했다 우리는 정치위원회는 이 모든 문제를 제대로 처리하고 객관적이고 정의적인 결정을 내릴 수 있다고 강조했다 우리는 그에게 당적 비판을 도덕적 견지에서 대해야 한다고 강조했고, 당적 양심에 따라야 했다고 강조했다. 혜가이 씨는 조언에 감사한다고 했지만, 나가면서 자신에 대한 신뢰를 느끼지 못한다고, 신뢰 없이 일할 수 없다고 했다.[30]

이 일기는 같은 날 작성한 자료였다. 나머지 증거는 허가이 사망 후 1990년대 또는 2000년대에 나왔다. 먼저 허가이의 친구이며 북한군 중장이던 강상호는 이렇게 증언했다.

허가이는 암살당했다고 매우 많은 사람이 생각하지만, 그가 진짜 자살할 수도 있었다고 생각합니다. 저는 그의 성격을 잘 알았죠. [여기에 강상호는 마시던 차 한 잔을 식탁에 놓고 '알 수 없지'라는 의미로 손을 펼쳤다.] 그는 자랑도 자부심도 강한 사람이어서 박해가 시작되자 자살할 수도 있었습니다.

총으로 자살하기 직전 두 가지 유서를 썼습니다. 하나는 배우자 니나에게 쓴 유서였습니다. 러시아어로 "니나 미안하지만, 다른 방법은 없었어"라고 쓴 유서였죠. 두 번째 노트는 정치적인 유서였습니다. 나는 방학세로부터 이 유서에 대해 들었는데, 방학세에게 내용이 무엇이었는지 물어봤습니다. 그는 이 유서에서 허가이가 김일성을 강력히 비난했다고 답했습니다. 물론 이런 대답을 받아 더 이상 질문을 하지 않았죠. 이 유서는 간직될 것으로 생각하지 않지만 그럴 가능성이 절대 없다고도 할 수 없습니다.[31]

30 *Дневник поверенного в делах СССР в КНДР Суздалева С. П. с 1 июня по 2 июля 1953 г.*, Запись за 30 июня. (필자가 입수한 자료)

31 안드레이 란코프가 강상호와 한 인터뷰, 1990년 3월 7일.

소련대사관 직원 김주봉(고려인)은 이렇게 말했다.

허가이는 수풍저수지의 방어와 수리를 책임져야 했는데, 현지에 방문하지 않았고, 필요한 조치를 이행하지도 못했고, 소홀한 태도를 보였다는 이유로 고발당했습니다. 이것은 허가이를 향한 노골적인 공격이었고, 모든 사람이 이것을 알고 있었죠. 1953년 6월 허가이가 자살했다는 소문이 퍼졌는데 많은 사람이 암살이라고 확신했습니다. 예컨대 죽은 허가이를 본 정철우(소련 이름은 알렉세이 덴 Алексей Иванович Тэн)는 이에 대해 이야기했습니다. 정철우에 따르면 허가이 시신의 위치는 자살이라고 보기에는 맞지 않았습니다.

그리고 사망 직전 허가이는 최표덕과 대사관의 어느 직원과 만났고, 3시간 동안 이야기를 했습니다. 이 두 사람은 허가이가 불행한 일과 저수지에 관한 소동 때문에 기분이 나빴지만 대체로 자살하겠다고 결정한 사람의 침울함이나 우울증은 관찰하지 못했답니다. 허가이는 미래와 자신의 계획에 대해 많은 이야기를 했습니다. 그때 전쟁의 종말이 명확하게 다가왔고 그는 전쟁이 끝나면 귀국할 생각이 있었습니다. 허가이가 김일성에게 박해를 받을 때 박창옥이 누구보다도 열심히 나섰습니다. 고려인들 중 혜가이씨는 김일성의 첫 번째 희생자가 되었습니다. 마지막은 아마도 남일이었던 것 같습니다. 그의 사망도 많은 편으로 보면 상당히 의심스러웠습니다.[32]

다음은 강동정치학원 원장 박병률의 증언이다.

증거는 없지만 실제로 허가이는 암살당한 것이며 절대 자살이 아니라고 생각합니다. 그의 사망 전 몇 달 동안 박해는 계속되었습니다. 수풍저수지 방어 책임

---

32 안드레이 란코프가 김주봉과 한 인터뷰, 1990년 2월 2일.

관으로 임명되었던 허가이는 정치위원회에 다 괜찮다고 보고했지만, 갑자기 중앙위원이던 박씨가 허가이가 폭격 때문에 가기 무서워 저수지를 방문하지 않고 허위 보고서를 썼다고 고발하는 반박 발언을 했습니다. 김일성은 이 말을 듣자마자 '나는 어떻게 이런 사람을 신뢰할 수 있나?'라고 물어봤죠. 바로 그 사건 며칠 후 허가이 사망 소식을 알게 되었습니다.[33]

최표덕의 딸이며 허가이의 처제인 류드밀라 초이는 이렇게 증언했다.

사망 전날, 최표덕은 허가이의 집을 방문했습니다. 허가이는 절대 그날 밤에 자살하겠다는 사람처럼 보이지 않았습니다. 허가이는 1950년에 태어났던 작은 아들 슬라바(Слава)에 대해 많은 이야기를 했습니다. 이 아들을 그는 거의 보지 못했죠. 허가이는 또다시 나중에 소련에 귀국할 것 같다고 했습니다. 최표덕에게 자신의 집에서 자자고 제안했지만, 낮 폭격 시에 집에 돌아가기 싫어한 최표덕은 거절했습니다. 허가이는 그에게 따뜻하게 작별인사를 건넸죠.

다음날 아침에 허가이가 사망했고, '자살'했다고 알게 되었습니다. 최표덕은 소식을 듣자마자 서둘러 김일성에게 전화하려 했고, 직접 김일성에게 '살인자'라고 말하고 싶어 했습니다. 이 상황을 지켜본 최표덕의 보좌관은 전화를 끊으면서 최표덕을 진정시키려 했습니다.

이 사건 직후 최표덕은 대사관에 의해 소련으로 돌아가 사망할 때까지 모스크바에서 살았습니다. 최니나는 아무 설명 없이 평양의 호출을 받았습니다. 처음부터 어떤 안 좋은 일이 있었다고 추측했지만, 국경선을 넘으면 괜찮을 줄 알았습니다. 아마 남편과 같은 고위급 간부가 사망할 경우 문제가 생기면 조기(弔旗)가 있어야 하는데 조기가 없어서 괜찮을 줄 알았습니다. 도착할 때 허가이의 시체는

---

33 안드레이 란코프가 박병률과 한 인터뷰, 1990년 1월 25일.

이미 묘지에 있었습니다. 최나나는 시신을 본 사람들과 이야기했고, 그렇게 알게 된 정보로 강한 의구심을 갖게 되었습니다. 그때부터 최나나도 나도 우리 아버지도 허가이는 김일성의 명령에 따라 죽은 것이라고 확신했습니다.[34]

전 조선중앙은행 총재 김찬은 허가이의 사망에 대해 이렇게 생각했다.

그가 어떻게 죽었는지 모르지만 우리에게는 자살이라고 알려졌죠. 정전(停戰) 얼마 전 모든 상(相)과 부상과 다른 높은 지도자 여러 명이 참석했던 모임이 있었는데 재정상 최창익은 정치위원회 대표자로서 허가이가 자살했다고 했습니다. 최는 허가이를 비판했다는 정치위원회 회의를 언급하면서 허가이가 다가오는 회의 중 한 곳에서 연설할 예정이었지만 연설하기 직전 밤에 자살했다고 했습니다. 실제로 어떤 상황이었는지 이 세상에 누가 알 수 있나요? 그러나 저는 좀 애매합니다. 자살은 허가이 성격과 잘 안 맞아요. 그는 그렇게 할 수 없었습니다. 그가 암살당했다고 생각합니다.[35]

그리고 마지막 증언은 전 항공학교 교장 유성걸의 증언이다.

회의와 모임에서 김일성은 항상 허가이를 바라봤고 조언을 기대했습니다. 허가이만 김일성을 '일성동무'라고 부를 수 있었죠. 김일성은 허가이를 꽤 두려워하면서 대항마로 봤습니다. 바보 같은 생각이었지만 말이죠. 스탈린은 아예 고려인을 최고지도자로 고려하지도 않았을 겁니다. 1952년부터 허가이는 부수상이었습니다. 이 직위에 있을 때 수풍저수지 때문에 많은 비판을 받았습니다. 허가이의

---

34   안드레이 란코프가 류드밀라 초이와 한 인터뷰, 1992년 1월 26일.
35   안드레이 란코프가 김찬과 한 인터뷰, 1991년 1월 15일.

자살(아니면 암살) 후 박정애는 보고서를 썼죠. '겁쟁이, 자살자 놈, 책임이 있어 두려웠다'라고 하는 아주 악독한 보고서였습니다. 저는 1953년 가을 이 보고서를 읽어 본 적이 있습니다.[36]

자살론 대 암살론

앞에 언급한 증언과 사료를 분석해보자. 자살론을 지지하는 논거는 다음과 같다.

- 허가이 자신도 자살자의 아들이었다.
- 김일성은 허가이를 문제없이 강등시킬 수 있었고, 강등을 준비했다. 원래 허가이를 당 중앙위 부위원장에서 부수상으로 강등했을 때 소련대사관은 개입하지 않았다.
- 자신에 대한 박해로 허가이는 큰 충격을 받았고, 소련대사관의 도움도 받지 못했다.
- 허가이의 친한 친구이고 김일성을 미워한 강상호는 자살 가능성이 높다고 봤다.
- 허가이 암살에 대한 직접 증거는 하나도 없다. 누가 암살했는지, 암살 명령을 누가 받았는지 소문도 없었다.
- 강상호는 허가이가 유서를 썼다고 증언했다.

암살론을 지지하는 논거는 다음과 같다.

---

36 안드레이 란코프가 유성걸과 한 인터뷰, 1991년 1월 22일.

- 허가이의 시신을 본 정철우는 시신의 위치가 자살자와 맞지 않았다고 증언했다.
- 사망 직전 허가이는 자살에 대해서가 아니라 미래의 계획에 대해 이야기를 나누었다는 주장이 있다.
- 정전 후 허가이는 귀국하려 했다. 김일성은 그가 소련에 있으면 통제할 수 없었다.
- 허가이의 장례식은 매우 빨리 진행되었다. 암살이었으면 암살을 숨기기 위해 그런 것일 수도 있다.
- 허가이 사망은 1953년 6월 26일 소련 비밀경찰 지도자 베리야 체포 직후 벌어졌다. 매우 유능한 모략가인 김일성은 소련에서 개혁파가 권력을 장악하고 앞으로 소련과 갈등이 벌어질 수 있다고 생각할 수 있었다. 그렇다면 그는 소련파 리더의 제거를 원할 수도 있었다.
- 강상호를 제외하고 허가이 친족과 아는 사람들은 거의 만장일치로 암살론을 지지했다.

김일성 책임론

필자는 현재 '허가이가 자살했나?'라는 질문의 정답은 알 수 없지만 자살론이 사실일 가능성이 더 높다고 본다. 인류 역사에서 독재자의 권력 장악에 큰 도움이 되었지만 독재자 자신은 이와 관련이 없었던 사건의 사례를 찾을 수 있다. 바로 1933년의 독일 국가의회 의사당 화재 사건이었다.

이 화재를 구실로 당시 파울 폰 힌덴부르크(Paul von Hindenburg) 대통령이 비상계엄령을 선포했는데, 이는 히틀러 수상이 권력을 장악하는 계기가 되었다. 그래서 수십 년 동안 이 화재 사건이 나치의 음모였다고 본 역사학자가 많았다.

그러나 영국 출신 학자 리처드 에번스(Richard J. Evans)는 바이마르공화국 시대 발행된 독일 신문을 분석해 당시 방화 주범인 마리뉘스 판 데르 루페(Marinus van der Lubbe)가 이전에도 여러 차례 방화를 시도했다고 밝혔다. 즉, 나치가 일으킨 방화가 아니었지만 나치에게 커다란 행운이 된 것이다.[37]

마찬가지로 허가이의 사망은 김일성에게 도움이 되었지만 그가 지시한 암살이었다고 주장할 만한 증거가 매우 부족하다. 하지만 주목할 점은 김일성이 허가이를 암살하라는 명령을 하달한 적이 없었더라도, 그가 허가이의 사망과 관계가 있다는 사실이다. 허가이가 자살했다면 그 원인은 김일성이 주도한 박해였다.

즉, 김일성은 암살죄에 대해서는 무죄일지라도 자살로 내몰았던 행위에 대해서는 유죄다. 그러나 북한 내부 문서 보관소에 이 사건에 대한 추가 정보가 없다면 앞으로도 그 진상을 정확히 알 수 없을 것이다.

---

37   Richard J. Evans, *The Coming of the Third Reich*, London: Penguin, 2004, p. 329.

제11장

부상 강상호가 기억하는 내무성의 내막,
그리고 그의 기적적인 귀국

> 너의 생존 확률은 천분의 일 정도 돼.
> 그러니까 이렇게 하자.
> 천 따위는 잊어버리고 일에 집중하는 거야.
> — 〈닥터 후〉(시즌 9), 1화: 마법사의 제자

강상호 중장은 북한 정권 수립 초기 소련파의 대표적이면서도 예외적인 인물이다. 또한 강 중장은 소련파 중에서 가장 비범하고 똑똑하며 통찰력 있는 사람이라고도 할 수 있다.

우선, 김일성 시대 초기 북한 정치권에서는 '강상호'라는 인물이 두 명 있었는데, 이들 모두 중장이었다는 것을 언급해 둔다.[1] 이 장의 주인공 강상호 중장은 소련 출신이었고, 두 번째 강상호 중장은 김일성 부대 출신자였으며 1969년

---

[1] 이 장의 주인공의 동명이인은 만주 빨치산 출신자였다. "강상호동지의 서거에 대한 부고", 《로동신문》, 1969년 7월 23일 자, 2면 참조. 두 명의 강상호는 1945년 가을 북조선에서 처음으로 알게 되었다. 안드레이 란코프가 강상호와 한 인터뷰, 1990년 3월 7일 참조.

사망했다. 강상호 중장은 1990년대 한국과 러시아 매체, 그리고 안드레이 란코프 국민대학교 교수를 비롯한 북한학 연구자들과 인터뷰를 많이 했다.

강상호 연구에서 필자는 운이 매우 좋았다. 강상호의 아들 유리 그리고 손녀 위따와 만나고 인터뷰할 수 있었고 강상호의 회상기까지 입수할 수 있었기 때문이다. 여기에서 이 분들께 다시 큰 감사를 드리고 싶다.

북한 입국 이전의 강상호

강상호는 러시아 제국 극동지역에서 1909년 태어났다. 그는 고려인 3세였다. 그의 할아버지는 조선에서 러시아로 넘어왔다. 고향은 연해주 골루보브카(Голубовка)라는 작은 고려인 마을이며, 비공식적으로 사용했던 러시아어 이름은 이반 강이었다. 재미있게도 강상호는 조선이나 만주 출신이 아니었지만, 항일 빨치산의 아들이었다. 러시아 내전 당시 1918년, 초대 조선 총독이기도 했던 데라우치 마사타케(寺內正毅) 일본제국 총리는 러시아의 반공세력을 지원하기 위해 일본군을 러시아 극동지역에 파견했다. 당시 고려인 사이에서는 친공산주의 정서가 흔했고 강상호의 아버지 아파나시 강은 1919년 항일 빨치산 부대에 입대했다. 1919~1920년 사이 겨울에 일본군과 빨치산 간 휴전이 선포되었다. 그러나 1920년 4월 4~5일 밤 일본군은 휴전협정을 위반하고 빨치산 부대를 공격했다. 이날 밤 강상호의 아버지가 사망했다.[2] 강상호의 어머니 나탈리야 유(Наталия Ю)는 이미 1915년에 상망했기 때문에 만11살인 강상호는 고아가 되었다.[3]

---

2 안드레이 란코프가 강상호와 한 인터뷰, 1989년 10월 31일.

3 Кан Сан Хо, *Автобиография /мемуарная/* (필자가 입수한 자료)

아버지가 시코토보(Шкотово)라는 마을에 묻힌 뒤 어린 강상호는 2년 동안 빨치산 부대원들과 함께 생활했다. 소련이 건국되고 2년 후인 1924년 청년동 맹인 콤소몰, 1930년 볼셰비키당에 입당했다. 소련 당국이 세운 농민청년학교를 졸업한 후 강상호는 볼셰비키당 하바롭스크 주 소속 공산대학을 졸업해 간 부가 되었다. 극동의 포시에트 군 당 비서까지 진급했다.[4]

당시 강상호는 한 재미있는 할아버지 집을 자주 찾게 되었다. 체력이 좋은 이 할아버지는 원래 노숙생활도 한 적이 있고 야쿠티야(Якутия) 지역 금광에서 일했으며 마적(馬賊)에게 강도를 당한 적도 있었다. 강상호는 이 할아버지에게 이야기 듣는 것을 좋아했고 그의 집에서 그의 손녀 나데즈다 김(Надежда Лукин-ична Ким)을 알게 되었다. 1932년경 강상호와 나데즈다 김은 결혼했다.[5]

강상호는 1930년대 초반의 숙청에 당하지 않았다.[6] 그러나 얼마 뒤 1937년 에 이 결혼 생활은 갑자기 중단되었다. 스탈린의 명령으로 강상호도 다른 연해 주 조선인들과 함께 중앙아시아로 강제 이주 당했다. 다른 동포들과 달리 강상 호는 고생을 덜하게 되었는데, 우즈베크공화국 당(黨) 당국이 강상호를 발탁해 교육인민위원회의 조선어학교 감사관으로 근무했기 때문이다. 강상호는 우즈 베키스탄에 새로 정착한 조선인들을 위해 교육 체계를 세우려 노력했다.[7]

강상호의 남동생 강상운도 훗날 우즈베키스탄에서 유명한 사람이 되었다. 그는 1951년 5월 22일 디미트로프 협동농장[8]에서 북한의 '로력 영웅'과 비슷한

4　안드레이 란코프가 강상호와 한 인터뷰, 1989년 10월 31일.

5　필자가 위따 강과 한 인터뷰, 2021년 12월. 강상호의 결혼과 관련한 자료는 없는 것으로 보인다. 1932년 날짜는 강상호 친족의 추측에 불과하다.

6　Кан Сан Хо, *Идеологическая проверка*, Декабрь 1988 года. (필자가 입수한 자료)

7　안드레이 란코프가 강상호와 한 인터뷰, 1989년 10월 31일.

8　Андрей Шегай, *Колхоз им. Димитрова*, 10 мая 2014 года, https://koryo-saram.ru/kolhoz-im-dimitrova/ 참조.

'사회주의 노동 영웅' 칭호를 받았고 소련시대 우즈베키스탄 백과사전에도 등장한다.[9]

당시 강상호의 소원은 아들을 낳는 것이었다. 그러나 첫째, 둘째 그리고 셋째 아이 모두 딸이었다. 셋째 딸 류드밀라가 태어났을 때 기분이 매우 나빴던 강상호는 전차에 함께 탄 부인과 아기 옆에 앉지도 않았다.[10] 그러나 1945년 그의 소원이 이뤄졌다. 넷째 아이는 아들이었다. 이름은 유리였다.

유리가 태어난 해 중앙아시아로 당 중앙위가 임명한 위원들이 도착했다. 위원들은 러시아인 장교들이었고, 붉은 군대 총정치국 소속이었다. 그들은 고려인들의 개인 기록을 살펴본 뒤 합격한 사람들을 북조선에 파견했다. 그들 중 한 명이 강상호였다.[11]

강상호는 평양에 1945년에 혼자 갔다. 가족은 1947년에 북조선으로 이민했고 이 이산가족은 다시 상봉했다. 우즈베키스탄에서 북조선까지 열차를 타고 가는 길은 참으로 멀었다. 작은 유리는 폐렴에 걸렸다. 평양에서 아들을 본 강상호는 '살지 못할 것 같다'라고 했다. 그러나 아버지의 막말과 달리 유리는 살아남았고 이후 건강하게 살아갔다.[12]

북조선에 도착한 강상호는 소련군 제40사단 제7국의 정치장교(상위)로 복무하고 소련군 기관지 ≪조선신문≫에 근무하다가 1948년 소련군의 조선반도 철수 당시 강상호는 북한에 남기로 결정했다. 같은 결정을 한 다른 고려인들처럼 강상호는 북한에서 고위간부가 되었다.[13]

9 Кан Сан Ун, *Ўзбек совет энциклопедияси*, 5 жилд. Тошкент, «БСЭ», 1971, 304-бет.
10 필자가 위따 강과 한 인터뷰, 2021년 4월 25일.
11 Ibid.
12 필자가 유리 강과 한 인터뷰, 2021년 4월 25일.
13 Ibid.

보천보 전투에 대한 증언을 수집한 강상호

강상호의 회고록에서 흥미로운 이야기 중에는 보천보 전투에 대한 것이 있다. 1947년 여름 강상호는 10년 전 벌어진 이 전투에 대한 정보를 수집하기 위해 함경남도를 방문했다. 다음은 강상호의 증언이다.[14] 물론 이 이야기는 무조건 사실이라고 주장할 수 없다. 강상호는 함경남도 방문 수십 년이 지나 회고록을 썼고, 증언 자체도 사건 10년 뒤에 나온 것이다. 그러나 보천보 전투에 대한 정보가 매우 부족하고 북한 정권은 이 사건에 대해 사실과 다른 선전을 매우 열심히 해서 여기에 강상호의 증언을 게재하는 것은 의미가 있을 것이다.

럭사적 기념비도 세우고 굉장히 선전하는 '보천보 전투'에 허구와 과장이 많다. 나는 1947년 여름에 보천보 려행을 했다. 나는 그때 내각 직속간부학교 교원이었다. 보천보에 이르래 과거 빠르찌산이 공격한 일본경찰 파출소를 찾았다. 그때 그 건물에는 북조선 내무분주소가 자리잡고 있었다. 분주소장을 맞나 보천보 전투 럭사를 잘 아는 사람을 소개해줄 수 없는가 물었더니 그는 쾌히 승락하고 70세나 되어 보이는 이 지방 지식 있는 로인은 모서 있다. 그는 처음 우리에게 빠르찌산 총알에 뚫어진 정문 벽돌 벽에 있는 혼적을 보여주었다. 그것이 기관총알이 박힌 혼적이였다. 그리고 분주소 앞에 목조 2층 건물이 있는데 그것은 바로 림업소였다. 보천보전투 시, 즉 1937년 6월 4일 밤 빠르찌산들이 돌격하여 지금 이 건물과 똑같은 소각했다. 지금 있는 2층 목조 건물은 그후 목재상인들이 재건한 것이다.

빠르찌산들이 일본경찰 파출소 정문을 향하여 기습사격을 하였으나 아무러한 반응도 없기에 파출소 내부에 들어가 본즉 순사 한 명도 없고 유치함께 조선사람

---

14   강상호, 『피와 땀으로 쌓은 탑. 목격자의 증언』. (필자가 입수한 자료)

한 명이 구금되어 있었다고 한다. 그 사람은 그때 일본 법으로 금지되어 있는 돼지도살사건으로 잡혀 와서 유치장에 구금되어 있었다. 빠르치산들은 그를 석방했다. 순사들은 어대로 갔는가? 이 날 어떤 목재상업이 일본경찰들을 대접하기 위하여 그 뒷마을 강변에 있는 기생집에 음식과 술을 차려 놓고 한바탕 먹는 판이었다. 파출소에서는 직임순사가 파출소를 직히고 있었는데 그는 기관총 소리에 질겁을 해서 뒷문으로 빠져나가 자기 상관문이 놀고 있는 기생집으로 뛰어 갔다. 이때 기생집에서 놀던 순사들도 기총소리에 놀라 밖에 나가 보니 림업소가 불게 타고 있었다. 그 기생집 전화로 혜산 본서에 전화를 걸었으나 이미 빠르찌산들이 전선을 절단하여 전화가 통하지 아니했다. 그리하여 하는 수 없이 몇 명 순사를 혜산 본서로 떠여 보냈는데 혜산에서도 림업소가 타는 불빛을 보고 기병순사를 보천보로 보내여 그들이 중도에서 서로 맞났다. 그들이 다 보천보에 도착했을 때는 이미 림업소가 다타버리고 빠르찌산들도 다 돌아가고 없었다.

그때 보천보에 아무러한 군중대회도 없었다고 했다. 그 로인이 그 다음에 알아본 것이라고 하면서 김일성은 이 출진에 오지 아니 하였다고 말했다. 그 촌의 다른 사람과도 담화하였는데 그들의 말도 모두다 이 로인의 말과 차이가 없었다.

전쟁의 징조

강상호는 전쟁 직전 북한에서의 생활수준은 괜찮았다고 증언했다. 토지개혁 이후 농민들의 소득이 높아졌고 가구도 살 수 있게 되었다. 당시 당국은 아직 자본주의 경쟁을 어느 정도 허용해 시장에서 사고 싶은 물건을 살 수 있었다. 일본인들이 한반도에서 떠난 뒤 국가는 그들의 주택을 노숙자들에게 제공했다. 노동자와 사무원들은 배급제를 통해 쌀도 받았다.[15] 강상호의 가족 자체는 북한 고위층에 속했지만 소박하게 지내려고 노력했다. 예컨대 그는 국가로부터 의전차를 받았지만 이를 일상생활 목표로 사용하는 것을 허용하지 않았

〈그림 2-11-1〉 덜레스

자료: 북한 사이트 이용 사례 http://uriminzokkiri.com/index.php?ptype=cbooks&stype=0&mtype=view&
no=2640&pn=3; 고화질 복사본 http://monthly.chosun.com/upload/2008/2008_248_3.jpg

다. 의전차를 자기 재산으로 본 다른 간부를 바라본 가족은 불만이 없지 않았다.[16]

1940년대 후반기 북한 주민 중에서는 미래에 희망이 있다고 생각한 사람들이 적지 않았다. 그러나 얼마 뒤 발발한 6·25전쟁은 희망을 무너뜨렸다.

1949년 여름부터 강상호는 북한 강원도의 당 부위원장으로 근무했다.[17] 위원장은 김일성의 빨치산 동무인 림춘추였다. 당시 남북 분계선은 38선이었고, 북한 측 강원도는 지금보다 훨씬 넓었다. 강상호에 따르면 6·25전쟁 직전, 북한 매체들은 거의 날마다 '남조선 도발'에 대해 보도했다. 특히 1950년 6월 38선을 방문한 존 포스터 덜레스(John Foster Dulles) 미국 국무부 고문관의 사진을 두고 '덜레스, 미국의 괴뢰 리승만에게 북침 명령을 하달했다'라고 설명했다고 한다. 그래서 강상호나 북한 주민들도 머지않아 '미제에 조국을 팔아먹었던 남

---

15   안드레이 란코프가 강상호와 한 인터뷰, 1990년 1월 13일.

16   필자가 위따 강과 한 인터뷰, 2022년 11월.

17   장학봉 외, 『북조선을 만든 고려인 이야기』, 5쪽.

334   제2부 잊혀진 인물

조선 정권'이 곧 전쟁을 일으킬 것이라고 생각했다.

전쟁이 일어나기 한 달 전인 1950년 5월, 강상호는 강원도 연천군으로 파견되었다. 중국에서 북한으로 파견된 조선족 두 개 사단이 바로 연천군에 주둔했다. 그 당시 강상호는 이것이 북한 정권의 전쟁 예방책인 줄 알았다.[18] 그리고 전쟁이 발발한 그날 밤에 대해 강상호는 이렇게 증언했다.

강상호와 6·25전쟁의 발발

그해 6월에 저는 좀 아파서 평양 중앙 병원에 입원했죠. 높은 간부 여러 명도 같이 있었습니다. 저희는 자주 만났고, 전쟁이 다가오는 것을 감지하게 하는 명확한 기미 등 나라의 상황을 두고 토론했습니다. 그리고 퇴원하기 전날 나는 새벽 2시에 전화를 받으라는 말을 들었습니다. 전화를 건 사람은 로동당 중앙위 제1비서였습니다.[19] 제1비서는 즉시 내각 수상, 즉, 김일성을 방문하라고 말했습니다. 제가 방에 들어갔을 때 전체 내각과 초대를 받았던 여러 외부인이 함께 만났습니다. 김일성은 그 2시간 전에, 즉 새벽 1시 남조선 군대가 38선 전체에 공격을 시작했답니다. 이 공격과 관련해 그는 최고사령관으로서 반격명령을 하달했습니다. 모두가 만장일치로 이 명령에 승인하도록 투표했습니다."[20]

이는 6월 25일 김일성이 남침 사실을 내각에도 공개하지 않았다는 것을 알려주는 유일한 증언이다. 그러나 허가이의 지시에 따라 강원도에 다시 파견된 강상호는 며칠 뒤 진실을 알게 되었다.

---

18   Иван Афанасьевич меняет профессию // *Огонёк*, январь 1991 года, стр. 25-27.

19   '제1비서'는 당시 당 중앙위 부위원장 겸 조직부 부장 허가이의 비공식 호칭으로 보인다.

20   Иван Афанасьевич меняет профессию // *Огонёк*, январь 1991 года, стр. 25-27.

6월 28일 나는 국경선 옆에 있던 화천군에 갔습니다. 솔직하게 말씀드리면 분계선이 있었던 강(江)에서 우리 북쪽을 봤을 때 전투의 흔적이 없었던 것을 보고 진짜 당혹스러웠습니다. 우리 쪽에는 파괴된 것도 없었고, 포탄 구멍도 보이지 않았고 사상자도 한 명도 없었습니다. 건너편 제방에는 남조선의 땅이 시작되었습니다. '강원남도'의 핵심 도시인 춘천에 갔습니다. 이 도시는 건장한 아군이 해방했답니다. 남쪽으로 가면서 남조선 군대의 파괴된 군사 시설들을 자주 보았습니다. 뜻밖의 공격을 받았던 것처럼 보였습니다. 탄약 정량을 전혀 쓰지 못한 대포들, 매장되지 못했던 남조선 군인 시신 수십 구도 봤습니다. 나는 그때 진짜 궁금한 것이 있었는데요. 미국인들이 너무 이상하지 않습니까? 리승만에게 북침 명령을 하달하면서 사단 한 개만 남기고 자신들의 군대는 철수하고, 이 사단의 사령관인 딘 사단장이 포로가 되었다고요?

한마디로 눈이 없거나 바보가 아니라면 누구나 이 전쟁은 김일성이 일으켰다는 것을 알 수 있습니다. 바로 그는 자식들이 아버지를, 형제가 형제를 살해했던 전쟁의 주범으로서 조선 인민 앞에 모든 책임을 져야 합니다."[21]

후퇴와 반격

저희가 후송 명령 전문을 받았을 때 림춘추는 간부와 중앙기관 일꾼들과 함께 북으로 나갔습니다. 빨리 산 지역에서 활동해야 할 빨치산 부대를 설립하도록 했지요. 성원은 주로 청년들이었습니다. 그들의 주요 기지가 고미탄(古味呑)이라는 곳이 되어야 했습니다. 접근하기 대단히 어려운 곳인데 거기서 걸어서만 갈 수 있습니다.

---

21   Ibid.

저는 군사동원부 부장과 함께 질주로[22] 가야 했고 현지에 주민과 월북자로 부대를 설립해 북으로 보내야 했습니다. 북에서 그들은 육군 제7군단으로 형성되고 있었습니다. 진짜 중국식 전술이었네요. 사람을 어떤 지역에 어떤 사람을 파견할지 준비하지 않고 현지 주민을 부대로 설립하라는 임무 말입니다. 저희는 많이 노력했고 팀을 만들어 제7군단장 무정의 참모부가 위치한 북부 분계선에 보충중대를 파견했습니다. 결국 군단은 설립되었습니다. 전투 경험이 없는 이 군단은 중국으로 교육을 받으러 파견되었지요. 거기서 전 다른 명령이 나올 때까지 제7군단 정치부장 권한대행으로 근무해야 했습니다. 저는 정치 간부 임명을 관리했습니다.

다음으로 저는 당시 당 중앙위원회가 있는 강계로 갈 것을 허가이가 지시했습니다. 그는 중국 군대가 곧 국경선을 넘어갈 것이라고 했고 우리가 강원 지역 해방에 참가할 것이라고 덧붙였습니다. 저는 최민철의 여단 소속이었습니다. 최민철은 원래 항일 빨치산이었지만 김일성 부대 소속이 아니었고 나중에 그도 숙청을 당했지요.[23] 저희 여단은 여단이라고 했지만 실제로 대대에 불과했습니다. 저희는 원산까지 아무 전투 없이 행진했습니다. 정찰병들은 딱 한 번 미군에 대한 보고를 했습니다. 저희는 진세(陣勢)를 추정했고 공격을 준비했지만 미군이 진지를 버렸고 도망친 것을 알게 되었습니다. 원산까지 도착해 저희는 해안으로 상륙해 격퇴를 준비했습니다. 미 해군은 저희 진지를 포격했지만 상륙을 시도하지 않았습니다.

그때 저는 설사병에 걸렸고 한 달 정도 평양에 있는 소련 적십자 병원에 입원해 있었습니다. 퇴원해서 저는 허가이를 보러 갔습니다. 저희는 잠깐 동안 이야기를 했고 그는 당시 아무 말도 하지 않았지만 며칠이 지나 저는 내각에 직속된

---

22   정확히 어느 지역인지는 알 수 없다. 인터뷰를 한 안드레이 란코프는 키릴 문자로 'Чильчжу'라고 썼다.

23   최민철이 숙청을 당했다는 주장은 사실이 아닌 것으로 보인다.

중앙 고급지도간부학교 교장으로 임명되었지요. 학교는 압록강가 옥상면(玉尙面)에 있었습니다. 저는 거기서 1년 반 동안 일했습니다. 그 다음 원래 말씀드린 것처럼 김일성과 이야기한 후 고급당학교 철산(鐵山)에 파견됐지요. 전쟁의 마지막 날을 거기서 맞았습니다.[24]

강상호가 기억하는 북한

1951~1952년 강상호는 내각 소속 간부학교 교장으로 근무한 뒤 1953~1955년 당 중앙학교 교장을 지냈다.[25] 1954년 여름 당 중앙위는 강상호를 내무성 부상 겸 정치국장으로 임명하며 중장 계급을 수여했다. 당시 북한군에는 '상장'이라는 계급이 아직 없었으며 중장은 바로 대장 아래 계급이었다. 즉, 강상호는 대단히 높은 간부였다.

그의 상관은 내무상 방학세였고, 강상호 부상 외에 부상 네 명이 더 있었다. 방첩, 정보활동, 경찰, 그리고 경리 담당자 등이었다. 내무성 정치국 국장이었던 강상호 부상의 담당 분야는 내무성 간부학교, 집회소, 내무성 소속 극장·스포츠 등이었다. 그러나 무엇보다 중요한 부분은 간부 임명이었다. 임명 방식은 주로 당 기관 추천으로 했다.[26]

당시 내무성 소속으로 국경선과 군사분계선을 지키는 부대들이 있었다. 이 사실은 공산권에 예외적이지 않았지만 강상호에 따르면 당시 북한 내무성이 다른 공산국가 비밀경찰과 다른 점은 두 가지가 있었다. 첫째, 내무성은 결정권이 없었고, 집행기관에 불과했다. 김일성과 당 중앙위가 결정을 하달했다.

24 안드레이 란코프가 강상호와 한 인터뷰, 1990년 1월 13일.
25 Ibid.
26 안드레이 란코프가 강상호와 한 인터뷰, 1989년 11월 30일.

〈그림 2-11-2〉 폴란드군 준장 옆에 있는 강상호 소장

자료: 위따 강 제공.

둘째, 대외정보활동은 완전히 남한 중심으로 했고, 일본이나 다른 나라에 대한 활동도 남한 상황을 파악할 목적으로만 했다. 이 증언은 대단히 중요하다. 강 상호 부상은 재임 시절 북한 상황을 가장 잘 알고 있었던 사람들 중 한 명이었 기 때문이다.[27]

강상호는 북한에서 어떤 유의미한 남한의 간첩 활동을 밝혀내지 못했다고 기억했다. 남한 당국이 안 했는지 너무 잘했는지는 판단할 수 없었다. '간첩 사 건'은 일반적으로 상당히 혐의가 입증되어야 하는데 강상호는 당시 간첩죄 혐 의로 체포된 사람들 중에는 무죄인 사람들이 포함되어 있다고 생각했다.[28]

내무성 지도부 핵심 인물 중에는 내무상 방학세 외에도 방첩사업을 책임지

---

27   Ibid.

28   Ibid.

고 있는 부상 박응익(朴應翼)과 대외 정찰 책임 김춘삼이 있었다. 강상호가 내무성에 재직한 지 약 두 달이 지나서 박응익은 체포되었고 김춘삼도 이후 숙청당했다.[29] 스탈린주의 국가에서 비밀경찰 간부 숙청은 흔한 일이었다.

강상호에 따르면 내무성이나 사법성에 일본 경찰 출신자는 전혀 없었다. 있었다면 북한에서 즉시 총살을 당했다. 조선총독부 법원에 근무하는 사람은 처벌을 받지 않았지만 북한 재판소에는 절대 근무할 수 없었다.[30]

내무성 내부 강의에서 강상호 부상은 소련 고려인 강제 이주에 대해 언급해야 하는 경우가 있었다. 그런 필요성이 생겼을 때 그는 소련의 반은 공식적인 설명에 따라야 했다. '당시 일본과 전쟁 발발 가능성이 있었고 일본 간첩들이 활동하지 못하도록 그럴 수밖에 없었다.'[31] 그러나 김일성 자신은 고려인 강제 이주 문제에 아무런 관심을 갖지 않았다.[32]

1950년대 정치범들은 일반적으로 감옥에 보내졌고 지방으로 추방하는 일은 비교적 예외적인 경우였다. 훗날 생긴 정치범수용소인 '이주민 관리소'는 이 당시 아직 존재하지 않았다. 강상호에 따르면 지방으로 추방당한 사람 중에는 소련파 출신 허익이 있었다.[33]

강상호는 1950년대 북한 당국이 반종교 정책을 실시했지만 아주 심하지는 않았다고 증언했다. 그에 따르면 북한에서 진짜 종교인은 대체로 기독교를 믿는 지식인이었고 일반인들은 교회나 절에 다녀도 기독교나 불교의 교리에 큰 관심이 없었다. 내무성은 일반 신자보다는 선교사들을 관리하고 탄압해야 했고 특히 선교사들이 미국과 관련되어 있지 않을까 확인해야 했다. 다만 북한

---

29   Ibid.

30   Ibid.

31   Ibid.

32   안드레이 란코프가 강상호와 한 인터뷰, 1990년 1월 13일.

33   안드레이 란코프가 강상호와 한 인터뷰, 1989년 11월 30일.

당국은 전쟁 때 파괴된 교회는 복원하지 않기로 결정했다.[34]

강상호는 자신의 경험을 토대로 6·25전쟁 전에는 월북자가 많았다고 증언했으며, 연대가 통째로 북한으로 넘어온 경우도 있다고 했다. 그러나 휴전 후에 월북은 드문 일이 되었고, 월북자들은 남한의 일반 범죄자나 정치범들이 대부분이었다. 마찬가지로 이 시기 탈북한 사람은 거의 없었고 탈북자 대부분은 일반 범죄자였다고 증언했다. 이 말은 북한 선전처럼 들릴 수 있지만, 인터뷰 당시 강상호는 전혀 김일성 정권을 지지하지 않았기 때문에 신뢰할 만하다고 여겨진다. 그는 1950년대 비무장 지역 분위기는 다소 조용했다고 했다. 그리고 소련에 비해 북한에서는 범죄가 많이 없었다고 했다. 단, 휴전 후에 도둑질이 늘었다고 덧붙였다.[35]

게다가 내무성은 김일성 전용 식당 공급도 관리한 조직이었기 때문에 강상호는 당시 상황을 기억했다. 최고지도부를 위한 야채와 과일들은 특별 국영농장에서 경작되었다. 강상호는 이 농장이 수남지역 쪽에 있었던 것으로 기억했지만, 잘못 기억한 것일 수도 있다고 덧붙였다. 물론, 김일성은 무료로 공급받았다.[36]

자신이 교장으로 있었던 고급당학교에 대해 강상호는 이런 증언을 했다. 이 학교의 교육과정은 석 달 정도였고 교육생은 군(郡) 비서 이상 간부였다. 강사는 주로 같은 학교와 내각에 직속된 중앙 고급지도간부학교를 졸업한 북한 사람과 고려인들이었다. 이들 중에는 2010년대까지 북한 정치 무대에서 최고급 간부로 지내온 김영남도 있다.[37]

---

34   Ibid.

35   Ibid.

36   안드레이 란코프가 강상호와 한 인터뷰, 1990년 1월 13일.

37   Ibid.

강상호가 기억하는 북한 간부들

북한 연구의 핵심 문제는 정보 부족이다. 특히 북한 엘리트의 경우 이들의 경력을 어느 정도 알더라도 이들의 성격은 모르는 경우가 적지 않다. 그래서 북한 고위층 사람을 직접 알고 지냈던 강상호의 증언은 특히 중요하다.

안드레이 란코프: 조선 지도부에서 제일 마음에 든 사람들은 누구였습니까?

강상호: 아마도 박금철이었습니다. 똑똑하고 객관적인 사람이었습니다. 김일성은 나중에 그를 처치했습니다.

다음은 박일우입니다. 이 사람에 대한 말씀을 드렸죠. 옌안(延安) 출신자였고, 중국어를 참으로 잘했죠. 마오쩌둥은 그를 매우 높게 평가하였고, 블로디미로프의 '중국의 특구'에 그의 당 대회 발표에 대한 언급이 있습니다.[38] 해방된 지 얼마 뒤 옌안 출신자들은 자리를 잡으러 조선으로 갔고 1945년 9월 현지에 도착했지요. 그런데 당시 박일우는 가지 않았습니다. 그는 중국에 남는 것을 선택했고 지린성 정부 수관으로 근무했습니다. 조선에는 1946년 봄에 간 적이 있습니다. [북]조선로동당 간부부 부장이 되었습니다. 모든 종파 싸움에 참여하지 않았던 객관적이지만 격렬하고 똑바른 사람이었습니다. 정치국에서 전쟁결과에 대한 문제를 내세우려고 했습니다. 그런 행위는 곧 김일성 비판이었습니다. 김일성은 전쟁 실패에 큰 책임이 있기 때문입니다.

---

38 '중국 특구'는 중소분열 시대에 소련공산당 지도부의 지시에 따라 출판된 도서다. 책의 내용은 소련 표트르 브라디미로프(Пётр Владимиров)의 중국공산당이 통치했던 섬감녕변구(陝甘寧邊區) 거주 시절에 쓴 일기의 기반으로 쓴 것인데 일기의 내용은 심하게 수정되었다. П. П. Владимиров, *Особый район Китая. 1942-1945.* Москва: Агентство печати «Новости», 1973 참조. 책에 나온 박일우에 대한 언급은 매우 간략하고 한 문단에 불과하다.

〈그림 2-11-3〉 강상호 중장과 가족

주: 1950년대 중기.
자료: 위따 강 제공.

〈그림 2-11-4〉 내무성 부상 시절 강상호와 가족

주: 1) 1957년 7월 1일 북한 당국은 내무원을 일반 군인과 구별할 수 있도록 군사칭호에 '내무'호칭을
　　 붙이라고 지시했고 계급장의 모습도 조금 변화시켰다.
　 2) 옆에 배우자 나데즈다 김과 아들 유리, 뒤에 셋째 딸 류드밀라가 있다. 유리의 모자에 '중'자가
　　 보인다. 그는 당시 소련 중고등학교를 다녔지만 북한 중학교 모자를 썼다. 유리 강에 따라 사진은
　　 1957년 여름에 찍었다.
자료: 위따 강 제공.

그리고 당시 조선 지도부에서 가장 탁월한 인물은 박헌영이었습니다. 저는 여기 소련공산당이 괜히 개입했다고 봅니다. 그렇게 할 필요가 있었나요? 조선 공산주의자의 일에 개입했고 좋은 결과가 하나도 없었습니다. 박헌영은 친중파가 아니었습니다. 그는 ML파를 좋아하지 않았고 종파 투쟁에도 아주 적극적으로 관여하지도 않았죠. 물론 무시했다고 할 수도 있지만 … 그러나 소련공산당 중앙위 본부에서 김일성을 선택했고 박헌영이 원래 화요파와 있었던 관계를 봐서 소련 지도부는 두려워했습니다. 아마도 박헌영이 권력을 위해 투쟁했다면 무엇이든 얻을 수도 있었지만, 그는 겸손한 사람이었고 자신의 출세나 생명도 신경을 안 썼습니다.

저는 박헌영 재판에 있었고 아주 꼼꼼하게 들었습니다. 박헌영의 태도는 아주 좋았습니다. 그는 '나는 간첩입니다'라고 했지요. 그에게 '적들에 어떤 자료를 전달하였나?'라고 물어보면 그는 '아무것도 안 했다'라고 했습니다. '어떻게 그럴 수 있나' 하면 '고용주는 최고급 직위를 장악한 후에만 간첩행위를 시작하라고 했다'라고 답했습니다. 이것은 다 노골적인 거짓이었죠. 그래서 판결은 진행되지 않았고 수사 과정은 2년 더 연장되었습니다. 그를 계속 심문했지만 아무것도 얻지 못했습니다. 8월 전원회의가 지나자 김일성은 방학세에게 박헌영을 사형하라고 명령하였고 명령은 집행되었습니다. 재판 때도 수사 때도 박헌영은 누구에 대해서도 거짓말을 안 했고 항상 혼자서 활동했다고 강조하였습니다.[39]

강상호와 8월 종파사건

1950년대 중반 북한 당국은 소련 출신 고려인 간부들에게 소련 국적을 포기

---

39 안드레이 란코프가 강상호와 한 인터뷰, 1989년 11월 30일.

하라고 강요하기 시작했다. 강상호는 1956년 1월 18일 국적 포기를 신청했고[40] 같은 해 3월 23일 소련 측은 이를 수락했다.[41] 그는 더 이상 소련의 보호를 받을 수 없었다.

몇 달 후 북한에서 김일성과 야권 사이 결전이 벌어졌다. 1956년 8월 30일 반대파는 수령 공격에 실패했다. 윤공흠, 서휘, 리필규, 김강 등 야권 간부 네 명을 체포하러 중국으로 파견된 사람은 바로 강상호였다. 마오쩌둥은 북한 측의 추방 요청을 거절했고 '그렇게 하면 부도덕하다'라고 했다. 다만 망명가 네 명이 인민공사(人民公社)에 파견될 것이라고 약속했다.[42] 강상호는 파견 여부를 알 수 없었지만 현재 접근할 수 있는 정보를 종합하면 마오쩌둥은 이 약속도 지키지 않았던 것으로 보인다.[43]

베이징에 있을 때 강상호는 중국 문학가 궈모뤄(郭沫若)에게 선물을 받았다. 베이징의 룽바오자이(榮寶齋)라는 유명한 서화 골동품 가게에서 나온 중국 삽화 서화 컬렉션이었다. 강상호가 사망한 후에도 그의 가족은 이 컬렉션을 보관하고 있었다.[44]

---

40 Кан Сан-хо, Анкета-заявление о выходе из гражданства СССР // *О выходе из гражданства СССР советских граждан корейской национальности Ан Ивана Семёновича, Ан, урождённой Ким, Сун Ок, Кан Сан Хо и других лиц, в числе 82 человек*, ГАРФ, ф. Р-7523, оп. 88, д. 2549 (ЛГ-202/43с), лл. 15-15об.

41 Указ Президиума Верховного Совета СССР, *О выходе из гражданства Ан И.С., Ан (Ким) Сун Ок, Кан Сан Хо и других лиц, проживающих в Корейской Народно-Демократической Республике*, 23 марта 1956 г. ГАРФ, ф. Р-7523, оп. 88, д. 2960, лл. 1, 8.

42 안드레이 란코프가 강상호와 한 인터뷰, 1989년 10월 31일.

43 Shen Zhihua and Xia Yafeng, *A Misunderstood Friendship: Mao Zedong, Kim Il Sung, and the Myth of Sino–North Korean Relations, 1949-1976*, Unpublished manuscript.

주: 궈모뤄가 강상호에게 준 중국 삽화 서화 컬렉션.
자료: 위따 강 제공.

몰락

1950년대 후반까지 강상호는 김일성 정권을 위해 복무했지만 시간이 흐르면서 고려인 간부들은 문제에 직면하게 되었다. 1956년 2월 소련 지도자 흐루쇼프 제1비서가 스탈린을 비난하기 전부터 김일성은 이미 소련파를 공격하기 시작했다. 그러나 강상호의 몰락은 1957년 10월부터 시작되었다.[45] 박정애는 그를 호출했고 강상호가 부상 직위에서 해임되었고, 군사정전위원회 수석대표로 임명되었다고 했다.[46] 중장이었던 그는 소장으로 강등되었다. 당국은 유엔 측의 수석대표가 소장이기 때문에 북중 측 수석대표도 소장이어야 한다고 설명했다.[47] 이 설명은 사실과 다른 주장인 것 같다. 휴전협정에 그런 조건도 없었고 초대 수석대표 리상조는 중장이었다. 그리고 물론 한미군에 '소장'은 2성

---

44 필자가 위따 강과 한 인터뷰, 2021년 11월.

45 "북한측군사정전위원회 수석대표들의 경력", ≪新東亞≫, 1998년 2호, 358~359쪽.

46 Кан Сан Хо, *Идеологическая проверка*, Декабрь 1988 года. (필자가 입수한 자료)

47 필자가 위따 강과 한 인터뷰, 2021년 11월.

장군의 칭호이고 북한군에서 이는 바로 중장 계급에 해당한다. 그래서 강상호는 진짜 강등되었다고 판단할 수 있다.

판문점 복무 시대 강상호는 한국 매체에도 등장하게 되었다.[48] 당시 그는 단독 자택이 있었고 호위병 한 소대 그리고 개 한 마리가 있었다. 나데즈다 김은 음식물 쓰레기도 처리하고 나중에 병사들에게 맛있는 고기를 줄 수 있도록 돼지 한 마리도 키우자고 했다. 그러면서 개와 돼지에게 적군을 조롱하는 이름을 주었다. 개의 이름은 '잉글리쉬'였고 돼지는 '유에스'였다.[49]

판문점에서 강상호는 중립국 감독위원회 회원국가인 스위스와 스웨덴의 대표자에게 많은 선물을 받았지만 이를 대부분 나라에 반납했다. 남은 선물은 쌍안경 한 개뿐이었다. 사냥을 자주 했던 강상호는 이를 잘 썼고 2000년 그가 사망한 후 그의 아들 유리가 이 쌍안경을 보관하고 있었다.[50]

당시 강상호는 이미 다가올 위기를 느꼈던 것 같다. 그는 자식들을 소련에 보냈다. 그의 아들딸들은 북한을 떠났고, 강상호와 나데즈다 김만 북한에 남았다.[51]

1959년 3월 인민군 총정치국장 서철이 강상호를 호출해 새로운 지위에서도 해임되었음을 통보했다. 해임은 수상의 명령 482호로 이행되었다.[52] 그러나 새로운 임명장이 계속 나오지 않자 강상호는 곧 체포당할 것이라고 판단했다.[53] 수석대표 자리 후임자로 주청준 소장이 임명되었다.[54] 유엔 측은 강상호가 숙

---

48   "강상호新任", ≪朝鮮日報≫, 1958년 1월 29일 자, 1면.

49   필자가 유리 강과 한 인터뷰, 2021년 4월 25일.

50   Ibid.

51   Ibid.

52   Кан Сан Хо, *Автобиография /мемуарная/.* (필자가 입수한 자료)

53   Кан Сан Хо, *Монумент, воздвигнутый кровью и потом. Свидетельство очевидца.* (필자가 입수한 자료); 강상호, 『피와 땀으로 쌓은 탑. 목격자의 증언』. (필자가 입수한 자료)

청되었다고 판단했고 숙청은 1959년 1월 ≪프라우다≫ 신문 번역기자 리동준[55] 귀순사건과 관계가 있었다고 추측했다.[56] 그러나 이 추측은 사실이 아니었다.

강상호는 내무성 출신자가 감시했다. 그는 내무성 제복을 입지 않고 민간복으로 다녔지만 내무성 출신 강상호는 즉시 감시자의 신발과 바지가 내무원의 제복이라는 것을 알아차렸다. 감시관은 강상호의 집 옆에 있었고 강상호가 밖으로 나가면 즉시 그의 뒤를 따라갔다.[57]

석 달 동안 이런 생활을 견뎌왔던 강상호는 자신이 마지막 기회를 사용해야겠다고 결정했다. 그는 김일성에게 소련으로의 출국 요청서를 작성했고 당 중앙위 군사부 부부장에게 제출했다. 강상호는 이것이 매우 도발적인 행위라는 것을 알았지만 이제 그는 소련 국적도 없었고 북한에 남아 있으면 죽을 것 같다고 느꼈다.[58]

결정이 나올 때까지 일주일이 지나갔다. 이 일주일 동안 내무성 감시관은 강상호 아파트의 문을 두드려 강상호가 안에 있는 것을 확인하고는 떠나기를 반복했다. 자신이 곧 체포될 줄 알았던 강상호나 그의 가족은 공포 속에서 살았다.[59]

드디어 강상호는 결정사항을 받았다. 놀랍게도 당국은 그의 요청을 수락했

54   "북한측군사정전위원회 수석대표들의 경력", 358~359쪽.

55   이 사람에 대해 "北 실상 낱낱이 폭로 이동준 전 서울신문 기자 별세", ≪서울신문≫, 2010년 7월 2일 자, https://www.seoul.co.kr/news/newsView.php?id=201007020290 37 참조.

56   "記者越南事件으로 肅淸", ≪朝鮮日報≫, 1959년 4월 30일 자, 1면.

57   Кан Сан Хо, Монумент, воздвигнутый кровью и потом, Свидетельство очевидца. (필자가 입수한 자료); 강상호, 『피와 땀으로 쌓은 탑. 목격자의 증언』. (필자가 입수한 자료)

58   Ibid.

59   Ibid.

다. 소련대사관에 소련 비자를 신청하고 최고인민회의 상임위원회를 통해 제적(除籍) 처리하고 로동당 당원증을 중앙위에 제출하라고 했다.[60]

강상호는 될 수 있는 대로 빨리 출국 절차를 처리하기 시작했다. 1959년 7월 20일 최고인민회의 상임위원회는 강상호의 국적 포기를 공식적으로 승인했고 다음날인 21일 그의 제적증명서가 발급되었다. 23일 이제 북한 국적도 소련 국적도 없는 강상호는 소련대사관을 찾아 소련 국적으로 재입적 허가를 신청했다. 7월 29일 대사관 영사부 서기 바딤 트카첸코(Вадим Павлович Ткаченко)가[61] 이를 수락한다는 평가서를 작성했고 같은 날 푸자노프 주북한 소련대사도 승인 서명을 했다.[62]

그러나 내무성 감시는 중단되지 않았고 강상호는 과연 북한을 떠날 수 있을지 알 수 없었다. 결국 그는 이 정도로 쉽게 구출되지 못하리라는 것을 알게 되었다.[63]

암흑 속에

1959년 8월 중순 강상호 아파트로 그의 전 운전기사가 찾아와 내무성 정치

---

60 Ibid.

61 바트카첸코는 나중에 소련공산당 국제부 부부장까지 진급한 소련간부였고 한국 매체와 소련의 대북 정책에 대해 한국 매체와 인터뷰도 한 적이 있다. 바딤 트카첸코, "전 소련공산당 국제부 부부장이 말하는 북한", ≪월간 말≫, 90호, 62~65쪽 참조.

62 Кан Сан Хо, Дело о приёме в гражданство СССР, ГАРФ, ф. Р7523, оп. 93405, д. 405 (РГ-165/1037с).

63 Кан Сан Хо, Монумент, воздвигнутый кровью и потом. Свидетельство очевидца. (필자가 입수한 자료); 강상호, 『피와 땀으로 쌓은 탑. 목격자의 증언』. (필자가 입수한 자료)

국장 최선경이 강상호를 자신의 사무실로 초대한다고 했다. 자동차는 바로 밖에 있었고, 강상호는 즉시 자신의 후임자인 최선경의 사무실로 갔다.[64]

사무실에서 최선경은 중앙위원회가 강상호에 관한 '사상 오염 입증자료'가 있다고 해서 그를 대상으로 사상 검토가 있을 것이라고 말했다. 최선경은 강상호에게 준비 시간이 얼마나 필요하냐고 물어봤다. 강상호는 즉시 시작하자고 했다. 최선경은 이 제안을 거절했고 사흘 있다가 검토를 시작할 것이라고 했다.[65]

이 사흘 동안 강상호는 소련 출국 허가가 나왔는데도 왜 사상 검토 결정이 나왔는지 고민했다. 그는 검토 결정이 이뤄지면 곧 죽게 될 것을 알았다.[66]

강상호의 회고록을 보면 검토는 5개 단계로 진행되었다고 할 수 있다. 첫 단계에서 그는 내무성 구락부에 호출되었으며 자아비판을 지시받았다. 강상호는 김일성의 주체사상을 제대로 선전하지 못했고 주말에 친구들과 사냥도 했으며 주패[67] 놀이도 했다고 인정했다. 참가자들은 반당 행위에 대해 말하라고 요구했다. 강상호는 그런 행위를 한 적이 없다고 답했다. 최선경은 강상호가 제대로 준비되어 있지 않다며 다음날 내무성 정치국에 오라고 지시했다.[68]

두 번째 단계부터 강상호는 사실상 체포되었다. 그는 1959년 8월 중순부터 11월까지 집에 한 번도 가지 못했다. 심문은 식사할 때만 일시 중단되었고 심문자들은 강상호가 자는 것도 허용하지 않았다. 물론 강상호는 심문을 받으면

---

64   Ibid.

65   Ibid.

66   Ibid.

67   주패는 휘스트와 어느 정도 비슷한 러시아 전통 카드놀이 '프레페란스(преферанс)'의 북한 이름이다.

68   Кан Сан Хо, *Монумент, воздвигнутый кровью и потом. Свидетельство очевидца.* (필자가 입수한 자료); 강상호, 『피와 땀으로 쌓은 탑. 목격자의 증언』. (필자가 입수한 자료)

서 갑자기 잠든 경우가 적지 않았다. 심문자들은 먼저 강상호에게 반당행위를 '자발적으로' 고백하라고 지시한 후 여러 혐의를 제기했다. 이를 보면 당시 북한의 분위기를 잘 느낄 수 있다.[69]

① 강상호는 자강도 내무부에서 마을 주민 아사 보고를 받아 '당 중앙위원회에 통보할 것'이라는 결의를 썼다. 이것이야말로 당 경제정책 비방이 아닌가?
② 강상호는 내무성 간부학교 일꾼들에게 무기를 용광로에 넣으라고 명령했다.
③ 강상호는 조선작가동맹 맹원을 대상으로 하는 '당의 문학 로선을 위반한 자들에 대한'이라는 강의를 금지했다. 이는 자신의 친구인 소련 출신자 박창옥, 기석복, 정상진, 전동혁 등을 보호하기 위한 것이었다.
④ 내무성 신문에서 김일성 생일인 4월 15일 "개인숭배는 맑쓰-레닌주의와 아무러한 공통점도 없다"라는 제목으로 수정주의적인 기사를 게재했다. 개인숭배 비판은 곧 흐루쇼프의 수정주의다. 강상호는 당의 노선을 반대한 것인가?
⑤ 강상호는 내무성에서 주체사상 선전을 제대로 하지 못했다.

앞에서 볼 수 있듯이 이 고발은 참으로 헛소리 같았다. 그러나 이런 고발 때문에 사람을 죽게 할 수 있었다.

강상호는 굴복하지 않고 답했다. 내무성은 중앙위에 통보할 의무가 있다고 했고, '무기를 용광로에 넣으라는 명령'은 사실과 완전히 다른 주장이라고 했으며, 문학 강의를 할 예정이었던 강사가 식민지 시대 반공 소식 소속이었고, 자

---

69 Ibid.

신은 김일성의 생일이 언제인지도 잘 몰랐다고 했다.[70] 마지막 주장은 지금 사람들에게 이상하게 보일 수도 있지만 1950년대 북한에서 김일성 생일은 전혀 명절이 아니었다. 그래서 강상호는 이 날짜를 몰랐을 수 있다.

여기서 강상호가 인정하고 받아들인 고발은 '주체사상 선전'에 대한 열의 부족뿐이었다.[71] 아무리 노력해도 성공하지 못한 심문자들은 세 번째 단계를 시작했다.

이제 강상호는 중대한 고발을 받았다. 내무성은 그를 반국가 음모자라고 고발했다. 우선, 1957년 8월 8·15절 준비 회의에서 강상호는 박응식과 공모해 김일성을 비롯한 내각과 중앙위에 대한 쿠데타 음모를 꾸몄다는 것이다. 그러나 강상호는 그 회의에 불참했다는 것을 기억해냈다. 강상호는 당시 최고인민회의에 내무성 군사 칭호에 관한 보고를 했고[72] 회의에 참석한 사람은 바로 심문 과정을 관리한 최선경이었다. 심문 측은 뜻밖에 이런 반격을 받자 고발을 취소할 수밖에 없었다.[73]

두 번째 고발도 완전히 허위 고발이었다. 당시 소련파 출신 외무성 참사 전동혁은 소련에 성공적으로 귀국했다. 그러나 심문자들은 강상호를 압박하기 위해 다음과 같은 거짓말을 했다. 전동혁은 신의주역에서 체포되었으며, 그가 고백하기를 소련 출국 허가 약속을 받았다고 했다. 심문자들에 따르면 전동혁은 주소련 북한 영사 강병률을 통해 강상호가 소련의 지시를 받고 있고 자신이

---

70 Ibid.

71 Ibid.

72 재미있게도 이 강상호의 보고는 《로동신문》에도 게재되었다. 강상호, "공화국 내무원의 영예로운 칭호", 《로동신문》, 1957년 8월 2일 자, 3면.

73 Кан Сан Хо, *Монумент, воздвигнутый кровью и потом. Свидетельство очевидца.* (필자가 입수한 자료); 강상호, 『피와 땀으로 쌓은 탑. 목격자의 증언』. (필자가 입수한 자료)

강상호의 지시를 받고 있다고 고백했다. 최종 목표는 국가 정변이었다고 했다. '전동혁의 고백'에 따르면 강상호는 중앙당학교 교장 허익도 끌어들였다. 심문자들은 강병률과 허익이 체포되어 이를 고백했다고 주장했다.[74]

강상호는 이번에도 그들을 믿지 않았다. 그는 전동혁의 진술서를 보여 달라고 했으며 강병률과 허익이 참여하는 대질심문을 요구했다. 또 하나의 전술 실패를 본 심문자들은 '여기는 내무성 예심처가 아니라 정치국, 즉 당 기관인 곳'이라고 한 후에 네 번째 단계를 개시했다.[75]

이제 강상호는 당 조직 회의에서 '대중검토'를 받아야 했다. 힘이 없는 그는 무리 앞에 나왔고 연설자들은 큰 소리로 그를 고발하라고 외쳤다. 문화대혁명 시대 홍위병 시위와 비슷했다. 다만 다행히도 참석자들은 강상호를 때리겠다고 위협했지만 때리지는 않았다.[76]

강상호는 '이제는 다리가 텅텅 붓고 아파서 서서 검토를 받을 수가 없어 앉아서 대답하는데 자는지, 깨어 있는지 하여튼 온전한 이성을 가지지 못하였던 것만은 사실이었다'라고 기억했다.[77]

그러나 그때도 그는 굴복하지 않았다. 사상 검토가 계속되면서 그의 배우자인 나데즈다 김은 소련대사관을 계속 찾아와 제발 남편을 구해달라고 부탁했다.[78] 소련 자료를 보면 외교관들은 검토 시작 직전 강상호의 소련 국적 재입적 과정을 실행하도록 결정한 것으로 보인다. 강상호가 소련 국적이 생긴다면 북한이 그를 석방할 가능성이 생긴다. 자국 국민이나 무국적자를 죽인다면 소련이 개입할 권리가 없지만, 다른 나라들처럼 소련도 자기 국민을 보호할 권리가

---

74 Ibid.

75 Ibid.

76 Ibid.

77 강상호, 『피와 땀으로 쌓은 탑. 목격자의 증언』, 59쪽.

78 필자가 강상호의 손녀 위따 강과 한 인터뷰, 2021년 11월.

있었다. 1959년 10월 24일, 강상호가 아직 사상 검토 중이었을 때 소련 외교부 협의회 위원 보리스 봇체롭(Борис Фёдорович Подщероб, 1910~1983)[79]은 지난 7월 강상호가 대사관에 낸 입적 신청서를 수락한다는 의견서를 남겼다.[80] 북한 측이 이 사실을 알게 된 것 같고 강상호 스스로가 소련 국적으로 입적을 거절하지 않는다면 어쩔 수 없이 그를 석방해야 한다는 것을 이해한 것 같다. 이렇게 강상호 검토의 다섯 번째이자 마지막 단계가 시작되었다.

어느 날 매우 피곤했던 강상호는 몇 시간 동안 잠이 들었다. 심문자들은 그를 깨워 내무성 정치국 국장의 사무실로 데려왔다. 사무실에는 내무상 방학세를 비롯한 최고급 간부 여러 명이 있었다. 그들은 강상호에게 중앙위원회가 사상 검토를 승인할 것이고 이가 곧 마무리될 것이라고 했다. 그리고 강상호에게 소련에 귀국하지 말고 북한에서 계속 살 것을 제안했다. 용감한 강상호는 이 최종 시험에서도 성공했다. 그는 자신이 장애인이 되었고 북한에서는 육체노동이나 정신노동도 할 수 없으며 소련에 살고 있는 자식과 친족들이 그를 도와줄 수 있을 것이라고 했다. 바로 이 순간 그가 이겼다. 심문자들은 그를 석방했다. 공포의 석 달은 이제 끝났다.[81]

79 유능한 체스 기사로도 알려져 있는 소련 외교부 최고급 간부였다.

80 *Кан Сан Хо, Дело о приёме в гражданство СССР, ГАРФ, ф. Р7523, оп. 93405, д. 405 (РГ-165/1037с), л. 2.*

81 Кан Сан Хо, *Монумент, воздвигнутый кровью и потом. Свидетельство очевидца.* (필자가 입수한 자료); 강상호, 『피와 땀으로 쌓은 탑. 목격자의 증언』. (필자가 입수한 자료)

기적적인 귀국

석방된 다음날 강상호는 주북한 소련대사관 영사부를 찾았다. 입적 결정은 아직 마무리되지 않아 그는 소련 여권이 아니라 소련 입국 비자를 받았다. 그날 강상호는 부인과 함께 평양역에서 소련으로 출발하는 국제열차를 탔고 평양을 영원히 떠났다. 석 달간 고문을 받았던 그는 열차 안에서 잠이 들었다.[82]

열차는 북쪽으로 향했고 함경북도에 진입했다. 북한 영토는 여기까지였고 김일성의 통치영역도 여기까지였다. 강상호는 북한을 떠나버린 순간에 대해 이렇게 기억했다.

> 소련대사관에서 우리 집사람과 함께 소련 입국 사증을 받고 조소 국경선을 넘어갔을 때까지도 정말 이곳을 벗어날 수 있을지 믿지 못했어요. 당시 친구와 동료, 동포들도 수십 명, 수백 명이 이미 감옥이나 노역 수용소에 배우자와 자식들과 함께 들어가버렸죠. 열차가 국경선을 넘어갔을 때 집사람과 함께 '넓구나 나의 조국'이라는 노래를 불렀어요. 그 순간 이것은 꿈이 아니라고 생각했어요. 그러나 이 세상에 다시 돌아오지 못할 사람들, 고통스럽게 죽었거나 앞으로 고통 받을 사람들을 생각하면 가슴이 너무너무 아팠어요 … [83]

소련에 도착한 뒤 강상호는 소련 국적이 나올 때까지 또 몇 달 동안을 기다려야 했다. 그는 1959년 11월 북한을 떠났다. 그 달 30일 국가보안위원회 부위원장 알렉산드르 페레펠리츤(Александр Перепелицын)은 국가보안위원회 측이 강상호의 재입적에 반대할 사유가 없다는 것을 확인했다.[84] 1960년 5월 25일

---

82 Ibid.

83 Иван Афанасьевич меняет профессию // *Огонёк*, январь 1991 года, стр. 25-27.

84 *Кан Сан Хо, Дело о приёме в гражданство СССР*, ГАРФ, ф. Р7523, оп. 93405,

소련 최고소비에트 상임위원회는 강상호 입적을 공식적으로 승인했고 그는 다시 소련 국민이 되었다.[85]

북한 당국은 강상호에게 출국을 허용한 것에 대해 후회했지만 아무것도 할 수 없었다.[86] 이제 강상호는 공포의 그림자에서 완전히 벗어났다. 그는 사랑하는 가족과 함께 있었다. 그는 고향에 돌아왔다.

강상호의 후손들

〈그림 2-11-6〉에서 볼 수 있듯이 강상호의 자제는 네 명이었다. 1932년생 리라, 1935년생 알라 그리고 1938년생 류드밀라는 1947년경 평양에 이주했고 제6고등중학교를 졸업했다. 졸업한 후 리라는 레닌그라드 토목공학대학교에 파견되었다. 북소 협정 조건에 따라 그녀는 나중에 귀국해 북한 재건 사업에 참가해야 했다. 알라는[87] 비슷한 협정으로 체코슬로바키아에 파견되었다. 류드밀라도 레닌그라드 토목공학대학교에 파견되었고 언니의 후배가 되었다.[88]

강상호 아들의 이름은 유리였다. '유리'의 러시아어 애칭형은 '유라'다. 어렸을 때 김정일이 쓴 이름과 같았다. 강유라와 김유라도 서로를 잘 알았다. 김유라가 강유라를 협박한 경우도 있었다. 강유라는 장난감 기관단총이 있었는데 김유라에게 빼앗겼다. 이 일을 알게 된 나데즈다 김은 김일성의 집을 찾아 기

д. 405 (РГ-165/1037с), л. 1.

85 Ibid., л. 8об.

86 안드레이 란코프가 김주봉과 한 인터뷰, 1990년 2월 2일.

87 강상호의 두 번째 딸의 등록상 이름은 알피나였지만 가족과 친구들은 그녀를 알라 고 불렀다.

88 필자가 위따 강과 한 인터뷰, 2022년 11월.

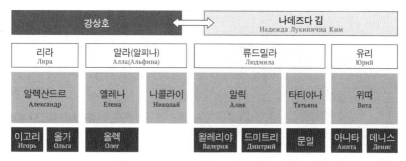

〈그림 2-11-6〉 강상호의 후손들

자료: 필자가 위따 강과 한 인터뷰, 2021년 6월.

관단총을 가져왔고 아들에게 돌려주었다.[89]

6·25전쟁이 발발했을 때 당시 강유라는 전쟁이 일어난지도 몰랐다. 이 전쟁을 김일성이 일으켰다는 사실은 훨씬 뒤 소련에서 아버지로부터 알게 되었다. 그러나 폭격은 1950년의 모든 것을 바꾸었다. 그는 다른 북한 아이들과 함께 중국으로 대피했다. 아이들이 탄 화물차가 고장 나거나 폭격 피해를 받아 걸어가야 했던 적도 있다. 참으로 무서운 시절이었다. 유리 강은 미 비행기가 저공 비행을 해서 비행사 얼굴도 볼 수 있을 정도였다고 증언했다.[90]

중국 하얼빈에서 강상호의 자식들은 어머니와 함께 살았다. 당시 유리 강은 김유라를 만나지 못했기에 그가 다른 지역에 있을 것이라고 생각했다. 하얼빈에서 이 가족은 러시아에서 이민 온 사람의 집에서 지냈다. 강유라는 그때 학교를 다니게 되었고 1학년이 되었다.[91]

물론 중국 생활은 전쟁의 불 속에 삼켜진 한반도보다 안전했지만 강유라는 한 가지 아쉬운 점이 있었다. 아버지 강상호는 그를 찾지도 않았고 소포도 보

---

89 필자가 유리 강과 한 인터뷰, 2021년 4월 25일.

90 Ibid.

91 Ibid.

〈그림 2-11-7〉 강상호의 아내와 자제들

자료: 위따 강 제공.

내지 않았다. 강유라는 북한에서 보내온 선물을 받는 다른 많은 가족들이 부럽기만 했다.[92]

그러나 1951년부터 방학 때 북한의 후방 지역에 갈 수 있고 거기서 아버지를 만날 수도 있었다. 그 시절에 대해 유리 강은 한 가지 흥미로운 에피소드를 기억했다. 북한에서 소련공군 전투기 한 대가 격추당해 비행사가 낙하산으로 살아남은 적이 있었다. 하지만 북한 농민들은 그 비행사가 백인인 것을 보고 적군 병사라 생각해 그를 마구 때렸다. 결국 비행사의 신분은 확인되었고, 그는 강상호 집에서 치료를 받으며 쉴 수 있었다. 그날 두 번이나 살아남았던 비행사는 안도의 한숨을 쉬었다.[93]

아이들이 느끼는 시간은 어른보다 길다. 그래도 이 너무 긴 3년의 전쟁은 끝이 났다. 7월 어느 날 강유라는 전쟁이 이제 끝났으며, 이제 집에 갈 수 있고, 아버지와 다시 살 수 있게 되었다는 것을 알았다. 그날은 참으로 기쁜 날이었다.[94]

강상호의 증손자들 중 증조할아버지와 북한에 누구보다 큰 관심이 있는 사람은 이고리 샤포발로프(Игорь Александрович Шаповалов)다. 이 가문의 다른 사람들과 달리 그의 외모는 동양인이라기보다는 백인에 가까웠기에 그의 한반도

---

92 Ibid.

93 필자가 위따 강과 한 인터뷰, 2021년 11월; 필자가 유리 강과 한 인터뷰, 2021년 4월 25일.

94 필자가 유리 강과 한 인터뷰, 2021년 4월 25일.

〈그림 2-11-8〉 미국 시카고에 있는 강상호의 후손들

주: 앞줄 왼쪽에서 오른쪽으로 며느리 알라, 아들 유리, 증손녀 아니타. 뒷줄 왼쪽에서
   오른쪽으로 손녀 위따, 증손자 데니스.
자료: 위따 강 제공.

에 대한 열렬한 관심에 조금 놀라는 사람들도 있었다.[95] 필자 역시 한민족의 피
가 전혀 없지만 북한을 연구한다. 관심 분야는 인종이나 민족과 꼭 관계된 것
이 아니라는 점을 알 수 있다.

강상호 손녀 위따의 운명도 재미있다. 1970년 소련에서 태어난 그녀는 어렸
을 때 부모, 조부모와 함께 레닌그라드 아파트에서 살았다. 한 아파트에 너무
많은 사람들이 살기가 불편해 1970년대 중반부터는 강상호와 나데즈다 김이
다른 아파트에 살게 되었고, 위따와 그녀의 부모는 기숙사형 아파트에 방을 받
게 되었다. 레닌그라드의 제232학교를 졸업한 그녀는 전기공학대학교에 입학
했다. 위따는 옥렉이라는 남자와 사귀었고 1993년 졸업한 후 그들은 다음 해
에 결혼했다. 러시아 과학원에서 근무한 위따와 옥렉은 이후 과학원 부서와 협
력하는 모토로라라는 주식회사에서 일하게 되었다. 회사 당국은 이들을 미국

---

95 필자가 위따 강과 한 인터뷰, 2021년 4월 25일.

에 파견했고 2000년부터 그들은 미국에서 살게 되었다. 위따와 올렉의 딸 아
니타가 러시아에서 태어났고, 아들 데니스는 미국에서 태어났다. 미국 법률에
따라 북한 내무성 부상의 증손자인 그는 훗날 미합중국 대통령 자리에도 출마
할 권리가 있다.

강상호의 후손들 사진을 볼 때마다 필자의 마음은 기쁘다. 이 가족은 '행복
한 결말'을 찾았다. 나데즈다 김과 강상호의 용감성 덕분에 그들이나, 그들의
아들딸들도 김일성 나라에서 떠날 수 있었다. 위따, 아니타, 데니스 등 나데즈
다 김과 강상호의 수많은 후손은 이 세상에서 가장 소중한 것인 자유를 얻었
다. 이들은 이제 어떤 권력자가 정해준 길이 아니라 자신의 소망, 자신의 희망,
자신의 꿈에 따라 살 수 있게 되었다. 1950년대 북한에서 살았던 사람의 후손
이라면 너무도 기적적인 운명이다.

역사의 증인

소련으로 귀국한 후 강상호는 먼저 동생 강상운이 근무했던 디미트로프 협
동농장에서 농장의 물고기 못 파수꾼으로 일했다. 내무성 부상, 2성 장성이었
던 그에게 얼마나 큰 강등이었는지 상상할 수 없지만, 북한과 달리 소련에서
그는 두려움 없이 살 수 있었고 나중에 더 좋은 자리를 잡을 것이라는 희망도
있었다.

강상호의 장녀 리라는 부모님과 남동생과 같이 살자고 제안했고 귀국 다음
해인 1960년 강상호는 '문화 수도'라고 불렸던 레닌그라드로 이사했다. 그들은
몇 년 동안 리라와 그녀의 남편 베니아민의 아파트에서 살다가 나중에 강상호
는 자신의 아파트를 받게 되었다. 이 시대에 리라와 베니아민은 부모님을 항상
도와주었다.[96]

플레하노프 거리(улица Плеханова)에 있는 아파트에 살다가 [97] 모스코브스코

예 가도(Московское шоссе),[98] 료냐 골리코프 거리(улица Лёни Голикова)에서 살았으며 결국 두나이스키 거리(Дунайский проспект), 42/79동, 380호 아파트로 이사했다. 당시 강상호는 ≪레닌기치≫ 소련의 조선어 신문 등에서 근무했다.[99]

소련에서도 그는 북한에 남아 있는 사람을 잊지 않았고 김일성 정권 아래 벌어진 일들에 대해 진실을 알려주고 싶었다. 그러나 소련에서 이런 이야기를 할 희망은 보이지 않았다. 1985년 고르바초프가 권력을 장악하자 강상호는 회고록을 준비하기 시작했다. 첫 번째 초고는 거의 공식 이력서 스타일로 쓴 회고록이었다.[100] 여기에는 김일성 시대 탄압에 대한 언급이 전혀 포함되지 않았다. 그러나 소련의 개혁 속도가 가속화되면서 강상호는 더 용감한 회고록을 준비하게 되었다. 1989년 그는 『회상기: 목격자가 말한다』라는 두 번째 회고록을 썼다. 한국어판과 러시아어판 모두 존재하는 이 글에서 강상호는 자신이 견딘 사상 검토, 1950년대 숙청들, 북한의 반소련 사상캠페인 등의 서술을 포함했다.[101] 이후 그는 『피와 땀으로 쌓은 탑. 목격자의 증언』이라는 회고록의 한국어판[102]과 러시아어판,[103] 그리고 1990년의 『회상기: 목격자의 증언. 백오충여관의 그늘』이라는 확장판도 작성했다.[104]

---

96 필자가 위따 강과 한 인터뷰, 2022년 11월.

97 거리의 현 이름은 '카잔스카야 거리(Казанская улица)'이다.

98 필자가 유리 강과 한 인터뷰, 2021년 4월 25일.

99 Ibid.

100 Кан Сан Хо, *Автобиография /мемуарная/*. (필자가 입수한 자료)

101 강상호, 『회상기: 목격자가 말한다』. (필자가 입수한 자료); Кан Сан Хо, *Воспоминание. Свидетельство очевидца*. (필자가 입수한 자료)

102 강상호, 『피와 땀으로 쌓은 탑. 목격자의 증언』. (필자가 입수한 자료)

103 Кан Сан Хо, *Монумент, воздвигнутый кровью и потом. Свидетельство очевидца*. (필자가 입수한 자료)

104 강상호, 『회상기: 목격자의 증언. 백오충여관의 그늘』. (필자가 입수한 자료)

〈그림 2-11-9〉 1990년대 강상호

자료: https://mono.aks.ac.kr/s/media/1f/1f
2a2d00-f565-46c7-ab64-390e07b94
887.jpg?preset=orig

1990년 소련에서 일당제는 해체되었고 소련을 더 이상 사회주의 국가라고 부를 수 없게 되었다. 다음 해 1월 강상호는 소련 대표 잡지 ≪오고녁(Огонёк)≫과 인터뷰를 했고 김일성의 가장 중대하고 무시무시한 비밀을 전 세계에 알려주었다. 1950년 6월 25일 발발한 전쟁이 남침이었고 이 전쟁의 주범은 김일성이었다고 증언했다.[105]

1990년 한국과 소련이 수교했다. 1990년대 강상호는 한국 매체에도 김일성 정권 수립과정과 북한 역사에 대해 증언과 인터뷰를 했다. 아마도 제일 구체적이고 잘 알려져 있는 시리즈는 1993년 1월 11일부터[106] 1993년 10월 12일까지[107] ≪중앙일보≫에서 게재한 "내가 치른 북한 숙청"이라는 시리즈였다. 강상호의 증언을 보면 이 사람이 대단히 객관적인 사람이었다는 것을 알 수 있다.

이 시대에 강상호를 찾은 사람들은 기자들만이 아니었다. 레닌그라드 대학교 준박사 과정(나중에 조교수) 란코프와 같은 북한사 연구자들도 있었고 박헌영의 아들 박병삼(원경 스님)과 같은 사람들도 있었다. 박병삼은 당시 강상호의 가족을 모스크바에 있는 중국 레스토랑에 초대했고 이 식욕 넘치고 즐거운 스님은 강상호의 손녀 위따에게 깊은 인상을 주었다.[108]

---

105   Иван Афанасьевич меняет профессию // *Огонёк*, январь 1991 года, стр. 25-27.

106   강상호, "내가 치른 북한 숙청(1)", ≪중앙일보≫, 1993년 1월 11일 자, https://www.joongang.co.kr/article/2777343#home

107   강상호, "내가 치른 북한 숙청(35)", ≪중앙일보≫, 1993년 10월 12일 자, https://www.joongang.co.kr/article/2837419#home

1990년대 강상호는 가문에서 가장 먼저 미국을 방문했다. 영어를 전혀 못했던 그는 비행기를 탔을 때 항공여객승무원이 음료수를 선택해달라고 하면 'Orange juice'라고 답해야 한다고 외웠다. 그래도 영어 한마디를 한다는 것이 자랑스러웠다. 강상호와 나데즈다 김은 마지막 순간까지 한반도와 연결되었다. 북한에서 떠난 지 수십 년 지나서도 손자손녀들은 그들의 집을 찾았고 할머니는 그들에게 맛있는 한식을 준비했다 …. [109]

강상호 장군의 예언

1990년대 초 '북한은 곧 망할 것이다'라며 희망적 관측을 보여준 사람들이 매우 많았다. 그러나 강상호는 오히려 김일성 정권이 유지될 가능성이 높다는 슬픈 사실을 알고 있었다.

현재 (북한의) 변화 가능성은 높지 않습니다. 제가 그쪽에 있었을 때 이미 감옥은 수감자로 가득 찼고, 그때부터 제가 알기로는 새로운 감옥들도 생겼습니다. 지금도 원래 그랬던 것처럼 사람들은 아무 연락 없이 사라집니다. 우리는 고려인의 운명에 대해 수많은 도움의 요청을 보냈지만, 답장으로는 뻔뻔스러운 헛소리를 듣거나 완전한 침묵뿐입니다. 소련에 살고 있는 이들의 자식과 친족은 자기 가족의 운명에 대해 아무것도 모릅니다. 한마디로 말해 저는 낙관할 만한 이유를 알지 못합니다. 그러나 다른 편으로 보면 현재 세계에서 진행되고 있는 변화가 아주 크기 때문에 이들은 북한에 영향을 미칠 수밖에 없죠. [110]

---

108   필자가 위따 강과 한 인터뷰, 2021년 12월.

109   필자가 위따 강과 한 인터뷰, 2021년 4월 25일.

110   Иван Афанасьевич меняет профессию // *Огонёк*, январь 1991 года, стр. 25-27.

강상호의 이 말은 1991년 소련 붕괴 몇 달 전에 나왔다. 강상호 자신도 이 예언이 현실이 되는 것을 봤다. 당시 공산권 붕괴로 중국과 소련의 지원을 받지 못한 북한은 커다란 경제위기를 겪으며 1990년대 대기근에 수십만 명이 아사했다. 그리고 세계의 변화도 북한에 영향을 미쳤다. 특히 경제 분야에서 지금의 북한은 1991년의 북한과 매우 다르다. 그러나 본질적으로 북한은 변화되지 못했고, 1991년이나 지금이나 북한은 김씨일가의 것이다. 2000년 12월 11일 별세한[111] 강상호는 이 정권의 종말을 보지 못했다. 필자는 과연 우리들이 북한 정권의 종말을 볼 수 있을지 궁금할 따름이다.

---

111   필자가 위따 강과 한 인터뷰, 2021년 11월.

제12장

남일

7·27 휴전 협정에 서명한 대장

소망을 조심하라.

그것은 성취되니까.

그러나 소망보다 노력에 투자해야 하는 목표를 더 조심하라.

그것은 더욱 빠르게 성취되니까.

― 콜린 커닝햄

6·25전쟁의 역사에 관심이 있는 독자들이라면 남일이라는 인물을 잘 알고 있을 것이다. 바로 이 사람이 1953년 7월 27일 6·25전쟁을 종결시킨 정전협정에 서명한 인물이다. 대한민국 전쟁기념관에 그의 밀랍 인형이 있다. 이 장은 7·27 정전의 주인공을 소개한다.

학교 선생님에서 북한 교육성 부상까지

남일은 1913년 6월 5일, 러시아 제국에서 태어났다. 당시 러시아식 본명은 야코브 남(Яков Петрович Нам)으로, 탄생지는 극동지역에 위치한 가자케비체보

〈그림 2-12-1〉 남일(1956년)

자료: Нам Ир. Анкета-заявление о
выходе из гражданства СССР //
*О выходе из гражданства СССР
советских граждан корейской
национальности Ан Ивана
Семёновича, Ан, урождённой Ким,
Сун Ок, Кан Сан Хо и других лиц,
в числе 82 человек*, ГАРФ,
ф. Р-7523, оп. 88, д. 2549
(ЛГ-202/43с), л. 106-об.

(Казакевичево)라는 마을이었다.[1] 교육가였던 삼촌처럼 남일도 교사가 되었다. 고려인 강제 이주 후에 남일은 토므스크 국립 대학교(Томский государственный университет)에 입학했고, 카자흐스탄의 찜켄트(Чимкент)에서 상급 강사로 근무했다. 대학원에서 학위를 받을 생각이 있었던 남일은 대학원 입학시험을 보기도 했지만 결국에는 교육 간부가 되었다. 독소전쟁 초기에 학교 교사로 근무한 그는 1943년 우즈베키스탄 카슈카다리야 주(Кашкадарьинская область) 교육부 부부장, 이후 부장까지 진급했다. 전쟁 자체에 남일은 참가한 적이 없지만 소련 정부로부터 '조국대전 시기에 용맹하게 노력을 한 자에게'라는 메달까지 받은 적이 있다.[2]

당시 남일의 배우자는 파이나(Фаина)라는 여성이었다. 소련에서도 일본이

---

1   Нам Ир, Анкета-заявление о выходе из гражданства СССР // *О выходе из гражданства СССР советских граждан корейской национальности Ан Ивана Семёновича, Ан, урождённой Ким, Сун Ок, Кан Сан Хо и других лиц, в числе 82 человек*, ГАРФ, ф. Р-7523, оп. 88, д. 2549 (ЛГ-202/43с), лл. 106-106об.

2   И. Н. Селиванов, *Нам Ир (1913-1976): основные вехи биографии (по материалам российских архивов)*, https://koryo-saram.ru/nam-ir-1913-1976-osnovnye-vehi-biografii-po-materialam-rossijskih-arhivov/

나 미국처럼 결혼한 아내가 남편의 성씨를 쓰는 경우가 많았기 때문에 파이나도 '파이나 남'이 되었다. 1920년생인 그녀는 유치원 원장이었으며, 1945년 딸 올가를 낳았다. 그러나 1946년 남일은 북한으로 떠났다. 소련 사료를 보면 당시 남일은 파이나와의 관계가 대단히 나빴으며, 남일이 딸마저 버리고 가족에게서 도망쳤을 가능성이 높아 보인다. 파이나는 공산당 주 위원회에 남편을 귀국시키거나 자신과 딸에게 출국 허가를 달라고 요청하기도 했지만 당국은 불허했다.[3]

북한에 도착한 후 남일은 새로운 배우자를 찾았다. 두 번째 아내는 고려인이었는데, 한글 이름은 박애현이었고 소련 이름은 마리야 박(Мария Авксентьевна Пак)이었다.[4] 남일과 1915년생 박애현 사이에는 아들 세 명이 있었다. 1947년 12월 14일생 유리(Юрий), 1949년 9월 14일생 니콜라이(Николай) 그리고 1954년 6월 23일생 슬라바(Слава)였다.[5]

북한에서 남일은 소련 민정청 번역관으로 근무하다가 북조선인민위원회 간부 교육국 국장을 거쳐 1948년 9월 교육 부상까지 올라갔다. 그해 남일은 최고인민회의 대의원이 되었고 1950년 당 중앙위 위원이 되었다.[6]

---

3   Ibid.

4   *Список лиц, состоящих в двугражданстве*, 26 апреля 1958 года, АВП РФ, ф. 179, оп. 10в, д. 19, п. 1, л. 38.

5   Нам Ир. Анкета-заявление о выходе из гражданства СССР // *О выходе из гражданства СССР советских граждан корейской национальности Ан Ивана Семёновича, Ан, урождённой Ким, Сун Ок, Кан Сан Хо и других лиц, в числе 82 человек*, ГАРФ, ф. Р-7523, оп. 88, д. 2549 (ЛГ-202/43с), л. 106-об.

6   И. Н. Селиванов, *Нам Ир (1913-1976): основные вехи биографии (по материалам российских архивов)*, https://koryo-saram.ru/nam-ir-1913-1976-osnovnye-vehi-biografii-po-materialam-rossijskih-arhivov/

낙하산 총참모장

소련에서 지냈을 당시 남일은 군대에 복무한 경험이 없었다. 북한에서도 교육성에 근무했던 그가 하루아침에 인민군 장성이 되리라는 것은 누구도 예측할 수 없었다. 그러나 6·25전쟁 당시 인민군 총참모장 강건이 사망한 뒤 김일성은 그의 후임자로 남일을 임명했다. 즉, 군사 경험이 전혀 없는 그가 김일성 최고사령관과 최용건 민족보위상에 이어 북한군 서열 3위가 된 것이다. 소련 대사관 이바넨코(Иваненко) 공사의 평가서를 보면 소련 측도 남일을 상당히 긍정적으로 봤다.

전반적으로 잘 교육받은 사람이다. 정치적으로 잘 준비된 사람이다. 자신의 지식수준을 넓히기 위해 노력한다. 군사 관련 지식은 대학교 시절 비군사 훈련과 조선인민군에 복무하면서 얻었던 지식으로 제한된다. 실전적인 군대 관련 지식은 없다. 총참모부가 하는 사업을 전체적으로 파악할 수 없다. 의지력은 있다. 끈기는 있다. 결단력이 있다. 용감하다. 창의력도 있다. 조직자로서의 재능은 좋다. 유능한 인물이고, 발전의 전망이 있다. 마땅한 권위가 있다. 사상적으로 강력하다. 확고한 도덕이 있다. 조선민주주의인민공화국에 충성한다. 소비에트 사회주의 공화국 연방에 대한 충성은 의심할 바가 없다. 그가 해임될 경우에 올바른 후임자가 될 수 있는 사람이 없다.

결론: 군사 교육 수준은 직위에 걸맞지 않다. 될 수 있는 한 빠른 시일 내에 소비에트 사회주의 공화국 연방에 교육을 받으러 파견시켜야 할 것이다.[7]

---

7   В. Иваненко, *Нам Ир. Характеристика*, РГАСПИ, ф. 495, оп. 208, д. 838, лл. 165-166; И. Н. Селиванов, *Нам Ир (1913-1976): основные вехи биографии (по материалам российских архивов)*, https://koryo-saram.ru/nam-ir-1913-1976-osnovnye-vehi-biografii-po-materialam-rossijskih-arhivov/에서 재인용.

휴전 협정 서명

1951년 6·25전쟁이 소강상태에 들어가자 소련과 중국은 휴전 협정 필요성을 느끼게 되었다. 1951년 7월 1일 김일성은 주북한 소련대사 라주바예프를 통해 스탈린에게 남일을 휴전회담 북한 측 대표단의 수석대표로 제안했다.[8] 스탈린은 김일성에게 먼저 마오쩌둥의 승인을 얻으라고 지시했다.[9] 결국 같은 달 북한과 중국은 공동 대표단을 형성했고 남일은 수석대표가 되었다.[10] 남일은 1951~1953년까지 모든 회담에서 수석대표 자리를 유지했다. 물론, 휴전문제에 대한 결정권은 남일이 아니라 스탈린과 마오쩌둥에게 있었다.

원래는 김일성이 직접 7·27 정전협정에 서명하려고 했다. 그러나 1953년 7월 24일 소련공산당 지도부는 판문점에 김일성이 아닌 그의 부하가 갔으면 좋겠다고 판단했다. 소련 측은 김일성이 직접 가면 이승만 정권이 어떤 도발을 할 가능성을 배제할 수 없다고 판단해 다른 사람을 파견하라고 권장했다.[11] 그

---

8 *Телеграмма Главного военного советника корейской Народной армии начальнику Генерального штаба Советской Армии о составе делегации КНДР и предполагаемых вопросах для обсуждения на переговорах о перемирии в Корее № 1751*, 1 июля 1951 года, АП РФ, ф. 45, оп. 1, д. 340, лл. 3-4.

9 *Телеграмма Председателя Совета Министров СССР послу СССР в КНДР с информацией правительству КНДР о необходимости выработать с правительством КНР совместные предложения на переговоры о перемирии*, 2 июля 1951 г. АП РФ, ф. 45, оп. 1, д. 340, л. 5.

10 "38線兩便에 緩衝地帶", ≪朝鮮日報≫, 1951년 7월 12일 자, 1면

11 *Телеграмма министра иностранных дел СССР послу СССР в КНДР с рекомендациями ЦК КПСС Председателю Кабинета Министров КНДР не участвовать в подписании Соглашения о перемирии в Корее*, 24 июля 1953 года, АП РФ, ф. 3, оп. 65, д. 830, лл. 170-171.

〈그림 2-12-2〉 판문점에 도착한 남일

자료: *Naval History and Heritage Command*,
https://www.history.navy.mil/our-collections/photo
graphy/numerical-list-of-images/nara-series/80-g-
k/80-G-K-12000/80-G-K-12503.html

래서 김일성 대신 남일 수석 대표가 판문점으로 갔다.

휴전 협정 서명식은 1953년 7월 27일, 그날 오후가 되면 북한 땅이 될 예정인 판문점의 북반부에서 진행되었다. 서명식이 진행된 곳은 바로 휴전 협정 서명을 위해 지어진 건물이었다. 서명식에는 미국과 영국부터 에티오피아와 룩셈부르크까지 모든 국제연합 군대 대표자들이 참석했다. 영문 문서 3부와 한글 3부, 그리고 중문 3부 등 총 9부의 휴전 합의서 문서에 서명해야 했다.

1953년 7월 27일 오전 10시 1분에 미군 대령 제임스 머레이(James Murray)가 중장 윌리엄 해리슨(William Harrison)에게 휴전 협정서를 전달한 뒤 해리슨 중장이 서명하기 시작했다. 잠시 후 남일도 서명했다. 서명식은 10시 11분에 끝났다. 당시 분위기는 별로 즐겁지 않았다. 해리슨도 남일도 이 전쟁에 승리자가 없다는 것을 깨달았다. 서명식을 진행하는 와중에도 밖에서 포병사격 소리가 들려왔다. 전쟁의 마지막 날이었지만, 그때까지도 전쟁은 아직 끝나지 않았기 때문이다. 서명식이 끝나자 서둘러 일어난 남일은 유엔 측을 보지도 않고 빨리 건물에서 나가 버렸다. 해리슨 장군은 그보다는 덜 우울해보였지만, 기자들에게 어떤 코멘트도 하지 않았다. 10시 27분 해리슨은 헬리콥터를 타고 문산을 떠났다. 서명식은 이렇게 끝나버렸다.[12]

7·27 협정은 사실상 대한민국 영토를 정의한 협정이었고 그 역사적인 의미는 대단히 크다. 물론, 서명식 장면은 역사 드라마나 박물관에도 나온다. 그러나 현재 한국 전쟁기념관에서도 남일의 군복에 붙은 계급장이 틀리게 나온다. 당시 남일은 대장이었는데 1955년 4월까지 북한군에서 '대장(大將)'은 3성 장군의 계급이었다. 올바른 계급장은 〈그림 2-12-3〉에서 볼 수 있다.

서명식이 끝나자 남일은 평양으로 떠났다. 평양에서 김일성과 중국인민지원군 사령관 펑더화이가 휴전 협정서에 서명했다. 당시 원수복을 입은 김일성이 협정에 서명하는 동영상도 남아 있다. 김일성과 그 옆에 남일, 최고인민회의 상임위원회 위원장 김두봉, 그리고 조선민주녀성동맹 중앙위원장 박정애도 볼 수 있다. 나중에 김두봉에 이어 박정애도 숙청되어 〈그림 2-12-4〉에서 볼 수 있는 것처럼 북한 당국은 이들을 사진에서도 제거했다.

그리고 북한에서 제작한 그림에 나오는 판문점 서명식에서는 실제 남일의 당시 모습과 그다지 닮지 않은 북한 장성이 나오며 분위기도 실제와 매우 다르게 표현된다.

〈그림 2-12-3〉 휴전 서명식 당시 남일의 견장(육군 대장)

주: 실제 견장은 금색 견장, 붉은 테두리, 은색 별, 금색 단추로 되어 있다.
자료: 필자가 그린 그림. 1953년형 견장에 대해 "조선인민군 병종 장령 및 군관 성원들의 견장 형태 및 도해", 《조선인민군》, 1953년 1월 3일 자, 2면 참조.

---

12 "Truce Is Signed, Ending The Fighting In Korea; P.O.W. Exchange Near; Rhee Gets U.S. Pledge; Eisenhower Bids Free World Stay Vigilant," *The New York Times*, 27 July 1953, p. 1.

〈그림 2-12-4〉 휴전 협정서에 서명하는 김일성과 남일

주: 짙은 색 군복을 입고 오른쪽에 있는
인물이 남일이다. 그들 뒤편의 김두
봉과 박정애는 숙청된 후 한 명씩 사
진에서 지워졌다.

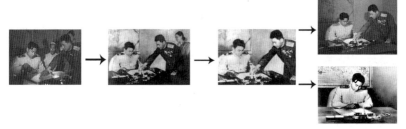

주: 김두봉이나 박정애와 달리 남일은 숙청된 인물이 아니었다. 그래도 북한 매체에 정전 협정을
서명하는 김일성의 사진에서 남일까지 제거한 사례가 있었다.
자료: <그림 2-6-4> 참조.

주: 휴전 협정 서명식 사진(1953년 7월 27일).
자료: 프랭크 카주카이티스(Frank Kazukaitis) 촬영. 원본은 미국국립기록관리청에 보관되어 있다
(등록번호: NARA file 080-G-625728).

주: 북한에서는 보여주는 서명식 사진.
자료: https://i.redd.it/ko69o15eyu0b1.jpg

낙하산 외무상

잘 알려져 있지 않지만 북한 지도부가 남일을 외무상으로 임명하려고 한 시도는 1953년 봄, 즉, 6·25전쟁 종결되기 전이었다. 북한 최대 외무상 박헌영이 몰락한 후 남일은 그의 후임자가 될 예정이었다. 1953년 3월 하순 남일을 외무상으로 임명한 최고인민회의 상임위원회의 정령이 통과되었는데 공포하기 직전 주북한 소련대사관의 외교관들은 김일성을 만나 이 결정을 중단하라고 했다.[13] 그들은 모스크바에서 지시를 받았다며 소련 지도부가 남일이 판문점에

---

13 *Телеграмма дипломатических представителей СССР в КНДР заместителю Председателя Совета Министров СССР с одобрением северокорейским правительством советских предложений о необходимости внесения изменений в политику на переговорах для скорейшего окончания войны в Корее*, 29 марта 1953 г. АП РФ, ф. 3, оп. 65, д. 830, л. 97-99.

〈그림 2-12-5〉 제네바회의(1954년)에서 공산권 대표

주: 왼쪽에서 오른쪽으로 남일 북한 외무상, 소련 외교부 장관 뱌체슬라프 몰로토프(Вячеслав Молотов),
 중국 외교부 부장 저우언라이, 북베트남 외교부 부장 팜반동(Phạm Văn Đồng).
자료: https://cdn.hk01.com/di/media/images/dw/20210428/464040981218463744153086.jpeg/XeJMggE
 w80bq1cfvFeuT-kbe5ejboIqn2q_VWtqv1Vo?v=w640

서 좀 더 근무하면 좋겠다고 판단한다고 했다. 그래서 외무성 부상 리동건이
외무상 권한대행이 되었고, 남일의 임명은 예정보다 늦게 진행되었다.[14]

7·27 휴전 협정 후 남일은 며칠 동안 북중 정전대표단의 단장을 지냈다. 그
러다가 후임자 리상조가 임명된 뒤 1953년 8월 4일 남일은 드디어 북한 외무
상이 되었다. 재미있게도 그를 외무상으로 임명한 최고인민회의 상임위 정령
에는 다른 정령들과 달리 날짜가 없다.[15] 이는 미리 준비된 정령이 소련 지시에
따라 중단되었다는 사실을 추가로 입증하는 것이기도 하다.

남일 외무상 재임 시절 그가 참가한 아마도 가장 큰 국제 행사는 1954년 제

---

14   Ibid.
15   "조선민주주의인민공화국 최고인민회의 상임위원회 정령. 조선민주주의인민공화국
 외무상에 남일동지를 임명함에 관하여," ≪로동신문≫, 1953년 8월 4일 자, 1면.

네바 회의였던 것 같다.[16] 이 회의의 핵심 주제는 프랑스령 인도차이나의 완전 해산이었지만 한반도 통일 문제도 언급되었다. 물론 그때 평화통일은 완전히 불가능해 이 문제에 관한 모든 대화는 무산으로 끝나버렸다.[17]

참모장에 임명될 당시 남일에게 군사 경험이 없었던 것처럼 그는 외교 경험도 많이 부족했다. 그럼에도 불구하고 그는 이제 최고급 간부가 되었다. 예컨대 1956년 1월 30일 남일이 소련 국적 포기 신청서를 제출하자 소련 측은 다른 고려인 간부들과 달리 그에게 '자기소개서'를 요청하지 않았다. 원칙적으로 자기소개서는 필수 서류였지만 외무상과 같은 높은 간부는 쓰지 않아도 된다고 판단한 것 같다.[18]

이 사람의 운명은 참으로 예외적이라고 할 수 있다. 바로 그래서 뜻밖에 높은 간부가 된 그는 김일성의 충신이 되지 않았을까 생각하게 된다. 외무상 시절 남일의 역할을 살펴보면 그는 김일성이 소련의 통제로부터 벗어나 독립적인 독재자가 되는데 상당히 큰 영향을 미쳤다.

첫째, 1956년 8월 종파사건 직전, 당시 김일성 타도 음모에 대해 알려준 사람들 중 한 명이 남일이었을 가능성이 크다. 김일성의 자서전『세기와 더불어』에서 "남일이도 나(김일성)에게 전화로 최창익과 박창옥의 움직임이 수상하다는 것을 통보해왔다"라는 문장을 찾을 수 있다.[19] 물론『세기와 더불어』에는

---

16 장학봉 외,『북조선을 만든 고려인 이야기』, 26쪽.

17 United States Department of State, *The Korean Problem at the Geneva Conference, April 26 - June 15, 1954*, U.S. Government Printing Office, 1954.

18 Нам Ир. Анкета-заявление о выходе из гражданства СССР // *О выходе из гражданства СССР советских граждан корейской национальности Ан Ивана Семёновича, Ан, урождённой Ким, Сун Ок, Кан Сан Хо и других лиц, в числе 82 человек.* ГАРФ, ф. Р-7523, оп. 88, д. 2549 (ЛГ-202/43с), лл. 106-106об.

19 『김일성동지 회고록 세기와 더불어(계승본)』, 제8권, 평양: 조선로동당 출판사, 1998, 315쪽.

사실과 다른 주장이 매우 많지만, 이 주장은 소련 측 자료의 내용과 잘 부합하는 것 같다. 소련 자료에 따르면 남일이 소련대사관을 찾았을 때 그의 발언은 반김일성 음모에 대해 알면서 김일성의 해임을 반대하는 편이었다는 기록이 있다.[20] 또한 그가 소련 출신 고려인 간부에게 소련 국적을 포기하도록 압박했다는 기록도 있다.[21]

그리고 앞에서 언급했듯이 1957년 소련 정부는 북한이 '권력 분산'을 해야 한다고 주장했다. 즉, 김일성의 당 중앙위 위원장이나 내각 수상 직위를 다른 사람에게 양보해야 한다는 것이었다. 그러나 당시 주북 소련대사 푸자노프는 매우 무능한 외교관이었기 때문에 이 계획이 실패로 돌아갔고, 이제 소련 당국을 무시해도 된다고 판단한 김일성은 소련으로부터 독립적인 정책 노선을 앞세우기 시작했다. 당시 푸자노프와 토론한 사람들은 박정애와 남일이었다. 결국 박정애는 숙청되었고, 이때 김일성 편을 선택했던 남일도 행복한 노후를 보내지는 못했다. 1959년 10월 23일 그는 외무상 직위에서 해임당했다.[22]

20 *Дневник посла СССР в КНДР тов. А.М. Пузанова за период с 31 августа по 30 сентября 1957 г.*, Запись за 4 сентября. АВП РФ, ф. 0102, оп. 13, п. 72, д. 5, лл. 275-300.

21 장학봉 외, 『북조선을 만든 고려인 이야기』, 220쪽.

22 "조선민주주의인민공화국 최고인민회의 상임위원회. 정령. 조선민주주의인민공화국 내각 부수상 겸 외무상 남일동지를 조선민주주의인민공화국 외무상 직책에서 해임함에 대하여", 《로동신문》, 1959년 10월 25일 자, 2면; *Дневник посла СССР в КНДР А.М. Пузанова за период с 6 октября по 4 ноября 1959 г.*, Запись за 23 октября 1959 года. (필자가 입수한 자료)

남일의 몰락과 수수께끼 죽음

1960년대 초기 중소분쟁이 발발해서 북한은 중국 편을 선택했다. 따라서 남일과 같은 소련 출신 인사들에게는 어두운 시대가 열렸다. 소련 내각 국가보안 위원회의 자료에 따르면 남일은 '소련 간첩' 혐의로 조사를 받은 적이 있다. "밤 중에 소련대사관에 가서 국가 비밀을 대사관 요원에게 전달했다"라는 것이었다.[23] 남일 자신도 그의 배우자도 두려워했고 소련 귀국에 대한 꿈을 꾸었다. 그러나 이제 시대가 바뀌어 이는 가능하지 않았다.[24] 하지만 수많은 소련파 출신자들과 달리 남일은 결국 살아남았다. 그럼에도 불구하고 그의 경력을 살펴보면 남일이 어느 정도 강등 당했다는 것을 알 수 있다. 외무상 직위에서 해임된 후 그는 국가건설위원회 위원장, 철도상에 이어 로동상이 되었다. 참모장이나 외무상 시절처럼 남일은 이 분야에 어떤 경험도 없었다. 당시 소련대사관에 복무한 외교관은 '남일은 최고 기관 소속이었지만 정치에 참가하지 않았던 것으로 보였습니다. 눈이 반짝반짝하지도 않고 동상처럼 주석단에 앉아 있었지요'라고 증언했다.[25]

1960년대 당시 소련파는 완전히 몰락한 상태였다. 소련 출신자들 중 북한 지도부에 남은 사람은 박정애, 방학세, 김봉률 그리고 이 장의 주인공인 남일 등 네 명에 불과했다. 박정애는 나중에 숙청되었지만 방학세와 김봉률은 살아

---

23 И. Н. Селиванов, *Нам Ир (1913-1976): основные вехи биографии (по материалам российских архивов)*, https://koryo-saram.ru/nam-ir-1913-1976-osnovnye-vehi-biografii-po-materialam-rossijskih-arhivov/

24 Е. Титоренко, *Запись беседы с Нам Марией Авксентьевной, женой Нам Ира, члена Политбюро ЦК ТПК*. РГАНИ, ф. 5, оп. 49, д. 640, л. 204. "1960년대 북·소 관계의 실상은? 北 "고려인은 소련 간첩" 가족까지 감시", ≪주간조선≫, 2019년 9월 23일 자, http://nk.chosun.com/news/articleView.html?idxno=175409

25 필자가 드미트리 카푸스틴과 한 인터뷰, 2019년 9월.

〈그림 2-12-6〉 남일 사후 그의 관을 운구하는 모습

주: 사진 좌측 맨 앞의 인물이 김일성이다.
자료: "고 남일 도지의 장의식을 엄숙히 진행하였다", ≪조선인민군≫, 1976년 3월 10일 자, 2면.

남았다. 그리고 남일의 운명에는 현재까지 풀리지 않는 수수께끼가 남아 있다.

1976년 3월, 남일은 사냥을 나갔다.[26] 북한 간부들 사이에서 사냥은 흔한 취미였고, 방학세, 백학림, 리을설도 사냥을 좋아했다는 증언이 있다. 그러나 이 사냥은 남일 인생의 마지막이었다. 사냥을 나온 그의 자동차는 트럭과 충돌했고, 남일은 사망하고 만다. 북한 매체는 '일편단심 위대한 수령 김일성동지께 충성 다하여 온 충직한 혁명 전사'인 남일의 사망에 대해 보도했다. 당시 소련과의 관계가 별로 좋지 않아서 남일의 고향은 러시아 제국의 가자케비체보 마을이 아니라 함북 경원군이라고 보도되었고[27] 그 이후로도 그렇게 주장했다.[28]

---

26 안드레이 란코프가 강상호와 한 인터뷰, 1990년 3월 7일.

27 "남일동지의 략력", ≪로동신문≫, 1976년 3월 8일 자, 2면.

28 「남일」, 『조선대백과사전』, 제5권, 평양: 백과사전출판사, 1997, 196쪽. 조선대백과

김용순 대남(對南) 담당 비서, 리철봉 강원도 책임비서, 리제강 당 조직지도부 제1부부장, 김양건 통일전선부장 등 주요 북한 정치인들의 공식 사망 원인은 '교통사고'였다.[29] 아마 이 죽음들 중에는 실제 사고도 있었을 테고, 북한 내부 권력투쟁의 결과일 수도 있다. 남일의 경우 그가 김정일의 세습에 반대했고 김정일의 지시로 암살당했다는 소문이 있었다. 이 소문은 처음에 영국령 홍콩의 ≪사우스 차이나 모닝 포스트(South China Morning Post)≫에 등장했다.[30] 다만 이 신문의 보도는 매우 의심스러워 보인다. 남일이 창밖으로 내던졌다고 하면서도 실제 인물이 아닌 '김정일의 서동생 김정주'도 언급된다.

그러나 그런 한편으로 남일의 아들이 아버지의 사망 원인을 알아보러 북한을 찾았을 때 같은 소련파 출신 방학세가 그에게 문제가 생기지 않도록 빨리 소련으로 떠나라고 했다는 기록도 있다.[31]

남일의 인생을 보면 어떤 결론을 내릴 수 있을까? 소련 출신자인 그는 1945년 아내와 딸을 버렸고 북조선으로 간 것처럼 1950년대 동무들을 버렸고 김일성 편을 선택했다. 그의 나머지 인생은 이 선택의 결과였다. 그는 수령으로부터 상(賞)을 받았지만 이 상은 자신이나 가족에게 행복을 주지 않았다. 김일성의 신민이 된 그는 교통사고로 죽는 날까지 두려움 속에 살아왔다. 남일의 고향에서 흔히 쓰는 속담 '투쟁의 목표는 딱 가슴에 맞았다'가 떠오른다.

사전에 남일의 출생지는 '새별군'으로 나왔고 새별군은 1977년부터 2005년까지 쓴 경원군의 이름이었다.

29 김귀근, "北 거물급 '교통사고死' 한두 번 아니다 … 김용순이 대표적", 연합뉴스, 2015년 12월 30일, https://www.yna.co.kr/view/AKR20151230035400014

30 "N. Korea murder cover-up," *South China Morning Post*, 21 May 1976, pp. 1, 24.

31 안드레이 란코프가 강상호와 한 인터뷰, 1990년 3월 7일.

제13장

'소련파의 김일성' 박창옥

싸움에서 둘 다 패배하는 것은 불가능한데 진짜 아쉽다.
— 헨리 키신저, 이란 – 이라크 전쟁에 대한 논평

김일성 정권 역사상 내부에서 받은 공격들 중 가장 잘 알려 있는 사건은 1956년 8월 30일 조선로동당 중앙위원회 전원회의에서 벌어졌다. 이 책에서 여러 번 언급한 소위 '8월 종파사건'이다. 당시 김일성을 반대한 정치인들은 훗날 '최창익·박창옥 일당'이라고 부르게 되었다. 연안파 출신 최창익에 대한 연구가 존재하지만[1] 박창옥은 대체로 잘 알려져 있는 인물이 아니다. 이 장의 주인공은 바로 8월 종파사건에서 반김일성파의 2인자였던 박창옥이다.

---

1   심지연, 『최창익 연구』, 서울: 백산서당, 2009.

러시아 이름이 없는 고려인

박창옥은 1909년 러시아 제국 극동지역에서 태어났다. 대부분의 고려인들과 달리 박창옥은 러시아식 이름이 없었다.[2] 그러나 그는 나중에 자신의 아이들에게는 무조건 러시아식 이름을 지어 주었다.

박창옥은 어렸을 때부터 기억력이 매우 좋았다. 아버지가 가르쳐 준 한자도 매우 잘 알았고 어떤 신문에서 한 페이지를 읽으면 그 내용을 즉시 외웠다. 그는 책을 많이 읽었고 내용도 잘 기억했다. 박창옥 가족들에 따르면 그런 기억력 때문에 그는 서커스 일자리 제안까지 받았다는 소문도 있었다.[3]

1937년 고려인 강제 이주 당시 박창옥은 극동국가출판사 편집장으로 중국어와 조선어 문학 출판을 관리했다.

스탈린 명령에 따라 고려인들은 중앙아시아에 이주하게 되었는데, 박창옥은 가족과 함께 가지 않았다. 박창옥은 가족이 도착한 지 사흘 후에 나타났다. 박창옥은 그 이유를 공개하지 않았는데, 그의 가족은 박창옥이 잠시 체포되었던 것이 아니었을까 추측할 뿐이었다.[4]

결국 박창옥 가족은 칠리라는 카자흐스탄 마을에 살게 되었다. 그는 학교 교원으로 근무하다가 교장까지

〈그림 2-13-1〉 박창옥

자료: 《로동신문》, 1953년 8월 15일 자, 2면.

---

2   안드레이 란코프가 박창옥의 아들 박일산과 한 인터뷰, 2001년 2월 4일.

3   Ibid.

4   Ibid.

진급했다. 박창옥은 모스크바에 가서 학교를 위한 책도 얻었고 부모 잃은 아동들을 위하여 고아원도 세웠다. 오케스트라까지 있었던 이 고아원은 카자흐스탄에서 모범 고아원이 되었다.[5]

국가는 박창옥의 업적을 인정했고 그는 군(郡) 교육감, 나중에 볼세비키당의 군2비서까지 진급했다.[6]

붉은 군대 정찰병 박창옥, 조선에 가다

1941년 6월 22일 나치 독일이 소련을 공격하면서 독소전쟁이 발발했다. 그때 박창옥 가족의 생활은 극히 어려워졌다. 박창옥의 장남 박일산은 이렇게 증언했다.

전쟁이 발발하고 얼마 후 아버지는 연락 없이 사라졌습니다. 1946년까지 아버지에 대한 아무것도 듣지 못하였고 아무 편지도 받지 못했습니다. 저희 가족은 먹고 살기 위한 돈이 전혀 없었는데 어머니는 당시 자식이 7명이었습니다. 고려인, 카자흐인인 아버지의 제자들은 우리들을 도와주었고, 그래서 살아남을 수 있었습니다. 양(羊) 한 마리를 주거나 밀가루를 준 경우도 있었죠. 이렇게 이 전쟁의 나날을 살아왔고 1946년 갑자기 아버지가 나타났어요. 부상당했지만 아버지는 살아 계셨습니다.

솔직하게 말하면 이 몇 년 동안 우리 가족을 위하여 생계비를 버는 사람은 나뿐이었습니다. 5월 시험 기간이 끝나기 전에 나는 교장을 찾아가 휴가를 달라고

---

5   Ibid.

6   Ibid.

하였습니다. 시험을 나중에 보겠다고 약속했죠. 교장님께서 양해해주셨습니다. 그리고 나는 일하러 갔는데요. 호밀, 밀을 뻈고 야채밭에서도 일했습니다. 당시 평균보다 많은 돈을 받았습니다. 사람들은 나를 안타까워해서 가능했습니다.[7]

박창옥이 가족과 아무 연락이 없었던 이유는 무엇일까? 1944년 7월 박창옥은 붉은 군대에서 정찰병이 된 것이었다. 극동전선 정찰부 소속인 박창옥 중사는 소만(蘇滿), 소일 국경선을 넘어 일본군과 만주국군에 대한 정보를 수집했다. 사령부는 박 중사를 매우 높이 평가했다. 다음 글은 그의 상장(賞狀)에 나온 글이다.

박창옥동무는 1944년 7월부터 정찰병으로 근무해왔다. 이 시기에 그는 용감, 창의력 그리고 과감이 있는 정찰병처럼 활동했다. 박창옥동무는 극히 어려운 상황에서 일본 군대와 일본의 작전개시 지역 준비에 대한 매우 소중한 정보를 얻었다. 1945년 4월부터 동무는 신닝 철도의 운송을 관찰하였고 일본인들이 1945년 4월 29일부터 병력 및 병기(兵器)를 이동하는 것, 또한 접경 지역에 위치한 보관소에서 무기, 탄약 등과 같은 재산 등을 철수하는 것을 시작했다고 밝혔다. 박창옥동무는 이 [적군의] 이동 [행위]에 대한 정보를 매일 라디오로 보고하였고 보고할 때 군용 기차가 어느 시간에 어디로 갔는지, 운송하는 짐의 정류가 무엇인지 보고했다. 이러한 정보는 구사일생으로 얻었다. 그는 수십일 동안 비와 눈을 견뎠고 며칠 동안 아무 음식 없이 지냈던 경우도 있었다.

1944년 만주에서 정찰 임무를 했을 때 그는 무장 일본인 무리를 맞아 산병전이 벌어지자 총탄 2알을 맞고 가슴에 상처가 생겼다.

박창옥동무가 얻었던 모든 정보는 다른 출처와 붉은 군대의 군사적전으로 확

---

7   안드레이 란코프가 박창옥의 아들 박일산과 한 인터뷰, 2001년 2월 4일.

인되었다.

　결론: 진취성을 보여주고 실질적이고 매우 소중한 정보를 얻었던 박창옥동무
는 조국전쟁 훈장 제2급을 받을 자격이 있다.

제1극동전선 정찰부 작전대 대장(隊長) 라주렌코 중령

1945년 8월 18일[8]

　광복 직후, 1945년에[9] 박창옥은 북조선에 파견되었다. 많은 고려인들처럼
그는 북조선에 파견되었다. 현지에 그는 북조선로동당 중앙위 상무위원이 되
었고 검열 기관 출신자로서 당 기관지 근로자의 편집장으로[10] 근무하게 되었다.

아버지와 아들

　박창옥은 북조선으로 갔지만 소련에 남아 있는 가족과 완전히 이별하지는
않았다. 아버지의 제안에 따라 장남 알렉세이는 블라디보스토크의 종합기술대
학교에 입학했다. 한 학기 지나서 박창옥은 장남에게 어머니 집에 가라고 했
다. 그쪽에서 바로 북조선으로 갈 예정이었기 때문이다. 바로 그때 알렉세이는
신분증을 얻게 되었다. 소련 국민은 무조건 만14세에 신분증을 받아야 했는데
1928년생 알렉세이는 18세였다. 그래서 그는 법률상 1932년생으로 등록하게

8　BC 1 Дальневосточного фронта, *Фронтовой приказ № 75 от 09.09.1945*, ЦАМО
　России, ф. 33, оп. 686196, ед. хр. 6420, запись 29325438.

9　*К п.121 пр. ПБ № 83*. РГАСПИ, ф. 17, оп. 3, д. 1090, лл. 163-170.

10　박창옥이 ≪로동신문≫의 편집자였던 주장도 있지만 필자는 이에 입증하는 사료를
　보지 못했다.

되었다.

알렉세이가 부친과 만났을 때 박창옥은 로동당 중앙위 선전선동부장으로서 대단히 높은 간부였다. 당시 그의 임무는 김일성을 비롯한 최고급 간부들을 위한 연설을 쓰는 것이었다. 알렉세이는 한 가지 에피소드를 기억했다. 한 번은 북한 민족보위상(당시 최용건)이 연설을 읽기 시작했다가 건강 문제가 생겨 끝까지 읽지 못했다. 이때 박창옥은 최용건의 연설을 아무 준비 없이 끝까지 읽었다.

1948년 알렉세이는 소련으로 유학을 갔다. 당시 북한 엘리트의 자녀라면 당연한 선택이었다. 예컨대 최창익의 아들 최동국도 소련에서 유학을 한 적이 있었다.[11] 문제는 '알렉세이'라는 이름은 북한사람 이름 같지 않았다. 그래서 유학생단을 담당한 소련군 대령 요청에 따라 알렉세이는 '박일산(朴一産)'이라는 이름을 선택했다. '일산'은 곧 '첫째 아이'라는 뜻이었다. 박일산은 모스크바에서 공부하다가 레닌그라드 종합기술대학교로 편입했다. 이제 그는 공부할 시간이 있었고 우수한 성적으로 졸업했다.

박창옥은 일산이 김두봉의 딸과[12] 결혼했으면 좋겠다고 생각했지만, 아들은 이미 소련 여자친구 올가가 있어서 결사반대했다. 결국 부모들이 양보했다. 문제는 스탈린 시대의 소련 법에 따라 소련 국민과 결혼할 수 없었다. 그러나 박창옥은 이 문제를 해결하려 했다. 한 번은 모스크바에 방문한 그는 '모스크바'라는 호텔에서 진행된 행사에서 소련의 명장인 주코프 원수를 만났다. 박창옥은 아들을 불러서 소개한 후 주코프에게 '우리 아들입니다. 저는 아들에게 많

---

11 최동국, 『북조선 평양시 조선민주주의인민공화국 재정성 최창익 좌하』, 1949년 8월 28일, National Archives and Records Administration 1949. RG 242. National Archives Collection of Foreign Records Seized, Captured Korean Documents, Doc. No. SA 2005.

12 아마도 김두봉의 큰 딸인 것 같다.

은 은혜를 입었습니다. 전쟁 시기 우리 가족을 위하여 혼자서 돈을 벌었습니다. 아들에게 보답해야 합니다. 우리는 아들을 위원장 딸과 중매했지만, 그가 애인이 있다고 해서 거절했습니다. 그러나 아들의 애인은 러시아인입니다. 어떻게 하면 좋겠습니까?' 주코프는 즉시 '결혼해야지 뭐. 우리가 이 문제를 해결하겠소'라고 답했다. 얼마 후 올가는 외국인과의 결혼 특허를 받았다. 아마도 소련 역사상 첫 번째 사례일 수도 있었다. 박일산은 아버지 덕분에 사랑하는 여자와 결혼했다.[13]

얼마 후 소련은 외국인 결혼 금지 정책을 폐지했다. 박일산·올가의 결혼이 이에 영향을 미쳤는지는 알 수 없다. 그리고 김일성은 박창옥의 아들이 러시아 여자와 결혼했다는 사실에 불만이 있었고 한 번은 올가 앞에서 박창옥과 그의 아내에게 직접 불만이 있다고 한 적이 있었다.[14]

박창옥, 중국군 그리고 미군의 '생물학 무기' 문제

6·25전쟁은 한반도 역사상 최대의 비극이라 해도 과장이 아닐 것 같다. 남한 공격을 제안한 사람들은 김일성과 박헌영이었다. 그들이 스탈린에게 전쟁 승인을 받은 뒤 가까운 미래에 곧 전쟁이 개시될 것이라고 알려준 극소수 간부들 중 박창옥은 포함되지 않았다.[15]

그러나 1950년 6월 25일 며칠 전 그는 이미 남침 계획을 알게 된 것 같다. 남봉식 조선중앙방송위원회 위원장을 호출한 박창옥은 '사흘 후에 무슨 사변이 있을 것'이라며 준비하라고 명령했다.[16] 전쟁이 발발한 후 당 중앙위 선전부 부

13   안드레이 란코프가 박창옥의 아들 박일산과 한 인터뷰, 2001년 2월 4일.

14   Ibid.

15   洪淳官, "前金日成 비서실장충격 고백", 188~207쪽.

장인 박창옥은 북한의 공식 담론 만들기를 관리했다.

한국전쟁에 대해 잘 알려져 있는 논쟁 중의 하나는 미군의 생물학 무기 사용 여부다. 북한은 전쟁 때부터 현재까지 미국이 생물학을 사용했다고 주장한다. 만일 이것이 사실이라면 엄청난 전쟁 범죄로 봐야 한다.

그러나 윌슨 센터의 냉전사 사료 온라인 문서 보관소를 보면 이것이 허위 주장임을 입증하는 사료들을 확인할 수 있다.[17] 더불어 '생물학 무기' 문제 조작에 박창옥이 참여한 것을 확인할 수 있다.[18] 다시 말해, 그는 미군이 생물학 무기를 쓴 적이 없는 걸 알면서도 그랬다고 주장하면서 허위 선전 캠페인을 일으켰다. 박창옥은 소련대사 라주바예프에게 왜 소련 측이 거짓을 선전하고 싶어 하지 않는지 이해가 안 된다고 말했다. 박창옥은 이런 캠페인이 미제(美帝) 항의 투쟁에 큰 도움이 될 것이라고 봤다.

'생물학 무기' 조작에 대한 러시아 사료는 1990년대 이미 공개되었지만 2013년 중국 측도 이 사실을 인정했다. 2013년 11월 중국 ≪염황춘추(炎黃春秋)≫라는 잡지에 "1952년의 세균전론은 가짜 선풍이었다"라는 칼럼이 게재되었다.[19] 이 칼럼의 저자인 우즈리(吳之理)는 원래 중국인민지원군 위생부 부장으로 근무했다. 우즈리는 1997년 칼럼을 썼지만 이 칼럼은 그가 2008년 사망한 뒤 게재되었다. 그는 인민지원군이 몰랐던 조선의 곤충과 기생충을 발견하면서 '미

---

16 장학봉 외, 『북조선을 만든 고려인 이야기』, 198~199쪽.

17 *Korean War Biological Warfare Allegations*, https://digitalarchive.wilsoncenter.org/collection/250/korean-war-biological-warfare-allegations

18 Milton Leitenberg, "New Russian Evidence on the Korean War Biological Warfare. Allegations: Background and Analysis," *New Evidence on the Korean War*, pp. 185-199, https://www.cpp.edu/~zywang/leitenberg.pdf

19 吳之理, 『1952年的細菌戰是一場虛惊』, ≪炎黃春秋≫, 2013年 第11期, https://bbs.wenxuecity.com/zhouenlai/568747.html

군이 생물 무기를 쓴다'라는 소문으로 확산되었고, 처음에는 사령부도 이 소문이 사실인 줄 알았다고 설명했다. 당시 중국 군대에서는 미국이 악명 높은 일본 731부대 사령관 이시이 시로(石井四郎)까지 동원했다는 주장도 있었다. 이후 우즈리를 비롯한 여러 학자들이 적은 생물학 무기를 쓴 적이 없다고 확인했지만, 공산 측이 이미 선전에 썼기 때문에 되돌릴 수 없었다. 우즈리는 중국 측이 계속 미국에 대한 허위 고발을 반복해야 한다는 것에 대해 불안을 느껴 이 칼럼을 썼다고 설명했다.

권력 투쟁

'소련파'라는 단어를 보면 이 종파에 속한 사람은 단결해 서로 지지했다는 선입견이 나올 수 있다. 그러나 이는 전혀 사실이 아니다. 소련파 중에서는 생각이 비교적 같은 사람들끼리 싸운 경우가 적지 않다.

김일성이 야권 숙청을 개시했을 때 박창옥은 적극적으로 참가했다. '당은 모든 종파 행위와 굳게 투쟁할 것'이라고 주장한 적도 있다.[20] 나중에 북한 야권 대표자이자 당 중앙위 후보위원인 리필규는 박창옥을 '김일성에 대한 개인숭배 설립자'로 불렀고, '김일성은 대체할 수 없는 사람이라고 처음으로 말했던 사람이 바로 그'라며 박창옥은 김일성을 '하늘처럼 모셨다'라고 했다. 리필규는 박창옥이 '자기 잘못들을 없애기 위하여 많이 노력해야 한다'라고 강조했다.[21]

---

20 *Запись беседы первого секретаря Посольства СССР в КНДР Васюкевич В.А. с секретарем ЦК Трудовой партии Кореи Пак Чан Оком /сов. кореец/* 15 января 1953 года. (필자가 입수한 자료)

21 А. М. Петров, *Запись беседы с начальником департамента стройматериалов при Кабинете Министров КНДР, с тов. Ли Пхиль Гю.* АВП РФ, ф. 102, оп. 12,

소련대사관 사료를 보면 박창옥이 소련파 리더 허가이 박해 캠페인에 적극적으로 참가한 것을 볼 수 있다.[22]

1953년 7월 2일 허가이 부수상이 사망했다. 소련대사관에 이 사실을 알려준 사람은 바로 박창옥이었다.[23] 앞에서도 언급한 것처럼 북한 당국은 허가이가 자살했다고 말했지만, 허가이의 가족은 그가 김일성의 지시에 따라 암살되었을 것으로 추측했다. 그러나 박창옥은 이 소식을 긍정적으로 받아들인 것 같다. 허가이 사건 닷새 뒤 그는 소련대사관 간부에게 허가이의 장인이 '김일성에 대한 충성을 보여주지 않아' 소련에 소환하는 것이 좋겠다고 말한 적도 있었다.[24]

허가이 사망으로 박창옥은 북한 정권에서 제일 직위가 높은 고려인이 되었다. 이때부터 박창옥의 행위를 보면 소련파 1인자가 된 그는 북한에서 김일성 다음으로 2인자가 될 꿈이 있었던 것이 명확하다.

당시 박창옥은 북한에서 '제1부수상'이라는 직위를 만들어 본인이 이 자리에 오르기를 희망했다. 그렇게 되었다면 박창옥은 김일성 수상 바로 다음인 2인자가 될 수도 있었다. 1954년 1월 5일 박창옥은 소련 측에 자신이 곧 제1부수상이 될 것이라고 했지만,[25] 결국 이 계획은 완전히 실패했다.

д. 6, п. 68.

22 *Запись беседы 1-го секретаря Посольства СССР в КНДР т. Васюкевича В.А. с секретарём ЦК ТПК Пак Чан Оком*, 4 апреля 1953 года (필자가 입수한 자료); *Дневник поверенного в делах СССР в КНДР Суздалева С. П. с 1 июня по 2 июля 1953 г.* Запись за 30 июня (필자가 입수한 자료); 장학봉 외, 『북조선을 만든 고려인 이야기』, 534쪽.

23 *Дневник поверенного в делах СССР в КНДР Суздалева С. П. с 1 июня по 2 июля 1953 г.*, Запись за 2 июля. (필자가 입수한 자료)

24 *Дневник поверенного в делах СССР в КНДР Суздалева С. П. с 3 по 31 июля 1953 года*, Запись за 7 июля. (필자가 입수한 자료)

박창옥은 자신이 소련파인 것을 충분히 인식했고 자신의 권력이 북한에 대한 소련의 통제로부터 나오는 것도 알고 있었다. 1953년 스탈린 사망 이후 이 통제가 완화되기 시작하면서 박창옥은 불안해졌고 소련 외교관들에게 북한을 더 강력하게 통제해달라고 요청했다. 다음의 소련 임시대리대사 일기의 인용을 보면 이를 확인할 수 있다.

다음에 술에 취한 박창옥은 소련 고문관들이 '외교 놀이'를 하는 것에 대해 불만을 표현했다. 저는 이 말이 무슨 뜻이냐고 물어보았고 그는 원래 말했던 것처럼 [조선 간부들이] 소련 고문관들의 조언을 따라가야 하지만 이 조언들을 무시하는 경우가 있고 소련 고문관들이 조선 관청들의 행동에 더 적극적으로 개입하면 좋겠다고 말했다.[26]

박창옥과 싸우는 김일성, 김일성과 싸우는 박창옥

박창옥이 걱정할 근거는 충분했다. 스탈린 사망 이후 김일성과 그의 지지자들은 소련파 탄압 노선을 개시했다. 물론 허가이 사망 후 가장 직위가 높은 소련파 정치인이 된 박창옥이 공격 대상이었다.

첫 번째 공격은 허가이 사망 직후 벌어졌다. 당시 최용건 민족보위상, 최창익 부수상 그리고 정일룡 중공업상은 박창옥과 같은 소련파 출신 박영빈을 공격했고 강등을 요구했다. 그러나 김일성은 아직 직접 소련파를 공격할 준비가

25 *Дневник посла СССР в КНДР Суздалева С. П. с 1 по 31 января 1954 г.*, Запись за 5 января. (필자가 입수한 자료)

26 *Дневник временного поверенного в делах СССР в КНДР Лазарева С. П. с 26 июня по 22 июля 1954 г.*, Запись за 11 июля. (필자가 입수한 자료)

되지 않았고 박창옥을 강등시키지 않았다.[27]

　필자는 여기서 한 가지 강조하고 싶은 것이 있다. 훗날 8월 종파사건 당시 김일성을 공격한 종파를 북한에서 '최창익, 박창옥 일당'이라고 부르게 되었다. 이 말을 보면 최창익과 박창옥이 친밀한 관계가 있었던 것처럼 보일 수 있다. 그러나 1953년부터 1956년 초까지 벌어진 북한의 권력 투쟁을 보면 절대 그렇지 않았다고 할 수 있다. 이 두 사람은 친구는커녕 정적(政敵)이었다. 그들의 협정은 편의에 따른 협정일 뿐이었다. 역시 수십 년 전 소련에서 서로 미워했던 레프 트로츠키(Лев Троцкий)와 그리고리 지노비예프(Григорий Зиновьев)가 스탈린과 싸우기 위해 손을 잡았던 것과 비교할 수도 있다.

　1954년 박창옥은 최용건·최창익·정일룡의 블록으로부터 또 한 번의 공격을 받았다. 김일성은 처음에 다시 박창옥을 지킬 것처럼 보였지만 몇 달 뒤 박창옥을 포함한 소련파 간부들을 강등시키기 시작했다. 당 중앙위 부위원장이었던 박창옥은 부수상 겸 국가계획위원회 위원장으로 강등되었다. 당시 김두봉과 박정애는 박창옥을 지키려 했지만 실패했다.[28]

　그러나 박창옥은 결코 가만있지 않았다. 잘 알려지지 않은 사실이지만 1955년 그는 김일성을 직접 공격하려 한 적이 있다. 다음의 사료는 소련대사관 참사관 필라토프 일기의 일부로 필라토프는 북한 고위간부인 박영빈의 이야기를 듣고 작성했다. 사료 작성 시기는 1956년이므로 문서에서 언급하는 '작년'은 1955년이다.

　작년 4월 김일성 동지가 모스크바로 떠나기 전 박창옥과 김두봉을 비롯한 여

27　С. Филатов. Запись беседы с заместителем премьера Кабинета Министров КНДР и членом Президиума ЦК ТПК т. Пак Чан Оком, 20 марта 1956 года. (필자가 입수한 자료)

28　Ibid.

러 정치위원회 위원들이 김일성 동지의 지나치게 큰 업무량 문제를 제기하였습니다. 그들은 김일성을 여러 직위들에서 해임하자고 제안하였습니다. 김일성은 이 제안을 순순히 받아들였고 그는 조선로동당 중앙위원회에서 계속 일할 수 있다면 만족할 것이라고 하였습니다. 그러나 그는 그러면서도 아직 수상 직위 후임자 후보자에 대해 토론할 준비가 되어 있지 않다고 하였습니다. 김일성은 그가 소련에서 귀국한 뒤 이 문제를 토론하자고 정치위원회 위원들에게 부탁하였습니다.

작년 9월 정치위원회 회의에서 김일성은 자신의 과로 문제를 채택하였고 정치위원회에서 더 잘 준비되고 경험이 있는 정치위원회 위원을 수상으로 추천해달라고 하였습니다. 그는 최용건 동지가 올바른 후보자라는 의견을 표시하였습니다. 박정애 동지, 박창옥 동지 그리고 저 박영빈은 이에 반대 의견을 하였습니다. (최용건은 이 회의에 불참하였다) 박금철 동지도 우리를 지지하였습니다. 우리 모두 최용건 동지가 전쟁 시기나 전후에도 대체로 업적이 없었고 자신의 업무를 제대로 이행할 수 없었다고 지적하였습니다. 김[일성]의 제안에 따라 1955년 1월 최용건이 '중추 위원회(узкий комитет)' 위원으로 임명되었고 우리는 그가 국방 문제 책임자가 되었다고 지적하였습니다. 이 임명은 최용건의 업무 실적이 부족했던 사실의 결과였습니다. 김일성 동지는 우리들에게 그의 제안을 받아들이도록 설복하였지만 우리는 그의 논거를 받아들이지 못하였습니다. 이 사건 뒤 김일성 동지와 다른 정치위원회 위원들은 사이가 나빠졌습니다. 그는 우리 모두와 1대1 대화를 하고 최용건을 수상으로 추대하도록 설복하려 하였습니다. 그러나 저 박영빈이 알기로는 그와 박근철 동지만 동의하였고 박정애 동지와 박창옥 동지는 반대하였습니다.[29]

---

29 *Из дневника советника Посольства СССР в КНДР тов. Филатова С. Н. Запись беседы с т. Пак Ен Бином*, 25 февраля 1956 года, АВП РФ, ф. 102, оп. 12, д. 6, п. 68.

1955년에 김일성의 권력은 약해진 것처럼 보였다. 당시 김일성은 당 중앙위 정치위원회에 최용건을 위원으로 임명하자고 제안했다. 매우 놀랍게도 수령의 제안은 부결되었다. 김일성을 지지한 사람은 박금철뿐이었고 나머지 정치위원회 위원들은 조선민주당 출신 최용건의 정치위원회 위원 진급을 반대했다.[30] 그래서 김일성은 정치위원회 승인 없이 중앙위원회에 제안을 했고 최용건은 드디어 정치위원회 위원이 되었다. 물론 김일성은 누가 이 결정에 반대했는지 잊지 않았다. 그리고 최용건도 물론 그랬다. 바로 그 때 박창옥은 진짜 위기를 맞았다.

1955년 12월 김일성은 소련파에 대한 총공격을 시작했다. 12월 27~28일에 진행된 중앙위 확대 전원회의에서 그는 소련파 정치인을 비난하는 연설을 했다. 김일성은 박창옥, 박영빈, 기석복, 전동혁 그리고 정율 등 소련파 대표적인 간부들에게 자아 비판을 요구했다.[31] 박창옥은 그가 '나라의 1인자, 안 되면 2인자가 되고 싶어한다'라는 비난을 받았다.

결국 김일성은 박창옥을 정치위원회 위원에서 중앙위원회 위원까지 강등해야 한다고 판단했다.[32]

그리고 바로 이때 '사상사업에서 교조주의와 형식주의를 퇴치하고 주체를

---

30 최용건은 1945년에 조만식이 설립한 북조선민주당에 입당했다. 그는 이 정당의 사상과 동의해서 그렇게 한 것이 아니라 조만식을 감시하도록 입당했다. 역시 1946년 2월에 그는 조민식을 타도하였고 당수가 된 후에 북조선 민주당을 공산당의 괴뢰 조직으로 변화시켰다. 다만, 최용건 이력서에 '민주당 당수'는 좋은 항목으로 보이지 않았고, 그를 싫거나 반대한 정치인들은 이 사실을 최용건을 공격하도록 자주 쓰였다.

31 С. Филатов, *Запись беседы с заместителем премьера Кабинета Министров КНДР и членом Президиума ЦК ТПК т. Пак Чан Оком*, 12 марта 1956 г. (필자가 입수한 자료); 洪淳官, "前金日成 비서실장충격 고백", 188~207쪽.

32 *Дневник посла СССР в КНДР тов. Иванова В.И. за период с 20 декабря 1955 года по 19 января 1956 года*, Запись за 29 декабря. (필자가 입수한 자료)

확립할 데 대하여'라는 유명한 김일성 연설이 나왔다.[33] 독자들이 알다시피 바로 이 연설에 '주체'라는 개념이 처음으로 등장했다. 김일성은 북한이 소련에 따라가는 것보다는 애국을 강조했다. 당시 이 개념의 등장은 어떤 전략적인 변화보다 김일성의 소련파 공격 일부에 불과했다. 이 연설은 1955년 12월 28일, 즉 전원회의 직후 나왔다.

12월 30일 박창옥은 김일성과 만났고 5시간 이상 이야기를 했다. 먼저 김일성은 박창옥을 공격하기 시작했고 소련파에 대한 비난을 반복했다. 박창옥은 남일과 박정애 등 소련파 정치인을 초대하자고 했고 그들은 박창옥을 지지한 후 김일성이 양보한 것처럼 행동했다. 그는 박창옥에게 과거를 잊고 부수상과 국가계획위 위원장으로 계속 근무하라고 했다.

그러나 이 일들은 절대 끝나지 않았다. 1956년 1월 18일 박창옥·박영빈·기석복·전동혁·정율 등 소련파 간부들은 다시 비판을 받은 후 중앙위 상임위원회가 이들을 비난하는 '문학예술분야에서 반동적 부르주아사상과의 투쟁을 더욱 강화하는데 대하여'라는 결정을 하달했다. 박창옥은 이 결정에 반대하며, 국가계획위 위원장 자리를 그만두고 싶다고 했다. 그날 김일성은 박창옥 해임에 반대했지만, 다음날 박창옥은 요구를 반복했고 상임위원회는 그를 해임했다.

박창옥이 2월에 김일성과 만났을 때 김일성은 1월의 결정을 후회하는 것처럼 보였다. 물론 이것은 모략에 불과했다. 김일성의 정치적 전략은 자기 정적(政敵)들에게 잘못된 안도감을 준 후 이들을 공격하는 것이었다.

박창옥도 이 사실을 이해한 것 같다. 그는 김일성·박금철·최창익, 그리고 특히 최용건이 그를 계속 공격할 것이라고 생각했다.[34] 1956년 2월 박창옥은

---

33 김일성, 「사상사업에서 교조주의와 형식주의를 퇴치하고 주체를 확립할 데 대하여」, 『김일성 선집 제4권』. 평양: 조선로동당 출판사, 1960, 325~354쪽. 1960년에 북한은 처음에 이 연설의 내용을 공개했고 『김일성 선집』에서 나온 연설의 내용은 1955년에 김일성이 실제로 한 연설과 일치되어 있을지 현재 확인할 수 없다.

곧 최후 공격을 받아 실각될 것처럼 보였다. 그러나 이때 전체 사회주의권을 바꾼 일이 벌어져 상황은 완전히 달라졌다.

박창옥의 최후 전투

소련 지도자 흐루쇼프는 1956년 2월 소련공산당 제20차대회에서 스탈린을 비난하는 연설을 했다. 이미 여러 번 언급했듯 흐루쇼프 연설은 전체 사회주의 권을 바꾸었고, 소련의 위성국가들에서 기존에는 상상조차 할 수 없었던 문제가 일어나게 되었다. 바로 권력 문제였다. 1956년 당시 최고 지도자의 권력은 스탈린의 권력처럼 절대적이었다. 그들은 곧 '작은 스탈린'들이었기 때문이다. 그러나 흐루쇼프의 연설 후 이제 스탈린을 따라가는 것은 갑자기 부정적인 평가를 받게 되었다. 불가리아와 헝가리에서 이 전환점을 이용해 온건파가 스탈린주의 독재자 체르벤코프와 라코시를 타도하며 권력을 장악했다.

12월 회의에서 비난을 받았던 박창옥은 당시 스트레스를 많이 받았다.[35] 그 래도 이제 그는 김일성과 싸울 수 있다고 생각하게 되었다. 허가이 사망 이후 그는 소련파 최고 간부였다. 연안파 리더 최창익과 손을 잡았고 반김일성 음모의 우두머리 중 한 명이 되었다. 물론 이를 진짜 음모라고 부르기는 어렵다. 야권은 자신들의 활동을 별로 감추지 않았다. 사료에서 이런 대표적인 에피소드를 찾을 수 있다. 한 번은 김일성이 박창옥에게 '중국 출신 최창익, 서휘 등은

---

34 С. Филатов, *Запись беседы с заместителем премьера Кабинета Министров КНДР и членом Президиума ЦК ТПК т. Пак Чан Оком*, 12 марта 1956 г. (필자가 입수한 자료)

35 *Дневник посла СССР в КНДР тов. Иванова В. И. за период с 17 мая по 1 июня 1956 года*, Запись за 18 мая 1956 года. (필자가 입수한 자료)

우리 당을 파괴하고 싶어 하는 반소련 분자이지. 우리와 손잡고 그들과 싸우자'라고 하자 박창옥은 수령에게 '아니, 당에 해로움을 주는 자는 우리가 아니라 바로 당신!'이라고 대답했다.[36] 이것이 사실이라면 박창옥은 대단히 무모한 사람이었다고 할 수 있다. 같은 시기, 1956년 4월 9일 박창옥은 소련 국적을 포기했다.[37] 이 사실도 무모함의 증거가 된다.

독자들이 알다시피 이 음모의 결과는 1956년 8월 30일 벌어진 이른바 '8월 종파사건'이었다. 이날 진행한 전원회의에서 반김일성파는 수령 공격에 실패했다. 바로 이날 박창옥의 권력에 대한 꿈은 완전히 무너졌다.

재미있게도 전원회의에서 김일성에 대한 공격을 이끈 사람은 박창옥도 아니었고 최창익도 아니었다. 바로 무역상 윤공흠이었다. 윤공흠이 개인숭배 문제 등을 언급하자 김일성 지지자들이 그의 말을 끊었다. 회의 참가자 다수는 김일성 지지자였기 때문에 결국 반대파는 '반당 분자'로 비난을 받아 소멸되었다.

30일 전원회의에서 박창옥은 어떤 적극적인 역할을 못했다. 김일성 지지자들이 윤공흠을 공격했을 때 박창옥은 박의완과 함께 질서를 바로 잡으려고 했지만 실패했다.[38] 박창옥이 발언할 수 있는 기회는 30일 오후, 즉 윤공흠을 비롯한 야권이 이미 김일성파로부터 공식 비난을 받은 이후였다. 박창옥은 1955년 12월의 전원회의가 그에 대해 지나치게 엄격하고 옳지 않은 결정을 내렸다고 말했고 자신은 어떤 종파와도 관계가 없다고 했지만 주석단과 회의실에 있

36 *Письмо члена ЦК Трудовой партии Кореи Со Хуэя и трёх других товарищей в ЦК КПК*, ГАРФ, ф. Р-5546, оп. 98, д. 721, лл. 170-190.

37 *Указ Президиума Верховного Совета СССР. О выходе из гражданства СССР Ким (Ким Чер Су) А.Г., Ким Вон Бон и других лиц, проживающих в Корейской Народно-Демократической Республике*, 9 апреля 1956 г. ГАРФ, ф. Р-7523, оп. 88, д. 2960, лл. 10, 12.

38 洪淳官, "前金日成 비서실장충격 고백", 188~207쪽.

는 김일성 지지자들은 소리를 지르며 그의 말을 방해했다.[39] 박창옥은 완전히 패배했다.

박창옥은 과연 승리할 수 있었나?

여기서 재미있는 것은 8월 종파사건의 결과와 상관없이 박창옥이 승리할 수 있는 시나리오는 없었다는 것이다. 왜냐하면 야권 세력의 지도자는 연안파 출신 최창익이었고 야권이 승리할 경우 최창익과 박창옥 사이에는 갈등이 불가피했다. 그런 갈등 상황 속에서 최창익보다 서열이 낮은 박창옥이 승리할 수 있는 방법은 없어 보인다.

1956년 8월 야권이 승리한 북한을 한 번 가정해보자. 1956년 8월 조선로동당 중앙위원회는 '당내 개인숭배와 그의 엄중한 후과에 대하여'라는 결정을 채택한다. 김일성은 당 중앙위 위원장 자리에서 강제 해임당한다. 중앙위원회는 '튼튼한 세력의 대표자이신 최창익 동지'를 위원장으로 추대한다. 1956년에는 북한에 중국인민지원군이 아직 주둔하고 있는데 연안파 출신인 최창익은 이를 철수하라고 하지 않는다. 가까운 미래, 중소분쟁이 시작되고 북한은 중국의 위성 국가가 되어버린다. 그렇다면 '조선혁명의 위대한 조타수이시며 모택동 동지의 가장 충실한 제자이신 최창익 동지'의 주적이 누가 되었겠는가? 바로 수정주의의 심장인 소련에서 태어난 박창옥이 아닌가?

그래서 박창옥은 유능한 모략가가 아니라고 판단할 수 있다. 그런데 당시 북한과 같은 스탈린주의 나라에서 유능한 모략가란 생존의 핵심 조건이었다.

---

39 *Дневник посла СССР в КНДР В. И. Иванова*, 6 сентября 1956 года, РГАНИ, ф. 5, оп. 28, д. 410, л. 328.

당내 권력 투쟁은 곧 동족상잔이기 때문이다. 이러한 능력이 부족한 박창옥에게 펼쳐진 길은 죽음뿐이었다.

몰락

박일산은 전원회의 이후 아버지의 운명에 대해 이렇게 기억했다.

아버지가 전원회의에서 발언한 후 미코얀과 펑더화이는 아버지를 원래 자리에 복권하라고 요구하였어요. 아버지의 중앙위 위원 자격은 복원되었지만, 원래 일자리는 다시 주지 않았습니다. 당시 아버지는 '절대 누구에게도 네가 박창옥의 아들이라고 하지 말라'라고 하셨죠. 저는 황해도로 파견되었고 조선 기준으로 괜찮은 주택도 주어졌어요. 거기서 소련 참사관들과 함께 살게 되었는데, 여기에 우리 집사람이 소련 여자라는 사실은 중요한 역할을 했어요. 그러나 아버지가 와서 평양에 같이 같이 가자고 했어요. '여긴 조건이 좋지 않고, 아이를 집에서 낳는 것이 좋다'라고 하셨어요.

1957년 초 저는 소련으로 출국했어요. 여기에 리상조로부터 많은 도움을 받았어요. 남일은 저를 대사관 건물에 들어갈 수 있도록 지시하였고 대사관에서 저는 소련 국민으로 남겠다고 말했어요. 아버지가 제 이름으로 제적 신청서를 쓰신 것은 알게 되었지만, 저는 이 신청서를 인정하지 않는다고 말했어요. 당시 아버지는 시멘트 공장 지배인이 되었어요. 그때부터 아버지에 대한 어떤 소식도 없었어요.[40]

박창옥은 7명의 자식이 있었다. 1928년생 박일산(알렉세이), 1930년생 박

40   안드레이 란코프가 박창옥의 아들 박일산과 한 인터뷰, 2001년 2월 4일.

주: 선생님 왼쪽에 앉아 있는 소녀(격자무늬 셔츠를 입음)가 박창옥의 막내딸이다.
자료: Юрий Когай. *Страна моего детства.* https://koryo-saram.site/strana-moego-detstva/

안나, 1932년생 박 보리스 그리고 박 표트르 등이었고, 이들은 소련으로 귀국했다. 박일산에 따르면 안나가 남일의 조카와 결혼했다고 했고, 남일이 안나가 없어지면 좋겠다고 생각해 안나가 소련으로 귀국하도록 도와주었다. 보리스와 표트르는 소련으로 유학하러 갔는데 북한으로 돌아오지 않았다. 그리고 박창옥의 차녀 갈리나, 맏아들 블라디미르, 막내딸 스베틀라나는 북한에 남았다. 박일산은 동생 갈리나의 비극적인 운명에 대해 이렇게 증언했다.

갈리나는 한 체코 남자의 도움을 받아 출국하려고 했어요. 그러나 누군가가 그들의 결혼이 성략결혼에 불과하다는 밀고를 보냈어요. 그는 출국 불허를 받았어요. 1960년경 전 함경북도에서 그녀로부터 편지를 받았어요. 그녀는 솔직하게 쓸 수 없었고 편지는 김일성에 대한 충성의 맹세에 불과했어요. 전 갈리나에게 소포를 보냈고 배달되지 않았어요. 이 소포를 '수취인은 본 주소에 더 이상 거주

하지 않는다'라는 표시와 함께 돌려받았어요.[41]

모략가의 최후

8월 종파사건 직후 박창옥은 북한 엘리트에서 제거되었다. 1956년 9월 14일
과[42] 10월 23일[43] 사이 박창옥은 혜산시 제재소 부지배인으로 파견되었다.

앞에서 언급했듯이 1957년 소련으로 떠난 박일산은 당시 아버지 박창옥의
일자리는 시멘트 공장 지배인이라고 했다. 그러나 그는 이 자리도 오랫동안 유
지하지 못했다. 얼마 후 박창옥의 정적 박금철의 지시에 따라 박창옥은 아파트
에서 강제 퇴거되었다.[44]

공장의 부지배인이나 지배인은 높은 자리가 아니었지만 그때 박창옥은 살
아남을 희망이 있었다고 추측할 수 있다. 그러나 김일성은 다르게 판단했다.
1957년 여름 북한 내무성은 박창옥을 체포했다.[45] 당시 내무상은 같은 소련파
출신 방학세였다.

박창옥은 1년 이상 가택 연금 중이었고 1958년 9월 9월 기준으로 여전히 가택

41   Ibid.

42   *Дневник советника посольства СССР в КНДР Шестерикова Н.М.*, 14 сентября
      1956 г., АВП РФ, ф. 102, оп. 12, д. 6, п. 68.

43   *Из дневника второго секретаря Посольства СССР в КНДР Титоренко Е.Л.*
      Запись беседы с зам. председателя ТПК провинции Рянган тов. Цой Сын Хуном
      23 октября 1956 года, АВП РФ, ф. 102, оп. 12, д. 6, п. 68.

44   리상조, 「조선 노동당 중앙위원회 위원장 김일성 동지 앞」, 『북조선을 만든 고려인 이
      야기』, 269~278쪽.

45   *К беседе с партийно-правительственной делегацией КНДР*, АВП РФ, ф. 0102,
      оп. 13, п. 72, д. 11.

연금 상태였다.[46] 이 1년 동안 김일성은 박창옥을 조선로동당에서 출당시켰다.

1958년 3월 진행된 당 제1차 대표자회의에서 박창옥이나 다른 야권 운동가는 '반당 분자'와 '배신자'라는 비난을 받았고 출당되었다. 가택 연금 중인 박창옥은 이 대표자 회의에 참가할 권리조차 받지 못했다. 김두봉, 박의완, 오기섭 등 '반당 분자'들은 회의에 나왔고 자기비판을 했다.[47] 물론 김일성이 원했다면 그에게 완전히 충실한 방학세 내무상이 박창옥을 대표자회의에 나오도록 임시로 가택 연금을 중단할 수 있었다. 박창옥은 이에 굴복하지 않았거나 김일성이 그가 회의에 나오는 것을 위험하다고 봤다고 추측할 수 있다. 그러나 박창옥의 운명은 이미 결정되었다.

박창옥 출당을 선포한 사람은 같은 소련파 출신인 박정애였다.

박 창옥을 당 중앙 위원회 위원으로부터 제명하며 출당시키는 데 찬성하는 동지들은 대표증을 표시하여 주십시요. (대표 전원 찬성) 반대하는 동지들이 없습니까? (반대 없음) 중립하는 동지들이 없습니까? (중립 없음) 만장일치로 결정되였습니다.[48]

이제 모든 것은 끝났다. 북한 당국에 남아 있는 것은 박창옥의 예심을 마무리하고 그를 사형시키는 것뿐이었다. 1959년 10월 24일 북한 내무상 방학세는 소련 외교관 펠리센코를 만나면서 박창옥 등 '최창익의 반당 일당'의 예심이 마무리되었고 박창옥은 최창익, 전 민족보위성 부상 김원술 외 여러 명과 함께 사형을 받을 예정이라고 알려주었다. 다음은 사료에서 박창옥에 관한 부분이다.

---

46   *Дневник Посла СССР в КНДР А.М. Пузанова за период с 7 сентября по 11 сентября 1958 года*, Запись за 9 сентября 1958 года. (필자가 입수한 자료)

47   『조선로동당 제1차 대표자 회의 회의록』, 평양: 조선로동당 중앙위원회, 1958.

48   Ibid., 492쪽.

방학세는 금고에서 박창옥의 진술서를 꺼내 내[펠리센코―필자 추가]에게 일부를 러시아어로 읽었다. 그 내용에 따르면 박창옥은 군사력 등 여러 방법을 동원해 당과 국가지도부에 정변을 일으키려 했다는 종파반당 행위에 대한 유죄를 인정했다. 박창옥은 조선로동당 중앙위 위원장이 되려 하였고 그렇게 되었다면 최창익을 조선민주주의인민공화국 내각 수상으로 임명하려고 했다.[49]

1960년 2월 12일 방학세는 펠리센코와 다시 만나 박창옥이 이미 사형을 받았다고 알려주었다.

1960년 1월 말 최창익의 반당 일당 35명의 형사사건 등을 조사한 재판이 진행되었다.

재판부는 5명으로 구성되었다. 이들 중에는 조선로동당 중앙위원회 상무위원회 위원 겸 당 중앙검사위원회 위원장 김익선(재판소 소장), 조선로동당 중앙위원회 상무위원회 위원 겸 평양시 당위원회 위원장 리효순, 조선인민군 총정치국장 서철, 조선로동당 중앙위원회 조직부 부장 김경석 등이 있었다.

방학세는 최창익, 박창옥과 다른 피고인들이 수사 과정에서 한 증언을 확인하였다고 했고 자신이 유죄라는 사실, 자신의 종파 행위 목적이 현 당과 정부 지도부 제거라는 것을 확인하였다고 했고 이 목적을 이루기 위하여 폭력까지 쓸 것이라고 확인하였다고 했다.

재판부는 20명에 대한 총살 판결을 내렸고, 15명을 금고에 처했다. 총살 판결을 받았던 사람들은 최창익, 박창옥, 김웅, 김원술, 양계, 고봉기 등이었다. 판결은 집행되었다. 고려인이었던 전 부수상 박의완은 금고 10년 판결을 받았다.[50]

49 В. Пелишенко, *Запись беседы с министром внутренних дел КНДР тов. Пан Хак Се. 24 октября 1959 года*, АВП РФ, ф. 0541, оп. 10, д. 9, п. 81.

50 В. Пелишенко, *Запись беседы с министром внутренних дел КНДР тов. Пан Хак*

모략가의 인생은 무시무시한 패배로 끝났다.

수상과 부수상, 정치적 쌍둥이의 전투

소련파에서 김일성과 성격이 가장 비슷한 사람을 찾아보면 바로 박창옥일 것이다. 소련 붉은 군대 기록을 보면 정찰병 박창옥은 빨치산 김일성만큼 용감한 사람이었다고 판단할 수 있다. 역시 1950년대 북한 지도부에서 발생한 권력 싸움 과정을 보면 이 사실을 확인할 수 있다.

김일성처럼 박창옥도 권력 야심이 많았다. 그는 1955년 4월 김일성을 수상 자리에서 해임할 것을 시도했다. 8월 종파사건 당시에도 수령을 이렇게 노골적으로 공격한 사람은 많지 않았다.

사료를 통해 파악할 수 있는 박창옥의 사상은 김일성주의와 많이 다르지 않았다. 바로 경제, 사회, 정치 등의 완전한 통제였다. 참으로 박창옥이나 김일성이나 초스탈린주의자였다.

그러나 박창옥과 김일성은 차이점도 있었고, 이 차이점은 결국 김일성 승리와 박창옥 패배의 원인이 되었다. 첫 번째는 시작 위치였다. 권력 유지는 권력 장악보다 훨씬 쉬운 일이다. 그래서 박창옥과의 투쟁에서 김일성이 이기는 것은 보다 쉬웠다. 그리고 두 번째이자 가장 중요한 차이점은 박창옥과 달리 김일성은 상관을 조작할 능력이 있는 모략가였다. 박창옥은 자기 감정을 숨기지 못하는 경우가 있었지만, 권모술수에 능한 김일성은 어디서 어떤 말을 해야 할지 잘 알았다. 그래서 김일성은 북한 수령으로 남았고 그와 싸웠던 박창옥은 패배했다.

Cе. 12 февраля 1960 года, АВП РФ, ф. 0541, оп. 15, д. 9, п. 85.

제14장

리상조, 수령과 싸운 대사

지옥으로 가는 길은 선의로 포장되어 있다.

―서양 속담

2010년대 북한 태영호 공사와 조성길 임시대리대사의 망명사건은 북한 역사상 처음으로 벌어졌던 북한 고위 외교관 망명사건을 떠올리게 된다. 바로 주소련 북한 특명전권대사 리상조의 망명이었다. 김일성 정권에 반대했던 그는 1956년 8월 종파사건 실패 직후 소련으로 망명했다. 수십 년 동안 소련 민스크 (현재 벨라루스의 수도)에 거주하다가 1980년대 말 냉전 끝 무렵에 고향 경상남도를 찾아 6·25전쟁을 비롯한 1940~1950년대 북한 사회에 대해 증언했다.

연안파 리상조

리상조는 1916년 3월 7일 경상남도 동래군(東萊郡)에서 출생했다.[1] 당시 기록을 살펴보면 그의 가족은 유복한 편이었다. 어린 시절 그는 전문학교까지 다녔다.[2] 조선의 문맹률이 50% 이상이고, 경성제국대학 외 대학교는 존재하지 않았던 시절이었으니 교육 수준이 높은 편이었다.

당시 지식인, 특히 식민지 출신 지식인 중에는 공산주의와 같은 극좌사상을 가진 사람이 적지 않았다. 리상조도 결국 청년 좌파 독립운동가가 되었다. 1932년 16세이던 그는 총독부 경찰에 체포되어 1년 동안 투옥되었다.[3]

그런데 이 대목에서 필자가 강조하고 싶은 것이 있다. 조선반도에서 1945년 식민지 체제 붕괴와 새로운 정권 수립은 남한뿐 아니라 북한에서도 일방적으로 '해방'으로 불린다. 그러나 '해방'된 북한에서 반체제 운동가가 체포되면 1년 투옥으로 끝나는 경우가 있던가?

아무튼 감옥에 갔다 온 리상조는 조선에서 더는 정치활동을 하기 위험하다고 느꼈다. 1930년대 중반 그는 만주국으로 망명해 지하 반일운동에 참가했다. 리상조가 설립한 조직은 '조선청년선봉대'였다. 이 조직은 나중에 김두봉의 조선독립동맹에 합류했다. 즉, 리상조가 간 길은 대표적인 친중 연안파의 길이었다.[4]

좌파 운동가 리상조는 광복 후 북한으로 갔다. 로동당에서 그의 당원증 번호는 00010이었다.[5] 그가 당에 대단히 일찍이 입당했다고 추측할 수 있다. 1946년 북한에 도착한 뒤 그는 이듬해 로동당 중앙위 조직부 부장, 같은 해 당 간부부 부장으로 임명되어 고위간부가 되었다.[6] 1950년 3월 리상조는 상업성

---

1   장학봉 외, 『북조선을 만든 고려인 이야기』, 258쪽.

2   Ibid.

3   Ibid., 259쪽.

4   Ibid., 261쪽.

5   리상조, 「조선 노동당 중앙위원회 위원장 김일성 동지 앞」, 『북조선을 만든 고려인 이야기』, 276쪽. 이 책에 나온 리상조 편지의 복사본 숫자는 이상하게 보이지만 러시아문서보관소에 있는 러시아어 번역판을 통해 '00010'임을 정확하게 확인할 수 있다.

6   장학봉 외, 『북조선을 만든 고려인 이야기』, 262쪽.

〈그림 2-14-1〉 정전위원회 복무 시절 리상조

주: 1952년 초의 모습이다. 필자가 결점이 있는 작은
　　부분을 복원했다.
자료: *Naval History and Heritage Command*,
　　https://www.history.navy.mil/our-collections/photo
　　graphy/numerical-list-of-images/nara-series/80-g-k
　　/80-G-K-12000/80-G-K-12239.html

부상으로 임명되었는데, 그의 상관은 상업상 장시우였다.[7] 6·25전쟁 당시 북한군이 낙동강까지 내려왔을 때 김일성은 리상조를 호출해 인민군 총참모부 부장 겸 작전국장으로 임명했다.[8] 상업성 부상이 군 지휘관이 되는 것은 일반적인 일이 아니었지만, 6·25 당시 총참모장이던 남일도 군사교육을 받지 않았고, 경험도 없었던 사람이었다. 1950년 가을 중국 측과 중국군 참전을 논의할 당시 중국어를 유창하게 했던 리상조는 신의주 인민위위원장 유진과 함께 통역을 담당했다.[9]

그러나 6·25 당시 리상조에게 제일 중요한 임무는 휴전회담이었다. 1951년부터 리상조는 남일을 수석대표로 하는 북한 대표단에 근무했다. 남일과 리상조 외에 대표단에는 북한의 장평산, 중국의 지에팡(解方) 그리고 떵후아(鄧華)가 있었다.[10]

정전협상 당시 핵심 문제는 군사분계선, 포로 송환, 그리고 외국군 철수 문

7　「조선민주주의인민공화국 내각 결정 제77호. 상업성 부상 임명에 관한 결정서. 1950
　　년 3월 28일」, 『北韓關係史料集』, 第23券, 果川: 國史編慕委員會, 1996, 225쪽.

8　장학봉 외, 『북조선을 만든 고려인 이야기』, 262쪽.

9　안드레이 란코프가 유성철과 한 인터뷰, 1991년 1월 18일.

10　"外廓에서 본 그 裏面 開城停戰會談", ≪東亞日報≫, 1951년 7월 24일, 2면.

제였다. 공산권 측은 38선을 군사분계선으로 하고, 모든 포로를 무조건 송환하며, 미·중을 비롯한 모든 군대를 한반도에서 철수하자고 제안했다. 유엔 측은 전선의 실제 상황에 따라 군사분계선을 세우고, 송환 의사를 표현한 포로만 송환하며, 외국 군대는 철수하지 않는 방안을 제안했다. 결국 이 외교 투쟁은 유엔 측의 완전한 승리로 종결되었으며 세 가지 문제는 모두 유엔 측 제안에 따라 해결되었다.[11]

7·27 정전협정이 체결된 후 리상조는 군사 정전위원회에서 근무했다. 전쟁이 종결된 며칠 후 수석위원으로 임명된 그는[12] 이미 중장까지 진급했다.[13] 당시 북한에서는 '상장(북한의 대장과 중장 사이 계급)'이라는 계급이 아직 존재하지 않았고, 중장은 대장 바로 아래 계급인 점을 생각하면 리상조는 대단히 높은 사람이었다고 볼 수 있다.[14]

11 *Agreement between the Commander-in-Chief, United Nations Command, on the one hand, and the Supreme Commander of the Korean People's Army and the Commander of the Chinese People's volunteers, on the other hand, concerning a military armistice in Korea*, http://theme.archives.go.kr/viewer/common/archWebViewer.do?singleData=Y&archiveEventId=0049272219

12 "停戰監督委員會 一日會合서 信任狀交換", ≪朝鮮日報≫, 1953년 8월 4일 자, 1면.

13 "조선 군사 정전 위원회 8월 8일 회의(우리측 리상조 중장 적측에 협정 위반 사건에 주의 환기)", ≪로동신문≫, 1953년 8월 10일 자, 1면.

14 '상장'이라는 계급은 1955년 4월 23일에 도입되었다. "조선민주주의인민공화국 최고인민회의 상임위원회 정령. 조선인민군 상급 지휘성원의 군사 칭호를 보충함에 관하여", ≪조선인민군≫, 1955년 4월 28일 자, 1면.

주소련대사로 임명되다

리상조 중장은 전투병과 장성이 아니라 사실상 군복을 입은 외교관이었다. 인민군의 장성으로도 그는 외교 임무를 했다. 그리고 1955년 7월 그는 정식 외교관이 되어 주소련 북한 대사로 임명되었다. 임명이 예정되었던 리상조는 외무상 남일과 함께 한 달 전 임명된 주북한 소련대사 이바노프를 만나러 갔다. 당시 그는 소련 외교관들에게 좀 부정적인 인상을 주었다. 이 당시 소련대사관에서 번역가로 근무한 고려인 김주봉은 이렇게 기억했다.

> 솔직하게 말씀을 드리자면 저는 리상조를 별로 좋아하지 않습니다. 그는 독선적이고 자만이 많은 사람이었죠. 그때 이바노프에게 자기소개를 하러 왔지요. 리상조와 함께 남일도 있었습니다. 그런데 리상조는 남일이 입도 열지 못할 정도로 자기 얘기만 했고 계속 으스댔습니다.[15]

1955년 7월 20일 북한 최고인민회의 상임위원회는 '리상조동지를 쏘베트 사회주의공화국련맹 주재 조선민주주의인민공화국 특명전권대사로 임명함에 관해'라는 정령을 발표했다.[16] 이 명령과 관련한 재미있는 점이 있다. 리상조의 전임자인 림해 대사도 나중에 소련으로 망명한 인물이라는 것과, 이 명령이 북한 내부에서 보관하는 ≪조선인민군≫ 신문에 왜곡되어 게재되었다는 것이다. 여기에 대해서는 조금 더 자세한 설명이 필요하겠다.

---

15 안드레이 란코프가 김주봉과 한 인터뷰, 1990년 2월 2일.

16 "쏘베트 사회주의 공화국 련맹 주재 조선민주주의인민공화국 특명 전권 대사 림해동지를 그 직에서 소환함에 관하여", ≪로동신문≫, 1955년 7월 24일 자, 1면; "리상조동지를 쏘베트 사회주의 공화국 련맹 주재 조선민주주의 인민 공화국 특명 전권 대사로 임명함에 관하여", ≪로동신문≫, 1955년 7월 24일 자, 1면.

2010년대 북한 당국은 《로동신문》, 《조선인민군》, 《청년전위》 등 세 가지 신문의 스캔본 제작 프로젝트를 진행했다. 나중에 이 스캔 파일들이 외국으로 유출되었고, 필자는 《조선인민군》의 스캔본 아카이브를 갖게 되었다. 이 아카이브에는 특징이 있는데, 일부 신문 파일에서 박헌영, 허가이, 김두봉과 같이 숙청당한 간부에 대한

〈그림 2-14-2〉 《조선인민군》 스캔본

주: 림해, 리상조 주소련 북한 대사의 이름이 들어갈 자리에 김두봉의 이름만 보인다.
자료: 《조선인민군》, 1955년 7월 24일 자.

정보가 삭제되었다는 것이다. 그러나 여기에는 일관성 없이 파일마다 그 '종파분자들'의 사진이 있는 경우도 있고, 없는 경우도 있었다. 아마 스캔 작업자들 중 겁이 많은 사람은 문제가 생기지 않도록 무조건 삭제했을 테고, 대담한 자는 그냥 그대로 남겼을 것이다.

팔자는 1955년 7월 24일 자 《조선인민군》 스캔본을 확인하면서 신기하면서도 황당한 사실을 발견했다. 당시 주소련 북한 대사 소환(해임)과 임명 정령에서 실제로 있어야 할 리상조와 그의 전임자 림해 대사의 이름 대신에 김두봉 이름이 두 번 나온 것이다. 심지어 당시 주소련대사를 임명한 최고인민회의 상임위원장도 김두봉이다. 즉, 《조선인민군》 스캔본에 따르면 김두봉이 김두봉을 해임한 뒤 그 후임자로 김두봉을 임명한 것이다.

이 사실을 설명하려면 이 페이지를 스캔한 사람은 먼저 '반혁명분자'인 김두봉과 림해, 리상조 등의 이름을 모두 삭제했다가 나중에 마음이 바뀌었는지, 상관으로부터 명령을 받았는지는 모르겠으나 김두봉 이름만 복원하려고 한 혼

적으로 보인다. 원문에 어떤 사람들이 있었는지 기억하지 못해 그냥 모든 곳에 '김두봉'이라고 쓴 것이 아닐까?

아무튼 리상조 대사는 그해 7월 28일 가족과 함께 평양을 출발해[17] 7월 30일 모스크바 브누코보 국제공항(Международный аэропорт Внуково)에 도착했다.[18] 당시 비행기 기술은 현재처럼 발전되지 않았기 때문에 평양과 모스크바 직항 은 존재하지 않았고 여행은 시간이 걸렸다. 주소련 임시대리대사 박덕환을 비 롯한 북한과 소련 간부들이 리 대사와 상봉했다.[19]

리상조가 모스크바에 도착한 날 소련의 핵심 신문인 ≪프라우다≫에서 오 스트리아 통일의 최종 단계에 대한 보도가 나왔다.[20] 어느 정도 여기서 상징적 인 의미를 볼 수도 있다. 리상조는 분단 국가의 대사였고 오스트리아는 제2차 세계대전으로 분단된 나라들 중 유일하게 민주 통일에 성공한 나라였기 때문 이다.

8월 1일 리상조는 소련의 외교 장관 몰로토프와[21] 접견했다. 3일 리 대사는 최고소비에트 상임위원회 위원장인 클리멘트 보로실로프(Климент Ворошилов) 와 접견했고, 보로실로프는 그에게 신임장을 수여했다. 이때부터 리상조 대사 는 소련에서 북한을 대표하는 외교관이 되었다.[22] 즉, 그의 임무는 북한 지도자

---

17 "쏘련 주재 신임 조선 대사 모쓰크바를 향하여 출발", ≪조선인민군≫, 1955년 7월 30일 자, 1면.

18 *Прибытие в Москву посла Корейской Народно-Демократической Республики Ли Сан Чо*, Правда, 31 июля 1955, стр. 4.

19 Ibid.

20 Леопольд Фигль. *Его Превосходительству господину Вячеславу М. Молотову, Министру Иностранных Дел СССР*, Правда, 31 июля 1955, стр. 1.

21 *Прием В. М. Молотовым посла Корейской Народно-Демократической Республики в СССР Ли Сан Чо*, Правда, 2 августа 1955, стр. 4.

22 *Вручение верительных грамот Председателю Президиума Верховного Совета*

김일성의 권익을 도모하는 것이었다. 대사 임명 초기 리상조는 일반적인 북한 외교관처럼 북한·유고슬라비아 수교와 같은 외교 문제들을 처리했다.[23] 그러 나 그 당시에도 그는 매우 심한 친소 태도를 보였다. 대사로 근무하면서 리상 조는 소련 육군대학도 다녔고 모스크바 국립대학교 철학 학부 자격 시험을 준 비하고 있었다. 북한의 수석 외교관인 그는 거의 소련 사람처럼 지냈다.[24]

이런 행위는 상당히 놀라운 것이라고 볼 수 있다. 그러나 다음 해인 1956년 벌어진 일들은 훨씬 예외적이었고 리상조의 인생이나 전체 사회주의권도 훨씬 큰 변화를 일으켰다.

수령과 싸우는 대사

1956년 2월 25일은 20세기 역사적인 날들 중 하나였다. 토요일인 이날 소련 공산당 제20차대회에서 당 제1비서 흐루쇼프는 '개인숭배와 그 여파에 대해'라 는 연설로 스탈린을 비난했다. 이 연설은 소련 내에서 대규모 공포정치 중지와 대폭적인 정책 온건화의 시발점이었다. 이 연설은 소련 주민뿐 아니라 리상조 대사에게도 큰 영향을 미쳤다. 소련공산당이 '만민의 위대한 수령', '인류의 자 애로운 아버지', '소련 아동의 가장 친근한 벗'이라고 불렀던 스탈린을 죄 없는

СССР К. Е. Ворошилову Послом Корейской Народно-Демократической Республики Ли Сан Чо, Правда, 4 августа 1955, стр. 1.

23 *Из дневника Курдюкова И.Ф. Запись беседы с Послом КНДР в СССР Ли Сан Чо*, 2 ноября 1955 года. (필자가 입수한 자료); *Из дневника Н. Т. Федоренко. Приём Посла КНР Лю Сяо, Посла КНДР Ли Сан Чо и Посла МНР Адилбиша*, 29 ноября 1955 года. (필자가 입수한 자료)

24 장학봉 외, 『북조선을 만든 고려인 이야기』, 263~264쪽.

사람을 탄압한 무시무시한 살인자이자 폭군이라고 비판하다니. 흐루쇼프의 연설을 들은 리상조는 김일성에 대해서도 다시 생각할 수밖에 없었다.

1956년 4월 23일부터 29일까지 북한에서 로동당 제3차대회가 진행되었다. 이 대회에 참가한 리상조는 북한 지도부에 변화 의지가 없는 것을 봤다. 그는 여기서 아무 준비 없이 김일성 공격을 시도했다.

대회 동안 리상조는 집행부에 두 차례 당에 있는 개인숭배 문제를 토론하자는 메시지를 보냈다. 김일성 지지자들은 이 메시지가 공개되지 않도록 했다. 대회가 종결되자 김일성 지지자들은 리상조를 당 중앙위 부위원장 김창만의 아파트에 초대해 그를 압박하기 시작했다. 리상조가 정치적 지식이 부족해서 소련공산당 제20차대회 결정을 기계적으로 조선로동당에 적용하려 했다고 했다. 리상조가 김창만이나 그와 비슷한 성향의 사람들은 제20차대회 결정을 파악할 생각도 없다고 반박했다.[25]

김창만은 이 이야기에 대해 최용건, 박금철 그리고 한상두에게 알려주었고 리상조를 대사 자리에서 해임했으면 좋겠다는 의견을 받았다. 이 사실을 알게 된 리상조는 보호를 받기 위해 최고인민회의 상임위 위원장 김두봉을 찾았다. 김두봉은 같은 날 김일성을 찾아 리상조 해임을 반대한다고 했다.[26]

눈치가 빠른 김일성은 리상조를 즉시 해임하면 소련의 부정적인 반응을 일으킬 수 있다고 본 것 같다. 김일성은 리상조가 자신의 의견을 솔직하게 표현한 것뿐이었다고 했고 그는 잘못이 없다고 덧붙였다. 그래서 리상조는 소련으로 다시 귀국할 수 있었다.[27] 당시 그는 이 사실을 알 수 없었지만, 결국 이번에

25 *Из дневника Самсонова Г. Е. Запись беседы с референтом министерства Госконтроля КНДР Ки Сек Поком*. 31 мая 1956 года, АВП РФ, ф. 102, оп. 12, д. 6, п. 68.

26 Ibid.

27 Ibid.

북한을 영원히 떠나게 되었다.

그로부터 한 달 뒤인 5월 29일 리상조는 소련 외교차관 니콜라이 페도렌코 (Николай Трофимович Федоренко)와 만나 제3차대회는 단결된 분위기 속에서 진행되었지만 내용에는 동의할 수 없다고 말했다. 리상조는 이번 로동당 대회는 절대 소련공산당 제20차대회의 정신으로 진행되지 않았다면서 로동당 지도부가 '개인숭배 문제는 소련공산당에만 있었고, 조선로동당에 존재하지 않는다'라고 주장했다고 했다. 게다가 리상조는 "북조선의 김일성 개인숭배는 절대적이고, 이를 감시·견제할 수 있는 권력 제도가 존재하지 않는다"라며 직접 김일성을 비판했다. 이때부터 리상조는 사실상 김일성의 대사가 아니라 반김일성 세력의 대사가 되었다. 특히 다른 대화에서 그는 소련공산당 중앙위원회 측이 조선로동당 중앙위원회 측, 특히 김일성에게 그의 위험하고 잘못된 생각들을 바로잡기 위해 중대한 사상·정치적 지원을 해야 할 필요성이 있다는 것을 여러 번 강조했다. 즉, 김일성을 비판하는 데서 그치지 않고 소련 당국의 개입까지 요청한 것이다.[28]

8월 종파사건과 리상조

1956년 여름 북한 지도부에서는 반김일성 음모가 벌어졌다. 최창익 부수상을 비롯한 여러 간부가 그해 8월 말 진행될 예정이던 전원회의에서 김일성을 공격하려고 했다. 음모자 중 한 사람이던 리상조는 그들과 적극적으로 협력했다. 8월 9일 오후 3시쯤 리상조는 소련 측에 반김일성파의 계획을 알려주었다.

---

28 *Из дневника Н. Т. Федоренко. Приём посла КНДР в СССР Ли Сан Чо*, 29 мая 1956 года. (필자가 입수한 자료)

김일성을 조선로동당 중앙위원회 위원장에서 해임하고, 조선인민군 최고사령관 직위도 박탈하며, 당 중앙위 위원장에 최창익, 최고사령관에 최용건을 임명하는 계획이었다. 그렇게 하면 최창익 위원장, 김일성 수상, 최용건 최고사령관 등 세 명의 공동지도체계가 생길 것이라고 말했다.[29]

이 계획의 모델은 같은 해 4월 벌어진 불가리아 공산당 당수이자 수상인 체르벤코프 해임사건이었다. 불가리아 공산당 중앙위원회 전원회의에서 지프코프 제1비서를 비롯한 야권 세력은 스탈린주의자인 체르벤코프를 공격했다. 불가리아 공산당 전원회의는 당수로 지프코프를 선출했지만, 체르벤코프를 숙청하지 않고 수상에서 부수상으로 강등했다.[30] 마찬가지로 북한 야권 세력의 계획도 김일성을 즉시 제거하는 것이 아니라 절대 권력만 박탈하자는 것이었다.

중앙위원회 후보위원이던 리상조는 전원회의에 참석해야 했다. 그러나 이미 실패 가능성을 느낀 그는 불참을 결정했다. 이는 대단히 지혜로운 결정으로 그의 생명을 구했다. 리상조는 전원회의에 앞서 김일성이 자아비판을 하지 않은 점, 6·25전쟁 당시 마오쩌둥의 지시를 무시한 점, 개인숭배, 1954년의 기근 등 김일성의 실책을 고발하는 공개장을 보내려다 끝내 보내지 않았다.[31] 김일성 타도계획이 성공한다면 더는 걱정할 필요가 없었겠지만, 만일 음모가 실패한다면 대체계획을 실행할 수 있었던 사람은 주소련대사 리상조뿐이었다.

29 *Из дневника И. Ф. Курдюкова. Приём посла КНДР в СССР Ли Сан Чо*, 11 августа 1956 года. (필자가 입수한 자료)

30 *За смяната на караула в държавата, за приликите и разликите ...* RNews.bg, 2 април 2016 г., https://rnews.bg/априлски-пленум-червенков-живков/

31 *Из дневника И. Ф. Курдюкова. Приём посла КНДР в СССР Ли Сан Чо*, 9 августа 1956 года. (필자가 입수한 자료)

흐루쇼프에게 보낸 제안서

8월 전원회의에서 야권은 승리하지 못했다. 1957년 9월 소련 제1부수상 아나스타스 미코얀(Анастас Микоян)과 중국인민지원군 전 사령관 펑더화이를 공동 수반으로 하는 중소 대표단이 북한을 방문했을 때 이들은 김일성에게 출당시켰던 음모자들을 복권시키도록 강요했다. 이 대표단이 방북한 이유는 리상조 대사가 9월 3일 소련 지도자 흐루쇼프에게 보낸 제안서 때문이었다. 다음은 이 사료의 번역본이다.[32]

존경하는 니키타 흐루쇼프 동지께

조선로동당 내에 벌어지는 중대한 사건들을 보고하는 편지를 받으셨길 희망합니다. 흐루쇼프 동지께서는 우리 당이 낸 실책과 착오에 대해 잘 알고 계시는 것 같습니다. 그래서 동지들 여러 명은 실책과 착오들을 없애기 위해 김일성 동지에 대한 동지적 비판으로 그의 단점에 대해 지적했습니다. 그러나 그는 동지의 의견을 무시했습니다. 그래서 이 문제는 금년 8월 30일에 진행된 중앙위원회 전원회의에 제기되었고, 본 회의에서 엄격한 당적 비판이 진행되었습니다.

전원회의에서 언급한 비판의 내용은 다음과 같았습니다.

김일성 개인숭배를 극복하기 위해 우리 당내의 개인숭배는 전원회의에서 비판을 받았습니다. 개인숭배를 마음껏 내세웠던 아첨쟁이와 출세주의자들이 전원회의에서 비판받았습니다. 또한 개인숭배의 영향을 받아 우리 당 역사를 왜곡한 사상선전 일꾼도 비판받았습니다. 전원회의에서 비판 연설을 한 동지들의 목적은 하나뿐이었습니다. 바로 우리 당내에 개인숭배와 관련한 심각한 여파를 없애며, 우리 당 규약을 완전히 준수하고 당내 민주주의와 집단지도체제를 내세우는

---

32   Ли Сан Чо, *Уважаемому товарищу Хрущёву Н. С.*, 3 сентября 1956 года, ГАРФ, ф. Р-5446, оп. 98с, д. 721, лл. 168-169.

것이었습니다.

그러나 권력을 가진 동지들은 개인숭배의 여파를 제거하고 우리 당내의 중대한 착오를 없애기 위해 용감하고 당원답게 연설한 이들을 진압했습니다. 당 중앙위원회 상임위원회 위원 한 명을 포함한, 혁명적 투쟁에서 풍부한 경험을 가진 당 중앙위원회 여러 위원은 부당하게 출당당했습니다. 이 사건들은 당내에 어렵고 중대한 사태를 만들었습니다. 당내 민주주의가 작동되지 않는 상황에서 당 내부 세력으로 당의 단점을 없애는 것은 물론, 당의 행동에 대단히 부정적인 영향을 미치는 사건들을 예방할 수도 없게 됐습니다. 상기해드린 바와 같이 소련공산당 중앙위원회에 제 개인적인 제안을 드리니 이를 꼼꼼하게 파악해주시기를 부탁드립니다. 조선에 소련공산당 중앙위원회 책임지도자를 파견할 것을 제안드립니다. 이 방문의 목적은 출당된 사람들도 참가하는 조선로동당 중앙위원회 전원회의를 소집하는 것입니다. 이 전원회의에서 더 꼼꼼하게 당내 상황을 파악하고 우리 당의 단점을 없애기 위해 더 구체적인 조치를 만들어야 합니다.

이것이 불가능하다면 로동당 중앙위원회 책임일군들을 출당당한 동지들과 함께 모스크바에 호출하고 소련공산당 중앙위원회 상임위원회 위원들과 함께 로동당 내의 상황을 파악하고 당내 단점들을 없애기 위해 구체적인 조치를 만들도록 부탁드립니다. 이것도 불가능하다면 소련공산당 중앙위원회 이름으로 조선로동당 중앙위원회에 이런 문제점을 지적하는 호소문을 보내주시기를 부탁드립니다. 중국 공산당 중앙위원회도 참가하면 이런 동지적 충고가 더 효과적일 것입니다. 상기 조치가 가능하다면 저와 만나주시기를 부탁드립니다. 그 경우 조선 내 상황을 더 자세히 진술해드리도록 하겠습니다.

1956년 9월 3일

리상조

이 편지를 보면 리상조의 실수를 명확하게 알 수 있다. 그는 '김일성을 해임해야 한다'라고 주장하지 않았다. 그는 국가원수 하야를 요구하는 것이 너무

과하게 보인다고 생각할 수 있었다. 아니면 마음속에 전원회의에서 있었던 일이 혁명 동지 사이에서 벌어진 오해에 불과하다고 생각하고 싶을 수도 있었다.

결국 중소 대표단은 김일성을 해임하지 않았다. 김일성은 소련의 미코얀과 중국의 펑더화이의 요구에 따라[33] 음모자들 숙청을 보류했지만,[34] 바로 다음 해에 이들을 완전히 제거했다.[35] 만일 리상조가 '개인숭배에 관련한 문제는 김일성 동지를 조선로동당 중앙위원회 위원장 직위에서 해임하고 집단지도체제 복원으로만 해결할 수 있다'라는 한 문장만 넣었다면 북한 역사가 완전히 다른 길로 갔을지 모른다.

망명

전원회의와 중소 대표단 방문 후 김일성은 야권을 없애는 조치를 이행하기 시작했다. 리상조는 귀국이 곧 죽음인 것을 잘 알고 있었다. 망명 외에 다른 길은 없었다. 그러나 어느 나라로 망명을 시도하면 좋을까? 소련외교관 김주봉에 따르면 리상조의 첫 번째 선택지는 중화인민공화국이었다. 연안파 출신이던 그는 중국이 자신을 받아들일 것이라고 봤다.[36]

시간을 벌기 위해 리상조는 1956년 10월 탈장이 생겼다며 소련 크레믈리 병원에 입원했다.[37] 이 병원에 있으면서 그는 중국 측에 망명을 요청했지만 거절

---

33 Игорь Селиванов, *Советский Союз и сентябрьские события 1956 года в Северной Корее*, Курск: Курский Государственный университет, 2015.

34 「최창익, 윤공흠, 서 휘, 리필규, 박창옥동무들에 대한 규률문제를 개정할데 관하여」, 『北韓關係史料集』, 第30券, 果川: 國史編慕委員會, 1998, 796쪽.

35 『조선로동당 제1차 대표자 회의 회의록』, 평양: 조선로동당 중앙위원회, 1958.

36 안드레이 란코프가 김주봉과 한 인터뷰, 1990년 2월 2일.

당했다.[38]

시간은 얼마 안 남았다. 11월에 김일성은 리상조를 대사 직위에서 해임하고, 후임자로 리신팔을 임명했다. 1956년 11월 13일 소련은 리신팔의 임명을 승인했고[39] 11월 26일 자 ≪로동신문≫에 리상조 해임과 리신팔 임명에 관한 정령들이 나왔다.[40]

그래서 리상조는 소련에 망명을 요청했고 소련 측은 리상조의 요청을 수락했다. 11월 28일 그는 소련 외교부 극동국 국장 이반 구르듀코프(Иван Фёдорович Курдюков)와 만났을 때 긍정적인 결정이 이미 나와 아마도 소련 당국이 1956년 11월 하순에 리상조를 망명자로 받아들이도록 결정했다고 판단할 수 있다.[41] 김일성이 아무리 화가 나도 리상조를 잡을 수 없게 된 것이다. 후임자로 임명된 리신팔 대사는 당연히 리상조와 만나지도 못했다.

조국으로 귀국할 수 없게 된 리상조는 김일성에게 마지막 편지를 보냈다. 이 편지는 너무 길어서 이 책에 전문을 게재할 수는 없지만 『북조선을 만든 고

---

37 *Из дневника Верещагина Б.Н. Запись беседы с заведующим консульским отделом Посольства КНДР в СССР Ким Хен Мо, 19 октября 1956 года.* (필자가 입수한 자료)

38 안드레이 란코프가 김주봉과 한 인터뷰, 1990년 2월 2일.

39 *Из дневника Верещагина Б.Н. Запись беседы со 2-м секретарем Посольства КНДР в СССР Хо До Дином. 13 ноября 1956 года.* (필자가 입수한 자료)

40 "조선민주주의인민공화국 최고인민회의 상임위원회 정령. 리신팔동지를 쏘베트 사회주의 공화국 련맹 주재 조선민주주의인민공화국 특명 전권 대사로 임명함에 관하여", ≪로동신문≫, 1956년 11월 26일 자, 1면; "조선민주주의인민공화국 최고 인민회의 상임위원회 정령. 리상조동지를 쏘베트 사회주의 공화국 련맹 주재 조선민주주의인민공화국 특명 전권 대사의 직으로부터 소환함에 관하여", ≪로동신문≫, 1956년 11월 26일 자, 1면.

41 *Из дневника И. Ф. Курдюкова. Приём посла КНДР в СССР Ли Сан Чо, 28 ноября 1956 года.* (필자가 입수한 자료)

려인 이야기』에서 전문을 볼 수 있다.[42] '김일성 동지 앞'으로 시작하는 이 편지의 첫 문장은 "조국의 해방과 인민정권의 건립을 위하여 25년간 투쟁하여온 한 사람이 당내의 민주화가 보장되지 못하고 몇몇 개인의 음모로 말미암아 자신의 조국에서 살 수 없는 사태가 조성된 것을 말하려고 합니다"였다. 그는 이 편지에서 김일성의 행동이 '대단히 졸렬하고 비열'하다고 했고, 죄 없는 사람을 탄압하고 암살했으며, 마르크스-레닌주의를 왜곡했다고 비판했다.

마지막 문단에서 박금철, 김창만, 박정애, 남일, 한상두 등 '아첨 분자'들을 당 지도부에서 제거할 것을 요구했다.[43] 이 편지를 김일성에게 전달한 사람은 모스크바에 출장 다녀온 박의완 부수상이었다.[44] 물론 김일성은 리상조의 말을 듣지 않았지만 박금철, 김창만, 박정애, 남일과 한상두는 결국 모두 숙청되거나 교통사고로 사망했다. 역설적으로 리상조의 요구가 받아들여진 셈이다.

답장을 보내는 대신 김일성은 특사로 중앙위 부위원장 김창만을 소련으로 파견했다. 북한 지도부 전체 중에서 누구보다도 소련을 혐오한 김창만은[45] 리상조와 만나 귀국을 제안했다. 그는 김일성과 만나면 모든 일을 잘 처리할 수 있을 것이라고 약속했다. 이제 김일성에 대한 그 어떤 신뢰도 잃어버린 리상조는 김창만의 제안을 거절했고 김창만에게 북한 국적 포기 신청서까지 전달했다. 앞으로 이 조선민주주의인민공화국이라는 나라와는 아무런 관련도 없기를

---

42 리상조, 「조선 노동당 중앙위원회 위원장 김일성 동지 앞」, 『북조선을 만든 고려인 이야기』, 269~278쪽. 이 책에 리상조가 중앙위 위원들을 위해 쓴 편지 2편도 있는데 그가 이 편지를 보냈는지는 확인할 수 없다.

43 리상조, 「조선 노동당 중앙위원회 위원장 김일성 동지 앞」, 『북조선을 만든 고려인 이야기』, 269~278쪽.

44 안드레이 란코프가 강상호와 한 인터뷰, 1989년 10월 31일; 안드레이 란코프가 강상호와 한 인터뷰, 1990년 3월 7일.

45 장학봉 외, 『북조선을 만든 고려인 이야기』, 19, 142, 222, 255, 265, 412, 659, 693, 695쪽.

바랐다.[46]

소련에서의 삶

소련 측은 리상조를 망명자로 받았다. 맨 처음에 그는 소련 국가보안위원회가 비공식적으로 운영하는 호텔에서 살았다.[47] 몇 달 후 리상조는 소련에서 위상이 매우 높은 소련공산당의 당 고등대학에 입학했다. 북한 외무상 남일은 물론 이에 대한 불만을 표현했지만 소련 임시대리대사 펠리셴코는 북한 측의 항소를 사실상 기각했다.[48]

여기서 필자는 리상조와 특별한 연결을 느낀다. 1991년 소련공산당이 해체된 후에 당 고등대학 건물을 러시아 국립인문대학교가 사용하게 되었고 필자는 이 대학교에서 2005~2011년까지 학부 시절을 보냈다. 지금도 내가 다녔던 이 신고전주의 건물에 리상조 대사도 다닌 적이 있었다고 생각하면 신기한 느낌을 받는다.

리상조는 김창만에게 북한 국적 포기 신청서를 전달하면서 무국적자가 되었다. 그래서 그는 1957년 7월 소련 국적 입적 신청서를 냈고 신청서가 수락된 후 소련 국민이 되었다.[49] 나중에 그는 소련 내각으로부터 매우 예외적인 특혜

---

46 Ibid., 265~266쪽.

47 나중에 이 호텔은 '페킨(Пекин)'이라는 이름을 얻었지만 리상조가 거주했을 때 공식적으로 무명호텔이었다. *Из дневника временного поверенного в делах СССР в КНДР Пелишенко В.И. Запись беседы с Министром иностранных дел КНДР Нам Иром, 4 января 1957 года.* 참조.

48 *Из дневника временного поверенного в делах СССР в КНДР Пелишенко В.И. Запись беседы с Министром иностранных дел КНДР Нам Иром, 9 марта 1957 года.*

로 아주 큰 '연방급 생활 보조금'을 받게 되었다.[50]

이후 리상조는 모스크바에서 민스크로 이주했다. 이 결정을 내린 사람은 당시 소련공산당 중앙위 사회주의국가 노동당·공산당 연락부 부장 유리 안드로포프(Юрий Андропов)였다는 사료가 있다.[51] 알다시피 안드로포프는 국가보안위원회 위원장과 소련공산당 중앙위 총비서까지 승진했다.

이후 정치를 할 수 없게 된 그는 이 시절 주로 중국과 한국의 전통 철학을 연구했다.[52] 그의 이러한 선택은 특이하게 보일 수 있지만 현대사 연구 검열이 심한 나라였던 소련의 지식인들에게는 일반적인 일이었다. 소련 지식인이 된 리상조도 정치인에서 고대 역사 전문가가 되었다. 그러나 그의 회고록을 보면 그의 생각은 계속 북한에 남아 있었던 것을 볼 수 있다.[53] 늘 정치에 대한 생각을 접지 않았던 그는 중요한 프로젝트에 참가했다. 북한을 떠나 소련으로 온 또한 명의 망명자인 허웅배와 함께 김일성에 대한 책을 집필했다. 이 책의 핵심 저자는 허웅배였지만 리상조가 아주 적극적으로 협조했기 때문에 거의 공저자로 봐야 할 것 같다.[54]

1982년 도쿄에서 이 책의 일본어 번역판이 출간되었다. 저자는 임은(林隱)이라는 가명이고, 제목은 『북한왕조 성립 비사(北朝鮮王朝成立秘史)』였다.[55] 이 책

49 장학봉 외, 『북조선을 만든 고려인 이야기』, 266쪽.

50 *Дело персонального пенсионера СССР Ли Сан Чо*, 1975 год. ГАРФ, ф. 10249, оп. 7, д. 8325(52871).

51 *Из дневника Шестерикова Н. М. Запись беседы с зав. 1-м отделом МИД КНДР тов. Пак Гиль Еном, от 17 февраля 1958 г.*, АВП РФ, ф. 102, оп. 14, д. 8, п. 75.

52 안드레이 란코프가 김주봉과 한 인터뷰, 1990년 2월 2일.

53 『전 북한 인민군 부총참모장 이상조. 증언』, 서울: 원일정보, 1989, 90~108쪽.

54 안드레이 란코프가 강상호와 한 인터뷰, 1990년 3월 7일; 허웅배와 리상조에 대해 Тен Сан Дин. Четыре десятилетия вместе с Хо Дином // *Хо Ун Пе (Хо Дин) в воспоминаниях современников*, Москва: «Научная книга», 1998, стр. 151-158 참조.

자료: https://ojsfile.ohmynews.com/STD_IMG_FILE/2020/1009
/IE002701451_STD.jpg

에는 김일성의 항일운동과 소련의 제88여단 복무 경력, 그리고 북한 통치에 대한 이야기가 나온다.[56] 저자가 이명영 성균관대학교 교수가 주장했던 '가짜 김일성론'을 직접 부정한 것을 보면 나름대로 객관적인 책이라고 할 수도 있다. 북한 당국이 이 책에 대해 알게 되었기 때문인지 다른 이유 때문인지는 모르겠지만, 1980년대 말 북한 공작원들이 모스크바에서 뒤늦게 리상조 유괴를 시도했으나 실패로 돌아갔다.[57]

소련에서의 삶은 행복했다고 말하기 어렵다. 특히 1990년경 그가 부인과 이혼한 것을 보면[58] 리상조의 가정사에도 문제가 있었다고 볼 수 있다. 물론 북한으로 귀국해 고문을 받고 죽어버리는 것보다는 훨씬 나은 인생이었다. 결국 리상조는 재혼했다. 새 배우자의 이름은 엄나냐였고,[59] 리상조보다 젊었다.[60]

---

55   林隠, 『北朝鮮王朝成立秘史 – 金日成正伝』, 東京: 自由社, 1982; 임은, 『북한 김일성왕조 비사』, 서울: 한국양서, 1982.

56   이 책 출판 배경에 대해 Макс Николаевич Хан, Добрая память и слово о Хо Ун Пе (Хо Дине) // Хо Ун Пе (Хо Дин) в воспоминаниях современников. Москва: «Научная книга», 1998, стр. 93-102 참조.

57   필자가 이고리 셀리바노프와 한 인터뷰, 2021년 11월.

58   필자가 안드레이 란코프와 한 인터뷰, 2021년 11월.

1980년대 말 고르바초프 총비서는 소련을 개방하고, 1990년에는 대한민국과 공식 수교를 했다. 리상조는 드디어 다시 정치 활동을 할 기회가 생겼다. 1992년 그는 이미 6·25전쟁 발발을 발의한 자가 이승만이나 '미국 제국주의자'가 아니며 스탈린도 아니라 바로 김일성이었다고 증언했고 이 증언은 러시아 역사 교과서에도 나왔다.[61]

사실 소련 국민은 1988년 서울올림픽 때부터 한국을 방문할 자유를 얻게 되었는데, 리상조도 이때 한국을 찾아 수십 년 동안 가보지 못했던 고향 경상남도를 방문하게 되었다.

방한 당시 리상조는 자신이 북한군 장령으로서 6·25전쟁 발발에 책임을 느끼냐는 질문을 자주 받았다. 리상조는 모든 책임이 김일성에 있고 본인은 명령을 수행해서 책임이 없는 것은 물론 전쟁 피해자 앞에 사과할 마음이 없다고 강조했다.[62]

범죄 행위 명령을 받은 사람에 대한 책임 문제는 쉽지 않다. 하지만 특히 제2차 세계대전 이후 사람들은 주로 불법 명령에 불복종을 곧 군인의 중요한 임무로 보게 되었다. 그러나 리상조의 입장은 완전히 달랐다.

이때 리상조는 '조선민주통일구국전선'이라고 하는 북한 망명자 조직에 가입했다. 회원 중에는 1957년 북한에서 중국 베이징, 영국령 홍콩, 일본 도쿄로 탈출한 박헌영의 친근한 벗인 박갑동과 다른 망명자들도 있었다.[63] 조선민주

59 장학봉 외, 『북조선을 만든 고려인 이야기』, 269쪽.

60 필자가 안드레이 란코프와 한 인터뷰, 2021년 11월.

61 В. П. Островский, *История отечества: 1939-1991*, Москва: Просвещение, 1992, стр. 151.

62 "李相朝씨의 "묵묵"", ≪朝鮮日報≫, 1989년 9월 19일 자, 3면.

63 "해외망명 北韓 고위인사들 '反 金日成전선' 결정", ≪朝鮮日報≫, 1992년 2월 25일 자, 1면.

통일구국전선은 대부분의 망명자 조직들처럼 북한 내부 정책에는 크게 영향을 미치지 않았다고 볼 수 있다. 리상조는 구국전선을 설립한 지 몇 년 후인 1994년 김일성의 사망과 김정일의 후계권력 장악으로 북한 역사상 처음으로 붉은 왕조국가가 승계된 것을 보았다.

이상주의로 실패한 이상

리상조의 인생을 보면 참으로 많은 일을 했지만 결국에는 실패했다고 할 수 있다. 청년 시절 그는 독립운동가였다. 그러나 조선청년선봉대나 조선독립동맹은 조선 독립의 날을 한반도에서 맞이하지 못했다. 리상조나 다른 독립운동가들은 이 사실을 생각하면 마음이 아플 수 있겠지만, 조선의 독립 자체는 독립운동 승리의 결과가 아니었고 일본제국 패전의 결과일 뿐이었다. 1950년대 초 그는 북중 대표로서 정전위원회에 근무했다. 그러나 정전과 관련한 모든 쟁점은 유엔 측 의견에 따라 결정되었다.

그러던 리상조의 인생에서 가장 중요한 해는 1956년이었다. 당시 그는 누구보다도 김일성 타도를 위해 많이 노력했지만 그의 공격들은 전략도 준비도 부족했다. 어느 정도는 리상조가 그때까지만 해도 '혁명가'들끼리 벌어진 문제들을 '동지적 비판'으로 해결할 수 있지 않을까 믿고 싶어 했던 것 같다. 이런 이상주의는 북한 야권 패배의 핵심 원인들 중의 하나가 되었고 북한 역사에서는 김일성 1인 정권 시대가 개막하게 되었다.

조선청년선봉대가 식민지 질서에 아무런 영향을 미치지 않았던 것처럼 조선민주통일구국전선의 존재는 북한 주민에게 크게 도움이 되지 못했던 것 같다. 그리고 1996년 사망할 때까지 리상조가 꿈꾸었던 '진짜 사회주의'는 연금술의 '현자의 돌'과 비슷했던 것 같다. 저렴한 금속을 금으로 바꿔준다는 현자의 돌과 관련된 가설의 기초는 화학적으로 엉터리 주장이었다. 마찬가지로 공산주의 사상은 사회학적으로 틀린 이론인 마르크스-레닌주의와 경제학적으로 틀린 주장인 계획경제의 우월성 등을 기반으로 삼았기에 실패할 수밖에 없었던 것이다. 리상조는 이 꿈을 끝까지 버리지 않았다. 소련에서 페레스트로이카가 시작했을 때 그는 고르바초프의 정책을 매우 긍정적으로 평가했고 고르바초프를 '제2의 레닌'이라고 불렀다.[64] 역시 1980년대까지도 리상조는 권위적 사회주의의 아버지인 블라디미르 레닌(Владимир Ленин)을 긍정적인 인물로 봤다.

리상조는 1996년 8월 6일 사망했다.[65] 김일성 정권의 멸망과 '진짜 사회주의' 승리에 대한 꿈을 꿨던 그는 자신의 꿈을 이루지 못했다.

---

64 "李相朝씨 申一澈교수 對談 8月宗派사건「反金세력」제거 造作劇", ≪東亞日報≫, 1989년 9월 18일 자, 5면.

65 장학봉 외, 『북조선을 만든 고려인 이야기』, 269쪽.

제15장

양심적인 간부 박의완

선(善)은 규칙을 지켜야 해서 항상 패배하지.

악(惡)은 그런 필요가 없지.

— 〈원스 어폰 어 타임〉(시즌 1), 8화

전 북한 부수상 박의완은 세간에 잘 알려져 있는 인물이라고는 할 수 없다. 소련파 출신인 이 조용한 사람은 1950년대 북한의 대표적인 온건파 정치인이었다. 이 장에서는 북한에서 김일성주의와 완전히 다른 길을 보여줄 수 있었던 그를 소개한다.

박의완의 어린 시절: 조선, 러시아 그리고 소련

박의완은 1911년 9월 19일 당시 일본의 식민지였던 조선에서 태어났으나 얼마 후 가족과 함께 러시아로 이주했다. 즉, 대부분의 소련파 간부들과 달리 박의완은 사실상 조선 출신자였다. 본명은 박의완이었지만 러시아에서는 '이반 박(Иван Аркадиевич Пак)'이라는 이름을 썼다. 러시아 사회주의 혁명 뒤 박의

자료: 이고리 셀리바노프 제공.

완은 청년동맹 비서로 근무하다가 철도 대학교를 졸업했다. 특히 1930년대 기준으로 보면 박의완의 교육 수준은 매우 높았다. 박의완은 1930년대 중반에 결혼했는데 그의 첫 번째 배우자는 알렉산드라 리(Александра Артамоновна Ли)라는 고려인이었다. 학부생 시절 알렉산드라의 전공은 문헌학이었고, 훗날 북한의 초대 여맹위원장이 되는 박정애와 한 방에서 함께 공부한 경험이 있다. 1937년 6월 22일 알렉산드라는 아들 유리를 낳았으나 그녀는 다음 해 사망했고, 할머니가 유리를 키웠다.[1]

중앙아시아 지역으로 고려인 강제 이주를 당한 박의완은 양기율 고리키학교(школа имени Горького)에서 교원으로 근무하다가 교장까지 진급했다. 이 당

---

1 안드레이 란코프가 박의완의 아들인 유리 박과 한 인터뷰, 2001년 1월 25일.

시 박의완은 나탈리야 고르바토바(Наталья Горбатова)라는 러시아 여성과 재혼했다. 나탈리야는 이미 아들 아나톨리가 있었고, 아나톨리와 유리는 사이가 좋았다. 7세 더 많은 아나톨리는 유리를 '우리 동생'이라고 불러주며 학교에서 돌봐주었다. 재혼 이후 박의완은 공산당 구위원회 비서가 되었고, 고리키학교의 새로운 교장은 그의 배우자 나탈리야가 되었다. 양기율 주민들은 새로운 비서인 박의완을 높이 평가했으며 "박의완 동지가 우리 양기율을 진짜 도시로 만들었다"라고 한 사람들도 있었다. 박의완은 도시에 전기를 공급했고, 공장 몇 개를 설립하도록 했다. 박의완은 간부였지만 간부가 받는 특혜를 거부했다. 그는 가족과 함께 공동주택에서 살았으며, 구위원회 비서로서 1주일마다 고기 공급을 받았지만 이 고기는 무조건 이웃들과 나누었다.[2]

박의완, 북조선에 가다

1945년 당시 박의완은 우즈베키스탄 공산당 양기율시 당위원회 선전선동부장이었다. 그러나 하루아침에 그는 북조선으로 파견되었다. 배우자 나탈리야는 함께 조선으로 가는 것을 결사반대해 양기율에 남았다. 그러나 훗날 그녀는 그때 같이 갔다면 남편을 구할 수 있었다고 생각하며 이 결정에 대해 매우 후회했다고 한다.[3]

박의완은 1945~1946년 북한에 첫 파견되었는데, 철도학교 졸업생인 그는 북조선 임시인민위원회 철도국 부국장이 되었다. 소련군정은 그를 높이 평가했고 '조선 철도 전문가들에 큰 도움을 주고 있다'라는 평가를 받았다.[4] 1947년

2　Ibid.

3　Ibid.

4　*Юк-ко: русская средняя школа в Пхеньяне*, 2-е изд, Алматы: Dominant-ptint, 2019,

그는 고향에 돌아와서 아들 유리를 데리고 북한으로 다시 갔다. 같은 해 그는 새로운 배우자와 결혼했는데, 평양 제6학교의 교장인 이반 첸(Иван Чен)의 아내 울리야나 곽(Ульяна Квак)이 이반 첸과 이혼하고 박의완과 결혼했다. 박의완과 울리야나 곽은 딸 세 명을 낳았다. 1947년생 엘라(Элла), 1950년생 예브게니아(Евгения), 그리고 1953년생 베라(Вера)였다. 엘라는 나중에 폴란드, 베라가 콜롬비아로 이민했고 예브게니아는 소련 알마아타에 거주했다.[5]

1948년 북한 내각 수립과 함께 박의완은 철도성 부상, 6·25전쟁 당시에는 철도상(相)까지 진급했다. 1953년 내각 부수상으로 진급하면서 북한 최고 엘리트 중 한 명이 되었다. 1954~1955년 그는 부수상으로 근무하면서 경공업상으로 일했다. 당시 박의완은 다른 소련이나 중국 출신자들과 마찬가지로 경공업 발전을 지지했으나, 김일성은 중공업 우선 원칙을 버릴 생각이 없었다.[6]

또한 빈곤한 북한의 모습을 본 박의완은 북한 관료들이 화려한 생활을 하는 것을 못마땅해 했다. 1955년 그는 북한 대표단과 함께 소련을 방문했다. 소련에서 많은 선물을 받았지만 귀국하자 크리스탈 꽃병 하나 외에는 전부 김일성에게 전달했다. 유리 박은 이같이 증언했다.

아버지께서 집을 비우셨을 때 공장에서 우리 집을 위하여 가구 한 벌을 만들었습니다. 우리 가족은 그 당시 사실상 빈 집에서 살았고, 가구는 거의 없었습니다. 대부분의 이웃집은 상감세공까지 있는 화려한 가구가 있었지만 우리는 거의 가구 없이 살았습니다. 그래서 아버지가 안 계실 때 침대, 책상 두 개 등 상감세공이 있는 가구를 만들었죠. 아버지께서 돌아와서 이것들을 보자마자 즉시 비서를 호

стр. 43, https://library-koresaram.com/f/yukko2_01_okt_2019_1_freeze.pdf

5 안드레이 란코프가 박의완의 아들인 유리 박과 한 인터뷰, 2001년 1월 25일.

6 И. Н. Селиванов, *Пак Ы Ван: краткий биографический очерк*, https://koryo-saram.ru/i-n-selivanov-pak-y-van-kratkij-biograficheskij-ocherk/

출했고, 가구를 밖으로 내보내라고 명령하셨습니다. 아버지 본인은 공장에 가서 책망을 하였습니다. 지배인에게 경고까지 하신 것 같습니다. 계모는 아버지에게 자주 '남들은 다 있는데 우리만 아무것도 없다'라고 괴롭혔어요. 그래서 아버지는 한 번 계모를 데리고 창문으로 가서 보여주었습니다. 우리는 그 당시 2층의 집에 살았고, 대부분의 평양 주민들은 초가집에서 살았습니다. '보라! 그리고 비교해보라! 다 갖추고 사는 사람이 누가 있나? 사람들이 어떻게 살고 있는지 똑똑히 보라!'[7]

박의완과 8월 종파사건

이 책에서 여러 차례 언급했듯이 1956년 8월 김일성 반대파들이 당 중앙위 전원회의에서 그를 비난하다가 숙청되었다. 시료를 보면 전원회의 약 2달 전에 박의완이 큰 실수를 한 것을 확인할 수 있다. 반대파의 희망은 곧 흐루쇼프의 소련이었다. 그러나 소련 국민이었던 박의완은 1956년 6월 12일 소련 국적을 포기했다.[8] 그는 왜 이런 비합리적인 결정을 했을까? 첫째, 당시 김일성 정권은 간부들에게 외국 국적을 버리라고 압박했다. 둘째, 박의완 자신은 다가오는 위협을 느끼지 못할 수도 있었다. 이상주의자였던 그는 김일성이 얼마나 무자비한 사람이었는지 알지 못할 수도 있었다.

1956년 8월 30일 기준으로 보면 박의완은 당시 당 중앙위 상무위원회 후보위원이었다. 그래서 그는 전원회의에 참석했다.

---

7 안드레이 란코프가 박의완의 아들인 유리 박과 한 인터뷰, 2001년 1월 25일.

8 *Указ Президиума Верховного Совета СССР о выходе из гражданства СССР Ким Сын Хва, Нам М. и других лиц, проживающих в Корейской Народно-Демократической Республике*, 12 июня 1956 г. ГАРФ, ф. Р-7523, оп. 88, д. 2960 (ЛГ-207СС), л. 15-16.

회의에서 박의완은 적극적인 발언을 할 기회가 없었다. 반대파의 대표자 윤공흠이 발언을 하다가 충성파가 소리를 지르면서 이를 막았다. 박의완은 반대파의 리더 최창익과 함께 윤공흠 지지를 기대했지만, 참가자 다수는 김일성을 지지해 그들은 실패했다.[9]

그제서야 박의완은 소련 국적을 버린 것이 실수였다고 느꼈다. 9월 6일 그는 소련대사에게 전원회의에 대한 이야기를 하면서 다시 소련 국민이 되고 소련공산당에 재가입하고 싶다고 고백했다.[10]

그러나 그때도 박의완은 북한을 떠날 생각이 없었던 것 같다. 동정심이 많고 소박한 사람인 그는 그렇게 하는 것이 정직하지 않다고 봤다. 그는 인민 앞에 책임이 있고 고향을 떠나버리면 안 된다고 생각한 이상주의자였던 것 같다. 당시 전 조선중앙은행 총재 김찬이 소련으로 떠났을 때 박의완은 그의 귀국 결정이 정직하지 않다고 말했다. 김찬은 '선생님께서는 앞으로 닥칠 일을 곧 보게 되시겠죠'라고 한 후에 북한을 떠났다.[11]

이후 박의완은 또 하나의 실수를 했다. 8월 종파사건 직후 북한에 중소 공동 대표단(소련의 미코얀 부수상과 중국의 펑더화이 국방부장 등)이 방문했고 최창익을 비롯한 김일성 반대파 해임을 취소하도록 강요했는데, 이때 박의완은 중국과 소련을 열렬히 지지한 것이다. 그는 "형제적 당(소련·중국 공산당)의 조언은 매우 중요하며 이들이 우리에게 도움을 주는 것 자체도 옳은 일입니다. 김일성 동지도 이 조언들이 본질적으로 옳다고 했고, 이를 형제적 당들의 조언으로서뿐만 아니라 그 자체로도 완전히 옳은 조언이기 때문에 이행해야 합니다"라며

9 *Письмо члена ЦК Трудовой партии Кореи Со Хуэя и трёх других товарищей в ЦК КПК*, ГАРФ, ф. Р-5546, оп. 98, д. 721, лл. 170-190.

10 *Дневник посла СССР в КНДР В. И. Иванова.* 6 сентября 1956 года, РГАНИ, ф. 5, оп. 28, д. 410, л. 332.

11 안드레이 란코프가 김찬과 한 인터뷰, 1991년 1월 15일.

"실수를 한 당원을 적들과 똑똑히 구분해야 합니다"라고 덧붙였다.[12]

박의완은 수령의 적들을 지지했다. 그래서 미코얀과 펑더화이가 북한을 떠난 순간 박의완은 수령의 적이 되었다. 그에게 남은 길은 두 가지뿐이었다. 소련으로 돌아가거나 죽는 것이었다. 소련 귀국을 위해서는 소련대사관의 도움이 필요했고, 박의완은 1956년 11월 22일, 대사관을 찾아 소련으로 귀국하고 싶다고 말했다.[13] 그러나 이바노프 소련대사는 곧 떠날 예정이었고, 그의 후임자 푸자노프는 극히 무능한 사람이어서 박의완에게 도움을 주지 못했다. 이제 박의완에게는 미래가 없었다. 그는 김일성의 적이었고, 북한의 최고 권력자인 김일성은 자신의 적들에 대한 숙청을 준비했다.

개혁가의 멸망

김일성과 싸울 수 있는 사람은 서휘와 같은 용감한 투쟁자나 박창옥처럼 수령 자신과 성격이 비슷한 자였다. 박의완은 그런 사람이 아니었다. 조선로동당 지도부를 보면 그는 매우 예외적인 사람이었다. 박의완은 여리고 자비로운 인간이었고, 어느 정도 이상주의자라고 부를 수 있었다. 그는 솔직하게 북한으로 인민을 위해 복무하러 갔고 절대 모략, 폭력, 거짓이 가득한 조선민주주의인민공화국 엘리트 세계를 위해 준비되어 있지 않았다. 그래서 그는 김일성의 박해를 받자 굴복했다.

1956년 12월 5~6일 진행한 중앙위 전원회의에서 박의완은 심한 박해를 받았다. 더 이상 소련의 보호를 받지 못한 그는 자신을 어떻게 지킬 수 있을지 몰

---

12 И. Н. Селиванов, *Пак Ы Ван: краткий биографический очерк*, https://koryo-saram.ru/i-n-selivanov-pak-y-van-kratkij-biograficheskij-ocherk/

13 Ibid.

랐다.

소련 자료에서 이 사건에 대해 다음과 같은 기록을 찾을 수 있다.

… 작년 [1956년] 8월 소련에 휴가로 나가 반당 집단과 만난 적이 없었다고 주
장한 박의완의 발언도 부정적인 반응을 받았다. 박의완은 '나는 고려인을 박해했
던 종파주의자를 증오했고 증오하고 있습니다. 그리고 그들이 전원회의에서 벌
을 받도록 요구합니다'라고 말했다. 회의실에 있는 당 중앙위 선전선동부 부부장
김도만은 '모스크바에서 리상조와 도대체 무슨 얘기를 했는지 얘기해 봐라. 우리
는 너희는 모스크바 호텔에서 만났고 3시간 동안 얘기한 사실을 알고 있다'라고
항변했다. 회의실에서 소동이 일어났다. '박의완은 왜 고백하지 않느냐?' 최용건
은 '이 개 같은 놈아!'라고 외쳤다. 김일성은 평온하게 앉아 있었다.

박의완은 계속해서 '나는 18년 동안 조선민주주의인민공화국에서 정직하게 근
무해왔습니다. 나는 예전이나 지금도 김일성 동지께 충실하여야 한다고 말합니
다. 김승화도 그랬습니다. 그러나 우리는 김일성 동지 옆에 있는 일부 사람을 반
대하였습니다. 나는 이 의심하고 불신하는 분위기에서 근무하기가 참 어렵습니
다. 나의 잘못은 하나뿐입니다. 고려인들을 박해한 자에 대한 조치를 제대로 이
행하지 못한 한상두 동지와 박금철 동지를 비판한 것은 잘못했습니다. 고봉기 동
지의 발언으로 이 박해가 실제로는 종파주의자들이 그들의 범죄적 목적에 따라
했다는 것을 알게 되었습니다'.

김창만은 박의완을 방해하였다. '왜 마코얀과 팽덕회(彭德懷)가[14] 여기 있었을
때 너는 왜 이렇게 함부로 지껄였나? 팽덕회는 나에게 이 사람은 누구냐고 했는
데 나는 '바로 박 이반이죠'라고 답했다. 이반! 이반!' 김창만은 전체 회의실에 들
을 수 있도록 큰 소리로 외쳤다.

---

14 북한에서 중국인 이름을 주로 한자의 한국어 발음에 따라 부르기 때문에 펑더화이를
   '팽덕회'라고 호칭했다.

박의완은 이런 분위기에서 자신의 발언을 계속할 수 없고 나중에 중앙위원회 상무위원회에 발언할 것이라고 했다.[15]

1958년 3월 조선로동당 제1대표자회의가 개막했다. 이 회의의 목적은 김일성 반대파를 출당시키는 것이었고, 대표자회의는 정치적인 쇼에 불과했다. 최창익, 김두봉 그리고 박창옥 다음으로 '반당·반혁명분자' 목록에서 박의완의 이름이 나왔다. 죽음을 눈앞에 둔 사람의 심리를 생각해보면 박의완이 목숨을 지키기 위해 자신의 '실수'를 인정한 것은 놀라운 일이 아니었다. 그러나 그것으로 자신을 구할 수는 없었다. 박정애는 "박의완을 당 중앙위원회 위원과 상무위원회 후보위원으로부터 제명하고 출당시키는 동시에 내각 부수상 직책으로부터 철직시킬 것을 최고인민회의 상임위원회에 제의"했고, 이 제안은 만장일치로 통과되었다.[16]

박의완 가족의 귀환

박의완이 체포된 후 그의 가족은 주변 사람들로부터 소외감을 느끼게 되었다. 재판 전에도 그들은 '범죄자의 가족'처럼 대우를 받게 되었다. 울리야나 곽은 아무리 노력해도 남편의 운명에 대해 알아볼 수 없었다. 얼마 후 박의완이 수감된 감옥에서는 그녀가 준비한 생필품 꾸러미 전달을 거절했다.[17]

---

15 *Из дневника 1-го секретаря Посольства СССР в КНДР Пименова Б.К. Запись беседы с заведующим 1-м отделом МИД КНДР Пак Киль Еном*, 8 декабря 1957 года, АВП РФ, ф. 102, оп. 13, д. 6, п. 72.

16 『조선로동당 제1차 대표자 회의 회의록』, 평양: 조선로동당 중앙위원회, 1958, 492쪽.

17 *Юк-ко: русская средняя школа в Пхеньяне*, 2-е изд, Алматы: Dominant-ptint,

소련대사관은 그녀에게 소련으로 귀환할 것을 권유했다. 가족은 그럴 수밖에 없었다. 특히 평양역에 도착한 순간은 울리야나는 마음이 아팠다. 평양역 건물을 만든 사람은 바로 박의완이었기 때문이다. 그러나 그날 그녀와 딸들은 정문으로 들어가는 것이 거절되어 뒷문으로 갈 수밖에 없었다. 열차가 출발 때까지 그곳에서 견뎠던 커다란 부정(不正)에 대해 계속 생각했다.[18]

모스크바에서 이들을 박의완의 동무인 김승화가 마중했다. 김승화에게 북한으로 귀국하지 말라는 것을 알려준 사람은 바로 박의완이었다. 얼마 후 김승화와 박의완 가족은 카자흐스탄으로 갔고 그곳에서 살게 되었다.[19]

아들 유리 박, 아버지 박의완을 찾아서

박의완의 아들 유리의 운명은 참으로 흥미로웠다. 1947년 10월, 아버지와 함께 북한으로 온 뒤 1950년 6·25전쟁이 발발할 때까지 북한에서 살았다. 전쟁 당시 그는 중국에서 지냈고, 1953년 귀국해 북한 내 소련인 학교에 입학했다. 이 학교는 나중에 '제6학교' 또는 '육고'란[20] 이름으로 알려졌다. 1955년 8월, 그는 모스크바로 유학했는데 북한 유학생들은 토요일마다 모스크바에 위치한 북한 대사관을 방문해 사상교육을 받아야 했다. 특히 김일성의 위인전을

2019, стр. 215-216, https://library-koresaram.com/f/yukko2_01_okt_2019_1_freeze.pdf

18 Ibid.

19 Ibid.

20 2019년에 카자흐스탄에서 이 학교에 공부했던 사람들의 회고록집이 출판되었다. *Юк-ко: русская средняя школа в Пхеньяне*, 2-е изд. Алматы: Dominant-ptint, 2019, https://library-koresaram.com/f/yukko2_01_okt_2019_1_freeze.pdf

들은 학생들은 웃음이 나오는 것을 참을 수 없었다. 그들 중에는 김일성의 실제 인생을 잘 알고 있던 사람도 많았기 때문이다.

1957년 가을부터 유리 박은 다른 북한 사람들이 자신을 피한다고 느끼기 시작했다. 어떤 사람은 그를 찾아 북한 대사관 모임에서 아버지 박의완이 많이 비판 받는다고 말해주었다. 시간이 흐르면서 박의완에 대한 비난도 더 자주 나오게 되었다. '그는 동무의 아내를 빼앗았다' 또는 '그는 결혼을 여러 번 했다'라는 등의 고발도 나왔다. 이를 들은 유리 박은 '그리고 김일성도 같은 짓을 했지! 그는 3번이나 결혼했잖아!'라고 외쳤다. 바로 김일성의 부인인 한성희, 김정숙, 김성애에 대한 언급이었다. 대사관 직원들은 유리 박을 미처 잡지 못했고 그는 대사관을 탈출했다. 현장에 그의 모자가 남겨졌는데, 유리 박은 대사관에 연락해 모자를 돌려달라고 요구했다. 놀랍게도 대사관 측은 이를 그에게 돌려주었다.

얼마 있다가 북한 대사관 직원 두 명이 유리 박을 찾았다. 그들은 유리 박에게 부친 박의완이 간첩과 인민의 원수(怨讎)이며 부친과 의절한다는 문서에 서명하라고 했다. 극히 분노한 유리 박은 칼을 들고 직원들을 공격했으며 직원들은 무서워 도망쳤다. 유리 박은 그들이 준 문서를 파기해버렸지만 나중에 후회했다. 그 시대를 증언하는 상징적인 문서였다. 그러던 1959년 유리 박은 학부장으로부터 호출을 받았는데, 학부장은 그에게 참으로 이상한 명령을 받았다고 했다. 유리 박이 조선민주주의인민공화국으로 귀국할 예정이니 퇴학시키라는 것이었다. 유리 박은 결코 북한으로 갈 생각이 없었지만 명령대로 퇴학당했다.[21]

학교 당국은 그를 기숙사에서도 퇴실시키려고 했지만 같이 살았던 폴란드와 체코슬로바키아 학생들이 당위원회에 요청해 유리 박을 지켰다. 유리 박은 철도역에서 짐꾼으로 일하면서 소련 최고소비에트 상임위원회 위원장 보로실

---

21 안드레이 란코프가 박의완의 아들인 유리 박과 한 인터뷰, 2001년 1월 25일.

로프와 만나려 노력했다. 보로실로프는 그에게 소련 국적을 줄 수 있는 사람이었다. 유리 박은 운이 좋았다. 보로실로프는 그를 만나주었고 10분 뒤 중고등전문교육부에 보냈다. 유리 박은 국적 취득에 필요한 서류를 받았고 최고소비에트의 암호 명령과 함께 경찰서를 찾았다. 10분 만에 그는 소련 국적을 받았고 신분증도 취득했다. 유리 박은 구출되었다. 1년 뒤 그는 학교를 졸업하고 설계 수업을 담당하게 되었다.

1960년경 당시 주북한 소련대사 푸자노프는 그를 찾아 아버지의 편지를 전달했다. 박의완은 아들에게 자신이 무죄이며 북한 당국의 주장을 믿지 말라고 부탁했다. 푸자노프는 박의완이 감옥에서 고문을 받아 갈비뼈 4개가 부러졌다고 말했다.

수십 년 후 유리 박은 다시 북한에 가게 되었고, 북한 측은 아버지의 묘지를 보여주었다. 그는 이 사건에 대해 이렇게 이야기했다.

1992년 우리가 북한에 방문했을 때 그들은 아버지의 묘지를 우리에게 보여주었습니다. 돌아가신 날짜는 1960년 3월 25일이었습니다. 저는 이 묘지를 파볼 것을 요구했죠. 묘주(墓主)의 시신이 없으면 사망자의 이름을 적어 관 안에 넣는 풍습이 있잖아요. 북한 안내원들이 다음번에 삽을 가져와 파낼 것이라고 했지만, 다음에 와보니 이미 묘비(墓碑)가 설치되어 파낼 수 없었습니다. 묘지에는 나무가 있는데, 나무의 나이를 보면 이 묘지는 진짜 1960년대의 묘지로 보였습니다. 안에 아버지의 시신이 있는지는 모릅니다. 그들은 저에게 아버지께서 가구 공장 지배인으로 임명되었지만 심장마비로 돌아가셨으며 이 묘지에 묻히셨다고 했습니다. 이 주장을 믿어야 할지는 알 수 없습니다. 누군가가 수감된 아버지를 1964년에 보았고 짧은 이야기까지 나눌 수 있었다고도 했지요.[22]

---

22 Ibid.

유리 박의 이야기는 사료로도 입증이 된다. 1960년 2월 12일 당시 내무상 방학세는 다른 야권 운동가와 달리 박의완이 사형이 아니라 10년 징역에 처할 예정이었다고 소련 측에 알려주었다.[23] 이 사실을 보면 1964년 박의완이 진짜 살아 있었을 가능성을 배제할 수 없다. 결국 박의완이나 김두봉도 지방으로 추방되어 지방 로동당 열성자들에게 매를 맞아 최후를 맞았다는 주장도 있었지만 이는 사실인지 확인할 수 없다.[24]

박의완의 스토리에 또 하나의 에피소드가 있었다. 박의완의 딸 에브게니야에 따르면 1992년 유리 박이 평양에 초대되었다. 조선로동당 중앙위원회 청사에서 북한 간부들은 유리 박에게 박의완이 1961년에 사망했고 그에 관한 전체 혐의는 취하되었다고 했다. 다만, 이에 관해 그 어떤 입증자료도 보여주지 않았다. 이 사건의 배경의 무엇일지 박의완이 이 세상에서 언제 떠났는지 아마도 북한 정권이 계속되는 한 알 수 없을 것이다.[25]

온건파의 비극

1956년 8월 종파사건은 북한 역사의 중요한 전환점이 되었다. 그러나 이 사건을 절대 선과 악의 싸움으로 볼 수는 없었다. 김일성 반대파의 리더는 최창익이었다. 연안파 출신이었던 그는 마오쩌둥을 지지했고 그가 승리했을 경우, 북한식 마오주의를 도입했을 가능성이 높아 보인다. 최창익 외에도 당시 당 지

23 В. Пелишенко, *Запись беседы с министром внутренних дел КНДР тов. Пан Хак Се*, 12 февраля 1960 года, АВП РФ, ф. 0541, оп. 15, д. 9, п. 85.

24 장학봉 외, 『북조선을 만든 고려인 이야기』, 90, 608쪽.

25 *Юк-ко: русская средняя школа в Пхеньяне*, 2-е изд. Алматы: Dominant-ptint, 2019, стр. 46, https://library-koresaram.com/f/yukko2_01_okt_2019_1_freeze.pdf

도부에 보면 상당히 무서운 사람들이 적지 않았다. 당 제3차대회에서 선출된 당 중앙위 상위 10명은 김일성, 김두봉, 최용건, 박정애, 김일, 박금철, 박창옥, 최창익, 박의완, 정일룡 등이었다.[26] 이들 중에서 북한 주민의 더 좋은 미래를 위해 노력하고 준비해 온 사람은 박의완밖에 보이지 않는다.

그러나 박의완은 거의 유일하게 다른 길을 대표한 사람이었다. 바로 온건과 완화의 길이었다. 카다르 야노쉬(Kádár János), 흐루쇼프, 티토 등 일부 공산권 지도자들을 보면 '인간의 얼굴을 한 사회주의'는 불가능한 것이 아니었다. 그러나 1950년대 박의완이 권력을 잡을 수 있었던 유일한 방법은 소련의 직접적인 개입이었다. 즉, 김일성을 강제 해임할 뿐만 아니라 직접 박의완을 그의 후계자로 임명하는 것만이 북한에 희망이 될 수 있었다. 1956년 김일성은 이미 온건파 정치인들을 숙청했고, 박의완은 마지막 남은 자 중 하나였다. 결국 온건파의 몰락과 함께 소련의 통제로부터 벗어난 김일성은 북한을 새로운 무시무시한 시대로 이끌어갔다.

---

26 "조선로동당 제3차대회에서 선출된 당 중앙위원회 위원과 후보 위원들", ≪로동신문≫, 1956년 4월 30일 자, 1면.

결론

소련과 북한의 관계를 부자(父子) 관계와 비교할 수 있다. 1922년 탄생한 소련은 1948년 북한을 낳았고 1991년 이 세상에서 떠났다. 그러나 이 소련의 자식인 북한은 언제 사라질지 누구도 알 수 없다.

북한이 탄생했을 때 소련 지도자는 스탈린이었다. 그래서 북한은 당연히 스탈린주의 국가로 탄생되었다. 그러나 1953년 3월 5일 스탈린이 사망한 후 소련 상황은 완전히 달라졌다. 권력을 잡았던 말렌코프, 흐루쇼프, 베리야의 삼두체제 지도자 중 개혁가 비율은 100%였다. 말렌코프는 집단농장을 해체하고 경공업 중심으로 하는 경제개혁을 하자고 했고, 흐루쇼프는 '모두를 말살하는 수령은 무슨 수령인가?'라며 정치 개혁을 제안했으며, 베리야는 오스트리아뿐만 아니라 동서 독일을 중립국가로 통일시키자고 했다. 스탈린의 통치 노선을 계승하자고 한 사람은 없었다.

그러나 북한은 이 새로운 '개혁 시대 소련'의 영향을 받지 못했다. 동유럽과 달리 북한에서 스탈린주의 정권은 유지되었고 1967년경 더 탄압적인 유일사상체계로 진화해왔다. 김일성의 나라가 된 북한에서 이제 '위대한 소련', '조선인민을 해방한 소련 군대', '탁월하신 수령이신 스탈린 대원수님'에 대한 언급은 사라졌다. 북한이 소련의 자식이었다면 이 자식은 효성이 매우 부족하다고 할 수 있다.

북한 역사에 소련파의 영향을 어떻게 평가할 수 있을까? 이 책을 여기까지 읽은 독자들은 소련파가 사상적으로 일색이 아니라는 것을 잘 안다. 소련파 안에 여러 분파가 있었다. 이 책에 등장한 인물들 중에는 허가이, 박창옥과 같은 스탈린주의자도 있었고, 박의완, 유성철, 인노켄티 김 등 개혁 분파도 있으며 박정애, 방학세, 남일 등 김일성주의자도 있었다. 또한, 북한의 정치 흑막 문일, 연안파 출신이지만 소련에 망명한 리상조, 김일성의 탄압을 직접 느껴 그의 본질을 알게 된 강상호 그리고 아마도 일찍부터 북한의 미래를 예측한 미하일 강은 어떤 분파에도 속하지 않았다.

스탈린 사망 직후 북한의 희망이 된 세력은 소련파의 개혁 분파였다. 물론 필자는 개혁가들이 소련파에만 있었다고 주장하지 않는다. 당시 박헌영의 국내파는 이미 붕괴 중이었기 때문에 국내파 간부들 중 개혁 노선을 지지할 사람이 있었는지 알 수 없다. 그러나 연안파에 윤공흠, 리필규를 비롯한 개혁가들이 있었다. 김두봉도 친개혁 간부로 평가할 근거가 없지 않다. 그리고 용감한 서휘의 사상과 활동을 보면 그를 개혁가가 아니라 자유주의자로 평가해야 할 것 같다. 당시 소련파와 연안파는 전략적인 차이가 있었다. 소련 지도자가 된 흐루쇼프는 중국의 지도자 마오쩌둥과 달리 개혁주의자였다. 그래서 소련파 개혁가들은 대국(大國)의 지지를 받을 희망이 있었다. 그들의 실패는 곧 김일성 시대 문을 열었고 북한 인민에게 비극의 시발점이 되었다.

결국 소련파 인물들 중 외국으로 탈출하지 못한 자들 가운데 살아남은 자들은 김일성주의자뿐이었다. 박정애, 방학세 그리고 남일 외에 여기 언급해야 할 인물은 김봉률이다. 그는 원래 소련 집단농장 위원장이었고 횡령으로 고발을 받아 수용소에 투옥되었다가 소련 극동전선 사령관 아파나센코 대장이 실시했던 사면 덕분에 석방되었다.[1] 김일성이 복무했던 제88여단에서 트랙터 운전사

---

1   안드레이 란코프가 강상호와 한 인터뷰, 1990년 3월 7일; Пётр Григоренко,

로 알려져 있던[2] 그는 1995년 조선인민군 차수로 사망했다.[3]

김봉률은 소련파의 마지막 생존자였다. 그의 사망과 함께 소련파의 역사는 종결되었다. 김일성의 빨치산들과 달리 그의 후손들은 높은 간부가 되지 않았다. 외국인들을 위한 안내원이 된 방학세의 손녀 방유경의 운명이 대표적이라고 할 수 있다. 안내원의 자리는 나쁘지 않지만 정치국 위원과 같은 엘리트 성원과 비교할 수 없다. 1995년 이후 북한 지도층에서 소련파는 아예 사라져버렸다.

이 책을 마무리하면서 독자들에게 하고 싶은 말이 있다. 북한은 외국, 즉 소련이 세운 나라다. 북한 체제는 훗날 김일성이 형성했지만 원본은 소련이 도입시켰다. 1950년대 북한은 이 길에서 벗어날 기회를 얻었고 그 기회도 소련에서 나왔다. 그러나 지도부 야권 실패로 북한은 이 기회를 이용하지 못했다.

그리고 앞으로 북한이 1인체제에서 벗어날 기회가 다시 생긴다면 그 기회는 러시아나 다른 구소련의 공화국이었던 나라에서 나오지 않을 것이다. 중국에서 나올지 내부에서 나올지 알 수 없다. 미래는 알 수 없지만 북한을 변화시킬 수 있는 사람은 북한 주민 그리고 변화를 원하는 북한 엘리트 일부다. 1950년대 개혁가들이 일으키지 못했던 변화를 일으킬 수 있는 사람들은 그들뿐이다.

Дальневосточный фронт 1941-43 гг. // *В подполье можно встретить только крыс*, http://militera.lib.ru/memo/russian/grigorenko/20.html

2 안드레이 란코프가 게오르기 플롯니코프와 한 인터뷰, 1990년 2월 1일.

3 "김봉률동지의 서거에 대한 부고", ≪조선인민군≫, 1995년 7월 20일 자, 4면.

참고문헌

• 한국어 문헌

가브릴 코로트코프. 『스탈린과 김일성』. 제1권. 어건주 옮김. 서울: 東亞日報社. 1992.

강상호. "공화국 내무원의 영예로운 칭호". ≪로동신문≫. 1957년 8월 2일 자. 3면.

강상호. 『피와 땀으로 쌓은 탑. 목격자의 증언』. (필자가 입수한 자료)

강상호. 『회상기: 목격자가 말한다』. (필자가 입수한 자료)

강상호. 『회상기: 목격자의 증언. 백오층여관의 그늘』. (필자가 입수한 자료)

강상호. "내가 치른 북한 수청(1)". ≪중앙일보≫, 1993년 1월 11일 자. https://www.joongang.co.kr/article/2777343#home

강상호. "내가 치른 북한 수청(35)". ≪중앙일보≫, 1993년 10월 12일 자. https://www.joongang.co.kr/article/2837419#home

"강상호동지의 서거에 대한 부고". ≪로동신문≫. 1969년 7월 23일 자. 2면.

"강상호新任". ≪朝鮮日報≫. 1958년 1월 29일 자. 1면.

강응천. 「조선민주주의인민공화국 국호의 기원과 제정과정 연구」. 석사학위논문. 북한대학원대학교. 2018.

「개인숭배사상」. 『대중 정치 용어 사전』. 평양: 조선로동당 출판사. 1957. 47쪽.

「고 남일 도지의 장의식을 엄숙히 진행하였다」. ≪조선인민군≫. 1976년 3월 10일 자. 2면.

"고르바쵸브 대통령직에서 사임. 11개 공화국 수반들 독립국가 협동제 형성을 선포". ≪로동신문≫. 1991년 12월 27일 자. 6면.

「고봉기(高峰起)」. 한국 역대 인물 종합정보 시스템. 한국학 중앙 연구원. http://people.aks.ac.kr/front/dirSer/ppl/pplView.aks?pplId=PPL_7HIL_A1916_1_0024217&curSetPos=0&curSPos=0&category=dirSer&isEQ=true&kristalSearchArea=P

고봉기. 『김일성의 비서실장: 고봉기의 유서』. 서울: 천마. 1989.

고재홍. 「북한 인민군 정치기관 특성연구 (1945~1950)」. 『2002 신진연구자 북한 및 통일관련 논문집 (제1권)』. 서울: 통일부. 2002. http://unibook.unikorea.go.kr/libeka/elec/WebBook_data4/00063225.pdf

공보부. 『현대사와 공산주의』. 제1권. 서울: 공보부. 1968.

國民防諜研究所. 「김정일 탄생 33주년축하문」. 『北韓用語大百科』. 서울: 國民防諜研究所.

1976. 311쪽.

國史編纂委員會. 「朝鮮民主主義人民共和國憲法草案」. 『北韓關係史料集 第8卷』. 과천: 국사편찬위원회. 1989. 242~254쪽.

"金正一의 正體". ≪경향신문≫. 1977년 2월 24일. 3면.

기광서. "1940년대 전반 소련군 88독립보병여단 내 김일성 그룹 동향". ≪역사와 현실≫. 1998년 28권(6호). 254~291쪽.

"記者越南事件으로 肅淸". ≪朝鮮日報≫. 1959년 4월 30일. 1면.

김경윤. "김정은, '항일빨치산 1세대' 리영숙에 105세 생일상". 연합뉴스. 2021년 3월 18일. https://www.yna.co.kr/view/AKR20210318185400504

「김광진」. 『조선대백과사전』. 제4권. 평양: 백과사전출판사. 1996. 148~149쪽.

김광현. "외채의 늪에 빠진 북한 경제". ≪통일한국≫. 46호. 1987년 10월. 12~13쪽.

김국후. 『평양의 소련 군정』. 파주: 한울. 2008.

김국후. 『평양의 카레이스키 엘리트들』. 파주: 한울. 2013.

김귀근. "北 거물급 '교통사고死' 한두 번 아니다…김용순이 대표적". 연합뉴스. 2015년 12월 30일. https://www.yna.co.kr/view/AKR20151230035400014

"김봉률동지의 서거에 대한 부고". ≪조선인민군≫. 1995년 7월 20일 자. 4면.

「김봉률」. 『조선대백과사전』. 제4권. 평양: 백과사전출판사. 1996. 168쪽.

김상선·리성히. 『주민등록사업참고서』. 평양: 사회안전부 출판사. 1993.

『김일성동지 회고록 세기와 더불어 (계승본)』. 제8권. 평양: 조선로동당 출판사. 1998.

"金日成 將軍에게 보내는 멧세이지". ≪正路≫. 1945년 12월 14일 자. 2면.

『김일성 장군의 략전』. 평양: 조선로동당 중앙위원회 선전 선동부. 1952.

김일성. 「국장과 국기 도안을 잘 만들데 대하여」. 『김일성 전집』. 제7권. 평양: 조선로동당 출판사. 1993. 91~95쪽.

김일성. 「당사업을 개선하며 당 대표자회 결정을 관철할데 대하여」. 1967년 3월 17~24일. 『김일성 저작집』. 제21권. 평양: 조선로동당 출판사. 1983. 135~258쪽.

김일성. 「사상사업에서 교조주의와 형식주의를 퇴치하고 주체를 확립할 데 대하여」. 『김일성 선집 제4권』. 평양: 조선로동당 출판사. 1960. 325~354쪽.

『김일성을 말한다 [비디오 녹화 자료]: 유성철 전 인민군 작전국장의 증언』. 서울: KBS영상사업단. 1991.

"김일성중심 권력구조 반발세력 철퇴, 수령체제 뿌리내려." ≪NK조선≫. 2002년 1월 8일. http://nk.chosun.com/bbs/list.html?table=bbs_19&idxno=2131&page=3&total=134&sc_ar

ea=&sc_word=

"김정은 등장 실세 7인방 우동측 자살". ≪World Today≫. 2013년 12월 7일. http://www.iworldtoday.com/news/articleView.html?idxno=13073

김주원. "본명 김정일인 김정기 박사의 개명". ≪자유아시아방송≫. 2016년 7월 19일. https://www.rfa.org/korean/weekly_program/ae40c528c77cac00c758-c228aca8c9c4-c9c4c2e4/hiddentruth-07192016100504.html

김중생. 『조선의용군의 밀입북과 6.25전쟁』. 서울: 명지출판사. 2000.

김진계. 『조국: 어느 '북조선인민'의 수기』. 제2권. 서울: 현장문학사. 1990.

김찬정. "빨치산만가: 김일성과 88독립여단". ≪新東亞≫. № 7. 1992. 360~387쪽.

"김태근동지 서거에 대한 부고". ≪로동신문≫. 1969년 3월 27일 자. 2면.

김학준. 『북한 50년사: 우리가 떠안아야 할 반 쪽의 우리 역사』. 서울: 동아출판사. 1995.

「남일」. 『조선대백과사전』. 제5권. 평양: 백과사전출판사. 1997. 196쪽.

"남일동지의 략력". ≪로동신문≫. 1976년 3월 8일 자. 2면.

『대중 정치 용어 사전 (증보판)』. 평양: 조선로동당 출판사. 1959.

대한민국 전사편찬위원회. 『증언록. 면담번호 271(황규면, 1977년 4월 30일)』; 박명림. 『한국 1950: 전쟁과 평화』. 서울: 나남. 2002. 144쪽에서 재인용.

"라틴아메리카나라들에서 배척받은 고르바쵸브". ≪로동신문≫. 1992년 12월 16일 자. 6면.

呂政. 『붉게 물든 대동강』. 서울: 동아일보사. 1991.

리권무. 『영광스러운 조선인민군』. 평양: 조선로동당출판사. 1958.

"리상조동지를 쏘베트 사회주의 공화국 련맹 주재 조선민주주의 인민 공화국 특명 전권 대사로 임명한에 관하여". ≪로동신문≫. 1955년 7월 24일 자. 1면.

리상조. 「조선 노동당 중앙위원회 위원장 김일성 동지 앞」. 『북조선을 만든 고려인 이야기』. 파주: 경인문화사. 2006. 269~278쪽.

"李相朝씨 申一澈교수 對談 8月宗派사건「反金세력」제거 造作劇". ≪東亞日報≫. 1989년 9월 18일 자. 5면.

"李相朝씨의 '묵묵'". ≪朝鮮日報≫, 1989년 9월 19일 자. 3면.

「명령. 조국 해방을 위한 총공격전을 개시할 데 대하여」. 『김일성전집』. 제1권. 평양: 조선로동당출판사. 1995. 572~573쪽.

바딤 트카첸코. "전 소련공산당 국제부 부부장이 말하는 북한". ≪월간 말≫. 90호. 62~65쪽.

박기현. "러시아, 中처럼 탈북자 강제북송 안해". ≪시사 포코스≫. 2014년 11월

21일. https://www.sisafocus.co.kr/news/articleView.html?idxno=111058

박상홍. "직업 동맹 사업에서 제기되는 몇 가지 문제". ≪근로자≫. 1957년 7호. 39~
45쪽.

「박정호」. 『조선대백과사전』. 제10권. 평양: 백과사전출판사. 1999. 340쪽.

『박정호간첩사건』. 『한국민족문화대백과사전』. http://encykorea.aks.ac.kr/Contents/Ite
m/E0021133

「박헌영의 비호 하에서 리승엽도당들이 감행한 반당적 반국가적 범죄적 행위와 허
가이의 자살사건에 관하여(전원회의 제6차 회의 결정서 1953년 8월 5~9일)」.
『북한관계사료집』. 제30권. 과천: 국사편찬위원회. 1998. 386~396쪽.

「방학세」. 『조선대백과사전』. 제10권. 평양: 백과사전출판사. 1999. 589~590쪽.

"방학세동지 서거에 대한 부고". ≪로동신문≫. 1992년 7월 19일 자. 4면.

"訪韓한 러시아軍史研 코로트코프박사 6.25 7개월前 蘇 - 中 南侵 합의". ≪동아일보≫.
1992년 6월 27일 자. 5면.

배용진. "김일성 소련 '붉은군대' 이력서 단독입수". ≪주간조선≫. 2019년 4월 1일 자.
http://weekly.chosun.com/client/news/viw.asp?ctcd=C01&nNewsNumb=002551100001

「백두산 밀영을 튼튼히 보위하여야 한다」. 『김일성 전집(증보판)』. 제3권. 평양: 조
선로동당 출판사. 2018. 394~396쪽.

"보위사에 밀리던 김영룡, 의문의 죽음". ≪데일리NK≫. 2005년 10월 25일. https://
www.dailynk.com/보위사에-밀리던-김영룡-의문의-죽음/

"보천보전투 승리 30주년 만세! 영광스러운 혁명의 해불을 높이 들고 조선혁명의 전
국적승리를 앞당기자". ≪로동신문≫, 1967년 6월 4일 자. 1면.

"北 보위부장 이진수 죽음, 아직 안개 속". ≪데일리NK≫. 2005년 10월 21일.
https://www.dailynk.com/北-보위부장-이진수-죽음-아직-안개/

"北 실상 낱낱이 폭로 이동준 전 서울신문 기자 별세". ≪서울신문≫. 2010년 7월 2일.
https://www.seoul.co.kr/news/newsView.php?id=20100702029037

"北 초대보위부장 김병하는 왜 자살했나?". ≪데일리NK≫. 2005년 10월 19일.
https://www.dailynk.com/北-초대보위부장-김병하는-왜-자살했/

북조선국립영화촬영소. <조선인민군은 김일성 장군 인민유격대의 산아이다>. 1948년
3월(영화, 북한에서 제작).

북조선인민위원회선전부. 「조선민주주의인민공화국 임시헌법초안」 조선인민출판사.
1948년 2월 20일; National Archives, Record Group 242, Shipping Advice No 2006,

box 15, item 76.

「北朝鮮人民會議特別會議會議錄」.『北韓關係史料集』. 第8券. 서울: 國史編慕委員會. 1989. 332~333쪽.

"북한-지하교회 성도들의 편지 두 통 공개돼". ≪한국선도연구원≫. 2022년 10월 31 일. https://krim.org/북한-지하교회-성도들의-편지-두-통-공개돼/

『北韓總覽』. 서울: 北韓研究所. 1983.

"북한측군사정전위원회 수석대표들의 경력". ≪新東亞≫. 1998년 2호. 358~359쪽.

"秘話 金日成과 北韓: 前 北韓軍 師團 정치위원 呂政 手記 <1>". ≪東亞日報≫. 1990 년 4월 22일 자. 3면.

"秘話 金日成과 北韓: 前 北韓軍 師團 정치위원 呂政 手記 <18>". ≪東亞日報≫. 1990 년 7월 22일 자. 7면.

"사회주의 진영을 옹호하자". ≪로동신문≫, 1963년 10월 28일 자. 1~3면.

서동익.『인민이 사는 모습』. 제1권. 서울: 자료원. 1995.

성혜랑.『등나무 집』. 서울: 지식나라. 2000.

"소련망명 전 북괴 노동당비서가 폭로한 그 생생한 내막". ≪중앙일보≫, 1982년 4 월 1일 자. https://www.joongang.co.kr/article/1626235#home

손광주.『김정일 리포트』. 서울: 바다출판사. 1996.

"스탈린의 분신은 김일성 아닌 고려인2세 문일". ≪탈북자 동지회≫. 2014년 7월 9 일. http://nkd.or.kr/community/free/view/30949

"승리의 10월을 향하여 신심드높이 앞으로!". ≪로동신문≫, 2020년 9월 14일 자. 2면.

심지연.『최창익 연구』. 서울: 백산서당. 2009.

"쏘련 주재 신임 조선 대사 모쓰크바를 향하여 출발". ≪조선인민군≫. 1955년 7월 30일 자. 1면.

"쏘베트 사회주의 공화국 련맹 주재 조선 민주주의 인민공화국 특명 전권 대사 림해동지를 그 직에서 소환함에 관하여". ≪로동신문≫. 1955년 7월 24일 자. 1면.

「아세아」.『조선중앙년감 1992년』. 평양: 조선중앙통신사. 1992. 336쪽.

「안영」.『조선대백과사전』. 제26권. 평양: 백과사전출판사. 2001. 538쪽.

<어버이장군님 인민군장병들과 함께 계시여>(영화, 북한에서 제작).

오기완. "북한 첩보기관의 전모 제5화(話): 소련통 방학세 제거". ≪통일한국≫. 24 호, 1985년 11월. 110~115쪽.

오주한. "[北韓 정보] 김일성 친인척 대량 자살". (2010.3.5 작성) ≪오주한 전문

기자의 NK NEWS≫. 2014년 3월 17일. https://m.blog.naver.com/PostView.naver?
    isHttpsRedirect=true&blogId=jhisa82&logNo=130187607107

"外廓에서 본 그 裏面 開城停戰會談". ≪東亞日報≫, 1951년 7월 24일 자. 2면.

「우리 조국 수도 서울 해방에 제하여」. 『조선중앙년감 1951~1952』. 평양: 조선중앙
    통신사. 1953. 63쪽.

"우리는 백배로 강해졌다". ≪로동신문≫. 1997년 12월 12일 자. 3면.

『위대한 수령 김일성동지 략전(증보판)』. 평양: 조선로동당출판사. 2012.

『위대한 수령 김일성동지 략전』. 평양: 조선로동당출판사. 2003.

「유럽」. 『조선중앙년감 주체95(2006)년』. 평양: 조선중앙통신사. 2006. 446쪽.

"兪成哲 前 北韓軍중장 별세". ≪중앙일보≫. 1995년 2월 10일 자. https://www.joongang.
    co.kr/article/3013985

유성철. "김일성 주석께 보내는 편지". ≪고려일보≫. 1991년 8월 27일 자. 2면.

李基奉. "추적조사: 두개의 '제88특별여단'". ≪北韓≫. 1993.01(제253호). 98~112쪽.

이동훈. "'6·25 북침설'은 이렇게 만들어졌다…北 작성 자료집 발견". ≪주간조선≫.
    2020년 9월 27일. https://www.chosun.com/national/national_general/2020/09/27/ERJ
    RAE5UFZDZ7JONTBPIFQXH3E/

이동훈. "80년 만에 찾아낸 6·25 전범들의 이력서". ≪주간조선≫. 2020년 1월 13일.
    http://weekly.chosun.com/client/news/viw.asp?ctcd=C01&nNewsNumb=002591100002

이석기 등. 「김정은 시대 북한 경제개혁 연구―'우리식 경제관리방법'을 중심으로」.
    ≪산업연구원≫. 2018년. https://www.kiet.re.kr/kiet_web/index.jsp?subnum=8&state
    =view&tab=list&idx=54694&

이영종. "[단독] 北 실세 황병서 출당, 김원홍은 수용소 끌려갔다." ≪중앙일보≫.
    2017년 12월 12일 자. https://www.joongang.co.kr/article/22195515

이완범. 『38선 획정의 진실, 1944~1945』. 서울: 지식산업사. 2001.

이우영·황규진. 「북한의 생활총화 형성과정 연구」. ≪북한연구학회보≫. 2008. 제12
    권. 제1호. 121~145쪽.

이종민. 「전시하 애국반 조직과 도시의 일상 통제: 경성부를 중심으로」. ≪동방학
    지≫. 2004. 제124권. 839~881쪽.

이종석. 『북한 - 중국 관계 1945~2000』. 서울: 중심. 2000.

이헌익. "이념보다 진한 우정…자식이 되찾았다[진도 김영원 회장-미하일강] 두 집안
    의 우정과 분단44년". ≪중앙일보≫. 1991년 9월 18일 자. 13면. https://news.joins.

com/article/2641915

이휘성. "6·25 발발前 굶주리는 北인민 살렸던 '영웅'". ≪데일리NK≫. 2022년 3월 29
    일. https://www.dailynk.com/북한-어제와-오늘-6·25-발발前-굶주리는-北인민-살렸던/

"인도 침략군이 중국측을 또다시 공격". ≪로동신문≫. 1962년 10월 23일 자. 6면.

"인도 침략군이 중인 국경에서 새로운 도발 행동 감행". ≪로동신문≫. 1962년 11월
    11일 자. 3면.

"인도측은 중국 정부의 협상 제의에 즉시 호응해야 한다". ≪로동신문≫. 1962년
    10월 26일 자. 2면.

「인민 보건사업을 개선 강화할 데 대하여」. РГАНИ. ф. 5. оп. 28. д. 411, лл. 282-285.

「人民軍 黨4期 4次 全員會議時의 金日成 結論 演說 (1969.1.6~1.14)」. 『北傀軍事戰
    略資料集』. 서울: 中央情報部. 1974. 327~341쪽.

임은. 『북한 김일성왕조 비사』. 서울: 한국양서. 1982.

"자주성을 옹호하자". ≪로동신문≫. 1966년 8월 12일 자. 1~3면.

張浚翼. 『北韓 人民軍隊史』. 서울: 서문당. 1991.

장학봉 외. 『북조선을 만든 고려인 이야기』. 파주: 경인문화사. 2006.

장행훈. "북한 人共旗 舊소련서 만들었다". ≪東亞日報≫. 1993년 9월 26일 자. 16면.

"적들의 간첩 모략을 분쇄하라! 내무원으로 가장한 간첩 적발. 인민반장 강석우동
    무". ≪로동신문≫. 1952년 12월 27일 자. 3면.

『전 북한 인민군 부총참모장 이상조. 증언』. 서울: 원일정보. 1989. 90~108쪽.

"정령. 양영순동지를 체코슬로바키야 공화국 주재 조선 민주주의 인민공화국 특명
    전권 대사로 임명함에 관하여". ≪로동신문≫. 1954년 3월 11일 자. 1면.

"停戰監督委員會 一日會合서 信任狀交換". ≪朝鮮日報≫. 1953년 8월 4일. 1면.

'제185조 (적대방송청취, 적지물 수집, 보관, 류포죄)'. 「조선민주주의인민공화국 형
    법」. 2015년.

조국해방경축모임에서 한 연설」. 『김일성 전집(증보판)』. 제3권. 535~537쪽.

「조국해방전쟁」. 『조선대백과사전』. 제17권. 평양: 백과사전출판사. 2000. 501~505쪽.

"조선 군사 정전 위원회 8월 8일 회의(우리측 리상조 중장 적측에 협정 위반 사건
    에 주의 환기)". ≪로동신문≫. 1953년 8월 10일 자. 1면.

"조선 민주주의 인민 공화국 내무 기관 책임 지휘 성원 및 군관들에게 내무 군사 칭
    호를 제정함에 관하여". ≪로동신문≫. 1957년 7월 31일 자. 1면.

『조선 민주주의 인민 공화국 인민군 내무규정』. 평양: 민족보위성 군사 출판부. 1955.

"조선 민주주의 인민 공화국 최고 인민 회의 상임위원회 정령. 조선 민주주의 인민 공화국 내무상 방학세동지를 그 직책에서 해임함에 관하여". ≪로동신문≫. 1960년 11월 12일 자. 1면.

"조선 민주주의 인민 공화국 최고 인민회의 상임 위원회 정령. 조선 민주주의 인민 공화국 외무상에 남일동지를 임명함에 관하여". ≪로동신문≫, 1953년 8월 4일 자. 1면.

"조선 민주주의 인민 공화국 최고 인민회의 상임위원회 정령. 리상조동지를 쏘베트 사회주의 공화국 련맹 주재 조선 민주주의 인민공화국 특명 전권 대사의 직으로부터 소환함에 관하여". ≪로동신문≫. 1956년 11월 26일 자. 1면.

"조선 민주주의 인민 공화국 최고 인민회의 상임위원회 정령. 리신팔동지를 쏘베트 사회주의 공화국 련맹 주재 조선 민주주의 인민 공화국 특명 전권 대사로 임명함에 관하여". ≪로동신문≫. 1956년 11월 26일 자. 1면.

『조선 사람들이여!』. ЦАМО России. ф. 32. оп. 11318. д. 196. л. 253.

『조선력사. 고급중』. 평양: 교육도서출판사. 1955.

"조선로동당 규약". ≪로동신문≫. 1956년 4월 29일 자. 2면.

『조선로동당 규약』. 2021년 1월. (필자가 입수한 자료)

『조선로동당 력사』. 평양: 조선로동당 출판사. 1991.

『조선로동당 제1차 대표자 회의 회의록』. 평양: 조선로동당 중앙위원회. 1958.

"조선로동당 제3차 대회에서 선출된 당 중앙위원회 위원과 후보 위원들". ≪로동신문≫. 1956년 4월 30일 자. 1면.

"조선로동당 제3차 대회에서의 중앙위원회 사업 총결 보고. 조선로동당 중앙위원회 위원장 김일성". ≪로동신문≫. 1956년 4월 24일 자. 1~8면.

"조선로동당 제4차 대회에서 당 중앙위원회 위원 및 후보 위원들을 선거". ≪로동신문≫. 1961년 9월 19일 자. 1면.

"조선로동당 제5차 대회에서". ≪로동신문≫. 1970년 11월 14일 자. 2면.

"조선로동당 중앙위원회 정치국 상무위원이시며 당 중앙위원회 비서이신 김정일동지를 조선인민군 최고사령관으로 추대". ≪조선인민군≫. 1992년 12월 26일 자. 1면.

"조선로동당 중앙위원회에서". ≪로동신문≫. 1956년 9월 5일 자. 1면.

『조선민족의 위대한 령도자』. 도쿄: 조선신보사. 1965.

"조선민주주의 인민 공화국 최고 인민 회의 제2기 제1차 회의에서. 김일성동지를 수반으로 하는 새 내각 조직". ≪로동신문≫. 1957년 9월 21일 자. 1면.

「조선민주주의인민공화국 내각 결정 제77호. 상업성 부상 임명에 관한 결정서. 1950

년 3월 28일」. 『北韓關係史料集』. 第23券. 果川: 國史編慕委員會. 1996. 225쪽.

"조선민주주의인민공화국 림시헌법초안에 관한 건의서". ≪로동신문≫. 1948년 4월 15
일 자. 1면.

"조선민주주의인민공화국 중앙재판소 소장을 선거". ≪로동신문≫. 1972년 12월 29
일 자. 2면.

"조선민주주의인민공화국 중앙통신사의 성명". ≪로동신문≫. 1967년 1월 27일 자. 1면.

"조선민주주의인민공화국 최고인민회의 결정. 조선민주주의인민공화국 사회주의헌법
에 대하여". ≪로동신문≫. 1972년 12월 28일 자. 1면.

"조선민주주의인민공화국 최고인민회의 상임위원회 정령. 조선인민군 상급 지휘성원
의 군사 칭호를 보충함에 관하여". ≪조선인민군≫. 1955년 4월 28일 자. 1면.

"조선민주주의인민공화국 최고인민회의 상임위원회. 정령. 조선민주주의인민공화국
내각 부수상 겸 외무상 남일동지를 조선민주주의인민공화국 외무상 직책에서 해임
함에 대하여". ≪로동신문≫. 1959년 10월 25일 자. 2면.

"조선민주주의인민공화국 헌법". ≪로동신문≫. 1948년 9월 10일 자. 2~3쪽.

"조선민주주의인민공화국과 로씨야련방사이의 친선, 선린 및 협조에 관한 조약 조인".
≪로동신문≫. 2000년 2월 10일 자. 3면.

『조선어 성경』. 서울: 서울유에스에이. 날짜 없음(복각).

"朝鮮人民共和國發表". ≪民衆日報≫. 1945년 9월 24일 자. 1면.

『朝鮮人民軍 內務規定 (運動用)』. 平壤: 朝鮮民主主義人民共和國 民族保衛省.

「조선인민군 상급 지휘성원 및 군관들에게 군사칭호를 제정함에 관하여」. 『조선중앙
년감 1954~55』. 평양: 조선로동당 출판사. 1954. 48쪽.

「조선인민혁명군의 조국 해방을 위한 최후공격작전과 항일무장투쟁의 빛나는 승리」.
『조선로동당 략사』. 평양: 조선로동당. 1979. 184~188쪽.

「조선인민혁명군의 최후공격작전」. 『광명백과사전』. 제1권. 평양: 백과사전출판사. 2007.
494~496쪽.

「조선인민혁명군의 최후공격작전」. 『백과사전』. 제4권. 평양: 과학, 백과사전출판사. 1983.
600~601쪽.

「조선인민혁명군의 최후공격작전」. 『조선대백과사전』. 제19권. 평양: 백과사전출판사.
2000. 135~136쪽.

『조선전사』. 제22권. 평양: 과학, 백과사전종합출판사. 1981. 118~133쪽.

『朝鮮中央年鑑 1949』. 平壤: 朝鮮中央通信社. 1949.

『조선통사』. 평양: 사회과학출판사. 1987. 275~279쪽.

"조철수 외무성 국제기구국장 로씨야의 도네쯔크, 루간스크통합 지지". ≪조선중앙통
신≫. 2022년 10월 4일 자. http://kcna.co.jp/calendar/2022/10/10-04/2022-1004-007.html

주성하. 「외국도서 번역은 북한이 더 낫다?」. 『서울에서 쓰는 평양 이야기』. 서울:
기파랑. 2004. 270~275쪽.

"중국의 북한 접수팀이 움직인다". ≪월간중앙≫. 2005년 2월. https://web.archive.org/
web/20180430114642/http://jmagazine.joins.com/monthly/view/218792?aid=218792

"중국인민의 위대한 수령이시며 조선인민의 가장 친근한 전우이신 모택동동지의 서
거에 즈음하여". ≪로동신문≫. 1976년 9월 10일 자. 1면.

중앙일보 특별취재판. 『秘錄 조선민주주의 인민공화국』. 서울: 中央日報社. 1992.

『證言 金日成을 말한다: 兪成哲, 李相朝가 밝힌 북한정권의 실체』. 서울: 한국일보사. 1991.

"천만군민의 치솟는 분노의 폭발. 만고역적 단호히 처단". ≪로동신문≫. 2013년 12
월 13일 자. 2면.

최동국. 『북조선 평양시 조선민주주의인민공화국 재정성 최창익 좌하』. 1949년 8월
28일. National Archives and Records Administration 1949. RG 242 National Ar-
chives Collection of Foreign Records Seized, Captured Korean Documents, Doc No.
SA 2005.

「최용건」. 『조선대백과사전』. 제21권. 평양: 백과사전출판사. 2001. 465쪽.

"최용건동지의 략력". ≪로동신문≫. 1976년 9월 20일 자. 1면.

"최용건동지의 서거에 대한 부고". ≪로동신문≫. 1976년 9월 20일 자. 1면.

「최창익, 윤공흠, 서휘, 리필규, 박창옥동무들에 대한 규률문제를 개정할데 관하여」. 『北
韓關係史料集』. 第30券. 果川: 國史編纂委員會. 1998. 796쪽.

「최창익, 윤공흠, 서휘, 리필규, 박창옥 등 동무들의 종파적음모행위에 대하여」. 『北
韓關係史料集』. 第30券. 果川: 國史編纂委員會. 1998. 784~879쪽.

"친애하는 지도자 김정일동지께 삼가 드립니다(친애하는 지도자 김정일동지께 중앙
재판소 소장이였던 방학세동지의 부인인 평양의학대학병원 의사 권영희가 삼가 드린
편지)". ≪로동신문≫. 1992년 8월 1일 자. 2면.

"친애하는 지도자 김정일동지께서 중앙재판소 소장이였던 방학세동지의 부인에게
보내신 친필서한". ≪로동신문≫. 1992년 8월 1일 자. 2면.

"친애하는 지도자 김정일동지의 현명한 령도따라 주체위업의 종국적 승리를 향하여
힘차게 앞으로!". ≪조선인민군≫. 1982년 2월 16일 자. 1면.

표도르 째르치즈스키(이휘성). 『김일성 이전의 북한: 1945년 8월 9일 소련군 참전
    부터 10월 14일 평양 연설까지』. 파주: 한울 아카데미. 2018.
"프로레타리아독재와 프로레타리아민주주의를 고수하자". ≪로동신문≫. 1971년 2월
    4일 자. 1면.
『피와 눈물로써 씨여진 우리들의 력사. И слезами и кровью написанная наша история』.
    Library of Congress. https://www.loc.gov/rr/asian/SovietKorean.html
한만길. 『통일시대 북한교육론』. 파주: 교육과학사. 1997.
韓載德. 『金日成을 告發한다』. 서울: 內外文化社, 1962.
한재덕. "북한 22년". ≪중앙일보≫. 1967년 8월 15일 자. https://www.joongang.co.kr/
    article/1130612#home
"해외망명 北韓 고위인사들 「反 金日成전선」 결정". ≪朝鮮日報≫. 1992년 2월 25일 자. 1면.
洪淳官. "前金日成 비서실장충격 고백". ≪新東亞≫. 1994년 10월. 188~207쪽.
"10년 전 '농지 개인책임제' 좌절이 식량난 불러...". ≪NK조선≫. 2001년 3월 7일.
    http://nk.chosun.com/news/articleView.html?idxno=4764
"1960년대 북·소 관계의 실상은? 北 "고려인은 소련 간첩" 가족까지 감시". ≪주간
    조선≫. 2019년 9월 23일. http://nk.chosun.com/news/articleView.html?idxno=175409
"2021 북한 대외무역 동향". 대한무역투자진흥공사. https://dream.kotra.or.kr/kotra-
    news/cms/news/actionKotraBoardDetail.do?pageNo=1&pagePerCnt=10&SITE_NO=3
    &MENU_ID=530&CONTENTS_NO=1&bbsGbn=249&bbsSn=249&pNttSn=195519&re
    cordCountPerPage=10&viewType=pStartDt=&pEndDt=&sSearchVal=&sSearchVal=#
"20세기 마키아벨리의 화신 김일성". ≪월간중앙≫. https://jmagazine.joins.com/art_
    print.php?art_id=295496
"38線兩便에 緩衝地帶". ≪朝鮮日報≫. 1951년 7월 12일 자. 1면.
"6·25때 북한군 작전국장/유성철 "나의 증언":1". ≪한국일보≫. 1990년 11월 1일 자.
    https://www.hankookilbo.com/News/Read/199011010041424744

• 러시아어 문헌

Бабиков, Макар. На восточном берегу. Москва: Советская Россия, 1969.

Барков, Владимир. Экспедиция в звездное пространство. Огонек, 1948 год, № 24 (июнь).
    стр. 4.

Бодягин Дмитрий Иванович // Н.В. Петров. Кто руководил органами госбезопасности.

1941-1954. Справочник. Москва: Мемориал, Звенья, 2010, стр. 206-207.

Вартанов, В. Н., Почтарёв, А. Н. *'Сталинский спецназ': 88-я отдельная стрелковая бригада* // Новый часовой, № 5, 1997, стр. 178-185.

Вашкин Иван Алексеевич // Н.В. Петров. *Кто руководил органами госбезопасности. 1941-1954. Справочник*. Москва: Мемориал, Звенья, 2010, стр. 245.

Весёлов Фёдор Иванович // Н.В. Петров. *Кто руководил органами госбезопасности. 1941-1954. Справочник*. Москва: Мемориал, Звенья, 2010, стр. 250.

Владимиров, П. П. *Особый район Китая. 1942-1945*. Москва: Агентство печати «Новости», 1973.

Во имя дружбы с народом Кореи. Воспоминания и статьи. Москва: Наука, 1965.

Волкогонов, Дмитрий. *Семь вождей*, том 2. Москва: АО Издательство «Новости», 1995.

Восленский, Михаил. *Номенклатура: Господствующий класс Советского Союза*. Москва: издательство «Советская Россия», 1991, стр. 418-434.

Вручение верительных грамот Председателю Президиума Верховного Совета СССР К. Е. Ворошилову Послом Корейской Народно-Демократической Республики Ли Сан Чо, Правда, 4 августа 1955, стр. 1.

ВС 1 Дальневосточного фронта. *Фронтовой приказ № 75 от 09.09.1945*. ЦАМО России, ф. 33, оп. 686196, ед. хр. 6420, запись 29325438.

Гитович, Александр, Бурсов, Борис. *Мы видели Корею*. Ленинград: Издательство ЦК ВЛКСМ «Молодая Гвардия», 1948.

Григоренко, Пётр. Дальневосточный фронт 1941-43 гг. // *В подполье можно встретить только крыс*, http://militera.lib.ru/memo/russian/grigorenko/20.html

Гуков, Ф. *Последний призыв* // Морская газета, 9 июня 2007 г., https://web.archive.org/web/20150623214658/http://gazetam.ru/9-iyunya-2007/posledniy-prizyiv.htm

Декларация Совета Республик Верховного Совета СССР в связи с созданием Содружества Независимых Государств // *Ведомости Верховного Совета СССР*, 1991, № 52, 26 декабря 1991, http://vedomosti.sssr.su/1991/52/#1561

Дело персонального пенсионера СССР Ли Сан Чо. 1975 год. ГАРФ, ф. 10249, оп. 7, д. 8325(52871).

Дневник временного поверенного в делах СССР в КНДР за период с 25 января по 16 февраля 1955 года. Запись за 2 февраля. (필자가 입수한 자료)

Дневник временного поверенного в делах СССР в КНДР Лазарева С. П. с 26 июня по 22 июля 1954 г. Запись за 11 июля. (필자가 입수한 자료)

Дневник временного поверенного в делах СССР в КНДР Лазарева С. П. 16 сентября 1953 года. (필자가 입수한 자료)

Дневник поверенного в делах СССР в КНДР Суздалева С. П. с 1 июня по 2 июля 1953 г. Запись за 30 июня. (필자가 입수한 자료)

Дневник поверенного в делах СССР в КНДР Суздалева С. П. с 1 июня по 2 июля 1953 г. Запись за 2 июля. (필자가 입수한 자료)

Дневник поверенного в делах СССР в КНДР Суздалева С. П. с 3 по 31 июля 1953 года. Запись за 7 июля. (필자가 입수한 자료)

Дневник посла СССР в КНДР А.М. Пузанова за период с 11 по 31 июля 1957 г. Запись за 29 июля. (필자가 입수한 자료)

Дневник посла СССР в КНДР А.М. Пузанова за период с 16 по 30 августа 1957 г. Запись за 19 августа. (필자가 입수한 자료)

Дневник посла СССР в КНДР А.М. Пузанова за период с 6 октября по 4 ноября 1959 г. Запись за 23 октября 1959 года. (필자가 입수한 자료)

Дневник Посла СССР в КНДР А.М. Пузанова за период с 7 сентября по 11 сентября 1958 года. Запись за 9 сентября 1958 года. (필자가 입수한 자료)

Дневник посла СССР в КНДР А.М. Пузанова, 24 сентября 1959 года. (필자가 입수한 자료)

Дневник посла СССР в КНДР В. И. Иванова. 1 сентября 1956 года. РГАНИ, ф. 5, оп. 28, д. 410, л. 320.

Дневник посла СССР в КНДР В. И. Иванова. 29 августа 1956 года, РГАНИ, ф. 5, оп. 28, д. 410, лл. 317-319.

Дневник посла СССР в КНДР В. И. Иванова. 6 августа 1956 года. (필자가 입수한 자료)

Дневник посла СССР в КНДР В. И. Иванова. 6 сентября 1956 года. РГАНИ, ф. 5, оп. 28, д. 410, лл. 327-332.

Дневник посла СССР в КНДР В. П. Московского за 1964 год, том 2. АВП РФ, ф. 0102, оп. 20, п. 101, л. 138.

Дневник посла СССР в КНДР Суздалева С. П. с 1 по 31 января 1954 г. Запись за 5 января. (필자가 입수한 자료)

Дневник посла СССР в КНДР Суздалева С.П. за время с 12 марта по 16 апреля 1955 г.

15 апреля 1955 года. (필자가 입수한 자료)

Дневник посла СССР в КНДР тов. А.М. Пузанова за период с 31 августа по 30 сентября 1957 г. Запись за 4 сентября. АВП РФ, ф. 0102, оп. 13, п. 72, д. 5, лл. 275-300.

Дневник посла СССР в КНДР тов. Иванова В. И. 18 апреля 1956 года. (필자가 입수한 자료)

Дневник посла СССР в КНДР тов. Иванова В. И. 18 мая 1956 года. (필자가 입수한 자료)

Дневник посла СССР в КНДР тов. Иванова В. И. 21 марта 1956 года. (필자가 입수한 자료)

Дневник посла СССР в КНДР тов. Иванова В. И. 25 июля 1955 года. (필자가 입수한 자료)

Дневник посла СССР в КНДР тов. Иванова В. И. 5 июня 1956 года. (필자가 입수한 자료)

Дневник посла СССР в КНДР тов. Иванова В. И. 6 и 7 августа 1956 года. (필자가 입수한 자료)

Дневник посла СССР в КНДР тов. Иванова В. И. 8 июня 1956 года. (필자가 입수한 자료)

Дневник посла СССР в КНДР тов. Иванова В. И. за период с 17 мая по 1 июня 1956 года. Запись за 18 мая 1956 года. (필자가 입수한 자료)

Дневник посла СССР в КНДР тов. Иванова В. И. за период с 8 февраля по 27 марта 1955 года. Запись за 27 марта. (필자가 입수한 자료)

Дневник посла СССР в КНДР тов. Иванова В.И. за период с 20 декабря 1955 года по 19 января 1956 года. Запись за 29 декабря. (필자가 입수한 자료)

Дневник советника посольства СССР в КНДР Шестерикова Н.М. 14 сентября 1956 г. АВП РФ, ф. 102, оп. 12, д. 6, п. 68.

Дневники посла СССР в КНДР А. И. Горчакова за 1966 г. 27 ноября 1966 г. АВП РФ, ф. 0102, оп. 22, п. 107, д. 6, л. 241.

Дневники посла СССР в КНДР В. П. Московского за 1962 г., том 2. 1 ноября 1962 г. АВП РФ, ф. 0102, оп. 18, п. 93, д. 5, л. 137.

Договор о дружбе, добрососедстве и сотрудничестве между Российской Федерацией и Корейской Народно-Демократической Республикой, https://www.facebook.com/RusEmbDPRK/photos/a.1250541055119681/1250541288452991/?type=3&theater

Документы и материалы, изобличающие зачинщиков междоусобной войны в Корее. Пхеньян: Департамент культурной связи с заграницей министерства культуры и пропаганды КНДР, 1951.

Донесение командующего войсками 1-го Дальневосточного фронта главнокомандующему Советскими войсками на Дальнем Востоке с соображениями о послевоенной

дислокации войск на Дальнем Востоке. 24 августа 1945 г. ЦАМО России, ф. 66, оп. 117499, д. 1, лл. 376-378.

Донесения о положении в Северной Корее за 1947. РГАСПИ, ф. 17, оп. 128, д. 392, л. 120.

Журин, Анатолий. Сделан в СССР // *Совершенно секретно,* № 9/268. https://web.archive.org/web/20150628072203/http://www.sovsekretno.ru/articles/id/2889/

Журнал боевых действий 25 армии с 9 по 19 августа 1945 г. Приложение к журналу боевых действий, ЦАМО России, ф. 379, оп. 11019, д. 9, лл. 35-37.

Журнал боевых действий 25 армии с 9 по 19 августа 1945 г., ЦАМО России, ф. 379, оп. 11019, д. 8.

Законы об отмене и восстановлении смертной казни. 1947-1950 г. // *Музей истории российских реформ имени П. А. Столыпина,* http://museumreforms.ru/node/13856

Запись беседы 1-го секретаря Дальневосточного отдела Васюкевича В. А. с советником Гришаевым А.К. 8. II. 1955 года. (필자가 입수한 자료)

Запись беседы 1-го секретаря Посольства СССР в КНДР т. Васюкевича В.А. с секретарём ЦК ТПК Пак Чан Оком. 4 апреля 1953 года.

Запись беседы В. И. Иваненко с Пак Киль Еном. 17 мая 1956 г. (필자가 입수한 자료)

Запись беседы первого секретаря Посольства СССР в КНДР Васюкевич В.А. с секретарем ЦК Трудовой партии Кореи Пак Чан Оком /сов. кореец/ 15 января 1953 года. (필자가 입수한 자료)

Запись беседы председателя Совета Министров СССР с Председателем Кабинета Министров Корейской Народно-Демократической Республики о перспективах советско-корейских межгосударственных отношений. 5 марта 1949 г. АП РФ, ф. 45, оп. 1, д. 346, лл. 13-23, 46.

Заявление советского руководства // *Правда,* 20 августа 1991 года, стр. 1.

Иван Афанасьевич меняет профессию // *Огонёк,* январь 1991 года, стр. 25-27.

Иваненко, В. *Нам Ир. Характеристика.* РГАСПИ, ф. 495, оп. 208, д. 838, лл. 165-166.

Иванов, Василий, *В тылах Кватунской армии.* Москва: ИДВ РАН, 2009.

Из дневника 1-го секретаря Посольства СССР в КНДР Пименова Б.К. Запись беседы с заведующим 1-м отделом МИД КНДР Пак Киль Еном. 8 декабря 1957 года. АВП РФ, ф. 102, оп. 13, д. 6, п. 72.

Из дневника Верещагина Б.Н. Запись беседы с заведующим консульским отделом

Посольства КНДР в СССР Ким Хен Мо. 19 октября 1956 года. (필자가 입수한 자료)

Из дневника Верещагина Б.Н. Запись беседы со 2-м секретарем Посольства КНДР в СССР Хо До Дином. 13 ноября 1956 года. (필자가 입수한 자료)

Из дневника временного поверенного в делах СССР в КНДР Пелишенко В.И. Запись беседы с Министром иностранных дел КНДР Нам Иром. 4 января 1957 года.

Из дневника временного поверенного в делах СССР в КНДР Пелишенко В.И. Запись беседы с Министром иностранных дел КНДР Нам Иром. 9 марта 1957 года.

Из дневника второго секретаря Посольства СССР в КНДР Титоренко Е.Л. Запись беседы с зам. председателя ТПК провинции Рянган тов. Цой Сын Хуном 23 октября 1956 года. АВП РФ, ф. 102, оп. 12, д. 6, п. 68.

Из дневника Георгия Кунадзе. Запись беседы с Чрезвычайным и полномочным послом КНДР в СССР Сон Сен Пхиром. 20 сентября 1991 года, ГАРФ, ф. 10026, оп. 4, д. 2083, лл. 1-3.

Из дневника И. Ф. Курдюкова. Приём посла КНДР в СССР Ли Сан Чо, 11 августа 1956 года. (필자가 입수한 자료)

Из дневника И. Ф. Курдюкова. Приём посла КНДР в СССР Ли Сан Чо, 28 ноября 1956 года. (필자가 입수한 자료)

Из дневника И. Ф. Курдюкова. Приём посла КНДР в СССР Ли Сан Чо, 9 августа 1956 года. (필자가 입수한 자료)

Из дневника Курдюкова И.Ф. Запись беседы с Послом КНДР в СССР Ли Сан Чо. 2 ноября 1955 года. (필자가 입수한 자료)

Из дневника Н. Т. Федоренко. Приём посла КНДР в СССР Ли Сан Чо, 29 мая 1956 года. (필자가 입수한 자료)

Из дневника Н. Т. Федоренко. Приём Посла КНР Лю Сяо, Посла КНДР Ли Сан Чо и Посла МНР Адилбиша. 29 ноября 1955 года. (필자가 입수한 자료)

Из дневника Пелишенко В.И. Запись беседы с министром иностранных дел тов. Нам Иром. 16 сентября 1957 года. (필자가 입수한 자료)

Из дневника Пузанова А. М. Запись беседы с тов. Ким Ир Сеном. 13 ноября 1957 года, АВП РФ, ф. 0102, оп. 13, д. 5.

Из дневника Самсонова Г. Е. Запись беседы с референтом министерства Госконтроля КНДР Ки Сек Поком. 31 мая 1956 года. АВП РФ, ф. 102, оп. 12, д. 6, п. 68.

Из дневника секретаря Посольства СССР в КНДР Бякова И.С. Запись беседы с редактором журнала «Новая Корея» т. Сон Дин Фа. 29 марта 1955 года. (필자가 입수한 자료)

Из дневника секретаря Посольства СССР в КНДР И.С. Бякова. Запись беседы с председателем провинциального комитета провинции Сев. Хванхе тов. Хе Бином. 18 марта 1955 года. АВП РФ, ф. 11, оп. 60, д. 8, лл. 135-139.

Из дневника советника посольства А.М. Петрова и 1-го секретаря И.С. Бякова. Запись беседы с председателем народного комитета провинции Чаган Пак Илларионом Дмитриевичем. 31 марта 1955 года. (필자가 입수한 자료)

Из дневника советника посольства А.М. Петрова. Запись беседы с председателем народного комитета провинции Чаган Пак Илларионом Дмитриевичем (Пак Чан Сик). РГАНИ, ф. 5, оп. 28, д. 314.

Из дневника советника посольства СССР в КНДР Никонова И.А. Запись беседы с заместителем премьер-министра КНДР Пак Чан Оком. 22 октября 1954 года. (필자가 입수한 자료)

Из дневника советника Посольства СССР в КНДР Петрова А. М. Запись беседы с членом Политсовета ЦК ТПК Пак Ен Бином 8 сентября 1954 года. (필자가 입수한 자료)

Из дневника советника Посольства СССР в КНДР тов. Филатова С. Н. Запись беседы с т. Пак Ен Бином 25 февраля 1956 года. АВП РФ, ф. 102, оп. 12, д. 6, п. 68.

Из дневника Суздалева С. П. Запись беседы с зам. председателя кабинета министров и председателем Госплана КНДР Пак Чан Оком 31 января 1955 года. 1 февраля 1955 года. (필자가 입수한 자료)

Из дневника Шестерикова Н. М. Запись беседы с зав. 1-м отделом МИД КНДР тов. Пак Гиль Еном, от 17 февраля 1958 г. АВП РФ, ф. 102, оп. 14, д. 8, п. 75.

Информационная сводка № 12 информотдела ОГПУ о кампании по перевыборам сельсоветов на 4 апреля 1927 г. 6 апреля 1927 г. ЦА ФСБ РФ, ф. 2, оп. 5, д. 390, лл. 110-116. https://istmat.org/node/53903

Исторический формуляр бригады, ЦАМО России, ф. 1896, оп. 1, д. 1, л. 1.

Итоги работы правительственной делегации, посетившей братские страны, и некоторые насущные задачи нашей партии. РГАНИ, ф. 5, оп. 28, д. 411, лл. 259-270.

К беседе с партийно-правительственной делегацией КНДР. АВП РФ, ф. 0102, оп. 13, п. 72, д. 11.

К п.121 пр. ПБ № 83. РГАСПИ, ф. 17, оп. 3, д. 1090, лл. 163-170.

Кан Михаил Иванович // *Корейцы - ветераны Великой Отечественной войны,* http://www.arirang.ru/veterans/kang_mi.htm

Кан Михаил Иванович. Учётно-послужная карточка Б-423497. (필자가 입수한 자료)

Кан Сан Хо. *Автобиография /мемуарная/.* (필자가 입수한 자료)

Кан Сан Хо. *Воспоминание. Свидетельство очевидца.* (필자가 입수한 자료)

Кан Сан Хо, Дело о приёме в гражданство СССР. ГАРФ, ф. Р7523, оп. 93405, д. 405 (РГ-165/1037с).

Кан Сан Хо. *Идеологическая проверка.* Декабрь 1988 года (필자가 입수한 자료)

Кан Сан Хо. *Монумент, воздвигнутый кровью и потом. Свидетельство очевидца.* (필자가 입수한 자료)

Кан Сан-хо. Анкета-заявление о выходе из гражданства СССР // *О выходе из гражданства СССР советских граждан корейской национальности Ан Ивана Семёновича, Ан, урождённой Ким, Сун Ок, Кан Сан Хо и других лиц, в числе 82 человек.* ГАРФ, ф. Р-7523, оп. 88, д. 2549 (ЛГ-202/43с), лл. 15-15об.

Кассиль, Лев. *Про жизнь совсем хорошую.* Москва: Детгиз, 1961.

Ким, Герман. *Кан Михаил – советский подполковник с генеральскими полномочиями,* ≪고려일보≫, 2020년 6월 12일 자, 6면, https://koreans.kz/download/files/22-2020_com-pressed.pdf

Ковыженко, В. *Тов. Баранову Л.С.* 20 апреля 1948 года. РГАСПИ, ф. 5, оп. 10, д. 618, лл. 30-36.

Корейский хрен, выращенный с помощью Кымгансанской родниковой воды. Внешняя торговля, №398 (1) 95 год чучхе (2006), https://web.archive.org/web/200809152014 47/http://www.kcckp.net/ru/periodic/f_trade/index.php?contents+680+2006-01+24+15

"Корея-Chösen," *Страны Тихого океана,* Москва: Советская энциклопедия, 1942, стр. 145-149.

Коротков, Гавриил. Сталин и Корейская война // *Война в Корее 1950-1953 гг.: взгляд через 50 лет.* Тула: Grif i Ko, стр. 67-89.

Криулин, Глеб. *О политике ТПК на современном этапе и некоторых направлениях нашей пропаганды на КНДР.* 18 июня 1979 года, РГАНИ, ф. 5, оп. 76, д. 958, лл. 1-11.

Кузнецов, Степанов, Федоренко, Суздалев. *Справка о положении в КНДР.* 17 января 1955 года. (필자가 입수한 자료)

Ланьков, Андрей. *Август, 1956 год: Кризис в Северной Корее.* Москва: РОССПЭН, 2009.

Леньков Василий Иванович // Н.В. Петров. *Кто руководил органами госбезопасности. 1941-1954. Справочник.* Москва: Мемориал, Звенья, 2010, стр. 540-541.

Ли Сан Чо. *Уважаемому товарищу Хрущёву Н. С.,* 3 сентября 1956 года. ГАРФ, ф. Р-5446, оп. 98с, д. 721, лл. 168-169.

Лившиц. Информационная сводка о состоянии компартии в северных провинциях Кореи // *Документы, характеризующие политические партии и общественные организации Северной Кореи за 1945 г.* 20 октября 1945 года. ЦАМО России, ф. 172, оп. 614630, д. 5, лл. 45-51.

Личное дело Цзин Жи-чена. РГАСПИ, ф. 495, оп. 238, д. 60.

Маоизм-угроза человечеству (серия). Москва: Издательство «Международные отношения», 1981.

Марков, Д. (второй секретарь посольства). *Классы и классовая борьба в КНДР/ Справка/.* Июль 1953 года. (필자가 입수한 자료)

Мерецков, Кирилл. *На службе народу.* Москва: Вече, 2015.

Министерство обороны России. *Открытая база данных «Подвиг народа».* http://www.podvignaroda.ru/

Морозов, Игорь. *Корейский полуостров: Схватка вничью.* // НКВД, № 22. Балтимор: Vesa Vega Incorporated, 1995, стр. 42-49.

Мун Эрик Александрович. Учётно-послужная карточка Г-012858. (필자가 입수한 자료)

На приёме у Сталина, Москва: Новый Хронограф, 2008.

Наградной лист. Александр Яковлевич Вашковец // *Приказ подразделения № 1/н От 27.08.1945. 292 сд 36 А Забайкальского фронта.* ЦАМО России, ф. 33, оп. 687572, ед. хр. 1887.

Наградной лист. Мун Эри Александрович. // *Фронтовой приказ ВС 2 Дальневосточного фронта № 10/н от 29.08.1945.* ЦАМО России, ф. 33, оп. 687572, ед. хр. 2317.

Наградной лист. Пяо Дэ-шань // *Приказ войскам 2 Дальневосточного фронта № 10/ н от 29.08.1945.* ЦАМО России, ф. 33, оп. 687572, ед. хр. 2317.

Наградной лист. Цзин Жи-чен // *Приказ войскам 2 Дальневосточного фронта № 10/ н от 29.08.1945.* ЦАМО России, ф. 33, оп. 687572, ед. хр. 2317.

Нам Ир. Анкета-заявление о выходе из гражданства СССР // *О выходе из гражданства СССР советских граждан корейской национальности Ан Ивана Семёновича, Ан, урождённой Ким, Сун Ок, Кан Сан Хо и других лиц, в числе 82 человек.* ГАРФ, ф. Р-7523, оп. 88, д. 2549 (ЛГ-202/43с), лл. 106-106об.

О Корейской войне 1950-1953 гг. и переговорах о перемирии. 9 августа 1966 года. РГАНИ, ф. 5, оп. 58, д. 266, лл. 122-131.

Обращение президента России к солдатам и офицерам вооруженных сил СССР, КГБ СССР, МВД СССР // *Путч. Хроника тревожных дней.* http://old.russ.ru/antolog/1991/ putch12.htm

Обращение Центрального комитета КПСС, Президиума Верховного Совета СССР, Совета Министров СССР к Коммунистической партии, к советскому народу. *Правда,* 12 ноября 1982 года, стр. 1.

Опись 238. Личные дела (Маньчжурия) // *Документы советской эпохи.* http://sovdoc. rusarchives.ru/sections/organizations/cards/95441/childs

Освобождение Кореи. Воспоминания и статьи. Москва: Наука, 1976.

Осокина, Елена. Прощальная ода советской очереди // *Неприкосновенный запас,* 2005, №5 (43). https://web.archive.org/web/20121119070219/http://magazines.russ.ru/nz/2005 /43/oso10.html

Островский, В. П. *История отечества: 1939-1991.* Москва: Просвещение, 1992, стр. 151.

Отношения Советского Союза с народной Кореей. 1945-1980. Документы и материалы. Москва: Наука, 1981.

Отчёт о правительственной делегации, посетившей братские страны и некоторые очередные задачи нашей партии. РГАНИ, ф. 5, оп. 28, д. 411, лл. 224-258.

Пак, Валентин. *Первые корейские семьи Южно-Уссурийского края.* Москва: Litres, 2022.

Пак Ден Ай (Цой Вера Ивановна) - La Donna Misteriosa, https://koreans.kz/news/pak- den-ay-coy-vera-ivanovna-la-donna-misteriosa.html?lang=ru

Панин, А., Альтов, В. *Северная Корея: эпоха Ким Чен Ира на закате.* Москва: ОЛМА-пресс, 2003.

Пелишенко, В. *Запись беседы с министром внутренних дел КНДР тов. Пан Хак Се.* 12 февраля 1960 года. АВП РФ, ф. 0541, оп. 15, д. 9, п. 85.

Пелишенко, В. *Запись беседы с министром внутренних дел КНДР тов. Пан Хак Се.* 20 апреля 1960 года. (필자가 입수한 자료)

Пелишенко, В. *Запись беседы с министром внутренних дел КНДР тов. Пан Хак Се.* 24 октября 1959 года. АВП РФ, ф. 0541, оп. 10, д. 9, п. 81.

Петров, А. М. *Запись беседы с начальником департамента стройматериалов при Кабинете Министров КНДР, с тов. Ли Пхиль Гю.* АВП РФ, ф. 102, оп. 12, д. 6, п. 68.

Письмо члена ЦК Трудовой партии Кореи Со Хуэя и трёх других товарищей в ЦК КПК, ГАРФ, ф. Р-5546, оп. 98, д. 721, лл. 170-190.

Подзолкова, Ирина. Феномен журнала "Гутен Таг" как источника международной информации // *Вопросы студенческой науки,* №6 (34), июнь 2019, стр. 384-397.

Поиск по открытому списку жертв политических репрессий в СССР, *Открытый список,* https://ru.openlist.wiki/Служебная:OlSearch?olsearch-conviction-org=военный трибунал 25 армии&olsearch-run=1&olsearch-conviction_min=1945

Последнее «прости» союзного парламента // *Правда,* 27 декабря 1991 года, стр. 1.

Посольство России в КНДР. *Венок к могиле героя.* 19 ноября 2021 года. https://vk.com/rusembdprk?w=wall-151746438_1740

Посольство России в КНДР. *Легендарная Вера Цой (Пак Дэн Ай) и ее муж Ким Ен Бом.* 14 июля 2017 года. https://facebook.com/RusEmbDPRK/photos/634636200043506/

Посольство России в КНДР. *Любовь не знает границ.* http://www.rusembdprk.ru/ru/posolstvo/novosti-posolstva/660-lyubov-ne-znaet-granits

Посольство России в КНДР. *О награждении юбилейными медалями ветеранов 88-й отдельной стрелковой бригады Дальневосточного Фронта.* http://www.rusembdprk.ru/ru/posolstvo/novosti-posolstva/208-o-nagrazhdenii-yubilejnymi-medalyami-veteranov-88-j-otdelnoj-strelkovoj-brigady-dalnevostochnogo-fronta

Посольство СССР в КНДР. *Кабинет министров // Корейская Народно-Демократическая Республика в 1954 году. /Справочные материалы/.* Март 1955 г. (필자가 입수한 자료)

Постановление Военного Совета 25 армии Приморского военного округа // *Постановления Военного Совета 25 армии за 1946 год*. 15 января 1946 года. ЦАМО России, ф. 25А, оп. 532092, д. 1, лл. 3-5.

Постановление СМ СССР «Вопросы разведки» № 3309-1385сс от 2 августа 1949 г. АП РФ, ф. 93. Цит. по Н. Петров. *Глава 5. Общие закономерности и различия в организации деятельности советских советников госбезопасности в странах Восточной Европы. 1945-1953 гг.* https://pure.uva.nl/ws/files/2016071/55769_10.pdf

Почтарёв, Андрей. Тайный советник "солнца нации" // *Независимое военное обозрение*, 14 января 2005 года, http://nvo.ng.ru/history/2005-01-14/5_kim_ir_sen.html

Предложение Штыкова от 7.3.46 г. № 2776. РГАСПИ, ф. 17, оп. 128, д. 998, лл. 3-4.

Пресс-конференция ГКЧП, Москва, 19 августа 1991 г. https://www.youtube.com/watch?v=TVxH4e3Rfes

Прибытие в Москву посла Корейской Народно-Демократической Республики Ли Сан Чо. Правда 31 июля 1955, стр. 4.

Прием В. М. Молотовым посла Корейской Народно-Демократической Республики в СССР Ли Сан Чо, Правда, 2 августа 1955, стр. 4.

Приказ войскам 2 Дальневосточного фронта № 10/н от 29.08.1945. ЦАМО России, ф. 33, оп. 687572, ед. хр. 2317.

Притула, Александр. В августе сорок пятого. *Смена*, № 1159, сентябрь 1975, http://smena-online.ru/stories/v-avguste-sorok-pyatogo

Проект выступления Юн Кон Хыма на пленуме ЦК Трудовой Партии Кореи в августе 1956 года // *Материалы к визиту тов. Микояна в Северную Корею*. (필자가 입수한 자료)

Протокол № 62 // *Решения Политбюро ЦК ВКП(б) за 27 января – 17 марта 1948 г.*, 3 февраля 1948 г. (필자가 입수한 자료)

Протокол № 80. От 3.II.51 г. 175. О тов. Штыкове. РГАСПИ, ф. 17, оп. 3, д. 1087, л. 34.

Разъяснение Генерального штаба Красной Армии о капитуляции Японии // *Правда*, 16 августа 1945 года, стр. 1.

Резидентура КИ в Пхеньяне, https://shieldandsword.mozohin.ru/ki4758/resident/pyongyang.htm

Сапожников, Борис, *Положение в Корее: Информационная сводка*, 13 сентября 1945 года, ЦАМО России, ф. 32, оп. 11306, д. 692.

Свечков, Дапил. *Почему Ким Ир Сен в Свердловске отказался от бани с Ельциным?* Комсомольская Правда. Екатеринбург, 6 февраля 2015 года, https://www.ural.kp.ru/daily/26339.7/3221562/

Секретарю ЦК ВКП/б/ тов. Маленкову, заместителю народного комиссара обороны – генерал-армии – тов. Булганину, начальнику Главного политического управления Красной Армии генерал-полковнику тов. Шикину, ЦАМО России, ф. 172, оп. 614631, д. 23, лл. 21-26.

Селиванов, И. Н. *Нам Ир (1913-1976): основные вехи биографии (по материалам российских архивов)* https://koryo-saram.ru/nam-ir-1913-1976-osnovnye-vehi-biografii-po-materialam-rossijskih-arhivov/

Селиванов, И. Н. *Пак Ы Ван: краткий биографический очерк*, https://koryo-saram.ru/i-n-selivanov-pak-y-van-kratkij-biograficheskij-ocherk/

Селиванов, Игорь. *Советский Союз и сентябрьские события 1956 года в Северной Корее*, Курск: Курский Государственный университет, 2015.

Сергей Петрович Ким, "Репатриация японских военнопленных из СССР в 1946-1950 гг.," *Военно-исторический журнал*, № 3 (2015), стр. 69-75.

Смирнов, Андрей, "Как Советская Армия внедрила в Северную Корею президента Ким Ир Сена и его правительство," *Совершенно секретно*, No.8 (1992), стр. 10-11.

Совсем распустились: как в СССР закончился комсомол // *Экспресс-газета*, https://www.eg.ru/politics/630412-sovsem-raspustilis-kak-v-sssr-zakonchilsya-komsomol-075346/

Соглашение о создании Содружества Независимых Государств // *Единый реестр правовых актов и других документов Содружества Независимых Государств*, http://cis.minsk.by/reestrv2/doc/1

Соломатин, Борис. *ЦК КПСС, 12 февраля 1969 года*, РГАНИ, ф. 5, оп. 61, д. 462, лл. 7-9.

Список № 1 Корейцев граждан СССР, на которых полностью оформлены материалы к выезду в страну. РГАСПИ, ф. 17, оп. 144, д. 84, лл. 3-9. Жанна Сон. *Советские корейцы и КНДР (1946-1948)*, https://koryo-saram.ru/sovetskie-korejtsy-i-kndr-1946-1948/에서 재인용.

Список лиц, состоящих в двугражданстве. 26 апреля 1958 года. АВП РФ, ф. 179, оп. 10в, д. 19, п. 1, л. 38.

Список личного состава 1-го батальона 88-й отд. стр. Бригады 2-го Дальневосточного фронта, предназначенного для работы в Корее. ЦАМО России, ф. 3, оп. 19121, д. 2, лл. 14-15.

Список членов семей корейцев, граждан СССР, выезжающих по месту постоянной работы глав семей, находящихся с 1946 г. в Северной Корее. РГАСПИ, ф. 17, оп. 144, д. 84, л. 53. Жанна Сон. *Советские корейцы и КНДР (1946-1948)*, https://koryo-saram.ru/sovetskie-korejtsy-i-kndr-1946-1948/에서 재인용.

Справка К. Ф. Вилкова, И. П. Плышевского, А.Г. Зюзина и А. И. Когана "Состояние партийных организаций и партизанского движения в Маньчжурии". 23 мая 1941. РГАСПИ, ф. 514, оп. 1, д. 944, лл. 14-104.

Справка-доклад о политическом положении в Северной Корее. (필자가 입수한 자료)

Стенограмма об итогах работы VI сессии народного собрания Северной Кореи. ЦАМО России, ф. 172, оп. 614632, д. 43.

Тамазишвили, А. О. *Инцидент на восточном отделении Института красной профессуры истории* // Восток, №1, 1994, стр. 160-166.

Телеграм-канал Grey Zone. https://t.me/grey_zone/15736

Телеграмма Главного военного советника корейской Народной армии начальнику Генерального штаба Советской Армии о составе делегации КНДР и предполагаемых вопросах для обсуждения на переговорах о перемирии в Корее № 1751. 1 июля 1951 года. АП РФ, ф. 45, оп. 1, д. 340, лл. 3-4.

Телеграмма дипломатических представителей СССР в КНДР заместителю Председателя Совета Министров СССР с одобрением северокорейским правительством советских предложений о необходимости внесения изменений в политику на переговорах для скорейшего окончания войны в Корее. 29 марта 1953 г. АП РФ, ф. 3, оп. 65, д. 830, л. 97-99.

Телеграмма министра иностранных дел СССР послу СССР в КНДР с рекомендациями ЦК КПСС Председателю Кабинета Министров КНДР не участвовать в подписании Соглашения о перемирии в Корее. 24 июля 1953 года. АП РФ, ф. 3, оп. 65, д. 830, лл. 170-171.

Телеграмма посла СССР в КНДР Министру иностранных дел СССР с запросом советского правительства по поводу возможного вступления в войну китайских войск, 981. 29 августа 1950 года. ЦАМО России, ф. 5, оп. 918795, д. 1227, лл. 666-669.

Телеграмма посла СССР в КНДР Министру иностранных дел СССР с предложением о рекомендациях северокорейскому правительству направить в ООН заявление и копии южнокорейских трофейных документов. № 1154, 13 сентября 1950 г., 13.22. АП РФ, ф. 15, оп. 1, д. 347, лл. 18-19.

Телеграмма посла СССР в КНДР Первому заместителю министра иностранных дел СССР с информацией о заседании ЦК Трудовой партии Северной Кореи. 1258. 22 сентября 1950 года. ЦАМО России, ф. 5, оп. 918795, д. 125, лл. 89-91.

Телеграмма посла СССР в КНДР первому заместителю министра иностранных дел СССР о намерениях правительства КНДР просить правительство Советского Союза подготовить лётные кадры и офицеров других специальностей из числа советских корейцев и корейских студентов, обучающихся в СССР, № 1426. 6 октября 1950 года, ЦАМО России, ф. 5, оп. 918795, д. 124, лл. 89-90.

Телеграмма посла СССР в КНДР Председателю Совета Министров СССР о реакции северокорейских руководителей на его письмо с сообщением о поддержке войны корейского народа КНР и Советским Союзом. 8 октября 1950 года. ЦАМО России, ф. 5, оп. 918795, д. 121, л. 720.

Телеграмма посла СССР в КНДР Председателю Совета Министров СССР с текстом письма Председателя Центрального Народного правительства КНР о позиции ЦК КПК по вопросу ввода китайских войск на территорию Кореи, 2270. 3 октября 1950 года. АП РФ, ф. 45, оп. 1, д. 334, лл. 105-106.

Телеграмма посла СССР Председателю Совета Министров СССР с информацией северокорейского правительства об обстановке на фронте и состоявшихся китайско-корейских переговорах о возможном вступлении с войну Китая 649. 20 июля 1950 года. ЦАМО России, ф. 5, оп. 918795, д. 122, лл. 352-355.

Телеграмма Председателю Совета Министров СССР о перестройке органов управления корейской Народной армии и первом отчёте её боевых действий. 7 июля 1950 года. ЦАМО России, ф. 5, оп. 918795, д. 122, лл. 168-171.

Телеграмма Председателя Совета Министров СССР послу СССР в КНДР с информацией правительству КНДР о необходимости выработать с

правительством КНР совместные предложения на переговоры о перемирии.

2 июля 1951 г. АП РФ, ф. 45, оп. 1, д. 340, л. 5.

Телеграмма Председателя Совета Министров СССР послу СССР в КНР с

рекомендациями китайскому правительству оказать помощь КНДР войсками.

1 октября 1950 года. АП РФ, ф. 45, оп. 1, д. 334, лл. 97-98.

Телеграмма представителя Генерального штаба Советской Армии в Северной Корее

Председателю Совета Министров СССР об обстановке на корейском фронте из

Пхеньяна № 1298. 27 сентября 1950 года. АП РФ, ф. 3, оп. 65, д. 827, лл. 103-106.

Телеграмма Штыкова в Москву, 12 августа 1949 года. АП РФ, ф. 3, оп. 65, д. 775,
лл. 102-106.

Телеграмма Тункина в Москву. 3 сентября 1949 года. АП РФ, ф. 3, оп. 65, д. 775,
лл. 116-119.

Телеграмма Сталина Штыкову. 30 января 1950 года. АП РФ, ф. 45, оп. 1, д. 346, л. 70.

Телеграмма Сталина Штыкову. 8 октября 1950 года. АП РФ, ф. 45, оп. 1, д. 334,
лл. 112-115.

Телеграмма Рощина в Москву. 25 октября 1950 года. АП РФ, ф. 45, оп. 1, д. 335,
лл. 80-81.

Тен Сан Дин. Четыре десятилетия вместе с Хо Дином // *Хо Ун Пе (Хо Дин) в*
воспоминаниях современников. Москва: «Научная книга», 1998, стр. 151-158.

Терентий Фомич Штыков // Hrono.ru, http://www.hrono.ru/biograf/bio_sh/shtykov_tf.php

Титоренко, Е., *Запись беседы с Нам Марией Авксентьевной, женой Нам Ира, члена*
Политбюро ЦК ТПК. РГАНИ, ф. 5, оп. 49, д. 640, л. 204.

Туманов, Георгий, "Как изготовляли великого вождя," *Новое время,* № 16(1993),
стр. 32-34.

Указ Президента РСФСР от 06.11.1991 г. № 169 «О деятельности КПСС и КП
РСФСР», http://kremlin.ru/acts/bank/385

Указ Президиума Верховного Совета № 203/491 от 15.11.1950. *О награждении*
орденами и медалями СССР маршалов, генералов, адмиралов, офицерского и
сержантского состава сверхсрочной службы за выслугу лет в Вооруженных
Силах Союза ССР, ЦАМО России, ф. 033, оп. 0170417сс, ед. хр. 0118, л. 276.

Указ Президиума Верховного Совета СССР о выходе из гражданства СССР Ким Сын Хва, Нам М. и других лиц, проживающих в Корейской Народно-Демократической Республике. 12 июня 1956 г. ГАРФ, ф. Р-7523, оп. 88, д. 2960 (ЛГ-207СС), л. 15-16.

Указ Президиума Верховного Совета СССР. *О выходе из гражданства Ан И.С., Ан (Ким) Сун Ок, Кан Сан Хо и других лиц, проживающих в Корейской Народно-Демократической Республике.* 23 марта 1956 г. ГАРФ, ф. Р-7523, оп. 88, д. 2960.

Указ Президиума Верховного Совета СССР. *О выходе из гражданства СССР Ким (Ким Чер Су) А.Г., Ким Вон Бон и других лиц, проживающих в Корейской Народно - Демократической Республике.* 9 апреля 1956 г. ГАРФ, ф. Р-7523, оп. 88, д. 2960.

Успенский, Владимир. *Глазами матроса.* Москва: Воениздат, 1964.

Фёдоров, Лившиц, "Докладная записка," *Разные материалы, поступившие из Гражданской администрации Северной Кореи,* ЦАМО России, ф. 172, оп. 614631, д. 37, лл. 14-32.

Фигль, Леопольд. *Его Превосходительству господину Вячеславу М. Молотову, Министру Иностранных Дел СССР,* Правда, 31 июля 1955, стр. 1.

Филатов, С. *Запись беседы с заместителем премьера Кабинета Министров КНДР и членом Президиума ЦК ТПК т. Пак Чан Оком.* 20 марта 1956 года. (필자가 입수한 자료)

Филатов, С. *Запись беседы с заместителем премьера Кабинета Министров КНДР и членом Президиума ЦК ТПК т. Пак Чан Оком.* 12 марта 1956 г. (필자가 입수한 자료)

Хан, Макс Николаевич. Добрая память и слово о Хо Ун Пе (Хо Дине) // *Хо Ун Пе (Хо Дин) в воспоминаниях современников.* Москва: «Научная книга», 1998, стр. 93-102.

Характеристика на кандидатов во Временное демократическое правительство Кореи, РГАСПИ, ф. 17, оп. 128, д. 61, лл.1-14.

Хегай, Лира Алексеевна. *Родители. Из забвения к людям.* 24 февраля 2016, https://koryo-saram.ru/l-a-hegaj-roditeli-iz-zabveniya-k-lyudyam/

Цой Ен Ген. РГАСПИ, ф. 495, оп. 228, д. 28, л. 13-16.

Чистяков Иван Михайлович // *Великая Отечественная. Командармы. Военный биографический словарь.* Москва: Кучково поле, 2005, стр. 261-262.

Чистяков, Иван. *Служим Отчизне.* Москва: Воениздат, 1985. http://militera.lib.ru/me

mo/russian/chistyakov_im/19.html

Шегай, Андрей. *Колхоз им. Димитрова*, 10 мая 2014 года, https://koryo-saram.ru/kolhoz-im-dimitrova/

Шин Д. В., Пак Б. Д., Цой В. В. *Советские корейцы на фронтах Великой Отечественной войны 1941-1945 гг.* Москва: ИВ РАН, 2011.

Шифртелеграмма № 25629. 13 октября 1950 года, 2 ГУ ГШ ВС СССР, АП РФ, ф. 45, оп. 1, д. 334, лл. 111-112.

Ю (Югай) Сен Чер. Учётно-послужная карточка Г-139394. (필자가 입수한 자료)

Югай (Ю) Сен Чер. Анкета-заявление о выходе из гражданства СССР // *О выходе из гражданства СССР советских граждан корейской национальности Ан Ивана Семёновича, Ан, урождённой Ким, Сун Ок, Кан Сан Хо и других лиц, в числе 82 человек.* ГАРФ, ф. Р-7523, оп. 88, д. 2549 (ЛГ-202/43с), лл. 197-198об.

Юк-ко: русская средняя школа в Пхеньяне. 2-е изд. Алматы: Dominant-ptint, 2019, https://library-koresaram.com/f/yukko2_01_okt_2019_1_freeze.pdf

Янковский, Валерий. *От Гроба Господня до гроба Гулага: быль.* Ковров: Маштекс, 2000.

"Япония," *Страны Тихого океана*, Москва: Советская энциклопедия, 1942, стр. 23-154.

• 영어 문헌

Agreement between the Commander-in-Chief, United Nations Command, on the one hand, and the Supreme Commander of the Korean People's Army and the Commander of the Chinese People's volunteers, on the other hand, concerning a military armistice in Korea. http://theme.archives.go.kr/viewer/common/archWebViewer.do?singleData=Y&archiveEventId=0049272219

An, Thomas. "New winds in P'yŏngyang?" in *Problems of Communism*. Vol. XV. no. 4 (July-August 1966), pp. 68-71.

Barry, Mark. "The U.S. and the 1945 Division of Korea." *NK News* (12 February 2012). https://www.nknews.org/2012/02/the-u-s-and-the-1945-division-of-korea/

Breslauer, George W. *The Rise and Demise of World Communism.* Oxford: Oxford University Press. 2021.

Department of Defense. Department of the Army. Office of the Assistant Chief of Staff, G-2,

Intelligence. *Collections and Dissemination Division. Who's Who Reports, 1954-1955 [Entry NM3 85G]*. National Archives and Records Administration.

Documents and materials exposing the instigators of the civil war in Korea. Pyongyang: Ministry of Foreign Affairs of the Democratic People's Republic of Korea. 1951.

Edmonds, Robin. "Yalta and Potsdam: Forty Years Afterwards." *International Affairs*, Vol. 62, No. 2 (Spring 1986). pp. 197-216.

Evans, Richard J. *The Coming of the Third Reich*. London: Penguin. 2004.

Jansen, Marc and Petrov, Nikita. *Stalin's Loyal Executioner: People's Commissar Nikolai Ezhov, 1895-1940*. Stanford: Hoover Institution Press. 2002.

Kim Il Sung and his Personality Cult. May 1956. National Archives of the United Kingdom. FO 1100/2287/2 (B342). pp. 1-2.

Korean War Biological Warfare Allegations. https://digitalarchive.wilsoncenter.org/collection/250/korean-war-biological-warfare-allegations

Lankov, Andrei. *Crisis in North Korea: The Failure of De-Stalinization, 1956*. Honolulu: University of Hawaii Press. 2004.

Leitenberg, Milton. "New Russian Evidence on the Korean War Biological Warfare. Allegations: Background and Analysis" in *New Evidence on the Korean War*. pp. 185-199. https://www.cpp.edu/~zywang/leitenberg.pdf

Lukin, Artyom. "The Putin and Kim Rendezvous in Vladivostok: A Drive-By Summit." *38 North*, 2 May 2019. https://www.38north.org/2019/05/alukin050219/

Macintyre, Donald. "The Dream Life of the North Koreans." *Time*. 16 November 2005. http://content.time.com/time/world/article/0,8599,1131043,00.html

Matveeva, Natalia. *Building a New World: The economic development strategies of the two Koreas in the Cold War, 1957-1966*. PhD thesis. SOAS. 2021.

Munro-Leighton, Judith. "The Tokyo Surrender: A Diplomatic Marathon in Washington, August 10-14, 1945." *Pacific Historical Review*. Vol. 65, No. 3 (August 1996). pp. 455-473.

"N. Korea murder cover-up." *South China Morning Post*. 21 May 1976. pp. 1, 24.

Person, James F. "North Korea in 1956: reconsidering the August Plenum and the Sino-Soviet joint intervention." in *Cold War History*. 2019(19:2). pp. 253-274.

Pregnancy Conception Calculator. https://www.calculator.net/pregnancy-conception-calculator.html

Salmon, Andrew. "In Kim we trust." *South China Morning Post*, 29 October 2005. https://www.scmp.com/article/522515/kim-we-trust

Shen Zhihua and Xia Yafeng. *A Misunderstood Friendship: Mao Zedong, Kim Il Sung, and the Myth of Sino-North Korean Relations, 1949-1976*. Unpublished manuscript.

Smelser, Ronald, Davies, Edward J. II. *The Myth of the Eastern Front: The Nazi-Soviet War in American Popular Culture*. Cambridge: Cambridge University Press. 2008.

Szalontai, Balázs. *Kim Il Sung in the Khrushchev Era: Soviet-DPRK Relations and the Roots of North Korean Despotism, 1953-1964*. Palo Alto: Stanford University Press. 2005.

Telegram from Pyongyang to Bucharest, No.76.171. TOP SECRET. May 20, 1967. https://digitalarchive.wilsoncenter.org/document/telegram-pyongyang-bucharest-no76171-top-secret-may-20-1967

Tertitskiy, Fyodor. *The North Korean Army: History, Structure, Daily Life*. Abingdon-on-Thames: Routledge. 2022.

"Truce Is Signed, Ending The Fighting In Korea; P.O.W. Exchange Near; Rhee Gets U.S. Pledge; Eisenhower Bids Free World Stay Vigilant." *The New York Times*, 27 July 1953. p. 1.

United States Department of State. *The Korean Problem at the Geneva Conference, April 26 - June 15, 1954*. U.S. Government Printing Office. 1954.

Vogel, Ezra F. *Deng Xiaoping and the Transformation of China*. Cambridge: Belknap Press. 2013.

Wallace, Bruce. "Cultural Bubble Goes Pop." *Los Angeles Times*, 31 October 2005. https://www.latimes.com/archives/la-xpm-2005-oct-31-fg-popculture31-story.html

• 중국어 문헌

『金日成著作集 10』. 平壤: 外文出版社. 1982.

『勃列日涅夫集团正在走希特勒的老路』. 沈阳: 辽宁人民出版社. 1976.

『东北地区革命历史文件汇集』. 哈尔滨: 黑龙江省出版总社. 1988-1994.

「东北抗联第一路军越境人员统计表」. 『东满地区革命历史文献汇编』, 1册. 延吉: 中共延边州委党史研究室. 第862页.

郭杰, 白安娜 著, 李隨安, 陳進盛 譯. 『臺灣共産主義運動與共産國際 (1924-1932) 研究·檔案』. 臺北市: 中央研究院臺灣史研究所. 2010.

許台英. 『寄給恩平修女的六封書信』. 臺北縣: 聯經出版事業公司. 1995.

「金日成給周保中, 金策的信」. 『东北地区革命历史文件汇集』, 甲61册. 哈尔滨: 黑龙江省出版总社. 1990. 第371-381页.

『苦难与斗争十四年』. 北京: 中国大百科全书出版社. 1995.

毛泽东. 『新民主主义论』. https://www.marxists.org/chinese/maozedong/marxist.org-chinese-mao-194001.htm

『全国人民代表大会常务委员会关于取消中国人民解放军军衔制度的决定』. 1965年5月22日. http://www.npc.gov.cn/wxzl/gongbao/2000-12/25/content_5004360.htm

沈志华. 『毛泽东, 斯大林与朝鲜战争』. 广州: 广东人民出版社. 2004.

沈志华. "彭德怀质疑金日成: 朝鲜战争究竟是谁发动的?." ≪凤凰周刊≫. 2011年 12月 24日. http://news.ifeng.com/history/zhuanjialunshi/shenzhihua/detail_2011_12/24/11543343_0.shtml

王永贵. "朝鲜记忆." ≪桥园≫. 第160期. 2013年 10月, 第68-69页.

吴之理. 『1952年的细菌战是一场虚惊』. ≪炎黄春秋≫. 2013年 第11期. https://bbs.wenxuecity.com/zhouenlai/568747.html

徐万民. 『中韩关系史』. 北京: 社会科学文献出版社. 1996.

「中华人民共和国和朝鲜民主主义人民共和国边界条的」. 『中朝, 中苏, 中蒙 有关条约, 协定, 议定书汇编』. 吉林: 中国吉林省革命委员会外事办公室. 1974. 第5-10页.

中华人民共和国外交部. 驻朝鲜大使郝德青辞行拜会金日成首相谈话情况. 解密档案 06-01480-07. 成晓河. 「'主义'与'安全'之争: 六十年代朝鲜与中, 苏关系的演变」. ≪外交评论≫. 2009年 2月. 第21-35页.

「周保中给金策, 张寿筏的信」. 『东北地区革命历史文件汇集』. 甲61册. 哈尔滨: 黑龙江省出版总社. 1990. 第347页.

「周保中致王新林的信」. 『东北地区革命历史文件汇集』. 甲61册. 哈尔滨: 黑龙江省出版总社. 1990. 第338页.

• 기타

「金日成の活動狀況」. 『特高月報』. 1944年 11月. 76~78頁.

林隠. 『北朝鮮王朝成立秘史 - 金日成正伝』. 東京: 自由社. 1982.

朝鮮民主主義人民共和国外務省. 『朝鮮における内戦誘発者の正体を暴露する諸文書·資料』. 東京: 祖國防衛全国委員会. 1951.

Entlarvung der Anstifter des Bürgerkriegs in Korea: Dokumente und Materialien aus den Archiven der Li-Syng-Man-Regierung. Berlin (Ost): Dietz, 1952.

Kuby, Erich. *Die Russen in Berlin 1945.* München: Scherz Verlag, 1965.

Staatsvertrag betreffend die Wiederherstellung eines unabhängigen und demokrati schen Österreich. https://www.ris.bka.gv.at/Dokumente/BgblPdf/1955_152_0/1955_152_0. pdf

Magyar Nemzeti Levéltár, XIX-J-1-j Korea, 1969, 59. doboz, 1, 002218/1/1969.

Popin, Vladimir. *1956.* http://mek.oszk.hu/05500/05525/05525.pdf

Jak byla připravena válka v Koreji: Dokumenty z archivů Li Syn-manovy vlády. Praha: Orbis, 1951.

Praha uvítala korejskou vládní delegaci. *Rudé právo.* 22. června 1956. s. 1.

Veber, Václav. *Osudové únorové dny.* Praha: NLN. 2008

Lalaj, Ana. *Pranvera e rrejshme e '56-s.* Tirana: INFBOTUES. 2016.

Димитров, Георги. Дневник. *9 март 1933 - 6 февруари 1949.* София: Университетско издателство "Св. Климент Охридски". 1997.

За смяната на караула в държавата, за приликите и разликите... RNews.bg. 2 април 2016 г. https://rnews.bg/априлски-пленум-червенков-живков/

Кан Сан Ун. *Ўзбек совет энциклопедияси.* 5 жилд. Тошкент, «БСЭ», 1971, 304-бет.

• 필자의 인터뷰

대상자의 이름	신분	날짜
드미트리 카푸스틴 Дмитрий Тимофеевич Капустин	1967년부터 1970년까지 주 북한 소련 대사관에 근무했던 외교관	2019년 9월 2020년 2월
안드레이 란코프 Андрей Николаевич Ланьков	국민대학교 교수, 북한사 학자	2021년 11월
타티야나 표도로바 Татьяна Георгиевна Фёдорова	게오르기 표도로프의 딸	2019년 7월 30일
위따 강 Вита Юрьевна Кан	강상호의 손녀, 유리 강의 딸	2021년 4월 25일 2021년 11~12월 2022년 11월

유리 강 Юрий Санхович Кан	강상호의 아들	2021년 4월 25일
이고리 셀리바노프 Игорь Николаевич Селиванов	쿠르스크 국립대학교 교수, 소련파 연구자	2021년 11월
(미공개)	인민보안성 군관 출신 북한이탈주민	2016년 1월

* 이 외에 여러 북한이탈주민들.

• 안드레이 란코프의 인터뷰

대상자의 이름	신분	날짜
강상호 Иван Афанасьевич Кан	북한 내무성 부상	1989년 10월 31일 1990년 1월 13일 1990년 3월 7일 1991년 10월 7일
게오르기 플롯니코프(김목수) Георгий Константинович Плотников	북한에서 근무한 소련군 대령	1990년 2월 1일
김주봉	1953년 10월부터 1956년 10월까지 주 북한 소련대사관에서 근무한 번역가	1990년 2월 2일
김찬 Павел Тимофеевич Ким	북한 수령 후보자 북한 중앙은행의 초대 총재	1991년 1월 15일
니콜라이 레베데프 Николай Георгиевич Лебедев	소련 제25군 군사위원회 위원	1989년 11월 13일 1990년 1월 19일
드미트리 리 Дмитрий Янбарович Ли	이영발의 아들	2001년 1월 16일 2001년 2월 2일
류드밀라 초이 Людмила Петровна Цой	최표덕의 딸 허가이의 처제	1992년 1월 26일
리라 헤가이 Лира Алексеевна Хегай	허가이의 딸	1991년 1월 26일
마이야 헤가이 Майя Алексеевна Хегай	허가이의 딸	1991년 1월 15일
박병률	강동정치학원 원장	1990년 1월 25일
박일산 Алексей Васильевич Пак	박창옥의 아들	2001년 2월 4일
비탈리 강 Виталий Михайлович Кан	미하일 강의 아들	2001년 2월
심수철	인민군 총정치국 간부부 부국장	1991년 1월 17일

유리 박 Юрий Иванович Пак	박의완의 아들	2001년 1월 25일
유성걸	항공학교 교장	1991년 1월 22일
유성철 Борис Павлович Югай	북한 수령 후보자 인민군 총참모부 작전국장	1991년 1월 18일* 1991년 1월 29일
이반 로보다 Иван Гаврилович Лобода	소련의 정찰기관과 밀접한 관계가 있었던 기자	1990년 11월
인노켄티 김 Иннокентий Михайлович Ким	1940 년대 북한에서 근무한 소련 비밀경찰간부	2001년 9월 14일
장학봉	김책 정치군관학교 교장	1991년 1월 21일 1991년 1월 24일
세르게이 유가이 Сергей Югай	유성철의 조카**	1990년 1월

* 유성철의 부인 김용옥도 참가했다.
** 필자가 안드레이 란코프와 한 인터뷰, 2021년 11월.

지은이

표도르 째르치즈스키(이휘성)

페레스트로이카 시대의 모스크바에서 1988년에 출생했다. 중국 역사학자인 아버지의
영향을 받아 어렸을 때부터 역사, 특히 현대사에 대한 관심이 많았다. 중학생 시절 북
한에 관한 책을 읽고, 한 민족이지만 너무나 다른 길로 간 남북한, 특히 김일성이라는
인물에 큰 관심을 갖게 되었다. 결국 고등학생 때 앞으로 북한 연구자가 되겠다고 결심
했다. 대학교에서는 한국학을 전공했고, 2011년에 서울시로 이주했다.
석사과정은 서울 삼청동에 있는 북한대학원대학교에서, 박사과정은 서울대학교에서
마쳤다. 『김일성 이전의 북한』(한울아카데미, 2018), 『김일성 전기』(한울아카데미, 2022),
The North Korean Army: History, Structure, Daily Life (Routledge, 2022) 등 도서를
출판했다. 현재는 국민대학교 한국학연구소 책임연구원으로 근무하고 있다.
앞으로도 한국과 북한 주민의 더 좋은 미래를 위해 노력하고자 한다.

한울아카데미 2465

북한과 소련
잊혀진 인물과 에피소드

ⓒ 표도르 째르치즈스키(이휘성), 2023

지은이 ㅣ 표도르 째르치즈스키(이휘성)
펴낸이 ㅣ 김종수
펴낸곳 ㅣ 한울엠플러스(주)
편집 ㅣ 배소영

초판 1쇄 인쇄 ㅣ 2023년 8월 17일
초판 1쇄 발행 ㅣ 2023년 8월 24일

주소 ㅣ 10881 경기도 파주시 광인사길 153 한울시소빌딩 3층
전화 ㅣ 031-955-0655
팩스 ㅣ 031-955-0656
홈페이지 ㅣ www.hanulmplus.kr
등록 ㅣ 제406-2015-000143호

Printed in Korea.
ISBN 978-89-460-7466-8 93900

* 책값은 겉표지에 표시되어 있습니다.

김일성 전기

- 표도르 째르치즈스키(이휘성) 지음
- 2022년 6월 23일 발행 | 신국판 | 384면

북한의 제도와 북한 사람의 운명을 만든
북한의 설립자 김일성

김일성은 현대사에서 가장 안정된 독재정권을 설립한 사람이다. 사회주의권 몰락 이후 그는 중국식 개혁개방의 길을 거부했는데, 당시 많은 사람들은 이 정권이 곧 무너질 것이라고 생각했다. 하지만 정권은 건재하다. 김일성이 사망한 지 25년이 더 지났지만 북한은 그의 손자 김정은이 통치하고 있다. 북한에서는 지금도 김일성을 거의 신으로 본다.

이 책은 북한 초대 수령에 대한 완벽한 평전이 아니다. 북한 정권이 무너지거나 근본적인 개혁이 일어난다면 훗날 미래의 학자들이 김일성에 대해 발견할 것들이 아주 많을 것이다. 그러나 우리 시대에는 이 변화가 언제 찾아올지 알 수 없다. 그래서 저자는 한국어, 영어, 러시아어, 중국어, 일본어로 된 각국의 자료들을 활용해 북한 설립자 김일성에 대한 정보를 수집하고 서술했다.

김일성 이전의 북한

1945년 8월 9일 소련군 참전부터
10월 14일 평양 연설까지

- 표도르 째르치즈스키(이휘성) 지음
- 2018년 10월 30일 발행 | 신국판 | 232면

식민지 이후 한반도 정세와 김일성의 탄생

소련 군정이 만든 북한 정권, 김일성 선택의 과정

이 책은 1945년 8월 9일 소련군 참전부터 김일성 등장까지 67일의 짧은 기간의 이야기이다. 이 시대는 혼란과 희망, 격동과 자유의 시대였다. 식민지 정권은 무너졌고, 김일성 정권이 아직 설립되지 않았던 시기에 북조선 사람들은 어떻게 살았는지 무엇을 희망했는지, 또한 소련 군대가 어떻게 북한의 지도자로 김일성을 선택했는지 파악하고자 했다. 이 시대에 활동했던 우파 민족주의자, 사회민주주의자 그리고 소련의 통제하에 있지 않았던 공산주의자들의 흥망과 김일성 중심으로 하는 정권의 설립 첫걸음에 대한 이야기도 담고 있다.

기존 연구에서 다루지 않았던 소련 측 1차 자료와 당시 현지에 있었던 사람들의 증언을 비롯한 사료는 소련군의 참전으로 시작되어 낙하산 수령인 김일성의 즉위로 종결된 이 시대의 다채로운 장면을 재건한다.